21世纪经济管理精品教材·文化产业系列

文化产业营销（第2版）

蔡嘉清　著

清华大学出版社
北京

内容简介

本书系统地介绍了以新闻传媒、图书出版、影视广播、网络传媒、广告经营、演艺娱乐、动漫游戏、艺术设计、文化旅游及文化会展等产业为重点的我国文化产业集群。针对文化市场的需求特征和竞争特点，剖析了消费认知的心理反应及市场对策，探索了营销组合的实战技巧以及文化品牌的建构与创新。本书内容新颖、图文并茂，力求在理论的创新性、视野的延展性、实践的操作性上形成特色，帮助读者在轻松优雅的阅读中分享文化产业营销的独特魅力。

本书可为业内人士提供参考，亦可供开设市场营销、传播学、文化产业管理专业的高等院校用作教材。

本书封面贴有清华大学出版社防伪标签，无标签者不得销售。
版权所有，侵权必究。举报：010-62782989，beiqinquan@tup.tsinghua.edu.cn。

图书在版编目（CIP）数据

文化产业营销/蔡嘉清著. —2版. —北京：清华大学出版社，2013（2023.8重印）
（21世纪经济管理精品教材·文化产业系列）
ISBN 978-7-302-31173-7

Ⅰ. ①文… Ⅱ. ①蔡… Ⅲ. ①文化产业—市场营销学—教材 Ⅳ. ①G114

中国版本图书馆 CIP 数据核字（2012）第 311929 号

责任编辑：王　青
封面设计：汉风唐韵
责任校对：宋玉莲
责任印制：沈　露

出版发行：清华大学出版社
网　　址：http://www.tup.com.cn，http://www.wqbook.com
地　　址：北京清华大学学研大厦 A 座　　邮　编：100084
社 总 机：010-83470000　　邮　购：010-62786544
投稿与读者服务：010-62776969，c-service@tup.tsinghua.edu.cn
质量反馈：010-62772015，zhiliang@tup.tsinghua.edu.cn
印 装 者：北京建宏印刷有限公司
经　　销：全国新华书店
开　　本：185mm×260mm　　印　张：22.5　　字　数：535 千字
版　　次：2007 年 1 月第 1 版　　2013 年 3 月第 2 版　　印　次：2023 年 8 月第 7 次印刷
定　　价：55.00 元

产品编号：050590-02

第2版前言

在经济全球化背景下,文化产业已迅速成为世界各国经济发展的重要引擎。近年来,我国政府也越来越重视发展文化产业,进一步合理地调整经济结构和资源配置,深入推进文化体制改革,加快文化产业的全面发展。一个以新闻传媒、图书出版、影视广播、网络传媒、广告经营、演艺娱乐、动漫游戏、艺术设计、文化旅游及文化会展等产业为重点的文化产业集群,正在全面走向市场并呈现出蓬勃发展的良好态势,成为我国应对国际金融危机变化、推动经济发展的新的增长点。

文化是一个民族的血脉,千百年来延绵不断。纵观当今世界,各国的文化早已成为增强民族凝聚力和激发创造力的重要源泉。未来世界的竞争必将是文化生产力的竞争。而作为有着五千年文明史的中国,对世界的文化影响力相对而言却比改革开放后迅速崛起的经济影响力要弱很多。有学者认为,世界已进入文化话语时代。如果没有文化的繁荣,那么很难继续推动中国经济的崛起和中华民族的复兴,也很难真正赢得中国在世界上的话语权。值得庆幸的是,2012年2月,《国家"十二五"时期文化改革发展规划纲要》、《文化部"十二五"时期文化产业倍增计划》相继出台。面对现代信息科技和传播手段快速发展的新形势和推进文化创新的紧迫性,面对世界范围内各种思想文化交融碰撞的新形势和维护国家文化安全的必要性,党和政府高屋建瓴地制定了文化改革发展规划,将文化繁荣的建设列为了整个国家发展战略的重要组成部分,同时也将民族文化的振兴放到了一个大国对国际社会应尽的责任和义务的平台上加以部署。中国要融入世界,就必将迎接外来文化的强势挑战。而要迎接挑战,唯有将本国的文化产业做大做强。只有当"中国创造"取代"中国制造"时,文化产品才能真正走出去,才能将国家文化安全的防御边界拓展到本土之外。

本书分为十二章。第一章梳理了文化产业营销的基本概念,回顾了我国文化市场的形成以及改革开放以来文化产业发展的萌芽期、成长期和崛起期。第二章主要介绍了以传统媒介为基础的文化产业板块。第三章主要介绍了以新兴媒介为特色的文化产业板块。第四章分析了文化产业营销的市场环境,包括影响文化营销的宏观环境和微观环境,并且介绍了市场调研的程序和方法。第五章分析了文化产品和服务的需求特征,探讨了消费认知的心理反应、消费行为的决策过程以及文化语境的消费认同等问题。第六章分别从战略战术上讨论了市场策划的实战对策。第七章重点探讨了产品创新研发的程序和方法,探索了文化产品的产品链和产品组合等相关问题。第八章主要讨论了文化产品和服务在市场竞争动态环境下的价格应对策略。第九章针对文化产品和服务的具体特点,探索了行之有效的分销途径。第十章介绍了各种促销技巧在实战中的应用,并通过娱乐产品的海报促销、出版读物的装帧促销以及旅游活动的体验促销等不同的促销手段,突出文化产品和服务营销的特点。第十一章从符号元素到形象塑造,从形象传播到品牌的战略管理,深入探讨了文化品牌的战略建构。第十二章分别从理念创新、技术创新和管理创新的不同角度,指出文化市场博弈的关键和实质在于不断创新。

本书的前六章试图由表及里,从描述传统媒介文化市场和新兴媒介文化市场的业态入手,探索文化市场营销的基本规律。后六章则根据文化产品和服务的具体特点,研究营销组合的实战运作策略。希望通过本书内容的创新性、视野的延展性、实战的操作性等特色,建构一个较为科学的文化市场营销研究框架,并完成对文化市场的竞争规律和营销对策的应用探讨。囿于作者水平,不妥之处在所难免。

当今信息社会的传播技术在飞速发展,文化企业的营销环境正在发生着日新月异的变化。第三章新兴媒介文化市场的撰稿,得益于我的学生冯易以及吴飞老师的先后参与,数易其稿,最终得以完成。其他章节的相关论点也多次与学界朋友讨论交流,受益匪浅。在此,对于先后给予本书撰写工作帮助的徐红博士、高红阳博士以及冯易、王锐、饶鉴等在读博士,还有刘显波、牛学、饶丽虹、伍琼、江南、吴飞、吴颖、汪晓鸣、朱金鑫、韩斌等师友,表示深深的谢意。另外,尽管已在书中随录了摘引的参考文献和图片资料来源,但均无法与作者本人取得联系,在此一并表示由衷的感谢。

唯愿拙著能为我国文化产业的繁荣兴旺尽绵薄之力。

蔡嘉清

2012 年 10 月于武昌

第一章 文化产业营销概论 ········· 1

第一节 文化产业的界定 ········· 1
一、文化产业的定义 ········· 1
二、文化产业的分类 ········· 10
三、文化产业的特征 ········· 12

第二节 文化产业营销概述 ········· 15
一、我国文化市场的历史沿革 ········· 15
二、我国文化产业的迅速崛起 ········· 22
三、文化产业营销的基本概念 ········· 27

第二章 传统媒介文化市场 ········· 32

第一节 新闻出版业 ········· 32
一、新闻传媒 ········· 32
二、图书出版 ········· 36
三、数字出版 ········· 39

第二节 广告传媒业 ········· 40
一、主流媒体广告传播 ········· 40
二、非主流媒体广告传播 ········· 43
三、新媒体广告传播 ········· 45

第三节 影视演艺业 ········· 47
一、电影 ········· 47
二、电视剧 ········· 50
三、演艺业 ········· 52

第四节 艺术品经营业 ········· 54
一、古玩拍卖 ········· 55
二、现代艺术品交易 ········· 56
三、邮币卡交易 ········· 57

第五节 文化旅游业 ········· 57

　　　　　一、景观资源 …………………………………………… 57
　　　　　二、传统民俗 …………………………………………… 59
　　　　　三、民间工艺品 ………………………………………… 60
　　　　　四、文化场馆 …………………………………………… 63
　　第六节　文化会展业 ………………………………………………… 64
　　　　　一、会展经济的功能 …………………………………… 64
　　　　　二、会展经营的分类 …………………………………… 66

第三章　新兴媒介文化市场 …………………………………………… 69

　　第一节　互联网产业 ………………………………………………… 69
　　　　　一、门户网站 …………………………………………… 70
　　　　　二、电子商务 …………………………………………… 72
　　　　　三、搜索引擎 …………………………………………… 74
　　　　　四、娱乐网站 …………………………………………… 75
　　　　　五、社交网站 …………………………………………… 77
　　　　　六、生活服务网站 ……………………………………… 78
　　第二节　无线网络媒体产业 ………………………………………… 78
　　　　　一、手机媒体 …………………………………………… 79
　　　　　二、移动多媒体广播 …………………………………… 84
　　　　　三、户外数字新媒体 …………………………………… 85
　　第三节　动漫游戏业 ………………………………………………… 87
　　　　　一、动漫的原创与制作 ………………………………… 88
　　　　　二、动漫的发行与播放 ………………………………… 90
　　　　　三、动漫衍生品的开发 ………………………………… 94
　　第四节　创意设计业 ………………………………………………… 96
　　　　　一、产品创新设计 ……………………………………… 97
　　　　　二、视觉传达设计 ……………………………………… 97
　　　　　三、场馆展示设计 ……………………………………… 98
　　　　　四、建筑艺术设计 ……………………………………… 98
　　　　　五、环境艺术设计 ……………………………………… 98
　　　　　六、时尚艺术设计 ……………………………………… 99
　　　　　七、数字艺术设计 ……………………………………… 99

第四章　文化产业市场环境 …………………………………………… 102

　　第一节　微观环境分析 ……………………………………………… 102
　　　　　一、文化企业的自身环境 ……………………………… 102
　　　　　二、文化企业的周边环境 ……………………………… 109
　　第二节　宏观环境分析 ……………………………………………… 113

　　　　　一、人口状况与文化产业营销 …………………………………… 113
　　　　　二、经济发展与文化产业营销 …………………………………… 114
　　　　　三、自然条件与文化产业营销 …………………………………… 116
　　　　　四、技术水平与文化产业营销 …………………………………… 117
　　　　　五、政治因素与文化产业营销 …………………………………… 118
　　　　　六、文化背景与文化产业营销 …………………………………… 119
　　第三节　市场调研的程序和方法 …………………………………………… 121
　　　　　一、问卷设计 ……………………………………………………… 122
　　　　　二、桌面调研 ……………………………………………………… 123
　　　　　三、实地调研 ……………………………………………………… 124
　　　　　四、分析/编写调研报告 …………………………………………… 126

第五章　文化需求的消费分析 ……………………………………………… 129

　　第一节　文化消费的需求特征 ……………………………………………… 129
　　　　　一、消费需求的动机理论 ………………………………………… 129
　　　　　二、文化市场的需求特征 ………………………………………… 132
　　第二节　消费认知的心理反应 ……………………………………………… 134
　　　　　一、认知反应 ……………………………………………………… 135
　　　　　二、情感反应 ……………………………………………………… 139
　　　　　三、意向反应 ……………………………………………………… 141
　　第三节　消费行为的决策分析 ……………………………………………… 142
　　　　　一、消费行为的决策模式 ………………………………………… 143
　　　　　二、消费行为的价值取向 ………………………………………… 146
　　　　　三、消费行为的选择反应 ………………………………………… 148
　　第四节　文化语境的消费认同 ……………………………………………… 150
　　　　　一、文化语境探究 ………………………………………………… 150
　　　　　二、语境建构的消费沟通 ………………………………………… 151
　　　　　三、文化语境的认知趋势 ………………………………………… 153

第六章　文化产业的市场策划 ……………………………………………… 157

　　第一节　市场细分 …………………………………………………………… 157
　　　　　一、市场细分的依据 ……………………………………………… 157
　　　　　二、市场细分的程序和方法 ……………………………………… 162
　　第二节　竞争战略 …………………………………………………………… 164
　　　　　一、SWOT 分析模型 ……………………………………………… 164
　　　　　二、目标市场的竞争战略 ………………………………………… 167
　　第三节　战术选择 …………………………………………………………… 171
　　　　　一、市场角色选择 ………………………………………………… 172

　　　　二、竞争战术规则 ………………………………………… 175
　　　　三、战术应用选择 ………………………………………… 178
　　第四节　营销策划 ………………………………………………… 182
　　　　一、营销策划的基本特点 ………………………………… 182
　　　　二、营销策划的实施程序 ………………………………… 184

第七章　创新：打造产品优势 ……………………………………… 188

　　第一节　产品概念 ………………………………………………… 188
　　　　一、产品印象 ……………………………………………… 188
　　　　二、产品界定 ……………………………………………… 190
　　　　三、文化产品内涵 ………………………………………… 191
　　第二节　文化产品的生命周期 …………………………………… 193
　　　　一、产品生命周期曲线 …………………………………… 193
　　　　二、产品周期的营销战略 ………………………………… 194
　　第三节　文化产品的创新开发 …………………………………… 200
　　　　一、创新产品的划分 ……………………………………… 200
　　　　二、产品的创意研发 ……………………………………… 202
　　　　三、产品组合创新 ………………………………………… 209

第八章　抉择：捕获价格机遇 ……………………………………… 214

　　第一节　文化产品的价格制定 …………………………………… 214
　　　　一、定价程序 ……………………………………………… 214
　　　　二、定价方法 ……………………………………………… 219
　　第二节　文化产品的价格调整 …………………………………… 224
　　　　一、价格折扣和折让 ……………………………………… 224
　　　　二、促销定价 ……………………………………………… 225
　　　　三、差别定价 ……………………………………………… 226
　　　　四、产品组合定价 ………………………………………… 228
　　第三节　文化产品的价格应变 …………………………………… 230
　　　　一、影响价格决策的因素 ………………………………… 230
　　　　二、发动价格变更及竞争反应 …………………………… 233
　　　　三、常用的价格策略 ……………………………………… 235

第九章　通路：优化分销渠道 ……………………………………… 238

　　第一节　文化市场分销的渠道功能 ……………………………… 238
　　　　一、设立分销渠道的必要性 ……………………………… 238
　　　　二、分销渠道的系统结构 ………………………………… 241
　　　　三、文化产品分销与文化服务分销 ……………………… 243

第二节　文化市场分销的渠道设计 ·················· 245
　　一、分销商的选择 ·················· 246
　　二、主要行业分销渠道 ·················· 249
第三节　文化市场分销的策略选择 ·················· 255
　　一、分销策略类型 ·················· 255
　　二、渠道动力模式 ·················· 257

第十章　沟通：拓展促销技巧 ·················· 260

第一节　促销策略的沟通原理 ·················· 260
　　一、沟通模式综述 ·················· 260
　　二、选择合适的沟通渠道 ·················· 265
第二节　文化企业促销手段 ·················· 268
　　一、广告促销的沟通魅力 ·················· 269
　　二、直销方式的方便快捷 ·················· 273
　　三、销售推广的各种技巧 ·················· 274
　　四、公共关系的无形推力 ·················· 275
　　五、人员推销的现场效果 ·················· 276
第三节　文化产品特色促销 ·················· 276
　　一、娱乐产品的海报促销 ·················· 276
　　二、出版读物的装帧促销 ·················· 281
　　三、旅游活动的体验促销 ·················· 284

第十一章　建构：提炼品牌价值 ·················· 288

第一节　文化品牌的符号价值 ·················· 288
　　一、消费社会的文化符号 ·················· 288
　　二、文化品牌的符号价值 ·················· 290
第二节　文化品牌的形象塑造 ·················· 293
　　一、文化品牌核心价值的界定 ·················· 294
　　二、文化品牌的形象塑造 ·················· 297
第三节　文化品牌的形象传播 ·················· 301
　　一、文化品牌的 CIS 导入 ·················· 301
　　二、文化品牌的形象推广 ·················· 304
第四节　文化品牌的战略管理 ·················· 310
　　一、品牌运行的战略选择 ·················· 310
　　二、品牌延伸的战略架构 ·················· 313
　　三、文化品牌的建构模型 ·················· 315

第十二章　博弈：文化营销创新 … 319

第一节　文化企业营销理念创新 … 319
一、整合营销 … 319
二、关系营销 … 322
三、口碑营销 … 324
四、事件营销 … 326
五、绿色营销 … 328

第二节　文化企业营销技术创新 … 330
一、传播环境变化的时代挑战 … 330
二、AR 与体验营销 … 331
三、APP 与互动营销 … 334
四、LBS 与移动营销 … 335

第三节　文化企业营销管理创新 … 338
一、经营优势创新 … 338
二、经营模式创新 … 340
三、经营管理创新 … 344

参考文献 … 347

第一章 文化产业营销概论

在经济全球化背景下,文化产业已迅速成为世界各国经济发展的重要引擎。近年来,我国政府也越来越重视发展文化产业,进一步合理地调整经济结构和资源配置,深入推进文化体制改革,加快文化产业的全面发展。一个以新闻传媒、图书出版、广告经营、影视广播、演艺娱乐、网络传媒、动漫游戏、艺术设计、文化旅游及文化会展等产业为重点的文化产业集群,正在全面走向市场并呈现出蓬勃发展的良好态势,成为推动经济发展的新的增长点。

第一节 文化产业的界定

要认识文化产业,首先得从概念的界定开始。我们知道,概念是反映事物本质属性的一种思维形式。通过概念的内涵,可以抽象出事物的本质特点;通过概念的外延,可以归纳出事物的适用范围。因此,我们对文化产业的探索就从这里开始。

一、文化产业的定义

文化产业有别于其他产业的特点是什么?究竟该如何界定文化产业?为了解开这个既熟悉又陌生的专业术语,不妨先从什么是"文化"、什么是"产业"等最基本的概念开始,然后再来探寻有关"文化产业"的科学界定。

(一)文化

千百年来,文化一直是将人类特有的沟通本能和技术行为,融合到富有表现力的语言及非语言传播体系之中,成为各种价值取向、道德观念和生活方式的信息载体。以广告传播为例。在远古社会,当人们拿着剩余产品到集市去交易时,会借助极富表现力的吆喝声来吸引购买者,或制作其他醒目的旗幡等招徕顾客,为的是传递信息。这些信息中除了推介产品的功能以外,还包括吸引购买的消费主张等。这类运用各种言语、图片、数字等符号来传递有关的信息、思想、感情、技术以及其他内容的行为或过程就是文化的传播。不论经历了多少年,不论当今社会的技术进步有多快,沿街叫卖的广告形式依旧存在,童叟无欺的商业道德亦潜移默化延续至今。

那么,什么是文化?

在西方,文化(culture)即教养、教化、修养;文明、培养、耕种等。早在利特雷1878年编纂的《法语词典》中就已经清楚地表述了文化的基本含义——"culture:文学、科学和美术的修养。"[1]西方学者认为,文化概念不仅仅是用来隐喻人类的某种才干和能力,表示人

---

[1] [法]维克多·埃尔.文化概念[M].康新文,晓文,译.上海:上海人民出版社,1988:4.

类这种或那种活动形式的单词,而且是包含教养、智慧、文明等多层含义的一种完整体系的表述方式。从学者对"文明"词义的诠释中也不难勾勒出文化的雏形——"开化的行为;开化的状态,即工艺、宗教、美术和科学的相互作用所产生的观念和风尚的总和。"① 如古希腊雕塑。希腊神话相信神与人具有同样的形体与性格,因此,古希腊艺术家通常参照人的神态来塑造神的形象,并赋予雕塑艺术品更为完美的艺术造型。正因为雕塑作品主要是用来表现所崇敬的神的形象,当然不允许存在任何细小的缺陷,这就有了公式化的眉毛、像几何图形一样整齐排列的头发和胡须等严格的"规范"。由于古希腊艺术家崇尚理性,追求庄重的艺术品格和严谨的写实精神,故而古希腊雕塑作品一般造型完美、典雅精致、比例匀称,多用外在的简朴形式来表现作品高贵的单纯、静穆的伟大等内在精神(见图1-1)。

在中国,有关文化的最早诠释是指治理国家的手段。西汉时期的刘向在《说苑·指武》中说:"圣人之治天下也,先文德而后武力。凡武之兴,为不服也;文化不改,然后加诛。"② 南齐王融《曲水诗序》中有"设神理以景俗,敷文化以柔远。"③ 还有"宣文教以张其化,立武备以秉其威"④ 等。可见,中国历史传统中的文化是相对于武力而言的一种文治教化的手段。如我国古代青铜器中的司母戊鼎。古代的鼎最初为烹煮肉食的炊器,后为祭祀时用来盛放供品的器具。典籍载有天子九鼎、诸侯七鼎、大夫五鼎、元士三鼎或一鼎的用鼎制度,说明鼎已演化为权力的象征(见图1-2)。司母戊鼎是商后期(约公元前14世纪—前11世纪)的铸品。该鼎取方形为造型的基本特征,平直的线条给人以稳定规整感,鼎腹、鼎足的扉棱有如戟头形状,两夔相对形成饕餮纹。饕餮纹和夔纹都具有固定的符号表征意义,而虎纹及虎食人的形象更加显示出权力的威严。

图1-1 古希腊雕塑的崇神审美⑤

图1-2 中国古鼎的王权象征⑥

---

① [法]维克多·埃尔.文化概念[M].康新文,晓文,译.上海:上海人民出版社,1988:4.
② 王玉德,邓儒伯,姚伟钧.中国传统文化新编[M].武汉:华中科技大学出版社,2002:1.
③ 同上.
④ 赵玉忠.文化市场概论[M].北京:中国时代经济出版社,2004:2.
⑤ [意]弗拉维奥·孔蒂.希腊艺术鉴赏[M].陈卫平,译.北京:北京大学出版社,1988:5.
⑥ 田自秉.中国工艺美术简史[M].北京:人民美术出版社,1983:附图8.

可见,中西方对文化的界定中都包含着教化的功能,文化是社会组织中有关人类活动研究的总和。正如阿尔弗雷德·克洛依伯和克莱德·克勒克荷恩在《文化:概念和定义述评》一书中所说:"文化作为一个描述性概念,从总体上看是指人类创造的财富积累:图书、绘画、建筑以及诸如此类,调节我们环境的人文和物理知识、语言、习俗、礼仪系统、伦理、宗教和道德,这都是通过一代代人建立起来的。"[①]一方面,人类通过劳动将积淀先人智慧结晶的科技知识、思维方式、艺术追求、价值观念等转化为物质形式或非物质形式的对象,形成了流传至今的物质文化创造。西方创造了飞机、汽车、轮船、枪炮、军舰及气势恢宏的建筑、道桥等工业化时代值得称道的一切物质文明,包括钟表、三棱镜、日晷、玻璃器皿等生活用品;而中国拥有造纸、指南针、火药、活字印刷等四大发明,还有古代科学家在数学、天文、历法、医药、航海、钻探等领域的贡献,以及中医药、瓷器、丝绸、金属冶铸、茶和茶文化等独特技术。另一方面,每个民族在其特定的地域条件和生存发展过程中,又在不断地创造和积累本民族的语言、文字、信仰、礼仪、科学、艺术、风俗、习惯等,在创造物质文化的同时也会创造不同民族各具地域特色的精神文化。西方精神文化的传承载体以宗教艺术、雕塑绘画、音乐文学等艺术形式为主,而中国精神文化的传承载体则以诗词歌赋、民间工艺见长。《辞海》中有关文化的定义是:文化是"指人类社会历史实践过程中所创造的物质财富和精神财富的总和。"[②]即文化包含着物质创造和精神追求。

我们认为,文化是人们千百年来生活的积淀。因此,文化概念有广义与狭义之分。广义上的文化泛指物质文明和精神文明的总和,而狭义上的文化主要指无形的语言、习俗、礼仪、信仰、道德、宗教、艺术等精神财富——文学、艺术、电影、音乐、古玩、网络、旅游、设计、时装等信息传播载体。

(二) 产业

产业(industry)通常是指国民经济中按照一定的社会分工,为提供满足社会某类需要而从事同一属性的产品生产和服务的经济组织的集合。如人们已经熟知的第一产业为农业,第二产业为工业,第三产业为服务业,近年来有些学者提出的信息业为第四产业[③]等。任何产业都有其自身的属性,包括拥有一定数量的企业和大批从业人员,拥有各自的产业结构和较大份额的市场,能够提供属性相同的产品和拥有稳定的生产要素市场等。以工业产业为例,既有钢铁、汽车等诸多实体产业,也有采矿、炼焦等原材料产业,还有加工、修理、运输等配套产业等等。

如果从产业理论上进行探讨,就会发现作为产业运作通常会涉及产业结构、产业组织、产业发展、产业布局和产业政策等深层内容。产业结构主要是从经济发展的角度来研究产业间的资源占有关系,摸清产业结构的层次演化,为制定政策提供依据。产业组织主要解决产业内各企业的规模经济与企业间竞争活力的冲突,探索市场结构、市场行为和市场绩效的理论范式。产业发展主要研究产业周期、影响因素、产业转移、资源配置以及发

[①] [美]阿尔弗雷德·克洛依伯,克莱德·克勒克荷恩.文化:概念和定义述评[M].纽约:Vintage Books出版社,1963:83.

[②] 夏征农.辞海[M].上海:上海辞书出版社,1988:1533.

[③] 杨谷.信息业就是第四产业[N/OL].人民网,2003-09-24. http://www.people.com.cn/GB/it/1065/2106353.html.

展规律，以便根据不同的发展阶段采取不同的产业政策。产业布局是一个国家或地区经济发展战略的重要基础，也是实现国民经济持续稳定发展的前提条件。因此，掌握产业布局的基本原则和产业布局的指向性极为重要。产业政策研究不仅包括事前经济分析、政策实施方法、政策效果评估、政策效果反馈和政策修正等内容，而且要研究有关产业发展、产业组织、产业结构和产业布局等相关政策。概而言之，产业的整体运作主要应关注科技进步、劳动力流动与资源分布变化、产业的空间发展、产业绩效以及产业内部的动态变化等。

作为国民经济的支柱产业，一般是指生产发展速度快，对整个国民经济产生推动作用的先导性产业。在计划经济时期，我国的支柱产业曾一度集中在钢铁、运输等重工业方面。改革开放以后，逐渐转向机械电子、石油化工、汽车制造和建筑等产业。然而，在2012年2月15日中共中央宣传部、国家发改委举行《国家"十二五"时期文化改革发展规划纲要》的新闻发布会上，中共中央宣传部副部长孙志军表示，按照国际通行看法，支柱产业占国内生产总值（GDP）的比重需达到5%。到2015年，我国文化产业逐步成长为支柱性产业的目标完全可以实现。① 关于支柱产业的衡量标准虽无从查起，但对支柱产业已经形成的共识是：第一，产业规模较大，在国民生产总值（GNP）中所占的比重较高；第二，需求弹性大，市场扩张力强，能产生较强的连锁效应；第三，伴随着产业的快速增长，成本在不断下降；第四，产业链长，产业关联度高，能够对经济结构和发展变化产生重大影响。

尽管从产业规模看，目前我国的影视、动漫、游戏、演艺、休闲未必能与传统产业的优势相抗衡，但在一些资源匮乏的地区和国家，文化产业拉动了整个国家和地区经济产业链的神话却是不争的事实。尤其是在2008年全球遭遇金融危机冲击以后，人们更是将经济复苏的希望寄托在文化产业上。不少国家和地区开始调整产业布局和产业结构，试图寻找发展经济文化中那些具有领先性、空间大的产业机会。2012年2月，我国文化部也正式向社会发布了《文化部"十二五"时期文化产业倍增计划》(以下简称《倍增计划》)。在《倍增计划》中，文化部明确提出了"十二五"期间文化产业增加值年均增速超过20%，2015年比2010年至少翻一番②的总体发展目标。同时，还提出了要继续完善政策法规体系，实施结构性减税与进行重大项目专项资金投入等产业政策。在产业组织方面，鼓励有实力的文化企业实行"跨地区、跨行业、跨所有制、跨媒体"兼并重组，重申促进文化与旅游、体育、信息、物流、工业、建筑、会展、商贸、休闲等行业融合。在产业结构方面，加强对传统文化产业的技术改造，促进演艺、娱乐、艺术品、工艺美术、文化会展、创意设计等传统文化产业提高科技含量，同时促进动漫、游戏、网络文化、数字文化服务等新兴文化业态加快发展。另外，在产业布局方面对文化部管理和与文化部职能相关的演艺、娱乐、动漫、游戏、文化旅游、艺术品、工艺美术、文化会展、创意设计、网络文化、数字文化服务等11个行

---

① 姚毅婧. 2015年文化产业将成支柱性产业 占GDP的比重可达5%[OL]. 中国网，2012-02-15. http://finance.china.com.cn/news/gnjj/20120215/535377.shtml.

② 李舫. 文化部力争"十二五"时期文化产业增加值至少翻一番[N/OL]. 人民网，2012-02-28. http://www.cnci.gov.cn/content/201238/news_70967.shtml.

业的发展思路与目标也做了详尽的阐述,旨在通过推动重点行业的快速发展实现整体倍增目标。

可见,打造任何产业航母,都需要从产业结构、产业组织、产业发展、产业布局和产业政策等诸方面综合考虑。要营造一个有利于文化产业科学发展的良性生态环境,推动文化产品和服务的原创能力,使文化产业真正成为国民经济的支柱产业还任重道远。

(三) 文化产业

尽管各国的文化市场由来已久,但真正形成文化产业的时间却并不长。迄今为止,与文化产业相类似的提法有创意产业、版权产业、内容产业、休闲产业、创意经济、文化经济等,这些提法大多根据不同国家和不同地区的产业发展方向和战略选择而定。从这些相类似的提法中,我们可以辨识出文化产业的一些本质特征。

1. 创意产业

创意产业(creative industry)是以创意人才为主要劳动要素,通过形象思维和艺术手段生产作品,并推向市场获取回报的新兴产业。创意产业主要覆盖产品研发设计、建筑设计、文化传媒设计、咨询策划设计、动漫网游设计、时尚消费设计等领域。

以创意来界定文化产业的特征,起源于英国。英国曾经是世界各国中制造业最为强盛的国家之一。随着传统产业的日渐衰落,为了降低生产成本,实业界开始把生产和加工逐步向发展中国家转移,而将注意力逐渐转移到提升设计水平等软实力上。英国政府也一直热衷于扶持创意产业的成长,极力为创意产业的繁荣发展创造有利环境。前英国首相撒切尔夫人曾经提出"设计是第一生产力"的口号,鼓励企业聘请设计专家对产品进行设计,试图将英国打造为全球创意产业的枢纽。1998年,布莱尔首相施政伊始,在振兴传统产业的同时,大力支持并鼓励发展通过知识产权的开发创造财富的新兴行业。为此,英国政府成立了创意产业工作组(creative industries task force),直接隶属于英国文化传媒体育部(Department of Culture Media & Sports,DCMS)。创意产业工作组将创意产业定义为"源自个人创意、技巧及才华,通过知识产权的开发和运用,具有创造财富和就业潜力的行业"[1]。同时,将创意产业的范畴归纳为广告、建筑、艺术和文物交易、工艺品、设计、时尚设计、电影、互动休闲软件、音乐、表演艺术、出版、软件以及电视广播等13个行业。DCMS负责建筑、艺术和古董市场、手工艺品、时尚设计、电影与录像、音乐、表演艺术以及电视和广播行业的治理。英国文化传媒体育部与商业、企业和管理改革部(Business,Enterprise and Regulatory Reform,BERR)共同分担对广告、计算机与视频游戏、软件、设计和出版业的管理职责。经过十多年的努力,不仅使曾经已经日薄西山的英国制造业重新焕发出新的生机与活力,而且使英国的创意产业增长速度达到全球之冠,创意产业正成为英国的"新名片"。自1998年英国提出"创意产业"这一概念以来,欧洲、北美、澳洲和亚洲的一些国家和地区均采用了这一概念。

作为工业革命滥觞之地的英国,曾经靠制造业聚敛了立国的巨大财富。随着能源和环境的变化,英国政府的战略构想是将耗费资源又破坏环境的制造业转移到发展中国家,而让本国经济依靠"创意"来轻松地赚取别国的钱财。正因为如此,英国的创意产业被视

---

[1] 王志东.文化产业一本通[M].济南:山东人民出版社,2010:03.

为增长、就业、复兴和社会融合等驱动经济的新引擎,发展创意经济也成为英国各个地区的首要任务。据有关资料显示,创意产业在英国国内生产总值中的比例已达 8.2%,其增长速度是整个国民经济增长速度的两倍。创意产业的出口增长更为迅速,平均年增长率达到 11%,占英国海外销售总量的 4.3%。现在全英国与创意产业相关的企业超过 15 万家,创意产业吸纳的就业人数占英国就业人口总数的 8% 以上。[①] 以伦敦为例,利用人才资源和大都会的优势,伦敦创意产业已拥有每年 210 亿英镑的产值,并赢得了全球三大广告产业中心之一、全球三大最繁忙的电影制作中心之一和国际设计之都的称号。[②] 最近,DCMS 启动了"创意英国"计划,将实施遍及所有创意产业的新创意接班人的培养,汇集各类学校组成"学术枢纽",为年轻人获得创意技能提供强化支持。甚至还包括一项"发现自身才能"的计划,致力于通过各种方式确保孩子们每周都获得 5 小时的文化知识培训。来自世界各地的人们也纷纷前往英国知名的设计学院学习,在这个被视为培养创造奇才的国度里踏上腾飞的跳板。

2. 版权产业

版权产业(copyright industry)是指所有生产、经营、发行、传播具有版权保护类产品的信息产业。以书写符号所表现的文字作品,用口头语言表达的口述作品,通过旋律及节奏来表现的音乐作品,以文字表达剧情、借助灯光道具来表现的戏曲作品,通过肢体动作和形体语言来表达的舞蹈作品,运用形状、色彩来表达思想情感并能给人带来美感的美术作品,利用光影等物理或化学作用并借助于器械再现自然现象的摄影作品、影视作品,还有产品设计图和图形作品等,都属于版权产业范畴。经济学家约翰·霍金斯在《创意经济》一书中认为,知识产权主要包括专利、版权、商标和设计等四类,而这四类产权的背后都拥有庞大的产业与之相对应,这些经济部门的核心价值都与版权有关。

美国对版权产业的关注始于 1959 年。作为最早研究版权产业的西方国家,美国对版权产业的界定和划分依核心版权、部分版权、发行版权和关联版权等四大类而定。核心版权产业是以生产和分销版权产品和服务为主的行业,如出版业(报纸、图书、期刊),音像业(唱片、磁带、CD),影视业(电影、电视、广播),计算机软件业(应用软件、娱乐软件)和广告服务业等。部分版权产业的产品只能部分享有版权,发行产业主要是分销版权的行业,而关联产业主要是传媒业和利用版权产品的设备制造业,如计算机、收音机、电视机、收录机等用于承载和利用版权的作品。

畅销书《哈利·波特》系列小说的版权购买,为美国版权产业的高效运作做了最好的诠释。英国作家 J.K. 罗琳第一部《哈利·波特与魔法石》问世之初便好评如潮,荣获当年英国国家图书奖儿童小说奖。随后,罗琳又于 1998 年创作了《哈利·波特与密室》,于 1999 年创作了《哈利·波特与阿兹卡班的囚徒》,其作品开始轰动世界。此后罗琳先后又创作了《哈利·波特与火焰杯》《哈利·波特与凤凰社》《哈利·波特与混血王子》以及《哈利·波特与死亡圣器》等,迅速风靡全球,先后被译为 70 多种语言,在 200 多个国家销

---

① 英国:创意产业驱动经济增长[OL]. 今日艺术网,2010-07-13. 来源:经济参考报,http://www.artnow.com.cn/Finance/FinanceDetail_636_26186.

② 同上。

售发行了4.5亿多册。伴随着畅销书的问世,美国华纳公司独具慧眼地买下了同名电影的拍摄权,近十年内《哈利·波特》系列电影吸引着全球亿万电影观众的眼球,目前全球票房已逾70亿美元(见图1-3)。除电影版权以外,DVD、录像带、电视片、唱片、游戏、广告……有关哈利·波特的周边产品不断扩展,难以计数的玩具、文具、服装、食品、饮料、手机等产品,被复制成电影道具中的哈利·波特眼镜、魔法扫帚、魔杖、摄魂怪、火焰杯三强赛中的火龙等玩具,成千上万种特许经营商品,包括与哈利·波特魔法情景有关主题公园、主题旅游……形成一个庞大的产业链,插上了在全球翱翔的翅膀。

图1-3　美国华纳公司拍摄的哈利·波特电影招贴①

3. 内容产业

内容产业(content industry)主要是指提供视听内容等信息形态产品或服务的产业,即各种媒介上所传播的印刷品内容,包括报纸、书籍、杂志等;音响电子出版物内容,包括联机数据库、音响制品服务、电子游戏等;音像传播内容,包括电视、录像、广播和影院以及用作消费的各种数字化软件等。这些产业不论是通过票房收入、转播权等产值的直接增长,还是以不同的方式出售媒体产品获得收益,都是信息形态产品或服务所产生的经济价值的生产者。在高科技迅猛发展的信息经济时代,信息内容早已成为市场竞争的重要资源。尤其是数码技术和互联网的发展,为信息内容在不同载体间的迅速转移提供了技术保障。在这种情况下,有资源、有物流、有市场,自然而然就会快速集结为产业。

日本是世界公认的动漫强国。据有关资料介绍,日本的动漫产业是其他国家望尘莫及的,年产值占日本GDP的10%以上,超过汽车制造业成为日本的第二大支柱产业。一方面,动漫产业不仅是生产动漫内容产品,还包括相关的杂志、图书、录像等产业,并拓展到玩具、电子游戏、文具、食品、服装、广告、服务等动漫衍生品的开发。漫画的创作,杂志、图书的出版发行,影视动画片的生产,电视台的播出和影院的放映,音像制品的发行,衍生产品的开发和营销等,其生产制作与开发早已成为一个有机的整体。另一方面,日本作为第二次世界大战的战败国,经过几十年的战后重建早已建成世界第二经济大国,并规划着从经济大国转变为文化输出大国。日本文部省在20世纪末首次将日本的动漫称作"日本

---

① 从肖像看哈利·波特十年的成长[OL].视觉中国,http://c.chinavisual.com/2011/07/08/c77464/p3.shtml.

的文化",并将其定位为"现代的重要表达方式之一"①。不仅如此,日本政府又于 2007 年提出了文化产业发展战略,明确将动漫等文化产业确定为国家重要支柱产业。为了扩大日本动漫在国外的影响力,日本外务省甚至拨款 24 亿日元从动漫制作商手中购买动画片播放版权,再将这些动画片免费提供给发展中国家的电视台播放。仅 2007 年一年,日本的动画片、卡通书和电子游戏三者的产值就已超过 90 亿美元。可见,内容产业已经成为衡量一个国家信息文化水平以及综合国力的重要标志。日本的经验证明,通过内容产业的战略推广,能产生更大的经济冲击波,使本国文化在国际上得到尊重,也有利于国家形象的提高。

麦克卢汉认为,任何用于传播的媒介都是包含着"内容"的媒介,有了"内容"才能传递相应的信息。"一种传播媒介使用另一种媒介时,使用者就成为它的'内容'。汽车装在火车上运输时,汽车是在使用铁路,于是它就成为铁路的'内容'。同理,当装载它的是货柜车时,它使用的就是公路。依此类推,印刷术使用手稿、电视使用电影、电影使用剧场、文字作品使用声音等,都属这种情况。"②当日本动漫由虚拟走进现实后,一个新的文化旅游产业链应运而生。承载着"内容"的动漫形象,以营造实景吸引游客的互动参与,成为招徕游客的撒手锏。2012 年春节长假,中国游客前往日本各地旅游,纷纷前往樱桃小丸子、一休哥、蜡笔小新等动漫人物的"故乡"——静冈、京都、埼玉等地,探访那些曾经陪伴自己度过快乐童年的日本动漫明星。静冈县曾因富士山而闻名,现在却又多了动漫旅游的吸引——去"樱桃小丸子乐园",和扮成"小丸子"的少女们一起做游戏。游客在乘坐旅游巴士前往京都市金阁寺的路上,就能看到"一休哥欢迎你"的标语,走近与一休哥斗智的将军足立义满所住的庭院时,游客往往会情不自禁地沉浸在当年电视荧屏早已逝去的时光中。在奥特曼乐园,游客不仅可以看到舞台上真人表演的奥特曼 8 兄弟形象,也可以与自己所喜爱的奥特曼人物实景互动(见图 1-4)。这种动漫旅游已经成为日本旅游的新亮点,既提升了旅游景点的知名度,又有效地传播了日本的动漫文化。

图 1-4 日本奥特曼乐园的动漫旅游体验③

---

① 郑国标.日本动漫业发展的四大因素[OL].中国出版网,2012-02-08. http://www.chuban.cc/gj/rh/tj/201202/t20120208_100638.html.
② 埃里克·麦克卢汉,弗兰克·秦格龙.麦克卢汉精粹[M].何道宽,译.南京:南京大学出版社,2000:320.
③ 日本奥特曼乐园[OL].官方网站,http://www.ultraman-land.jp/.

4. 文化产业

文化产业(culture industry)是指以创意为手段,以内容为核心,以版权为交易,以企业组织方式从事文化商品生产和文化服务经营活动的行业。

20世纪以来,随着电子技术的应用,尤其是传媒领域技术革命和创新成果的发明,催生出一大批以工业生产方式制造文化产品的文化企业。传统的文化生产、储存、传播和消费的格局发生了翻天覆地的变化,出版业、收藏业、工艺品业、休闲品业、娱乐用品业、影像业、演出业、娱乐业、旅游业、场馆业、咨询业以及广告业等文化产业,正以丰富多彩的知识产品和服务,最大限度地满足着现代社会人们日益增长的文化消费需求。新兴的文化产业也迅速崛起,自彩色电影、电视广播之后,多媒体技术、三维动画、互联网等科技成果得以广泛应用。传媒领域的技术革命和创新成果带来文化产业的迅速崛起。在物质财富消费的有限与文化知识消费的无限这对矛盾中,文化产品生产和再生产的规模不断扩大吸引了更多资源汇聚。

正如美国学者弗雷德里克·詹姆逊所指出的那样:"实际情况是,今天的美学生产已经与商品生产普遍结合起来:以最快的周转速度生产永远更新颖的新潮产品(从服装到飞机),这种经济上的狂热的迫切需要,现在赋予美学创新和试验以一种日益必要的结构作用和地位。"[1]在这样的社会背景下,以传统的文化市场为基础,以满足消费社会人们的精神需求和娱乐需求为前提,以数字化技术、多媒体技术和网络技术为支撑,以文化艺术与经营运作相融合的文化产业应运而生。和其他产业一样,文化产业在逐渐走向市场化以后,也依赖着影视、网络、动漫、艺术、出版、演出等特殊技术,建立起生产者与接受者之间的商品交易关系。因此,同样需要遵循市场运作的客观规律,以满足公众的文化消费需求为出发点,大力培育市场主体,进一步解放和发展文化生产力,推动文化产业的快速发展。

有关文化产业的界定目前仍在探索之中。联合国教科文组织将文化产业定义为:"按照工业标准生产、再生产、储存以及分配文化产品和服务的一切活动。"[2]国家文化部《文化产业发展第十个五年计划纲要》指出:"文化产业是指文化部门所管理和指导的从事文化产品生产和提供文化服务的经营性行业。"[3]国家统计局与其他几个部门联合完成的《文化及相关产业指标体系框架》中,将文化产业定义为:"为社会公众提供文化、娱乐产品和服务的活动,以及与这些活动有关联的活动的集合。"[4]除上述来自官方的解释以外,学者们也从不同的角度对文化产业的定义展开了更为严谨的探索。

我们认为,文化产业是以精神文化为主要资源,通过生产经营和市场运作方式获取赢利,为消费者提供精神文化产品和服务的企业和行业的总称。这一产业与其他产业的最

---

[1] [美]弗雷德里克·詹姆逊(Fredric Jameson).快感:文化与政治[M].北京:中国社会科学出版社,2000:140.

[2] 正西鸿顺.何为文化产业[OL].新华网发展论坛,2011-12-27. http://forum.home.news.cn/thread/92638281/1.html.

[3] 曹秀荣.文化产业 大有作为[N/OL].天津日报,2009-02-02,(10). http://epaper.tianjinwe.com/tjrb/tjrb/2009-02/02/content_6087121.htm.

[4] 李舫.文化GDP有了度量衡[N].人民日报,2005-03-02,(11).

大不同在于：文化产业是以创意为主要手段，来从事文化商品生产和文化服务经营活动的无烟行业。

二、文化产业的分类

在了解了文化产业的基本概念以后，我们还需对文化产业的范畴加以界定。随着我国改革开放以来生产力的快速发展和恩格尔系数的结构变化，现代社会人们对文化产品和服务的消费需求与日俱增。正是在时代背景和现实利益的驱动下，文化产业成为我国国民经济中令人瞩目的朝阳产业之一。尤其是影视、网络、动漫、出版业的作品大多建立在大规模的复制技术之上，履行着最为广泛的社会传播功能。下面分别从社会功能、产业结构和传播载体等方面，对文化产业所覆盖的行业分类进行探讨。

（一）根据文化产品的传播载体划分

马歇尔·麦克卢汉（Marshall McLuhan，1911—1982）曾高度评价传播媒介在人类社会发展中的地位和作用。他认为，媒介是社会发展的基本动力，是区分不同社会形态的标志。人类早期处于"部落化"阶段，人与人之间的交流只能借助声音和肢体语言进行面对面的交流，口语范围很窄。出现文字尤其是有了印刷媒介后，各种信息的交流和知识的推广迅速扩大。当广播、电视等电子媒介出现后，人类的时空距离又一次被缩短。而随着网络媒介的普及，人与人之间的距离不再可望而不可即，遥远的世界被拉得很近。于是人类在更大范围内重新部落化，整个世界变成了一个新的"地球村"。在网络传播时代，信息传播更为迅速快捷，人们很容易寻找一种载体发布自己的观点，如BBS留言、网上评论、手机短信、微博等，自诞生之日起就呈现出"爆炸"式发展的趋势，除了交互性强、快捷迅速、收发方便以外，手机真正实现了随时随地传播和接收信息的功能。代表第三代移动通信技术的3G手机，将无线通信与国际互联网等多媒体通信结合在一起，可以即时处理图像、音乐、视频等多种形式，提供网页浏览、电话会议、电子商务信息服务。作为麦克卢汉研究专家的保罗·莱文森，将"地球村"又分为传统的地球村和网络空间的地球村。[①]传统地球村分别包括广播地球村和电视地球村。广播地球村是单向传播的地球村，电视地球村是互动传播的地球村。而所有依托网络媒介进行的信息交换是更高形式的村民交流，尽管这种交流方式包括"部落人"特有的言语交流，也包括"非部落人"的文字交流。因此，现代社会文化传播具有多元融合的特点。

根据传播媒介的这些发展变化，可以将文化产业分为以下类别：以纸介质作为产品载体的印刷媒体，包括图书、报纸、期刊出版、印刷、发行和零售业，集邮票品印刷、发行和经销业等；以胶木、塑胶、胶片、磁带、树脂材料等介质作为产品的复录媒体，包括电影制片、发行和放映业，影像服务业，音像（含唱片）出版、制作、复录、发行和零售业，软件开发、复录、发行和零售业，电视节目制作和发行业等；以无线或有线电子信号作为产品传播的电子媒体，包括广播业、电视业、网络业等；除了上述媒体之外的其他自然资源或物质产品作为记录或反映文化内容的文物媒体，包括手工艺品、工艺制品、娱乐用品制作、加工、

---

① 戴元光，夏寅.莱文森对麦克卢汉媒介思想的继承与修正——兼论媒介进化论及理论来源[J].国际新闻界，2010，(4).中国社会科学网，2010-02-20. http://www.cssn.cn/news/136177.htm.

批发和零售业，人文景观设计和建筑业，文物经销业，花卉种植和经销业，宠物养殖和经销业等；以人类本身有意识的行为作为产品的人体媒体，包括表演业、培训业、咨询业、导游业等；由前四类媒体与人体媒体或由文化设施与人员劳务的有机结合的综合媒体，包括演出业、娱乐业、展览业、旅游业、广告业等。

（二）根据文化产业的经营范围划分

一个国家的宏观经济发展速度与各产业之间的整体布局有关，而一个产业的整体发展又与其自身的内在结构的层次演化分不开。国家统计局与其他有关部门认为，文化产业是为社会公众提供文化、娱乐产品和服务的活动，以及与这些活动有关联的活动的集合。其产业结构可分为核心层、外围层和相关产业层。文化产业的核心层包括：新闻服务；出版发行和版权服务；广播、电视、电影服务；文化艺术服务等。文化产业的外围层包括：网络文化服务；文化休闲娱乐服务；其他文化服务等。相关产业层包括：文化用品、设备及相关文化产品的生产；文化用品、设备及相关文化产品的销售。其中文化产品制造业主要提供能满足消费者精神需求的各种物化产品，如图书、报纸、杂志、音像制品、电子出版物、艺术品、工艺品、娱乐玩具、儿童玩具等；传媒服务业主要是借助各种媒介载体提供精神产品的信息服务，如传统媒介中的广播、电视、电影、文艺演出、博物馆等，新媒介中的互联网软件、移动通信等；休闲娱乐服务业主要是为缓解现代社会快节奏给人们带来的紧张情绪，丰富业余文化生活的各类消遣服务活动，如游览景区服务、室内娱乐活动、休闲健身娱乐等，还有网络游戏、手机阅读等。这些行业构成了文化产业的主体。此外，文化产业还包括与文化产品制造业、传媒服务业、休闲娱乐服务业有直接关联的设备环境，如文化用品专卖店、影楼、形象设计公司、画廊、咖啡厅、茶馆、健身房以及卡拉OK、舞厅等，这些企业也属于文化产业的范畴。

由于以创意为主的文化产业涉及的范围广、产业链长以及松散的准产业形态等原因，很难对文化产业的行业范围加以划分。如何确定人的创意劳动价值？如何衡量创意的投入产出之比？这些都是尚未解决的世界难题。再加上各国对文化创意产业的统计口径都不一致，在数据的收集和测评方面，也很难提供比较权威的认定标准。

（三）根据文化产业的社会功能划分

同其他物质产品市场一样，文化产品市场也是由生产、分配、交换、消费等环节构成的，包括生产者、中间商、消费者等要素，并被生产力与生产关系的矛盾运动所制约，同时受到经济法则和价值规律的支配。我国经历了漫长的封建社会，重农轻商的思想观念一直影响并制约着文化市场的发展。然而，即使是生产力水平低下的远古社会，先民们对文化娱乐的需求却从未间断。文化是一个民族或群体在精神气质方面的集体性特征。在同一群体中某些行为习惯、思考方式和看事物的角度往往为群体成员所共有。文化基因也总是以某种心理积淀和生理遗传的方式储存在由器物—社会—精神所建构的三维文化背景中，成为包括知识、信仰、艺术、道德、法律、风俗以及社会成员所获得的能力、习惯等在内的复合体。不同时期不同社会形态下的文化产品生产者和经营者，都会根据当时的市场需求提供各类书籍、乐器、棋类、艺术品、民间工艺品、娱乐玩具等，组织社火、皮影、傩戏、杂耍、元宵灯会等。除了传统文化的传承以外，随着科技进步的不断创新和广泛应用，当代社会的文化需求也呈现出越来越丰富的变化。正如德国学者彼得·科斯洛夫斯基所说:"后现代思想倡导多元事物构成的多样性,用以取代一种话语、一种承诺的历史。它用复数形式的历史进步、一致、社会化及其理性表现等话语取代单数的一致、历史、进步、进化等话语。"①因此,伴随着生产力的发展和快速增长,社会分工也越来越细,文化产业的社会服务功能也越来越完善。

根据社会功能划分,文化产业可分为新闻出版业、广告经营业、影视演艺业、艺术品经营业、文化旅游业、休闲娱乐业、网络服务业、动漫游戏业、创意设计业、文化会展业等十大板块。新闻出版业主要承担广播电视的舆论宣传、报纸杂志以及纸质电子图书的发行,发挥文化产业的政治功能;广告经营业、创意设计业和网络服务业主要服务于经济,承担产品创意研发、广告促销、借助互联网平台传递各类信息等,发挥文化产业的经济功能;影视演艺业、动漫游戏业、艺术品经营业、文化旅游业及休闲娱乐业等,主要承担满足社会公众日益丰富的文化需求的任务,发挥文化产业的娱乐功能。

三、文化产业的特征

现代社会的文化产业形成于科技飞速发展导致的文化与经济一体化的结合过程。大众传媒的兴起,改变了人类文化传播的时空距离和表现方式;文化教育的普及,又为大众化的文化消费提供了选择能力和条件。文化产业在以商品化、技术化的生产方式为大众的精神需求和娱乐享受提供服务的同时,也以其独有的行业优势立于当今发达国家的支柱性产业之列。

(一)产品的教化性

文化产品有别于其他商品之处在于其承载着精神内容,具有媒介的教化功能。人们能够从报纸、广播、电视、网络的新闻栏目中了解重大新闻和事件,能够从文学作品和影视作品中感悟到共同的道德伦理、精神追求和价值取向,从而凝聚广大民众的向心力,起到意识形态的教育作用。

当今世界有关国家实力的论述有"硬实力"和"软实力"之分:一种是以美国前国务卿科林·鲍威尔(Colin Luther Powell)为代表的"硬实力"派,主张以强硬的军事手段惩治桀骜不驯的敌国对手,使别国政局朝有利于自己的方向发展,将某些重要地点据为军事基地,不断向世界扩展本国势力;另一种是以哈佛大学学者约瑟夫·奈(Joseph S. Nye)为代表的"软实力"派,认为国家实力主要建立在文化因素上,主张用非军事资源解决问题。约瑟夫·奈认为,"在国际政治中,一个国家可以通过这样的方式来获得它想要的结果:其他国家追随它,欣赏它的价值,模仿它的榜样,热衷于它的繁荣和开放程度。从这个意义上讲,在国际政治中设置吸引其他国家的议程,其重要性并不亚于通过军事或经济力量来迫使他国改变。这种让别人想你之所想的力量,我称之为软实力。这种力量吸引人,而不压迫人。"②另一位美国学者弗莱姆(John Frame)也认为,"在当今世界向软实力世界发展的趋势中,一个正在兴起的现象,即符号的战争。这是通过大众媒介形象、大众娱乐、跨

---

① [德]彼得·科斯洛夫斯基.后现代文化——技术发展的社会文化后果[M].毛怡红,译.姚燕,校.柴方国,审校.北京:中央编译出版社,1999:26.
② Joseph S. Nye Jr. The Paradox of American Power[M]. New York: Oxford University Press,2002: 8-9.

国公司和世界品牌而达成的对国家边界的入侵。"①纵观亚洲的日本、韩国、新加坡等国的发展经验,文化产业创造的价值正在大力推进本国经济实力,悄然提升其国家形象。可见,文化是一个国家发展的精神动力,是增强国民自信心的重要源泉,更是提升国家软实力的战略着眼点和强化本国文化影响力的重要保障。

从提升本国民众的素质功能来看,文化产品承载着一个社会的政治思想、道德观念和审美情趣,具有凝聚社会精神的教化功能。文化是一个民族或群体在精神气质方面的集体性特征。随着科技进步的不断创新和广泛应用,文化所处的环境每时每刻都在发生着变化,并且越来越多地影响着人们的行为模式和审美观念。文化产品往往会以喜闻乐见、轻松诙谐等艺术魅力,来吸引社会公众认同其中的人文内涵。比如在观看动画片《大闹天宫》(见图1-5)时,人们通过艺术家人物造型的京剧程式动作、对白上的抑扬顿挫、锣鼓打击乐的戏剧效果等设计,对孙悟空的生动形象赞叹不已,同时,在跌宕起伏的故事情节和夸张浪漫的动画表现中,也对孙悟空这个具有猴的特征、神的威力、人的感情的中国神话式英雄不畏强权、机智勇敢的性格特征产生了认同。

图1-5 国产动画片《大闹天宫》②

(二)创意的产能性

在当今,创意正在凸显其在任何领域里的极端重要性,创意对于文化产业的发展而言更是制胜的法宝。我们知道,人类有别于动物的根本标志在于思维和语言交往。在长期社会劳动和语言交往的作用下,人的思维由表象上升到概念,从而使人对外部世界的关系从直接的印象中分离出来。人的意识活动往往通过语言交往等符号的作用实现人类知识的传递和文明程度的提高。创意是人们社会实践活动长期积累的智慧结晶。无论是创意构思的求索、知觉信息的筛选、诱因条件的妙用,还是灵感的显现,都离不开社会实践。只要思路畅通,想象力丰富就可能产生发散性思维;只要思路与众不同、能突破惯性思维就可能激发独特的异向性思维;只要能迅速转移思路,由此及彼,触类旁通,灵活连接,就可能迸发出新颖的灵感火花;只要善于抓住事物的本质,使问题简洁化、条理化,就可能培养出优秀的洞察能力。正是有赖于此,人的创意思维才得以从较低水平向较高水平迁移。在不断同化、顺应的建构过程中,创意思维逐渐从生产过程和加工工艺中剥离出来,成为可以单独交易的一种特殊的生产经营——创意的产能化。

在现实社会中,一个与众不同的广告创意,一番精心包装的文艺演出,甚至一本畅销小说都可以与财富相连。纽约TBWA广告公司在长达20余年里,通过对绝对伏特加酒

---

① John Frame. Battle of Symbols: Global Dynamics of Advertising, Entertainment and Media[M]. Einsiedeln, Switzerland: Daimon Verlag, 2003: 34.

② 上影集团官网[OL]. http://www.sfs-cn.com/node3/node1821/userobject1ai1465729.html.

品牌英文含义的创意开发,借助瓶形的独特变化和巧妙置换,逐渐形成了持续性和时兴性平衡的系列广告,如绝对的产品、绝对的物品、绝对的城市、绝对的艺术、绝对的节目、绝对的口味、绝对的服装设计、绝对的主题艺术、绝对的欧洲城市、绝对的影片与文字、绝对的定做、绝对的话题等,在美国掀起了一场散发着文化魅力的广告运动(见图1-6)。不仅为该产品进军美国市场赢得了巨大的销售业绩,同时还成功地托起了一个著名品牌,两次荣获美国广告界最高荣誉的 KELLY 奖。[①]

图1-6 绝对伏特加酒系列广告

(三) 耗能的非依赖性

提高能源资源的利用效率,强调生态环境保护,追求可持续发展,已成为当今社会各国发展经济中的一种共识。节能不仅可以减少能源消耗,降低产业的能源成本,而且有利于保护环境质量,让大气中的温室气体含量稳定在一个适当的水平,减少恶劣气候给人类造成的伤害。正因为如此,一些制造业发达的强国在审视本国经济发展战略后,纷纷改弦更张将发展的重点转向耗能相对低、对能源的依赖性不那么强烈的第三产业。近年来,我国政府也采取了一系列政策,鼓励以专业化分工和提高社会效率为重点,积极发展生产性服务业,构建跨产业生态链;重视控制和减少污染物排放,提高资源利用效率;主张构建技术研发服务平台,积极开展替代技术、减量技术、再利用技术、资源化技术、系统化技术等关键技术研究,突破制约循环经济发展的技术瓶颈;同时,成立发展循环经济建设节约型社会工作机构,研究制定发展循环经济建设节约型社会的各项政策措施;设立发展循环经济建设节约型社会专项资金,重点扶持循环经济发展项目、节能降耗活动、减量减排技术创新补助等。在这样的背景下,文化产业作为无须巨额投资厂房设备等基本建设、无须耗费大量的原材料组织生产,也无须招募大量的劳动力用工,而主要是凭借神奇的智慧、艺术、才干、组织管理以及推销能力获得成功的"无烟工业",更加引起学术界和实业界的关注。

改革开放以来,我国的经济实力大大增强,广大人民群众的生活水平也在逐年增加。有资料表明,人均国内生产总值达到3 000美元时,人们对精神文化的消费需求必然快速增长。2009年我国人均国内生产总值已经达到了3 700美元,有的省市已经超过了5 000

---

① Richard W. Lewis. Absolut Book[M]. North Clarendon: Journey Editions,1996.

美元。① 可见,我国的文化市场和文化需求已进入一个空前旺盛的时期,文化产业被推到了经济发展战略的台前。相对其他产业而言,文化产业的特色资源是创意。不论是采用可回收的纸张为原料的图书、期刊、报纸的出版行业,还是采用高科技来完成的产品创意研发、动漫设计、网络游戏等设计行业,都具有耗能的非依赖性特点。

(四) 消费的娱乐性

人类的消费行为从来都不是一种纯粹的经济行为,它在本质上都是受当时所处的社会环境影响的一种反映。当生产力发展水平相对较低时,稀缺的市场供给制约着社会的发展;然而,当生产力发展水平相对较高时,情形会发生变化。当今社会经济的持续发展迎来了一个可以用消费来命名的时代,消费也从社会在生产循环链上的一个环节,嬗变为对生产具有反作用影响的主导地位。

消费的增长在国民经济的计算中已经转变成为一种正值,其增长直接反映了经济增长的速度与水平。

当代法国著名思想家让·鲍德里亚(Jean Baudrillard)认为,消费社会里商品符号价值的消费已经构成了社会所有成员之间相互关系的基础和纽带。他在《消费社会》一书中写道:"流通、购买、销售,对作了区分的财富及物品/符号的占有,这些构成了我们今天的语言、我们的编码,整个社会都依靠它来沟通交流。"② 文化产业的大众化消费特点是以现代科技传媒为手段,以市场经济为导向。现在的传媒业本来就是在报纸、广播、杂志、影视、音像、计算机网络等大众传媒的基础上发展起来的,它不仅具有强烈的实用功利性和娱乐消遣性,而且具有批量复制和拷贝的生产特点。正因为如此,生产广告作品、通俗歌曲、网络文学、流行音乐、饮食文化、服饰文化的个体和企业星罗棋布,令人目不暇接。数以百万计的流行音乐带、CD、VCD、畅销书和画册等文化产品,不断地在拷贝中被"克隆"出来。这些产品反映了现代工业社会和市场经济条件下,适应大众文化品位并为大众接受和参与的社会意义。

第二节 文化产业营销概述

当我们分别从内涵与外延界定了文化产业以后,不难发现文化产业与文化事业的根本区别在于市场运作。文化产业是按照产业化/商业化的形式来组织文化产品和服务的生产、交换和消费的行业总称,其运作离不开市场营销这个主题。在了解了文化产业的基本概念后,我们不妨从文化市场溯源开始,解析我国自改革开放以来文化产业迅速崛起的原因,进而了解有关文化产业营销的一些基本概念。

一、我国文化市场的历史沿革

任何产业的形成与发展都离不开市场。市场是商品流通的场所,也是生产者、消费者和经营者相互关系的纽带。文化市场同样如此。伴随着人类历史发展应运而生的文化市

---

① 叶朗.2011中国文化产业年度发展报告[M].北京:北京大学出版社,2011:002.
② [法]让·鲍德里亚.消费社会[M].刘成富,全志钢,译.南京:南京大学出版社,2000:71.

场,历经千百年岁月的打磨,凝聚着民族的智慧情感和精神血脉,成为一种肇始于过去、融透于现在、承载着未来的经济形态。透过不同时期文化市场的变迁,可以折射出我国商品经济的发展轨迹。

在有着极强生命力的中国文化历史长河中,文化市场的演进大致可分为古代、近现代和现当代三个时期。古代包括先秦战国时期、秦汉时期、魏晋南北朝时期、隋唐时期、宋元时期、明清时期;近现代主要指清末时期和民国时期;现当代主要指新中国成立后的建国初期、计划经济和改革开放以后。

(一) 古代文化市场

早在远古时期,我国劳动人民在漫长的征服自然活动的实践中就萌发出代表当时社会生产力水平的审美观和信仰。从远古先民佩戴在身上用作装饰用的小饰物开始,逐渐演化形成了我国最早的雕塑、绘画等造型艺术形式。不仅每个部落群体都有各自独特的图腾崇拜,在祭祀仪式以及庆祝活动中还产生了原始的舞蹈、音乐和诗歌等表演活动。到了原始社会末期,随着第三次社会大分工开始出现私有财产和氏族成员之间贫富分化的现象。在不同产品所有者之间出现剩余产品的物物交换的同时,出现了场地和时间相对固定的集市雏形。随后,各种玉雕、贝雕、骨雕、石雕、彩陶、漆器、竹编、草编等工艺品纷纷进入交易市场,逐渐形成了我国最早的艺术品市场。

1. 先秦时期

从夏朝立国至战国时期,是我国文化市场的起步阶段。由于当时自给自足的自然经济占据社会主导地位,文化商品的种类和文化服务的项目十分有限。

在原始巫术和各类艺术品生产的基础上,人类先祖创造和发展了语言、文字、文学以及天文、地理、算术、植物、动物、医药等各个门类的科学知识,出现了"削竹为简册,文字书于竹"的原始书籍。到春秋战国时期文化市场得以进一步扩展。由于文字、书法的进化,诗歌、散文的繁荣,诸子百家的争鸣、史学的开创、私学的兴起,促进了竹简、木简、帛书市场的活跃和交易,出现了中国古代文化空前的璀璨时期。如孔子、孟子的儒家;老子、庄子的道家;墨翟的墨家;商鞅、韩非的法家;张仪、苏秦的纵横家;孙武、孙膑的兵家等。诸子百家的学术思想为中国文化的发展奠定了基石,一直影响着中国文化的上下几千年。这一时期的文化艺术品集中在手工行业,凝聚着先人智慧和审美观念的青铜器、金银器等生活用品,以及各种礼乐用器开始大量涌现(见图 1-7)。

图 1-7　战国宴乐渔猎铜壶拓片①

2. 秦汉时期

随着秦朝封建专制主义中央集权的建立,我国政治、经济和文化逐渐走向了统一。由于实行"车同轨,书同文,度同制,行同伦"的天下一统集权制,各地区的经济和文化交流更为广泛,有力地推动了文化市场的进一步扩展。尽管秦始皇采取"焚书坑儒"的极端措施,

---

① 田自秉.中国工艺美术简史[M].北京:人民美术出版社,1983:附图 25.

使得诸子学说遭受了史无前例的浩劫,但《门氏春秋》、《九章算术》等涉及农业、医药、天文、数学领域的自然科学书籍仍然得以继承和传播。

到了汉武帝时期,京师兴太学,郡国立学校,于是各地出现了专营书籍的书肆。教育的普及促进了文学艺术的进一步发展。这一时期产生的汉代辞赋,是一种以叙事为主的韵律文体,在我国文学发展史上有着十分重要的地位。其代表作有贾谊的《吊屈原赋》、司马相如的《子虚赋》、班固的《东都赋》以及张衡的《西京赋》等。除了文人的辞赋外,汉代乐府诗也采集了当时的民歌,充分反映广大人民的生活、劳动、思想和感情(见图1-8)。这一时期还诞生了司马迁编纂的我国历史上第一部通史《史记》,班固编纂的《汉书》,许慎编撰的《说文解字》,张仲景编撰的《伤寒杂病论》等传世之作。东汉蔡伦发明了造纸术后,纸质图书逐渐取代了体积笨重的竹木简牍和成本昂贵的丝织帛书,促进了图书商品的流通。与此同时,"丝绸之路"的开通促进了对外经济文化的传播与交流。中国的丝绸、刺绣、陶瓷和其他绚丽多彩的工艺制品经由西域或东南亚流向中亚地区及至后来欧洲各国。西域以及中亚、欧洲地区的毛织地毯、珠宝玉器、琵琶等工艺制品以及多姿多彩的音乐、舞蹈、绘画、雕塑等艺术形式陆续传入中原地区,扩大了文化商品流通的种类和地域范围。

图1-8　东汉击鼓说唱俑①

3. 魏晋南北朝时期

由于东汉末年社会的动乱,政治和经济一元化的破碎,魏晋南北朝时期的文化开始走向多元化。经学的失落,名教的危机,使人们认识到了儒学的"不周世用",开始将注意力转向老庄哲学,以《易》、《老子》、《庄子》为经典,崇尚老庄自然无为。玄学思想影响着整个魏晋南北朝时期文化的各个领域,成为当时的文化主流。印度佛教的东来,使得大量佛教经典被翻译成汉文,佛教文化与中国固有文化逐渐融合。而创立于东汉末期的道教至魏晋南北朝时已广为流行,并由原始的民间宗教向成熟的官方宗教方向演变发展。佛教、道教的盛行为后世留下了大量宝贵的宗教艺术财富。

4. 隋唐时期

进入隋唐时期后,我国开始实行科举制度,私学教育市场日趋兴旺。隋代教育家颜之推搜集历代家教典故并结合自己的家教实践,写成的《颜氏家训》至今仍具有积极意义。《千字文》和《百家姓》等更是作为启蒙教育必备课本流传至今。随着雕版印刷术的发明,儒家经典、佛教文献、道教学说、天文、医学、文学、史学以及书法碑帖得以广泛传播。各种图书生产的蓬勃发展,带动了城市书肆的日益繁荣。

到了盛唐时期,诗词格律十分普及,流传至今的大量唐代名诗堪称我国诗歌史上的顶峰,出现了王维、李白、杜甫、柳宗元、白居易、李商隐、杜牧等著名诗人。还有《柳毅传》、《南柯记》等别传、小说、寓言等多种文学体裁也一直影响着后人。盛唐是我国封建社会稳定的经济发展时期,许多新兴城市、行会组织和庙会的兴起,带动了文化市场的发展与繁

---

① 田自秉.中国工艺美术简史[M].北京:人民美术出版社,1983:附图25.

荣。随着佛教文化的大量传入，我国中原地区兴建寺庙塔楼、开凿石窟、刻经造像的现象极为盛行。大同云冈石窟、洛阳龙门石窟均有唐代的佛像，敦煌莫高窟更是唐代绘画、雕塑、书法艺术的综合宝库（见图1-9）。这一时期的壁画、绢本画和纸本画等进入了中国绘画史上的成熟时期。民间工艺品市场不仅流通着各种精雕细刻的金银饰品、珠宝玉器，而且大量涌现了名留史册的唐三彩陶艺制品。在演出市场方面，唐代的歌舞和音乐不仅广泛汇集了各地少数民族的歌舞精华，而且大量吸收了印度、中亚、西亚诸国的乐曲、乐器和乐工的艺术特点。除宫廷歌舞以外，民间还流行各种娱乐用品及游艺项目，如围棋、象棋、叶子格、投壶、弹棋、风筝、爆竹、烟花、蹴鞠、毽子、陀螺、斗鸡、鸣虫等。唐诗中有大量诗篇精彩地描述了当时的娱乐活动，这些活动甚至一直影响着现代社会的文化娱乐和人文旅游市场。

图1-9 敦煌莫高窟壁画

5. 宋元时期

中国文学史上素有"唐诗"、"宋词"和"元曲"之尊。词是诗的发展，每首词都配有固定的词牌。由于异域文化的交流，原来唐诗五言、七律诗中规整的句法被打破，再加上源于民间和异域的民歌渗透，流传下来各式各样抑扬顿挫、平仄押韵的词牌，涌现出欧阳修、苏轼、柳永、辛弃疾、李清照等一大批著名的文人墨客。后来，人们将若干首词连起来，又配以乐曲填词吟唱，最终形成了新文体和艺术门类的元杂剧。这些剧本有完整的故事情节、强烈的戏剧冲突和鲜明的人物性格，演员分为生、旦、净、末、丑等角色。如关汉卿的《窦娥冤》、王实甫的《西厢记》、马致远的《汉宫秋》等，开创了我国戏曲史的新纪元。另外，宋代在科技领域上的巨大成就是火药、活字印刷术和指南针三大发明。还有郭守敬制定的《授时历》、秦九韶著的《数书九章》以及沈括著的《梦溪笔谈》等研究成果。这一时期，司马光主编了我国历史上第一部编年体通史《资治通鉴》，共计294卷。

随着雕版印刷术的广泛应用和活字印刷术的逐渐推广，各种书肆、书铺、书堂、书馆、书籍铺、经籍铺等民营书坊遍布大街小巷。随着以青铜器、石刻为主要研究对象的金石学研究的兴起，逐渐形成了收藏古器物的社会风气，出现了专门的文物市场。同时，这一时期市井文化开始兴起，出现了大量的民间职业艺人，形成了集多种游乐形式于一体的游乐场所——勾栏瓦舍，如流传至今的各种杂耍、小唱、皮影、杂剧、评书等。此外，各种剪纸、灯彩逐渐从民间家庭自剪、自扎、自玩演变为在花市、灯市上出售的工艺品。市面上出现了摆摊制售用于观赏、祭祀或娱乐的泥塑、面塑等各类工艺品。宋代艺术瓷业争奇斗艳，并且通过海上丝绸之路远销中亚及欧洲地区。据史书记载，北宋京都汴梁人口多达百万，民居与商肆杂处街市，店铺遍布内城外城。张择端的传世之作《清明上河图》（见图1-10），真实地再现了当时京城的繁荣景象。

6. 明清时期

至明清时代，随着市民阶层的扩大和文化教育的普及，白话章回小说广为流行。不仅有"四大奇书"之称的《三国演义》、《水浒传》、《西游记》和《红楼梦》，还有短篇小说"三言"、

图 1-10 宋《清明上河图》(局部)

"两拍"。明清传奇剧本的代表作有汤显祖的《牡丹亭》、《邯郸记》、《南柯记》和《紫钗记》等。这一时期的明清小说和剧本,掀开了中国文学史上的辉煌篇章。与此同时,戏曲的演唱和音乐的伴奏也在日益进步,形成众多的声腔剧种。随着"四大徽班"进京,在徽调和汉调的基础上诞生了京剧。戏曲演出市场呈现出日益繁荣的景象,除众多在城市常年演出的职业戏班以外,还有大量农村的庙会戏台,观众遍及广大市民、农民、商人、士兵,以及文人雅士、官绅贵族等社会各阶层。

另外,明清时期商品交换范围的扩大,也加速了书法、绘画、篆刻等艺术作品的商品化进程。这一时期南北画派林立,知名画家有"吴派四大家"——唐寅(唐伯虎)、仇英、沈周和文徵明,"松江派"代表人物董其昌,"扬州八怪"——郑燮(郑板桥)、黄慎、金农、罗聘、李鱓、汪士慎、高翔、李方膺以及石涛、八大山人等,在南京、苏州、扬州、杭州、广州等大城市中形成了繁荣的书画市场。由于朝政腐败,官场贪污、行贿、受贿成风,古玩成为应酬送礼之门路、进身保禄之良方,故而明清时期的古玩市场呈畸形繁荣现象。然而,明清两代非常重视对古代文化遗产的收集、整理、总结和继承。如明代官修大型类书《永乐大典》共计22 937卷。明代李时珍编撰的药学巨著《本草纲目》共计52卷,屡经再版,并且先后被译成日、朝鲜、拉丁、英、法、德等文字,在世界各地广为流传。宋应星编撰的科技巨著《开天工物》共计3卷,流传到日本并翻刻和流传,后来被译成英、法、德等文字,在西方国家广泛流传。清代官修大型丛书《四库全书》共辑古书79 337卷。大型辞书《康熙字典》共收47 035个汉字,是当时世界上收字最多的字典。

(二) 近现代文化市场

1840年鸦片战争以后,中国开始逐步沦为半殖民地半封建社会。西方各国教会组织得以公开"合法"身份进入中国境内,从事传教布道、发行书报、开办学校、开设医院等文化侵略活动。中国近代文化市场必然成为中西文化相互交融的混合体。一方面,西方文化所包含的价值观念、生活方式、艺术形式和娱乐方式大量传入;另一方面,中国传统文化在与西方文化交流和碰撞的过程中继续发展。所以,我国近代文化市场在结构、功能等方面都发生了巨大的变化。

1. 清末时期

由于清政府的腐败和无能,西方文化媒介和文化资本凭借炮舰实力和科技优势,大举进入中国文化市场。外国商人先后在上海建起了跑马场和剧场等娱乐场所,经常在租界的公园内举办音乐会。受外国侨民和教会学校演剧的影响,以对话为表演手段的舞台剧迅速风靡一些大城市,从而开辟了中国话剧演出市场。这一时期,外国人在华办的中文报刊几乎垄断了当时的中国报业市场,这些报刊在极力维护本国政府的对华政策的同时,也在传播西方文明、促进中西文化交流方面起到了一定的作用。照相术和胶片技术的推广普及,不仅催生了新闻摄影行业,而且造就了照相服务行业。随着口岸通商,国内最大的商埠上海十里洋场万商云集。为了招徕顾客,洋商们将洋画片形式的广告带入中国,印上年历和商号后赠送给中国的顾客。月份牌广告通常在画的两边或下方同时配有公历和农历对照的日历,画中醒目地描绘着美妇倩女的形象,并在适当的位置画上商品及商号名称(见图1-11)。

图1-11 清末民初开始流行的月份牌广告①

2. 民国时期

到了北洋军阀混战、官僚专制统治的民国时期,加上随后日本侵华战争的爆发,当时的整个中国仍处于社会动荡之中,民族资本经济于夹缝中生存,仅仅占有很小的国内市场份额。1926年10月,中国人在哈尔滨自办的中国第一座广播电台开始播音。这一时期,官方电台播放新闻、曲艺等节目,主要依靠向收音机经销店和用户分别收取执照费来维持运营;私营电台则依靠播送商品广告节目来维持营业。由于广播电台既能及时传播当地新闻,又能播出音乐戏曲节目,还能传播各类广告信息,对当时的听众和商家颇有新鲜感和吸引力,由此形成了广播市场。与此同时,我国的电影从开始进入市场起就刺激了一些开办交易所失败的投机商人,他们纷纷投资开设电影公司。1930年,明星公司与百代唱片公司合作摄制中国最早的有声影片《歌女红牡丹》。1932年,外商利用中国制片业"规模狭小,经济薄弱"而市场潜力巨大的机遇,企图独占中国的制片业和垄断

---

① 林家治.民国商业美术史[M].上海:上海人民美术出版社,2008:93,111,125.

电影市场,遭到了左翼电影人士的一致抵制。随后,昆仑、文华、国泰等民营公司先后摄制了《八千里路云和月》、《一江春水向东流》等一大批优秀影片,深受广大市民和进步人士的喜爱。

这一时期,传统娱乐媒介在民间和乡村仍拥有坚实的市场基础。老北京的天桥(见图1-12)、天津的"三不管"、南京的夫子庙、苏州的玄妙观、上海的大世界、杭州的西子湖畔,依旧是热闹非凡的娱乐场所。双簧、数来宝、口技、杂耍、相声、京韵大鼓,以及驯熊、驯猴、驯蛇、驯鸟、驯蛙、驯蚁等杂技,深深地吸引着众多的普通老百姓,使民间娱乐文化得以继承和发扬。

图1-12　老北京天桥售卖古玩字画的商店①

(三) 现当代文化市场

1949年10月新中国成立后,我国在实现从新民主主义到社会主义过渡的基础上,开始实行计划经济体制。随着民主政权的建立,政府没收了官僚资本、外国资本经营的报刊、书局、学校、广播电台、电影制片厂、影剧院、游艺场等文化企业,取缔了具有西方文化色彩的赌场、跑马场、夜总会等娱乐场所;对于民族资本经营的文化企业如各类工艺厂、书画店、文物店、照相馆等中小企业,则采取了限制、利用和改造的政策。

1. 新中国成立初期

新中国成立初期,根据党在过渡时期的总路线,国家采取以政府投入部分资金、联合经营等方式,将民族资本经营的出版业、广播、电影业、娱乐业和教育业改造为公私合营的国家资本主义企业,然后以赎买(给付资方定息)的方式过渡为国营企业或事业单位,并纳入国家新闻、出版、文化、教育事业管理体系。民营的手工艺作坊、照相馆等文化企业,则通过全行业的公私合营改造成为国营或集体所有制的轻工或商业服务企业。

通过对文化企业的社会主义改造,使得一些文化企业步入健康成长的发展轨道。昆曲是我国乃至世界现存最古老的、具有悠久艺术传统的戏剧形态。由于集文学、舞蹈、音乐、戏剧为一体,故而以"百戏之祖"、"百戏之师"美誉成为中国古典表演艺术的经典。然而,自清中叶以后昆曲表演市场每况愈下,到新中国成立之前已濒临绝境。1949年新中国成立以后,人民政府派人将散落在北方各地的昆曲艺人邀集到北京人民艺术剧院任教。1956年,浙江国风苏昆剧团编演了昆曲传统剧目《十五贯》,当年的《人民日报》为此发表了社论《从"一出戏救活一个剧种"谈起》②,随之各地昆剧戏剧院团相继成立。新中国成立初期对昆曲的扶持,不仅折射出党和国家政府对文化事业发展的支持,也成为后来整个戏剧界乃至整个文艺界呈现出百花齐放局面的一个前奏。

2. 计划经济时期

新中国成立后的"一五"计划时期,我国政府通过计划调节的手段,逐步建立了覆盖全

---

① 杂耍绝活老照片 百年前老北京天桥风情[OL].中国网,China.com.cn,2007-09-17. http://www.lianghui.org.cn/culture/txt/2007-09/17/content_8895404.htm.

② 张冬素.昆剧《十五贯》:一出戏救活一个剧种[N].浙江日报,2009-08-21,(3).

国范围的报刊发行网点、图书发行销售网点、电影发行放映网点、无线有线广播宣传网络,促进了文化知识的广泛传播,丰富了人民群众的文化生活。由于文化产业所有制形式单一,文化企业投资渠道不畅,国家建设资金十分有限,影响了文化生产经营者的积极性。到1966年"文化大革命"时期,除京剧《红灯记》《沙家浜》《智取威虎山》《奇袭白虎团》、《杜鹃山》《海港》,舞剧《红色娘子军》《白毛女》等"革命样板戏"(见图1-13)以外,其他文化娱乐形式几乎不复存在。

图1-13 "文化大革命"时期样板戏剧照选

二、我国文化产业的迅速崛起

我国的文化产业是伴随改革开放而迅速崛起的。现代社会消费行为的多元化、个性化以及情感化趋势,为整个文化产业的兴起及市场运作提供了更为广阔的市场基础。各种文学艺术、新闻出版、广播电视、设计服务、网络平台、动漫游戏、场馆教育、娱乐休闲等文化活动正日益走进市场并走向成熟。由于文化产业所提供的消费者个性化、情感化和多元化的服务契合了文化本身的精神内涵和价值取向,在文化体制改革的推动下,庞大的文化产业经济得以迅猛发展。我国改革开放三十多年来文化产业的发展,大体经历了萌芽期、成长期和崛起期三个阶段。

(一)萌芽期(1979—1991)

党的十一届三中全会以来,我国进入了以经济建设为中心的改革开放时期。文化企事业单位逐渐摆脱了由政府统包统管的附属地位,逐步走上自主经营、自负盈亏的发展道路,文化市场开始复苏并步入快速发展的健康轨道。

1979年1月28日,上海《解放日报》刊登了"文化大革命"后中国内地的第一则报纸广告。此后,销声匿迹多年的广告重回报纸版面,启动了我国报刊业乃至广播业和影视业的市场化进程。随后,各种歌厅、舞厅、茶馆、酒吧、游艺厅、夜总会、台球室、保龄球馆、电子游戏厅、高尔夫球场等娱乐场所迅速在全国各地普及,带动了我国娱乐市场的全面复苏。此时的电影市场异常活跃,一度占据着文化市场的龙头地位。同时,以胶木、塑胶为载体的传统唱片被逐渐淘汰后,盒式录音磁带、激光唱盘、家用录像机、盒式录像带和激光视盘技术陆续登场,音像业迅速形成了产业化规模。随着高考制度的恢复,教材类、科普类、文学类图书的品种和产量大幅增长,报刊的种类和期刊发行量也大幅度增长,报刊和图书市场呈现出购销两旺的局面。

从20世纪80年代中期开始,我国的电视业迅速崛起。随着居民家庭电视机普及率的迅速提高,商业广告逐渐渗透到了国民经济和社会生活领域。除已经形成规模的广告业以外,多种经济成分的出现和国有企业经营自主权的扩大,为文化产业的市场化经营提供了巨大的活动空间。全国各地相继涌现出了大批个体经营性质的报摊、书摊、集邮摊、古玩摊、手工艺人和曲艺杂技艺人,集体经营性质的印刷厂、广告公司、书店、影楼、曲艺表演团体、中外合资、中外合作经营性质的音像公司、文化娱乐场馆,股份制经营性质的影视公司、人文旅游景区等。许多地方纷纷挖掘和利用本地文化资源,通过"文化搭台,经济唱戏"模式招商引资、吸引游客,振兴了地方经济。1979年1月28日,上海电视台播出了我国改革开放以来的第一则电视广告——"参桂补酒"广告。1983年,中央电视台播放了江苏盐城一家名不见经传的"燕舞"牌收录机的电视广告(见图1-14)。这种载歌载舞的电视广告一经播出后,其广告歌:"燕舞、燕舞,一曲歌来一片情!"迅速红遍大江南北,"燕舞"牌收录机很快售出了2亿台。

图1-14 1983年央视播出的电视广告——"燕舞"牌收录机广告①

(二)成长期(1992—2008)

20世纪90年代以来,我国文化市场在不断扩展和延伸中日益繁荣。在文化商品市场领域,图书市场、报纸杂志市场、文具市场、艺术品市场、文物市场、娱乐品市场、集邮市场、花卉市场、宠物市场、玩具市场、健身器材市场等文化产业逐渐兴起,形成规模化经营;在文化服务市场领域,各种演出市场、电影市场、娱乐市场、展览市场、旅游市场、培训市场、咨询市场、广告市场、中介服务市场等服务性企业也迅速发展,极大地丰富着日益活跃的文化市场。与此同时,各种网上书店、远程教育、电子商务、虚拟社区、旅游频道、影视频道、电子邮件、网络广告等媒介传播形式层出不穷,开始渗透到我国城乡广阔的文化市场。

随着文化体制改革的迅猛推进,我国文化主管部门开始为不同所有制企业营造一个公平、公正、透明的体制和政策环境,政府对文化产业的宏观调控逐渐由以行政手段为主

---

① 中国最早的电视广告[OL].CCTV-10,记忆.http://v.youku.com/v_show/id_XOTEyOTIyNjg=.html.

转向以经济手段为主。通过对文化行业的局部扫描,可以窥斑见豹,真实地感受到我国整个文化产业快速发展的脉搏,感受到文化产业作为朝阳产业的方兴未艾。

1. 新闻出版业的改制新貌

新闻出版、广播电影电视一直是我国文化产业的核心领域,该领域的改革动向备受人们的关注。除党报党刊及部分重要出版社仍为事业单位外,绝大多数出版社已经开始陆续改制,并吸纳社会资金(包括国有、民营)参股;在分销流通环节也将加快完成股份制改造,开始进入实质性的变革。广播电影电视领域按照"政企分开、政事分开、事企分开、产权明晰、责任明确"的原则进行文化体制改革,逐步实现转企、股份化、上市等"三个转变"。

当年,《北京青年报》为了寻找一个满足读者需要的突破口,在相对宽松的副刊基础上创办了周末版——《青年周末》。以拥有"周末大特写"、"记者行动"、"法制社会"、"休闲乐园"、"星光灿烂"、"人在旅途"、"咫尺天下"等专版形式,逐渐形成"新闻性、可读性、服务性、贴近性"的特点,使得创刊3个月后的该报发行量扶摇直上,广告应接不暇。全国各地纷纷效仿,引发了报界持续不退的"周末版热"。随后,新闻出版业越来越明显地呈现出靠营造品牌、垄断知识产权来营销出版物的趋势。在这种情况下,谁能抓住机遇加速转轨,谁就能迅速成长为行业旗舰。南方报业集团就是成功的一例。由于坚持正确的舆论导向,把党的路线、方针、政策同广东改革开放的实际紧密结合起来,充分体现地方特色,赢得了区域内广大读者的信赖,所以其发行量和广告额创造了连续19年居全国省委机关报之首的纪录。不仅如此,南方报业集团旗下的《南方周末》、《南方都市报》、《21世纪经济报道》、《新京报》等,呈现在读者面前的是一个个精美产品和一幕幕精彩演出,社会效益和经济效益俱佳,影响遍及全国。细观其发展脉络,不难发现南方报业集团的成长轨迹:该集团坚持实施媒体多品牌发展战略理念,不断增强自己的综合竞争力,从单一的新闻竞争转到塑造媒体品牌的竞争,从单一品牌的竞争转到媒体多品牌的竞争,从单纯的媒体品牌产品竞争转到品牌理念所延伸到的各个领域的竞争。这在报业市场只打价格战的低层次竞争,以追求规模、结构、效益为主的中层次竞争和以资本、人才、品牌为主的高层次战略竞争中,南方报业显然已经赢得了市场竞争的先机。其品牌战略的成功秘籍在于:先培育出品牌报纸,以品牌报纸为龙头成立报系;在形成品牌和报系的过程中,用优质品牌为龙头的报系来孵化新的子报。正因为如此,南方报业集团的品牌运作才会像滚雪团一样越滚越大。

2. 影视娱乐业的多元分立

在当今所有文化传媒中,最具全球化影响力的是代表"读图时代"的影视和互联网。各档电视娱乐节目不仅抹平了高雅文化与通俗文化的界限,而且与传统的承载教化功能的综艺节目已大相径庭。以往传统的综艺节目或文艺晚会一般都有严肃的主题,表演技艺精致、节目格调高雅,多凭借亦歌亦舞的形式反映"主旋律"的深刻内涵。而现在的影视娱乐节目则充满了调侃、轻松、幽默的成分,一方面释放着人们与生俱来的游戏天性,使人们在激烈的竞争和繁忙的工作之余可以放松和休闲,追求快乐的感性满足;另一方面通过"玩"的形式来直接或间接地体现人们内心的宣泄需要。越来越多的游戏、竞猜、博彩、明星访谈、MTV、流行时尚的推介等,使得影视娱乐节目赢得了较高的收视率,同时也产生了可观的经济效益。

影视娱乐业的繁荣引来了影视业运营的多元分立。目前,国内的影视娱乐业正积极探索公司化运作和产业化发展的改革新路,鼓励多元投资,积极开发衍生产品,向相关领域渗透。有专家预测,21世纪全球最有前途的产业是高新技术产业和文化娱乐产业。结合中国现实国情,文化娱乐产业在未来一段时间内会成为重要的新兴产业。如媒体方面有电视、电影、广播和网络等;内容方面有音乐、游戏、旅游、教育等;硬件方面有剧场、旅馆、电影院、玩具店等;还有近年兴起的动漫、游戏和网吧等。近年来,国家对民营和私营资本进入娱乐业的政策环境进一步宽松,新近出台的《关于鼓励、支持和引导非公有制经济发展文化产业的意见》提出,将鼓励非公有制文化企业积极参与文化产品出口、申报文化产业示范基地、政府文化项目采购和招投标。对非公有制文化企业兴办的符合国家政策的产业项目,将与国有、集体文化企业同一程序、同一标准。在这一背景下,带有民营企业色彩的中信文化传媒集团瞄准国内市场的巨大商机,秉持大盘运作、长线投资、多元整合的原则,在激烈的影视市场竞争中脱颖而出,独占鳌头,从产业链上构架了"多媒体规模投资、多品牌集群发展、多渠道推广促进、多环节增值营收"的投资运营体系。

3. 广告咨询业的急剧扩张

随着商品社会市场竞争的加剧以及后现代社会人们需求的多元化增长,企业商家在想方设法加速产品的更新换代的同时,也越来越多地依靠广告来推销商品,不断开拓消费市场。

广告是一种经由大众媒介的传播活动,是通过符号或象征手段进行交流、沟通的社会互动过程。有效的广告借助精彩纷呈的画面效果和其他人们喜闻乐见的娱乐形式,充分发挥告知、劝服和提醒的作用,使企业能实现通过商品和服务来满足顾客或市场的价值。广告咨询业是商品经济社会市场竞争急剧扩张的产物。广告公司不仅充当"掮客"的角色,而且通过对广告业务的承揽、设计、制作、发布和广告效果的评估,来帮助广告客户实现促销赢利。广告业是知识密集型产业,它将传统的商品流通和现代资讯技术结合在一起,逐渐提高智能、人文、艺术等非物质因素影响,组成了新型的信息传播产业,在连接社会生产交换的环节中,发挥着越来越重要的影响。

我国从1979年开始恢复广告市场以来,仅仅20多年的时间便创造了一个令世人瞩目的金钱神话。中国广告市场正日益受到关注,是世界广告业发展最为活跃的地区之一。我国加入WTO以后,在可以预见的未来市场竞争中高素质人才竞争将更加剧烈,本土化创意、国际化运营将使整个广告市场更加变幻莫测。根据中国权威调查机构央视市场研究(CTR)的报告,2004年中国两岸三地广告花费总额接近3 600亿元,较上年增长了27%。[①] 其中中国内地的广告花费达到1 935亿元,比上年增长25%。来自另一家知名调查机构尼尔森的预测则显示,中国广告业将继续保持较快的增长速度,并在未来7~10年超过日本,成为全球第二大广告市场。[②] 中国广告市场的巨大潜力已经对国际广告业界形成难以抗拒的诱惑,各跨国广告集团开始把竞争重心向中国转移,对中国市场的抢滩策

---

① 潘清文.中国:全球第五大广告市场吸引世界目光[OL].新华网,2005-06-28.www.XINHUANET.com.
② 同上。

略已经从最初的"跑马圈地"转变为"全面进攻"。如果说过去中国市场只是一颗小棋子，那么现在中国正在成为全球广告业竞争的"主战场"。至少在未来10年内，我国广告业的发展将更加专业化和细分化，如何进一步整合资源成为国际广告商和本土广告商面临的重大课题。

从2000年《中共中央关于制定国民经济和社会发展第十个五年计划的建议》中第一次明确提出"文化产业"开始，我国的文化产业迅速成长起来，文化市场也呈现一派空前繁荣的景象。

（三）崛起期（2009年至现在）

文化产业是一个集中代表着现代经济、社会和文化发展的全球性趋势的新兴产业。我国改革开放三十多年的持续经济增长、人民群众收入水平的提高、物质和精神消费需求结构的相对变化、信息社会高科技革命以及全球化经济浪潮的综合影响，都为我国的文化产业发展积蓄了大量的能量。随着制度创新和各项改革的深化，我国的宏观经济环境已步入转暖期。2009年9月，《文化产业振兴规划》发布，将文化产业上升到国家战略的高度，各项政策保障为我国的文化产业发展打开了"闸门"，令这个挟新经济之势蓬勃于世界的朝阳产业迅速汇入国民经济发展的洪流，在中国广袤的大地上迅速崛起。

1. 动漫网游业现"井喷"

随着数字化技术的飞速发展，以创意为动力，运用丰富的想象力和夸张的艺术手法，借助数字化高科技创造出一个个栩栩如生的动漫人物并营造出扣人心弦的故事情节，使得动漫成为人们文化消费的新宠。2009年中国动漫产业总产值与2008年相比翻了两番，国产原创动画片数量跃居世界前列。[①] 一些人用"狂潮"、"井喷"来形容动漫产业这一变化。

与其他语言表达相比，动漫产品以其直观生动的特点更易被不同年龄层面的消费者所解读，其诙谐、幽默、夸张的表现风格更能彰显娱乐精神。鲍德里亚认为，当代社会的文化特征可以概括为超真实。超真实的世界是一种以模拟取代了真实的状态，迪斯尼就是一个用想象构造超真实的例子。"事实上，当环绕迪斯尼乐园的洛杉矶和美国不再是真实的，而是属于超真实和模拟的秩序时，迪斯尼乐园显现为想象是为了让我们相信其余的一切都是真实的。这不再是一个对真实的虚假再现的问题。"[②]因为迪斯尼乐园中的美国模型要比现实社会中真实的美国更为真实，就好像美国正在变得越来越像迪斯尼乐园一样。在这种超真实中，没有原型而只有互相模拟的符号。显然，鲍德里亚的超真实的形成与高科技相关，与信息技术密切相关。高科技的广泛应用，导致当代社会变成了一个符码化世界。动漫世界正是一个与数字技术密不可分的快乐王国，人们可以共同分享无国界的世界语，放松心情，欣赏被模拟和想象的意境。如同数码相机，通过数字技术的合成可以做出任何想要的效果：即使没到过月球，也可以通过现代技术模拟出效果极好的个人在月球的照片；即使没去过深海的海底，仍可通过数字技术模拟出深海邀游的照片。借助数字技术与艺术的完美结合，人们可以充分享受动漫艺术的独特魅力。

---

① 殷俊.动漫产业与国家软实力[M].北京：中国书籍出版社，2012：001.
② 高亚春.符号与象征[M].北京：人民出版社，2007：255.

20世纪中叶,中国动画曾在国际上创造了辉煌时代。被誉为"日本动画之神"的手冢治虫曾回忆,1964年中国动画片《大闹天宫》传入日本后,他大为惊叹,从那时开始他坚定了要向中国学习并超越中国动漫的信念。可惜中国动画随后便跌入有行无市的尴尬状况,拱手让出了国际动漫舞台。20世纪90年代末,《宝莲灯》曾创下2 500万元的票房纪录。2000年6月,湖南三辰影库卡通节目发展有限公司才推出了第一部国产科普动画系列片《蓝猫淘气300问》,先后在全国千余家电视台播出。从此,"蓝猫"逐渐成为了国内动漫的知名品牌,带动了图书、音像、文具、玩具、童装的动漫衍生品。在"蓝猫"的带动下,宏梦卡通又成功塑造了"虹猫"、"蓝兔"形象,成功地开发了系列图书音像制品以及短信、彩信、手机益智游戏、网络游戏等,成为年度创收近亿元的品牌产业。2009年是中国农历的牛年,由广东原创动力文化传播有限公司制作推出的《喜羊羊与灰太狼之牛气冲天》(见图1-15),除了继续秉承一贯的轻松诙谐风格,以羊和狼两大族群间妙趣横生的争斗为主线以外,还巧妙地融入"牛气冲天"的中国元素,在贺岁档中独

图1-15 《喜羊羊与灰太狼之牛气冲天》海报

占鳌头,当年票房总收入就突破了8 500万元。由于重视营销策略,很快成为国产动画片可资借鉴的范本。与此同时,我国的游戏产业每年保持50%的增长速度,连续三年占据国内网络游戏60%以上的市场份额。盛大、网易等12家游戏领军企业还走向世界,将中国的网络游戏销往20多个国家。

2. 创意产业园的"同心圆"集聚

作为产业集聚载体的创意产业园在全国各地如雨后春笋般涌现出来。这些创意产业园主要聚集各类文化创意设计企业,有提供高科技技术支持的数字网络技术企业,也有专门从事国际化策划推广和信息咨询的中介机构,还有大量从事文化创意产品生产的企业和在文化经营方面富有经验的经纪公司等。

我国文化产业的发展冲力很大,大量业内和业外的、体制内和体制外的资本涌入文化投资领域,一个前所未有的文化投资高潮正在兴起。2003年我国人均GDP首次超过了1 000美元,这是居民消费结构升级换代的一个重要转折点。巨大的文化消费需求孕育着广阔的商业机会,海外资本开始对于中国文化产业发生浓厚的兴趣,国际知名文化传媒企业通过各种方式抢滩中国市场,多元化的融资环境开始形成。

三、文化产业营销的基本概念

在全面建设社会主义市场经济体制的今天,文化建设不仅履行着上层建筑和意识形态的功能,而且是发展社会生产力、完善社会主义经济基础、实施国民经济结构战略性调整的关键环节。如何进一步转变思想,在文化产业的发展进程中牢固树立市场营销观念?这一点十分重要,因为在商品社会里无论经营何种文化类型商品的企业都希望能有好的生意。然而,好生意只钟情于那些对人们的文化消费需求给予关爱和充满创造激情的企业。

(一)营销活动

市场营销是通过交换过程来预测、管理和满足需求的一系列动态市场活动。文化产业市场营销是文化产品和服务通过市场调研,将企业所能提供的适销产品和服务在适当的地点、以合理的价格、用积极的促销手段从生产者转移到消费者的过程。

文化产业是按照产业化/商业化的形式来组织文化产品和服务的生产、交换和消费的,终归是要依靠市场需求和自身的活力求生存的。因此,文化产业的营销活动也要遵循市场规律:在产品进入生产过程之前,要进行市场调研、分析市场动向、了解消费需求、找准目标市场,同时还要做好产品研发、组织生产、制定价格等工作;产品进入流通领域后,要做好储运、分销、服务及推广工作;产品送达消费者以后,要跟进售后服务、信息反馈、持久公关等工作。总之,一个完整的市场活动其全过程都是动态的,一切都得依照市场营销环境的变化而变化。

由于影视制作领域较早实行政策开放,市场准入程度较高,现已成为文化产业发展的一大亮点。据统计,2004年我国国产影片数量首次突破200部,其中国有、民营资本联合拍摄的影片达到80%,国有企业投资比例已降至50%以下。民营影视企业已经成为中国影视产业的重要力量。在良好的融资环境下,一些深受观众喜爱的影片脱颖而出,并以合适的电影运作成本获得较高的资金回报。导演冯小刚以他的幽默智慧,总能为电影观众捧上一盘盘贺岁大餐。从影片《一声叹息》开始,导演冯小刚将目光对准了中年男人的情感危机,开始了对"蓝色情感"的电影诠释。影片《手机》(见图1-16)的成功,除了取材于日常生活细节,运用夸张的表现手法触动人们进行道德内省以外,十分有利的融资环境不能不说是一个很重要的原因。据导演冯小刚透露,《手机》的制作成本1 500万元人民币,影片未上映就已经全部收回了投资。其中:企业赞助收入总共680万元,包括摩托罗拉出资400万元、中国移动80万元、宝马汽车120万元等;音像版权卖了800万元;央视电影频道也出资250万元买下该片的电视转播权;此外贴片广告收入约2 000万元,片方收益近10%。①

图1-16 电影《手机》海报

(二)营销观念

现代商业关系的真谛是什么?消费者是"上帝"。如果对产品不满意他就不买,而且还有可能向他人、向社会传播这种不满。只有当消费者或用户愿意掏钱购买时,企业的经营目的才能实现。因此,深入研究消费,确定目标市场;发展有效的市场营销策略,精心进行营销组合,即"了解需求,满足需求",构成了文化市场营销的核心内容。在营销观念、消费研究、市场调研、界定市场、产品策略、价格策略、通路策略和促销策略等八个关键性概念中,前四个主要是解决"了解需求"的问题,而后四个则是解决"满足需求"的问题。

营销观念是将文化企业的产品管理、价格决策、分销渠道、促销力量与市场研究连在

---

① 潦寒.文化营销[M].南昌:江西人民出版社,2004:260.

一起,实现与消费者的双向沟通,使企业获得良好的经营效果。文化市场进入新营销时代以后,电影不仅是一件艺术作品,更多的是要获取商业效益的最大化。一些投入了大量资金的电影大片开始重视影片发行时的造势宣传活动,而一些精明的厂商也十分重视借电影进行自身的品牌塑造。电影广告贴片是一种比较传统的广告宣传形式,其表现形式为在电影放映前或放映过程中通过播放广告达到宣传企业产品和品牌的目的。对于制片商来说,贴片广告是其最主要的广告收入来源。如电影《十面埋伏》发行之时,中国电信、中国移动、剑南春等企业都利用电影广告贴片、捆绑广告宣传、联合促销推广和演员广告代言等形式,在观众心目中深化了自己的品牌。以剑南春广告为例,其广告片的创意及品牌诉求的历史都和影片本身相关联,品牌嫁接比较到位,所以很多观众在看完影片后,都深深记住了其"唐时宫廷酒,今日剑南春"的品牌内涵。可见,电影营销已经脱离了单纯的作品意识,立足营销本位进行商品化的经营,在带给观众审美享受的同时,也为自身提供了更多的发展机会。可见,在商业化传播的时代,利用一切营销机会借势出击,可以帮助商家实现深化品牌传播的目的。

(三)营销组合

大凡能将活跃的经营理念注入文化产品销售和服务中并形成资金良性循环的企业,都十分重视树立正确的营销观念并不断创新。如果只是一味追逐利润而忽略市场上各类消费者不同的实质性需求,只会导致文化企业产品市场周期的缩短。过去,追求生活质量只限于帝王贵族和少数特权者。而今天,消费者就是上帝,整个市场经济运作的中心就是服务于消费者。不断增长的文化需求改变着整个世界的经济格局,各种文化产品的物质生产正在加速。商家在想方设法加速文化产品推陈出新的同时,也越来越多地依靠文化产品本身承载的人文内涵来开拓消费市场,并潜移默化地改变着人们的生活习惯,不断掀起新的文化消费时尚。这些变化客观上要求文化产品的经营者迅速更新观念,准确把握市场商机。

1. 4P

1960年,美国密歇根大学教授杰罗姆·麦卡锡(Jerome McCarthy)在《基础营销学》一书中,第一次提出了著名的"4P"营销组合经典模型:产品(product)、价格(price)、渠道(place)、促销(promotion),即市场营销理论中具有里程碑意义的4P。这一模型告诉人们,从市场营销的角度探索产品,尤其要注重产品开发的功能,使产品有独特的卖点。价格不是标价那么简单,而是要根据不同的市场定位,制定不同的价格策略,有利于实施企业的品牌战略并赢得竞争优势。渠道也不是直接面对消费者,而是注重经销商的培育和销售网络的建立,通过分销商来建立企业与消费者的联系。促销不同于推销,而是更加注重通过企业销售行为的改变来刺激消费者,吸引其他品牌的消费者或引导提前消费来达到促进销售增长的目的。把企业营销过程中可以利用的众多因素概括成非常简明的4P理论——产品、价格、渠道和促销,在实际运用中也比较容易把握,故而很快成为营销学界和企业实践者普遍接受的营销组合模型。时至今日,4P仍然是营销管理理论的重要基石。

现代企业主要依据企业内部可以控制的四种变量——产品、分销、促销、价格来构建营销组合。产品包括所提供的商品、服务、地点或观念,以及包装、特性、款式、维修等内容,其策略主要有产品服务化、产品柔性化、产品衍生、产品多级定位、产品价值链以及产品补缺等。价格包括定价、让利、折扣、优惠、分期付款等形式,常用的定价策略有渗透定价策略、吸脂定价策略、弹性定价策略等。分销主要是决定中间商、建立销售渠道、明确分销职责、选择供应商等,其策略主要有密集型分销、选择型分销和专营型分销。促销则包括选择广告、公关、人员推销、促销手段的组合等形式,如通过网络广告的各种形式发布商品信息;通过产品演示、专家分析、功能评价、用户培训等知识传递服务提升亲和力;通过用户的口碑影响,扩大品牌形象;通过各种主题活动引导信息消费等。

2. 4C

伴随着市场竞争的日趋激烈,以企业产品为导向的 4P 理论开始受到挑战。1990 年,美国学者罗伯特·劳特朋(Robert Lauterborn)教授提出了 4C 营销理论。即顾客(customer)、成本(cost)、便利(convenience)和沟通(communication)。4C 营销组合要求以消费需求为中心,实行换位思考。不要一味只盯着自己的产品,而要以消费者的需求来组织产品的研发;不要死守自身的定价期待值,而要考虑消费者为满足需求所愿意支付的成本价格;不要单纯按企业的利益考虑分销渠道,而要从消费者的便利出发来设置分销点;不要只想着如何促销,而要更多地思考如何与消费者进行有效沟通。一句话,由过去的"消费者请注意",转变为现在的"请注意消费者"。

在这以后,由于数字化网络技术飞速发展,一些更新的观念不断涌现,如 connection(连接)、coexistence(共存)、commerce(商务)、cooperation(协作)等。各种商业信息借助网络这个平台实现着更加方便快捷的沟通,将企业与顾客连接在一起。因此,更加强调以满足顾客个性多样化的需求为中心,将营销目标与顾客需求整合到一起。

3. 4R

4R 是市场竞争白热化下的一种双赢的营销架构模式。最早提出 4R 理论的是美国学者艾略特·艾登伯格(Elliott Ettenberg),他在专著《4R 营销——颠覆 4P 的营销新论》中提出了关系(relationship)、节省(retrenchment)、报酬(reward)、关联(relevancy)等概念。后来,整合营销大师唐·舒尔茨根据市场日趋激烈的变化,也提出了 4R:市场反应(reaction)、顾客关联(relevancy)、关系营销(relationship)、利益回报(retribution)。他主张企业的营销活动的目标应该是建立并维护长期顾客关系,并运用系统的思想去整合营销,以取得互惠双赢的效果。

这一营销模式认为,顾客关联(relevancy)是指企业与顾客是一个命运共同体,唯有建立长期而稳定的信任关系,才能获得双赢。市场反应(respond)是指企业要站在顾客的角度,细心倾听消费者对企业所提供的产品和服务的各种反应,高度重视并针对消费者的各种反应作出积极的回应。关系营销(relation)是强调忠诚的顾客才会重复购买本企业的产品或服务,也比较容易降低对价格的敏感性,更重要的是忠诚的顾客能够为企业带来良好的口碑。利益回报(retribution)是指企业在充分考虑顾客所愿意支付的成本的基础上实施低成本战略,这样将赢得更多的顾客份额,反而容易形成规模效应,从而达到双赢的效果。

在文化企业的营销组合策略上,韩国电视剧的市场化经营提供了一种成功的模式。擅长"营销"的韩国导演瞄准了中国影视市场的空白,扮演"追随者"、"补缺者"的市场角色,进行侧翼攻击并抢占中国市场,逐渐确立了其明确的市场战略意图——通过品牌打造,进一步带动韩国文化传播。韩国电视剧《大长今》在华人地区炙手可热,这得益于该剧导演和编剧对于韩国文化师承中国文化等文化渊源有着准确的把握。在产品战略上,取饱蘸中国文化的"食+医"这两大主线,扬长避短、推陈出新,成就了《大长今》的品牌塑造。在定价策略上,确定高端的市场价格路线,以确保出品商和经销商丰厚的利润以及广阔的炒作空间。中国内地的播映权和音像版权被湖南电视台以近2 000万元的高价买得,创下了海外剧目在中国的最高版权价格纪录。在分销策略上,该剧主攻华人市场以及受中国文化影响的区域市场。在营销渠道的选择上实行强强联手、优势互补,利用强势媒体的资源优势扩大影响,谋求免费的宣传资源,如电视、报纸、网络等立体宣传。在促销策略上,除了主要演员多次接受各国电视娱乐栏目的专访登台亮相以外,还巧妙嫁接了演员的交流互访,甚至走下台去实现演员与普通观众之间的"融合",构建出点线面相结合的立体宣传攻势,使得《大长今》的综合效应不断扩散。

　　文化产业的营销观念应反映消费者对物质和精神追求的各种文化要素——既包括以视觉为主要通道的产品构思、设计、造型、装潢、包装、商标、广告、款式等,也包括对文化产品营销活动的价值评判、审美评价和道德评价。消费者购买文化产品不仅是为了物质上的满足,很大程度上也是为了满足精神上的需要。他们希望自己有个性、有品位,希望得到别人的赞赏与尊敬,达到自我实现的需要。利用文化独特的亲和力,把具有相同文化底蕴与文化追求的人们聚集在一起,并取得价值观的认同,达成有效的沟通,有利于建立与消费者的亲密关系。文化因素的注入已成为一种势不可当的营销潮流,文化竞争将成为未来"商战"的主旋律。

　　文化是一个民族的灵魂,也是推动经济发展的重要支撑;是综合国力的重要组成部分,同时也代表着一个国家和民族的文明程度与发展水平。长期以来,我国的文化体制与人民群众日益增长的精神文化需求不相适应,与进一步扩大对外开放的新形势不相适应,与高新技术在文化领域迅猛发展和广泛应用的趋势不相适应。只有不断深化文化体制改革,推动文化创新,加快文化事业和文化产业发展,才能站在一个新的历史起点上。我国文化产业逐渐步入快速增长的市场经济轨道以后,各种文化产品的竞争性在不断加强。综观当今的中国文化产业,既面临严峻的挑战,又面临发展的机遇。我国文化产业唯有迅速转变生产方式、经营理念、营运资本方面的劣势,虚心学习发达国家先进的技术手段、生产方式和市场经验,抓住机遇、迎接挑战、博采众长、勇于创新,才能开创辉煌的未来。

第二章 传统媒介文化市场

文化产品是记载人类文明成果的物质形态和传播科学文化知识的媒介载体。我国文化市场至今延续着一些以传统媒介为主的行业形态，也不断涌现出一些以高科技新媒体为主的行业形态。为了全面了解我国文化市场的行业分布，本章开始探索以传统媒介为主的文化市场形态，透过对新闻出版业、广告传媒业、影视演艺业、艺术品经营业、文化旅游业和文化会展业等分类市场的扫描，感受在传承与创新中传统文化市场所焕发的勃勃生机。

第一节 新闻出版业

新闻出版业是巩固舆论阵地、传承民族文化、促进经济增长、推动社会进步的传媒产业。它包括图书、报刊等纸质传统出版行业，也包括广播、电视等电子媒介行业，还包括数字出版、网络出版、手机出版等数字媒介行业。尤其是各种以数字化内容、数字化生产和传输为主要特征的新兴出版产业，正在悄然兴起。当今社会经济与科学技术快速发展，人们对新闻出版的需求越来越丰富多彩。据有关数据报道，2009年我国新闻出版业总产出10 669.3亿元，占同期国内生产总值（GDP）的0.9％。[①] 新闻传媒、图书出版和数字出版构成了新闻出版业的主干行业。

一、新闻传媒

新闻传媒业是文化产业中的重要组成部分。传媒产品就其本质而言，属于精神消费的非物质产品。作为舆论的引导者，传媒肩负着传播人类精神文明的责任，为传递经济和社会信息搭建桥梁的作用，其触角深入社会的每一个角落，能够激浊扬清、弘扬正气，具有鼓励进取、推动社会进步的教育功能。在经历了三十多年的改革开放以后，逐步完成了从"纯事业型"到"事业单位、企业管理型"再到"产业型"等角色转换的我国新闻传媒业，才真正成为承载、传递和延伸各种信息的产业实体，投融资方式日益多元化，企业上市规模开始逐渐扩大。

（一）广播电视

广播是通过无线或有线方式传送信息的大众传播媒介，曾一度拥有其他媒体所不能比拟的"传声"的优势。

广播电台的传播基点就是"办节目"。节目是一个多层次的概念：按节目内容划分，可分为新闻节目、教育节目、文艺节目、服务节目；按特定对象划分，可分为农村广播、少

---

① 范军.数字解读2010年新闻出版关键词[N/OL].光明日报，2010-12-31. http://news.xinhuanet.com/2010-12/31/c_12936039.htm.

儿广播等；按选题范围划分,可分为法制园地、生活服务等；按受众参与划分,可分为听众信箱、有奖问答；按节目来源划分,可分为自办、联办、交换、转播、联播节目等。在实行产业化经营模式的前提下,广播市场主要由内容产品和广告产品所组成,同时开放节目市场与广告市场。表面上看,听众收听商业广播节目不付任何费用,实际上听众付出了收听商业广告节目的时间。电台通过广播媒介的覆盖面及收听率获得广播的传播效能,广播的传播效能就成为广告客户所需要的无形商品。

尽管现在单一"传声"的广播市场正在萎缩,但多媒体广播却在崛起。作为一种大众传播媒介,整个广播市场正以节目专业化、经营产业化和品牌外延化的竞争策略,为自己拓展着更为广阔的发展空间。在节目专业化方面,不少广播电台纷纷创办出一批批深受听众喜爱的优秀栏目,通过不同的频率和节目来赢得稳定的听众。在经营产业化方面,随着广告代理制的日益成熟,不少广播电台实行广告招标,依靠实力强大的广告公司去打拼市场。在品牌外延化方面,众多广播电台都意识到媒体广告的上涨空间是有限的,探索以品牌为依托、拓展传媒外延空间之路已经成为必然。各级广播电台都在提升节目的空间和潜力,不断提高节目的制作质量。

电视是运用电磁波传导方式播送各类图像、声音和文字合成内容的大众媒体。由于各类商业广告活动快速发展,居民家庭电视机拥有量直线上升,有线电视系统逐步推广,我国的电视市场初步形成并迅猛扩张,稳稳地占据着文化市场的"龙头"地位。

电视节目的范围非常广泛,仅以中央电视台为例。按节目频道分类：有以新闻为主线的综合频道和以文化为主线的国际频道；也有按行业分类的专业频道,如财经频道、综艺频道、体育频道、电影频道、电视剧频道、科教频道、法制频道等；还有按不同年龄层和兴趣爱好分类的少儿频道、英文频道、戏曲频道、音乐频道等。新闻节目多以消息、通信、特写、速写等概括的叙述方式,及时报道国内外新近发生的重大事件和事实,节目具有时效性强、信息量大、传真性强等媒介特点。在所有电视节目中,新闻节目是广播电视台的主干和台柱,不同国度和不同地区的广播电视台都以办好新闻节目为主要市场目标,想方设法扩大新闻节目的数量,提高新闻节目的质量,以增加市场占有率。央视的新闻栏目近年来出现了不少新面孔——以人来解读新闻,见证历史；以事来解读新闻,讲述身边故事等。央视财经频道是专门提供财经信息传播的互动平台,不仅有环球财经连线的主打节目,也有提供深度对话的资讯板块,同时还提供实时连接的有关市场,财经、证券信息以及为提高普通老百姓经济生活品质服务的多样化、多层次的节目,该栏目正在成为"财经政策的窗口,投资理财的指南,经济生活的帮手"。央视科教频道以节目的知识性、趣味性、应用性为特点,聚焦科技创新前沿,通过实验、动画、互动、体验等多种表现手段,生动形象地介绍科技创新成果,启发民众创新思维。另外,选择观众最感兴趣、最前沿、最吸引人的选题开设《百家讲坛》,采用横向贯通、纵向集群的编排方式,汇集百家学养,以通俗易懂的形式将许多晦涩知识传播于民众之中。央视文艺类频道既有以播出音乐及歌舞节目为主的专业频道,亦有播出电影、电视剧、戏曲、音乐等的综合频道。

不论广播还是电视,这类传媒产品都有一个共性：在走进市场以后,其传播的商业信息和自身的品牌形象已成为重要的注意力资源。广播或电视媒介输入的信息是出售给广告商的注意力资源,而输出的信息则是免费给受众的注意力资源。换而言之,传媒所承担的传播活动是制造、培植、巩固、扩大受众"注意力"的工序,受众"注意力"是传播活动的出发点和归宿。尽管人们认为"眼球经济"的提法并不规范,然而它却形象地诠释了注意力资源。人们虽然置身海量信息的互联网时代,但注意力本身却是极为有限的,这就势必造成注意力的相对短缺。广告商要想推销自己的产品,首先就得投资注意力。即使再好的产品,如果不能吸引受众的眼球,也就创造不出应有的市场价值。注意力之所以重要,更是由于注意力可以优化社会资源配置。谁能吸引更多的注意力——眼球,谁就会成为新经济市场的主宰。电视媒体融视听艺术于一体,通过画面、人物对白、场景、音乐等多种元素的艺术表现,成为吸引广大观众注意力的一种有效手段。随着近年来影视市场的风生水起,国内影视企业也纷纷开始学"吆喝"。图2-1是国内知名娱乐集团华谊兄弟参加以"新媒体·新技术——电视产业发展新动态"为主题的2011香港国际影视展时的展台。

图 2-1 华谊兄弟参加 2011 香港国际影视展时的展台①

在发达国家,电视连同印刷出版、电子出版、电影、录音、广播以及传播、信息服务等被统称为"内容产业",是一个很大的产业。在美国,传媒业仅次于电信业,是美国增长最快的产业之一。在我国,改革开放后的1985年国家才第一次把广播电视列入第三产业。1992年才明确规定,"现有的事业型第三产业单位逐步向经营型转变,实行企业化管理"。1998年中国电视事业的经营发生了根本性的转变,对包括电视台在内的大多数事业单位实行逐年减少拨款,过渡到自收自支状态。目前,国内各级电视频道之间的竞争越来越激烈,而电视频道的整体包装是打造频道品牌的重要手段。多年来,我国电视业比较注重电视节目、栏目包装,而在频道的整体包装方面与国际电视界相比还有一定的差距,特别是全方位的频道整合营销明显不足。如果将电视传媒作为产业化经营,那么,在继续做好频道栏目特色经营的同时,应十分重视传媒本身所承载的广告媒介经营,以便在未来的媒介竞争中不断取胜。另外,为了应对国内外传媒娱乐业的激烈竞争,还要加速视听媒体、纸质媒体、网络媒体的融合,整合资源以形成更大的市场规模。

(二)报纸发行

报纸是以刊载新闻和新闻评论为主的舆论工具,也是传播知识、提供娱乐、生活服务等信息的连续发行读物。近年来报纸市场受到广播、电视和网络市场的巨大冲击,但作为大众传播的重要媒介仍然占有不可小视的市场份额。

---

① 陈晓伟. 香港国际影视展——电视世界2011暨国际论坛开幕[N/OL]. 新华网,2011-03-21. http://news.xinhuanet.com/photo/2011-03/21/c_121214118.htm.

报纸按消费用途分类,可分为综合类报纸和专业类报纸等。综合类报纸以刊登有价值的社会新闻报道为主,旁及社会写真、名人逸事、娱乐活动、文化天地、经济信息等社会生活各方面的消息。综合类报纸一般面向整个社会,以普遍的读者为发行对象,不偏重某一阶层或某一行业。近年来我国综合类报纸呈小版面化和都市化变化,经常登载一些发生在本地的事件以及居民喜闻乐见的内容,出刊灵活。专业性报纸以反映某一行业、某一系统或某一阶层的新闻和评论为主,以特定范围的读者群为发行对象的连续发行读物。进入市场流通的主要是行业和专业报、生活服务报和文摘报等。行业和专业报大多刊载介绍本专业的实践动向、专业人士的理论分析文章、团体和个人的工作事迹等与特定主题相关的新闻报道,一般由团体订购;生活服务报是以实用性和通俗性吸引与主题有关或对主题感兴趣的读者的一种专业性报纸,提供消费者所需的生活各方面或某一方面的有关信息,所刊登的广告也多与主题有关,读者较为广泛;文摘报是以文摘的形式提供综合性或单一主题的新闻消息,其中绝大部分内容都转载于其他媒体或图书。文摘报在思想性、精要性、文献性、条理性上比其他种类的报纸具有明显优势。

近年来,我国公开发行的各类报纸已数不胜数。新增加的报纸大多是专业报、晚报、都市报、生活服务类报、企业报等,这些报纸的出现极大地改变了中国的报业结构。我国各大中城市加快了报业改制的步伐,纷纷整合资源成立了多家报业集团。到目前为止,中国报纸的日报出版规模连续9年位居世界第一。① 随着我国报纸数量和品种的激增,受众选择报纸的自主性越来越强,报纸的销售出现供大于求的局面。面对买方市场,我国报业已不可避免地进入"营销时代"。

与此同时,随着互联网技术的迅速普及和新媒体的不断涌现,报纸业面临严峻的生存危机。面对市场竞争下的高位猛跌,我国报业积极突围,推行多元化经营。不少报业媒体充分发挥自身拥有的新闻和原创内容的优势,开始抢占新媒体发展的制高点,适时推出了无纸化的网络报纸和手机报纸,加快向数字内容提供商转型。网络报纸不仅可以将其纸质母报的内容搬上网络,而且通过网络的超链接功能,读者还可以查到新闻事件的背景资料及相关报道。手机报纸是将手机作为电子阅读显示器,帮助人们获取新闻资讯的一种阅读终端。消费者可以随时随地用手机收看电视、阅读报纸、浏览小说、欣赏音乐等。随着无线互联网的高速发展、3G应用及手机的日益普及,手机媒体有助于内容提供商与读者之间建立更为稳固的关系,以便提供新的利润来源和更为有效的传播手段。

(三)期刊发行

期刊又称为杂志,是指具有连续性和稳定性并按一定时间顺序编号成册的出版物。期刊能够连续、及时、广泛地满足不同读者对有关知识和信息的需求,尤其在社会科学和科学技术研究领域,其重要性甚至超过图书和其他一次性文献。

期刊按读者对象和消费用途分类,可分为通俗杂志、专业期刊和文摘期刊等类别。通俗杂志比较强调期刊的娱乐性与趣味性,通常对文章的精选和插图的要求比较高。这类杂志多采用图文并茂的形式,封面的设计比较抢眼,印刷精美,发行量较大,如《读者》《知

---

① 唐佳蕾.新闻出版总署:日报出版规模连续9年世界第一[N/OL].中国网,2010-08-19.http://www.china.com.cn/news/2010-08/19/content_20746453.htm.

音》、《家庭》、《小说月报》等。专业期刊主要针对行业特点和技术特长,刊登学术研究论文、最新动态资料等文章或信息,针对面相对较窄,其发行量十分有限,但对于专业研究的信息交流与沟通却十分重要,如《舰船知识》、《装饰》、《环境保护》、《国际广告》、《管理科学》、《中国包装》等。文摘期刊主要是为方便读者在浩瀚的信息海洋中迅速浏览所关注的主要信息而提供的各种简短及时的商情、资料、文献、目录和索引等。由于编者已经对大量信息进行了删减取舍,节省了读者宝贵的阅读时间,因此深受读者的欢迎,如《新华文摘》、《人大复印资料》、《中外科技信息》、《经济管理文摘》等。

受到世界经济全球化发展趋势的影响,中国期刊业也在悄然发生着变化,呈现出期刊品牌国际化、期刊产业集团化、期刊市场细分化和期刊发行立体化的趋势。第一,期刊品牌国际化。自20世纪80年代开始,《ELLE》、《时尚》、《商业周刊》等杂志在中国发行,国内期刊《中国国家地理》、《知音》等也纷纷谋求海外发行。借鉴国际期刊业的优秀制作技术、先进经营管理方法以及期刊产业规模发展等方面的有益经验,不仅是我国期刊业市场健全、完善的必然,而且对于加快我国期刊品牌的国际化也大有裨益。第二,期刊产业集团化。我国期刊品种多,单体规模和实力并不强。随着市场竞争的日益激烈,发行、广告、宣传、管理成本的不断增长,期刊集团化已成为大势所趋。近年来,我国期刊业开始重组与合并,以知名品牌为核心的期刊集团正在兴起。第三,期刊市场细分化。随着期刊业新格局的建立,中国期刊业在催生名牌企业的同时,也实现了期刊市场的市场细分。如按照期刊内容细分的IT、财经、家居、旅游类杂志,按照受众年龄细分的《可爱先锋》和《伊人风尚》等杂志,依据性别角度划分的《时尚先生》、《特别关注》等杂志。第四,期刊发行立体化。以期刊零售渠道为例,除以前国家包办的邮政局以外,超市、便利店、地铁站、机场、酒店、社区等都已成为购买期刊十分便捷的通道。另外,随着信息化潮流的涌起,期刊发行也从平面走向网络。网上发行是一种崭新的电子商务模式,借助现代网络技术有望实现"零距离发行"。

除传统的广播、电视、报纸、杂志等四大媒体以外,新闻出版业还包括图书出版、音像发行、其他印刷品等。近年来随着数字化技术的推广应用,一些新兴的出版行业不断涌现,如手机出版、网络游戏出版、网络广告以及电子阅览器等数字出版业。

二、图书出版

图书出版业主要是经营通过编辑、制版、印刷在纸张上装订成册的各类书籍和图片、地图、年画、年历等出版物,还包括期刊、报纸等定期出版的大众化读物等。印刷读物市场是指上述商品从出版、发行到读者购买整个流通过程中各种交换关系的总和。

(一)图书发行

根据不同的文化需求对图书的用途进行分类,可大体分为政治图书、文艺图书、专业图书、教育用书、生活知识等类别。

政治图书是配合政治形势教育需要的团体购买图书。这类图书发行量很大,一般经过征订和计划来发行。只要与购买时机相衔接,出版与发行风险较小,而获利性较大。文艺图书大体上分为经典文学和通俗文学书籍。经典文学书籍主要针对文化程度较高的消费群,产品生命周期一般比较长,读者群也相对稳定。通俗文学书籍则相反,主要针对的是大众消费群,产品生命周期很短,所以利大风险也较大。专业图书包括各类自然科学、社会科学和应用科学类书籍,其读者对象主要是各类技术人员、研究人员和管理工作者。因针对性很强,所以专业图书的销路一般比较稳定。出版、发行、分销专业图书的风险很大程度上取决于其生产或经营者的相关专业知识。教育用书主要包括大中专教材、中小学课本以及各类复习资料和参考书籍。教育用书的需求带有一定的规定性和计划性,一般也会通过征订来发行,且发行量大而发行的风险相对较小。生活知识类图书是涉及人们日常生活方方面面的指导类图书。教材教辅类图书在图书出版业中占据主要位置,约占整个出版码洋的70%。[1] 由于人们生活水平的提高,各种养生类书籍近年来比较热销。

图书市场是图书商品从出版、发行到购买整个流通过程各种交换关系的总和。从两千多年前的书摊、书肆,到现代社会分工明确的出版社、批发商、零售书店的市场模式,图书营销的概念早已不是"卖书"、"发行"的简单含义,而是一项文化传播的系统工程,是一个分析、计划、执行和控制的市场运作过程。市场营销组合的"4P"理论,即产品格(product)、价格(price)、渠道(place)和促销(promotion),在图书营销中也已凝练为独特的内涵,并且具有专业性强的出版业特点。产品即作者的劳动成果(组稿和版权代理)、包装制作(编辑、版式、印刷和装订);定价即预付稿酬、书款折扣、固定价格体系;分销渠道即批发、零售模式、图书俱乐部、发行商和一般商品零售网络、直销(邮购、电子出版、网上书店);宣传和促销即书目、书评、广告、书市和行业展销会、品牌宣传等。图书营销系统贯穿图书市场需求信息的捕获、选题的慎重、出版的规范、定价的抉择、渠道的拓展、宣传范围、销售策略、促销手段、售后服务、信息反馈等整个流程。改革开放后我国图书业快速发展,图书营销也逐渐成为出版业最为热门的话题之一。现代出版业的竞争早已不是一城一池的争夺与拼抢,而是全新的出版理念、独特的营销策略、广泛的市场营销网络以及深远的文化战略建构的全面抗衡。

当今世界的图书博览会早已发展成为兼具版权贸易、图书贸易、文化活动、展览展示、信息交流、业界沟通等功能为一体的国际出版交流盛会。北京国际图书博览会(BIBF)与法兰克福书展、伦敦书展和美国 BEA 书展并称为四大国际书展。2012 年第十九届北京国际图书博览会(BIBF)在中国国际展览中心新馆开展,来自75个国家和地区的2 000多家中外出版单位共展览展示了20万种精品图书。这届图博会共达成中外版权贸易协议3 298项,比上一年增长11.68%。其中,达成各类版权输出与合作出版协议1 867项,比上一年同期增长13%,达成引进协议1 431项,引进与输出之比为1∶1.3。[2] 各国各地的书商们有的在博览会现场与读者展开互动活动,有的进行多方洽谈,图书博览会吸引了众多的国内外读者驻足浏览(见图 2-2)。北京国际图书博览会已经成为中国与世界出版业连接的重要平台,成为引领国际出版最新技术、潮流走向和发展趋势的"助推器"和"风向标"。借助这一平台,可以帮助国际出版业界和作家们对中国有更加深入的了解,还可以推动中国图书更好地"走出去"。

---

[1] 叶朗.2011中国文化产业年度发展报告[M].北京:北京大学出版社,2011:033.
[2] 第十九届北京国际图书博览会圆满闭幕——中文图书版权输出实现新突破[OL].第十九届北京国际图书博览会官方网站,2012-09-02. http://www.bibf.net/WebSite/News/NewsReader.aspx?ID=189.

图 2-2　第十九届北京国际图书博览会现场①

尽管现代高科技带来了翻天覆地的变化,紧张快节奏的生活形态改变了人们的阅读方式,各地的实体书店有所萎缩,然而,人类阅读的本质不会改变。用手机上微博,用电脑看小说,在家里休闲或外出休养时读一些带着油墨香的纸质图书等多种阅读方式并存。传统出版企业具有丰富优质的内容资源、作者资源和读者认知度,拥有长期积累的编辑力量,因此纸质书不会退出历史舞台。一些有格调的书店依然是城市名片,氤氲的氛围伴着墨香,还是会让人流连忘返。只要将内容资源作为出版业的核心竞争力,同时依托内容创新和技术支撑,改革经营方式,转变经营理念,图书市场依然会绚丽多姿。

(二) **音像发行**

生活在大众传播时代的人们是幸福的。如果想获得视听享受,MTV、CD、VCD、MP3 可任意挑选;如果想一展歌喉,卡拉 OK 也可以提供各种方便;如果想宣泄情绪,可以去舞厅轻歌曼舞或疯狂劲舞。音像制品正是为了迎合大众业余文化生活需要,随时供人们享用的娱乐服务产品,以便使人们的紧张情绪得以排遣,快乐地生活。

音像制品主要是借助播放机、收录机、录像机、电视机、视盘播放机等辅助设备进行收听或观赏的文化产品,也包括能用多媒体计算机阅读和欣赏的光碟作品。相对于图书、杂志和报刊而言,音像制品拥有更为广泛的消费群体。尤其是 20 世纪 80 年代以来,随着收录机、电视机、录像机、VCD 和 DVD 视盘播放机、MP3 播放机等家用电器的普及,音像制品的社会需求量也会呈现迅速攀升的趋势。

如果按品种划分,音像制品大体可分为录音制品和录像制品两大类,如各种唱片、录音带、录像带、激光唱盘(CD)、激光视盘(LD)、数码激光视盘(VCD)、高密度激光视盘(DVD)等。按录制内容分类,录音制品可以分为歌曲、音乐、戏曲、曲艺、教学辅导节目等类别;录像制品可以分为故事片、美术片、纪录片、专题片和教学辅导片等类别。随着多媒体、数字化技术的不断进步,一方面音像制品载体的品种更加趋于丰富,另一方面也受到了新媒体新技术带来的不小的市场冲击。

音像产品是科技发展和技术进步的产物。目前,我国音像制品已逐渐从磁介质占统治地位逐渐向光介质发展;音像制品的经营从依附、游击状态和家庭式、小作坊式甚至杂

---

① 韩东. 第十九届北京国际图书博览会:镜头下的表情[OL]. 中国新闻出版报,2012-09-07. http://www.bookdao.com/article/46492/?type=153.

货铺式,向专营化、连锁化、集团化和规模化方向发展,音像市场日趋成熟。由于电子音像制品以年轻人为主要消费对象,其强烈的购买欲望与经济实力的不足形成购买力制约;电子音像制品具有文化快餐的特点,花样翻新很快;电子音像产品前期编制耗费的人力物力巨大与后期复制耗费的低廉形成反差,也为盗版带来可乘之机。再加上网络视频、网络音频的诱惑,迫使电子音像出版单位无法依赖出版单位特有的垄断利润来养尊处优,唯有采取有利的营销策略来扩大市场,在保护自己的知识产权不受侵害的同时,还要积极拓展经营思路,找到更大的市场空间。

(三)其他印刷业

除装订成册的书籍以外,图书市场还包括各类图片、地图、年画、年历等其他印刷品。各类图片是为了配合形势宣传或专题教育的需要,按照特定的主题制作的单幅或系列美术、摄影作品。地图主要是提供交通指南和旅游便利的示意图,大多用来专门介绍各地的风土人情、旅游景点以及吃、穿、用、住、行等购物需要的咨询手册。年画挂历是我国出版业的一个特色产品类别,品种多,发行量大。其中,年画、门画、对联等主要针对广大农村市场,挂历、台历、贺年卡等主要针对城市市场。这类产品的用途主要是记载日期节气、装饰居室、增添新年的喜庆气氛以及馈赠亲友,是家庭和机关团体在新年期间采购的重要商品。年画挂历的销售有很强的时间性,错过最佳销售期就会出现商品积压。因此,经销商往往会通过不同的销售渠道和网点在有限的时间内完成预定的销售量。

不论是印刷读物,还是电子音像品,这类以陈述知识信息为载体或主要用来满足人们的学习娱乐需要的产品,都会随着科技进步的发展和人们生活水平的提高,成为人们日常生活的必需用品。

三、数字出版

数字出版是以数字代码方式将图文声像等信息存储在磁、光、电介质上,通过计算机或者具有类似功能的设备阅读使用,并可复制发行的一种特殊的大众传播媒体。因此,数字出版是依托内容资源,利用数字化这个工具进行立体化传播的一种方式。近年来,伴随着智能手机双核化、大屏化、省电化,我国数字出版一路高歌,产业收入逐年大幅度递增。

据报道,2010年我国数字出版总收入是2006年总收入的5倍。① 尤其是以手机阅读为代表的数字阅读异军突起,整个数字出版业正在步入高速发展的快车道(见图2-3)。

与实体印刷出版物相比,数字出版物具有以下显著的特点:第一,电子出版物是以计算机可以识别、理解、处理的数据形式来表现的,它的使用即检索或浏览必须借助电子计算机进行。第二,电子出版物中的信息是经过一定

图2-3 数字出版展销会场景

---

① 李易,程晓龙.2011数字出版大趋势(图)[OL].中国新闻出版网,2011-12-15. http://data.chinaxwcb.com/epaper/2011/2011-12-15/17062.html.

的格式化处理而组成的信息集合,必须具备数据库的结构。第三,电子出版物中的各种检索功能、显示方式、文本、声音和图像的有机组合都必须有相应的软件提供支持。第四,电子出版物的作者与出版社要对产品的著作权共同承担责任,按规定使用中国标准书号,不得用于出版纸质图书和其他类型的出版物。第五,电子出版物既可以作为单行版的磁盘或光盘出售给读者用户,也可以作为联机数据库的形式,以联机情报检索服务的有偿服务为基础,向公众提供检索利用。

数字出版将以其传播迅速、操作简捷、成本低的媒介优势,成为21世纪出版业关注的焦点。随着计算机技术的发展、互联网运用技术的日益普及,电子书业务早已在大多数出版社展开,手机阅读逐渐成为上班族人群浏览群书的主要群体。传统出版业的观念及模式逐渐被打破,出版产业的结构正在调整和升级,由主要依赖纸介质出版物向多介质形态出版物转变的速度正在加快,出版载体的多元化发展趋势已经不可逆转。数字出版业的快速兴起势必提升我国出版产业的整体实力和核心竞争力。

第二节 广告传媒业

随着信息社会网络技术等高科技的发展,各类传播媒介如雨后春笋般遍布每个角落。除传统的电视、报纸、广播、杂志以外,网络手机、IPTV、电子杂志、博客、威客、微博、短信、游戏、电影院、楼宇、电梯、社区、卖场、公交、地铁、机场、户外等都成为承载广告的传播媒介。人们通过互联网和电视看到广告,在报纸和杂志上读到广告,从电台广播和商场促销的喇叭声中听到广告,在随处可见的路边遮阳伞、公交车站牌、建筑物立面或屋顶、立交桥、霓虹灯、手提包装袋等所有视觉可及的每一个角落感受广告。随着商品社会市场竞争的加剧,企业在想方设法加速产品更新换代的同时,也越来越多地依靠广告来推销商品,构筑品牌形象,不断开拓消费市场。

广告传媒业是由广告主、广告经营者和广告媒体三方共同组合的信息传播业。广告主希望通过一定的媒介和形式介绍自己的商品或服务,营造"诱惑"和"劝服"。广告公司则通过市场调查、广告策划、制作表现、效果评估等一系列广告业务的代理,来收取服务费并赢利。广告媒体则利用自身所拥有的媒体优势,完成有关信息的发布,同时收取媒介代理费。现代广告已成为企业沟通生产和消费的桥梁、争夺市场制高权的关键,各种广告媒体都以其独特的媒介特征竞相亮相,精彩纷呈,令人目不暇接。

一、主流媒体广告传播

主流广告媒体是以维护国家利益、服务于意识形态和舆论宣传为主并在媒介市场居主导地位的媒介形式。在商业竞争趋于白热化的今天,作为商业竞争主要手段的广告客观上被赋予了一定的社会责任——找出并运用富有创意的方法,将有关商品和企业的故事真实地告诉市场。在这一过程中,以影视、广播、报纸、杂志为主的传统四大媒体担负着主要广告信息的大众传播活动。

(一) 影视广告

电影和电视广告媒体是自20世纪以来发展最快、涵盖面最广的一种广告媒体。在信息承载能力上,影视媒体具有音像整合的视听效果,是人们喜闻乐见的媒介形式。通过丰富的影视画面、同步的音响效果以及悦耳的解说魅力,使所要传递的产品和服务信息得以艺术化再现。现在影视媒体音质和画面质量在不断提高,各栏目的节目内容、播放时间和覆盖地域也随着影视观众的审美变化而变化。不少实力派广告主纷纷选择影视媒体作为传递商品信息的主要载体,导致影视媒体广告市场的争夺更为激烈。

选择影视媒体传播广告,多以节目赞助、分摊和插播广告等形式,来购买广告时间的租用。不少广告主采用赞助的方式支付影视节目的制作费以及插播广告的播出费。很显然,这种赞助的商业目的是提高观众对赞助商身份或品牌产品的认知度。有时几家不同的广告主共同购买某个节目栏目的广告时间,广告主不单独对电视节目的制作负责,也不能单独购买合同时间以外的节目。插播广告通常会选择电视观众比较喜爱的新闻、文艺、体育、电视连续剧等栏目,在节目播放之前或之后插播广告短片,电视台会根据不同的栏目和时段制定不同的付费标准。除了播放专门制作的广告片以外,不少精明的商家选择用植入式广告或贴片广告来传递信息。植入式广告是将产品或服务具有代表性的视听品牌符号不经意融入电影场景中的一种广告形式。电影贴片广告则为品牌和产品信息传达给目标消费者提供了一个传播平台。通常广告主会将广告集中投放到竞争特别激烈的市场,使自己购买的广告能与希望瞄准的受众相吻合。

影视广告可以先通过故事板将影视广告所要表现的内容,分别按画面效果、文案说明以及音响效果按分镜头顺序加以说明,一步一步地展现所要表现的广告信息。实拍时可以按照电影拍摄程序,以图表、图示的方式说明影像的构成,将连续画面分解开来,并标注运镜方式、时间长度、对白、特效等,以便让导演、摄影师、布景师和演员在镜头开拍前对镜头形成统一的视觉概念,协调拍摄过程中镜头运动与画面内容、音响效果的整体配合。如南方黑芝麻糊广告,借弄堂灯影的柔和色调和悠扬的吆喝声,勾起人们对儿时的美好回忆。画面中中小男孩舔碗底的特写镜头,摊主大婶为他添加后爱怜地抹尽小男孩嘴角的残留,使人感到南方黑芝麻糊的诱人香味正扑面而来,不由自主地被"一缕浓香,一股温暖"的广告语所打动,从而对广告意境产生了回味无穷的审美感受(见图2-4)。

图2-4 南方黑芝麻糊影视广告①

---

① 江南.汉狮广告公司重新拍摄的南方黑芝麻糊广告[OL].http://v.youku.com/v_show/id_XOTg5NDExNg.

(二) 广播广告媒体

广播是通过声音来遐想的世界,是通过听众自身的想象力而形成的感觉性媒体。它可以不受任何干扰地通过听众所喜好的新闻和音乐节目传递广告信息。广播广告的媒体优势在于:传播迅速,覆盖面广;制作简便,投入较少;通俗易懂,针对性强。但广播广告媒体也有一定的局限性:转瞬即逝,难以记忆;知觉通道单一,缺乏吸引力。

广告主可以从广播网、全国性点播电台或地方电台购买时间。购买时应注意被购买的时段,依据目标受众的人口统计特征决定购买广告的最佳时段。上下班时段的节目主要吸引上班族,白天时段留给赋闲在家的老年人,而晚上的时段则较为复杂。一般而言,广告主会按照各个电台公布的价目表购买广播广告时间,由电台指定播出时间的广告比广告主指定播出时间的广告更便宜。

(三) 报纸广告媒体

报纸是运用文字、图像等印刷符号,定期而连续地传递新闻信息和文化娱乐服务的可视性媒体。报纸广告的媒体优势:覆盖面广,实效性强;制作简便,费用较低;便于搜集,利于存查;解说性强,传播迅速。其局限在于:版面呆板,不够美观;内容繁杂,分散注意;接触有限,需要连载。

报纸广告媒体是最早的广告信息载体之一,也是目前仅次于电视的最常用、最广泛的广告媒体之一。近年来,一些报纸已将其内容划分成不同的专栏、专版,以适应不同读者的需要。由于报纸阅读是读者主动的选择,这使得报纸在承载复杂的广告信息方面具有绝对的优势。报纸广告主要分为版面广告、插页广告和分类广告等。版面广告主要是指报花、报眼、中缝、半通栏、单通栏、半版和整版等广告形式。在版面广告中,报花的版面很小,可以灵活安排在版面中的任何地方;报眼则不同,一般在横排版报头一侧的显著位置;中缝广告处于报纸中间两个版面相邻的地方,要完全展开时才能看到;半通栏广告往往为多幅广告排列在一起,容易削弱注意力;单通栏广告时最为常见的报纸广告版面;半版广告属大版面广告,通常可以运用广告设计的各种表现手法,体现产品、企业的品牌形象;整版广告通常营造气势恢宏的语境和视觉冲击力强的广告画面。报社一般按报纸栏寸的大小来出售用于刊载广告的版面。如果广告主希望在报纸上发布商品信息,可以向报社索要版面价目表,以便选择合适的报纸版面位。同时,应具体了解各栏寸的价格、截稿期、交稿说明以及广告主可以获得哪些特殊版面和特写等情况,了解与指定市场相关地域的发行量情况。报纸媒体的刊登成本取决于广告占用版面的大小和报纸受众总数的多少。插页广告一般不会出现在报纸广告版面中,而是类似于传单夹入报纸中随同发行。

(四) 杂志广告媒体

杂志的受众群相对准确,可根据产品特性挑选专业杂志或一般性杂志,而且杂志可反复阅读,延长广告信息的曝光时间,况且杂志的印刷品质比报纸精美,对于产品的质感有精细的表现,从画面效果上看,杂志比电视媒介还耐看。杂志广告的媒体优势有:针对性强,有利介绍;印刷精美,吸引力强;反复阅读,发行面广。其局限在于:周期性长;到达频次受限;空间拥挤,传播有限。

和报纸媒体一样,杂志的广告版面也是按照版面的位置和大小来定价的。杂志版面一般分布在封面、封二、封三、封底、中页、跨页及内页,每家杂志社都有一张价目表,标明整版、半版、1/2版、1/4版、1/6版等不同规格的价格,同时标明黑白、双色套印和四色彩印的不同价格。杂志广告的位置和大小对于广告创意实施中的黑白、彩色或其他特殊技巧都会产生影响。一般情况下,封面、封二、封三、封底都会采用铜版纸印刷,图片的印刷质量比较高,视觉效果也比较好。另外,对出血版和折页广告杂志社都会加收刊载费用。广告的背景色一直延伸到版面的边缘并取代了标准的白边,被称为出血版。折页广告多出现在高档杂志的封二处,是一种超宽的广告版面。跨页广告因横跨两页,应让标题或正文尽量避开折缝的地方。杂志版面的购买一般通过签署合同约束双方。在版面合同中规定了广告主在特定期限内在某个杂志投放广告的价格;版面订单又称加插通知,是广告主委托杂志社在某一期杂志上发布广告的通知,版面订单通常还要附带广告的制作说明。

由于受互联网的冲击,现在传统主流媒体中的广播、报纸、杂志媒体正在悄然发生变化,逐渐从平面走向网络,并呈现品牌国际化、产业集团化、市场细分化和发行立体化的趋势,开始日益走近人们的视野。

二、非主流媒体广告传播

除各种大众传播的主流媒体广告以外,还有大量非主流媒体广告。非主流广告媒体是巩固和扩大其他媒体传播效果的必要补充,其媒介形式多种多样。如各种户外广告、售点广告、邮寄广告、礼品广告、黄页广告和非常规媒体广告等。

(一)户外广告

户外媒体广告泛指所有存在于开放空间的媒体载具,主要包括交通设施和建筑环境等,如城市公共交通工具的内外壁及站台,飞机、火车、地铁、船舶的舱内及沿途路牌和停靠站,以及大型商场、建筑物的外墙立面及公用电话亭等。在各种媒体工具中,户外媒体拥有典型的配角特点,是电视电台等强力曝光后能够有效延长广告印象的最佳辅助性媒体。户外广告的媒体优势:位置固定,易于寻找;画面醒目,吸引力强;昼夜循环,传播面广。但也有一定的局限性:环境受限,不易操作;露天放置,很难维护。

户外广告媒体主要包括以下两类:一是建筑物和构筑物广告。在城市的繁华地带、人流密集的闹市中心,经常可以看到建筑物和构筑物上以灯箱、霓虹灯、展示牌和电子显示板为载体的各种户外广告,这些广告的画面流光溢彩,视觉冲击力强,给观者留下很深的印象。二是交通工具和交通设施广告。人们置身现代都市的每个角落,可以随处见到各种交通工具和交通设施上的广告。不论是公交车的内外壁,还是地铁、磁悬浮列车的车厢,甚至是候机厅内,都可以看到充满诱惑的各类广告牌(见图2-5)。

(二)售点广告

售点广告是设置于销售现场用以吸引消费者注意的宣传物品,如各种店内陈列、悬挂展牌、立式展架、标牌挂件等,简称POP广告。售点广告是卖场促销的最佳方法之一。它具有新产品的告知功能,能吸引消费者注意商品,唤起消费者的潜在意识;能营造气氛,促使消费者快速决定购物意向并付诸购买行动;能替代推销员传达商品的特点及相关信息;还可以装饰卖场环境,提升零售企业形象。其主要功能是强调购买"时间"与"地点",使消费者在店面现场的诱惑下不知不觉产生购买欲望。

售点广告包括放置在商品旁或添加在包装外的价目卡和展示卡等标牌式POP,直接

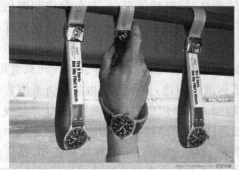 

图 2-5 手表、相机广告

陈列在柜台上的小型展台、展架、展牌等柜台式 POP，悬挂在商场天花板、标挂、壁面、货架等之上的悬挂式 POP，陈列在商场内外适当环境的广告展示台和货架等立地式 POP，通过巧妙的设计让包装开启或重新组合后直接展示商品的包装式 POP 广告，张贴在墙面或立柱上的购物点海报等招贴式 POP 广告，利用具象、抽象的几何支架、平台、悬挂、背景等营造类似舞台效果的橱窗式 POP 广告，利用透光材料制作的灯箱广告和利用电动机使广告物产生上下左右移动或旋转以吸引受众视线的光电式 POP 广告，以及利用电子屏幕或数字化演示等产生综合效果的声像式 POP 广告等。

（三）邮寄广告

邮寄广告是通过邮政系统散发的各种印刷品广告形式，如各种产品名录、宣传单、优惠券、试用赠品和宣传海报等。

邮寄广告在设计、印刷上均有较大的灵活性。在设计创意上，可结合广告内容和媒介特点，制作成新颖别致、色彩明快、生动有趣的形式。在印刷纸张上既可制成如同精美豪华般画册效果的产品样书或海报招贴的效果，又可用一般纸张印刷制成可供广为传播的宣传单。不论何种形式，邮寄广告都可以充分利用版面对商品的性能、特点、用途和服务进行全面的介绍。

（四）礼品广告

礼品广告是借助赠送礼品建立好感的广告物件。可用于礼品的广告物件不胜枚举，但主要集中在以下物件上：文具用品、文化衫和日常生活用品上面，如精美台历、钢笔、CD 包、鼠标垫、快译通、MP3、名片盒、T 恤衫、茶杯、钟表、雨伞、背包、布衣玩具等。

作为公关广告的媒介载体，大多数礼品广告物件都包含赠送方的标徽和相关宣传信息，因礼品广告物件可以保留较长的时间，其广告效果十分明显。以挂历广告为例，至少可以在一年的时间内不动声色地提示有关商品的各种优点和相关信息。人与人之间需要感情的交流，而承载公关使命的礼品广告更是如此。通常情况下精美的礼品广告物件，对于有品位的商品而言是高贵形象的佐证；即使是日常生活用品，也会拉近彼此间情感的距离。因为无论男女长幼都会乐意收到各种礼物。

（五）黄页广告

黄页广告是刊载在按企业性质和产品类别编排的工商电话号簿上的广告信息。在现代资讯发达的情况下,人们大多希望通过黄页来咨询信息或寻求帮助。国际惯例用黄页纸张印制,故称电话号簿为黄页。

黄页是一种商业性很强的社会信息库。除具有快速查找电话号码的沟通功能以外,黄页还具有营销与购物双向指南的功能。黄页可提供最直接的联系方式,编入包括衣食住行、休闲娱乐、运动健身、文化教育、医疗药物、交通通信、旅游购物等信息内容,使消费者在查找电话号码的同时便能了解所需的相关信息,完全追随消费者的购买意向。由于商品社会的市场变化很快,因而黄页中的有些广告信息容易过时,广告创意实施的灵活性也容易受到限制。现在许多网站为消费者提供黄页式在线数据库,消费者可以在桌面计算机上自由搜索。这在某种程度上克服了纸质黄页无法适时更新的缺憾,为消费者提供了更加快捷而准确的服务信息。

(六)非常规媒体广告

非常规媒体广告泛指常规媒体以外的各种广告形式。不论是钥匙串上的饰物,还是隐蔽在公共环境中的活动广告柱、超市的手推车、施工中的脚手架和临时护围墙、旅游景点门票、地铁票、街头路演等无偿媒体,都有可能被用作广告传播的媒介载体。对这类无处不在的非常规媒体广告应予以足够的重视,因为大多数非常规媒体广告的性价比高,能够更加有效地触及目标消费者,引起社会公众的关注。

三、新媒体广告传播

各种新广告媒体是建立在数字技术、网络技术和多媒体技术基础上的广告载体,如车载电视、数字显示屏、楼宇广告、网络广告以及手机广告等。这些新媒体广告不受时空限制,传播范围极其广泛。广告载体基本上是多媒体、超文本格式文件,可以使消费者亲身体验产品、服务与品牌,并以图、文、声、像的形式,传送多感官的信息,让顾客如身临其境般感受商品或服务。

(一)手机广告

手机广告是以手机为视听终端、以短信传递为主要载体、以通信技术和网络技术相融合的一种移动广告传播载体。

在数字技术的带动下,手机从普通的通话工具一跃而成为满足现代人个性需求的数字化传播新媒介。人们通过手机不仅可以及时了解信息,还可以上网、阅读新闻、收发电子邮件、游戏娱乐、订购商品与服务等。手机兼具了便携性、及时性、实用性、娱乐性的特点,也兼具了人际传播与大众传播的特点。随着通信技术、计算机技术和网络技术的发展与普及,手机媒体已经成为信息海量的广告媒体的重要组成部分。

(二)网络广告

网络广告是借助链接点击来浏览各类广告信息的广告形式。网络用户可以从任一感兴趣的目录点击进入,在阅读中随意查看相关内容的详细资料,也可以转到其他的关联信息。

不少网络广告常常被预先设计在互动游戏中,在游戏开始、中间、结束的不同时段广告会随时出现。也可以利用游戏中的人物、情节来嵌入广告内容,从而引起游戏玩家的认同感。最新的内置网络游戏广告采取鼓励策略,每当游戏者完成一局或通关升级时,内置广告就会发送邮件或短信来表示祝贺,赠送商品的电子优惠券等。不断创新的广告软件和广告程序为网络游戏广告的发展提供了更具诱惑的温床。

(三) 移动电视广告

移动电视是在交通工具移动状态中能清晰而稳定地收看节目的数字媒介载体。由于采用了当今世界最先进的数字电视技术,通过无线发射、地面接收的方法进行电视节目传播,因此可以在任何安装了接收装置的巴士、轨道交通等移动载体中收看清晰的移动电视画面。

移动电视广告的优势集中表现在两个方面。一是受众覆盖面广,接触频率高,目标受众较为明确。城市公交乘客以上班、上学、购物人群为主,因而可以根据不同的人群播出不同节目和广告,使每一时段都成为广告的黄金时段。二是环境相对封闭,具有"强制性"视听的空间约束。乘客没有选择节目的权利,即使看不到图像的地方也可以从车厢的音箱中接受声音信息,传播信息的流失比较少。同时,处于等待中的大多乘客无事可做,容易对移动电视广告的内容产生注意力和记忆力。由于上述原因,移动电视广告近年来迅速覆盖城市公交车、磁悬浮、火车、地铁、飞机、轮渡等交通工具,成为现代广告媒体的新宠。

(四) LED 显示屏广告

LED 显示屏是通过控制半导体发光二极管的显示方式,来显示文字、图形、图像、动画、视频、录像信号等各种信息的超薄显示屏幕。

LED 显示屏分为图文显示屏和视频显示屏,均由 LED 矩阵块组成。图文显示屏可与计算机同步显示汉字、英文文本和图形;视频显示屏采用微型计算机进行控制,图文、图像并茂,以实时、同步、清晰的信息传播方式播放各种信息,还可显示二维动画、三维动画、录像、电视、VCD 节目以及现场实况。LED 显示屏现已广泛应用于车站、码头、机场、商场、医院、宾馆、银行、证券市场等公共场所,包括各种数字橱窗、数字墙体、电子互动触摸屏等。

(五) 楼宇广告

楼宇广告是设置在写字楼及公共空间的室内电子显示屏广告。由于现代都市生活习惯、工作环境、居住空间的不断改变,人们每天都要经过的街道、建筑物、车站以及视线所能企及的有效视觉范围开始成为新媒体广告不断扩张和占领的地盘。从楼宇到卖场,从公交车到户外显示屏,人们在不知不觉中进入一个动感化、数码化的全新时代。短短几年间,以高收入、高学历、高消费人群为目标市场的楼宇广告迅速崛起,创造了中国传媒业的一个奇迹。

(六) 交互式广告

交互式广告是以数字化媒介的信息选择为基础,以拟像、声控、触摸等即时参与体验为载体的一种双向甚至多向交流的广告传播载体。

随着现代信息技术的发展,以数字化媒介为基础的关系营销、数据库营销进一步细分了消费者市场,针对不同的分众群体甚至个人量身定制信息成为可能。交互式广告可以现场修改并具有执行交易和支付的功能,为人们提供了一个可供选择的虚拟空间。借助即时参与媒介,人们可以不受时间和空间的限制,按照各自的需要对广告信息进行储存、复制、加工甚至再创造。除了直接使用计算机上网以外,在一些大商场、美术馆、航空港、银行等公共场所，人们可以借助拟像、声控、触摸等途径，通过接收数字信号实现交互式传递。

伴随着现代科技的飞速发展，各种广告媒体还会层出不穷。面对精彩纷呈的广告媒体的变化，人们在越来越多地关注媒介生态环境研究的同时，也十分重视对媒介运用的实战运作效果。因此，考评媒介实力、明确媒介目标、拟订媒体计划、优选媒体组合、实施媒体租用、考虑所有广告媒介渠道的整合等，是广告媒体策划的重要环节。当今广告传媒市场的竞争愈演愈烈，竞争的焦点聚集在规模竞争和特色竞争上。在有限的资源和市场份额的夹缝中生存的广告经营业，更应抓住社会发展的主导性领域，使目标受众及时获得重要的社会信息，力求将媒介的内容结构与主流人群的信息需求保持对位，使广告媒介的市场价值不断提升。

第三节　影视演艺业

影视传媒业是以拍摄、录制为手段，借助一定的播放设施和场所，为家庭或个人提供服务的文化传播活动。演艺业则主要是以文化娱乐表演形式进入市场运行轨道，并通过售出演出票回收成本的文化团体。

一、电影

电影是将外界事物的影像和声音录制在胶片上，通过视听通道传递信息的一种综合性媒介工具。与音乐、美术、戏剧、舞蹈、文学等单项传统艺术相比，电影以其直观生动的艺术感染力深受广大消费者喜爱，在20世纪的中国文化市场上曾有过占据半壁江山的辉煌。尽管受到迅速崛起的电视剧和网络游戏的冲击，电影依然是文化消费者的大众情人，忠实地履行着对文化传播事业进行延续拓展的历史使命。

电影产业主要包括内容生产、院线经营和周边产品开发等行业。内容生产商主要承担影片的制作及投融资来源，院线经营主要是承担电影的发行业务，周边产品开发则主要是拓展电影的衍生品价值。

（一）影片制作

电影艺术自诞生以来历经了一百多年的发展和演变，已经形成了精彩纷呈的类别和样式。近年来，我国电影在受到政策利好和市场竞争的推动下，产量、票房、综合收益等主要指标一直保持着快速增长的发展势头。尤其是在美国大片强劲的攻势面前，国产影片仍表现出顽强的抗衡能力，占据着全年票房56.6%[①]的市场份额。

国产电影的投资商主要由国有电影集团公司企业和民营电影企业所组成。随着电影产业化的深入发展，来自电影行业自有资金的比例逐渐减少，而其他资本开始不断加大。通过上市融资、银行贷款、政府出资、企业投资以及风险投资等多种渠道融资，电影产业的规模在不断扩大，呈现出国产电影制片的独有风光。

尽管影片的投资主体已经呈现多元化特征，但从电影市场的票房来看，以大投资、大

---

① 叶朗.2011中国文化产业年度发展报告[M].北京：北京大学出版社，2011：040.

场面、多明星集合的大制片模式仍然领跑。在2010年的大制作中,冯小刚执导的《唐山大地震》用商业化的运作模式完成了爱国主义主旋律的艺术表达,通过真实再现灾难中的人性关怀以及灾后重建的心灵救赎,成功地跨越了从主旋律电影到主流电影的转换,为今后大片的主旋律表达提供了良好的借鉴(见图2-6)。在《唐山大地震》的投资中,唐山市政府出资6 000万元、华谊兄弟投资5 400万元(后将其中的800万元出售给英皇和浙江传媒集团)、中影集团投资600万元,而当年这部影片的票房高达6.7亿元,创下了2010年的国产票房纪录。① 与此同时,以合拍片迎战进口片的战幕已经拉开。基于文化安全和扶持国产片的原因,我国每年只允许引进20部海外片。因此,只要有足够的中国元素,与海外制作商合作拍片即可成为抵挡进口大片的一大利器。以爱情片、喜剧片为代表的中等制作片已拥有日趋成熟而稳定的市场。这类影片既没有大片的波澜壮阔,也没有小制作片的捉襟见肘,因而多以爱情片和喜剧片见长。《非诚勿扰》用6 000万元投资拍摄,斩获3.4亿元票房。仅隔一年,《非诚勿扰Ⅱ》再次以5 000万元投资拍摄,获得近5亿元的票房。《山楂树之恋》以7 000万元投资换取了1.47亿元票房。② 目前,这类既能挣脱创作成本有限的掣肘又可避免高额成本运作风险的中等制作片已经成为电影市场的主打产品。以小成本制作的文艺片和商业片有的欢喜有的愁。一些艺术水准较高、在各类电影节上频频拿奖的影片叫好不卖座,而一些选准档期的小成本影片却成了票房黑马。

图2-6　影片《唐山大地震》海报

从影片制作环节上看,以我国六大电影集团公司为代表的国有制片机构和以华谊兄弟为代表的正在迅速崛起的民营制片机构,已经形成了一个互补并存的竞争格局。随着融资渠道的不断拓宽,来自电影行业自有资金的比例逐渐减少,电影产业的竞争程度会日益加剧。更大的威胁还在于来自美国好莱坞等进口大片的巨大冲击。迄今为止,内地影片市场票房过10亿元的影片有三部,全是美国进口大片:2010年年初上映的《阿凡达》连

---

① 叶朗.2011中国文化产业年度发展报告[M].北京:北京大学出版社,2011:049.
② 同上,第050页。

续五周票房收入过亿元;2011年暑期档的《变形金刚3》放映仅十天票房收入即过亿美元;2012年4月重拍的3D版《泰坦尼克号》在国内市场拿到了1.52亿美元的票房,不仅远超该片的北美票房,更收获了该片2.75亿美元海外票房的一半以上。① 面对来势汹汹的进口大片,国产影片该如何突围已成为值得人们深思的问题。

(二)院线发行业

中国加入WTO后要保证国产片占据电影市场的主要市场份额,市场主体不被外国大片所垄断,就应遵循电影市场的客观规律,对运作模式、发行渠道、销售形式、获利方式进行探索,努力开发电影市场,满足大众消费者的文化需求。

目前,在我国众多的电影发行商中,只有中国电影集团发行公司和由19家国有电影股东单位组建的华夏电影发行有限责任公司才拥有境外影片的全国发行权。此外,民营机构中博纳国际影业集团获国家广电总局颁发"电影发行许可证",成为目前国内规模最大的电影发行龙头企业。与制片相比,发行市场风险相对较低,利润率基本上能达到35%。因此,不少电影制作企业纷纷进军发行市场,如华谊兄弟、新画面、星美传媒、光线影业以及时代影音等民营企业也在发行市场上占有重要位置。

面对竞争日益白热化的发行市场,多元融合的联合发行方式已成当前电影发行的主体。《唐山大地震》由投资方的华谊兄弟和中国电影集团公司联合发行;《让子弹飞》由英皇电影发行(北京)有限公司、东阳不亦乐乎影业有限公司以及中国电影集团公司联合发行;《非诚勿扰Ⅱ》由华谊兄弟、中国电影集团公司以及中影数字电影发展有限公司联合发行;《赵氏孤儿》由上海东方影视发行有限责任公司、星辰(北京)影业有限公司以及华夏电影发行有限责任公司联合发行;《山楂树之恋》由华夏电影发行有限责任公司、中国电影集团公司、北京新画面影业有限公司联合发行;《叶问2:宗师传奇》由大盛国际传媒(北京)有限公司和中国电影集团公司联合发行等。

此外,除去贺岁档、暑期档的必争之地以外,近年来情人节档、清明档、中秋档也陆续开发出来,小档期定制影片也成为一种新的电影制作模式。挖掘档期潜力,制作针对性强的高质量影片,是电影发行业值得探索的新路。与此同时,从发行公司到院线和影院全面开展了营销总动员。如开展"手机积分换票",与商家和大集团合作的礼品赠券,还有网络上掀起的团购风潮等,都为电影营销拓展了新的渠道。

(三)电影周边产业

电影产业除了电影拷贝的生产、发行、放映等体系内流通以外,还有周边产品的下游产值开发。一是版权有偿转让,即将电影版权向各类电视台、网络运营商等播映平台有偿转让或授权许可使用。二是产品开发,主要是影像、音乐、图书的出版发行,影片道具、服装的衍生品,与电影相关的主题公园及旅游娱乐项目的开发,游戏软件的开发等。

以宁夏镇北堡西部影视城为例。镇北堡原是个古朴、原始、粗犷、荒凉的明清边防戎塞,其董事长是"伤痕文学"领军人物的作家张贤亮。游客到了镇北堡西部影视城仿佛在穿越"时光隧道",不仅有供游客参观的"电影海报展"、"图片道具展"和"古代家具展"等,还保留着多处影视场景供游客参观欣赏。更令人称绝的是,除少数定型的建筑物外,整个

---

① 作者不详.4月内地影市票房回顾[OL].网易娱乐频道,http://ent.163.com/special/1204pfhg.

镇北堡西部影城都是"布景化"、"道具化"、"场景化"、"舞台化",可以让不同的影视剧组随意改建,重新搭制。为了突出影视特色,镇北堡西部影视城还为游客提供拍摄MTV、即兴表演、轻松短剧、随团纪录片和壁灯摄影等旅游纪念品。借助张贤亮的知名度和《红高粱》等八十多部影视片的播放,镇北堡西部影视城以其古朴、原始、粗犷、荒凉、民间化等特色,被誉为"东方好莱坞"。

通常,判断一个产业的成熟与否不仅在于其市场是否活跃、产品是否多元化,更在于其产品的质量是否过硬。电影市场亦如此。尽管我国现在的国产片数量逐年增加,多样化的趋势也开始形成,但令观众叫好的影片却屈指可数。能走出国门、进军国际市场的影片更是少之又少。因此,电影产业的可持续发展以及为中国文化的积淀担起责任,仍是困扰着电影人的一个重要课题。

二、电视剧

电视剧是兼容电影、戏剧、文学、音乐、舞蹈、绘画、造型等诸多艺术表演门类的一门综合性很强的艺术样式。一般分单本剧和系列剧,只要是以电影方式拍摄,皆以"电视系列剧"相称。不同地区所制作的电视剧加上该地区的简称后连用,即成为人们熟悉的"日剧"、"韩剧"、"美剧"等。

电视剧产业分为播出平台运营、提供节目内容和拓展附属业务等部门和组织,主要涉及电视剧的制作和广告经营等产业链。电视剧、新闻和综艺通常被称为电视播出内容的"三驾马车",电视剧显然独占鳌头。2010年电视剧的播出份额接近30%,超过其他任何类型节目而高居首位;其收视比重更是超过30%,远远高于排在第二位的新闻类节目。[①]目前,电视剧市场已形成中央电视台、省级卫视和地面频道的三足鼎立竞争态势。

(一)电视剧生产

中国是世界第一电视剧大国,电视剧已成为目前国内文化产业的核心。2010年,中国生产约15 000部集电视剧,平均每天生产新剧40集;全国1 974个在册的电视频道中,播放电视剧的频道达1 764个,覆盖率达89.4%[②],远远超过世界上任何一个国家。

由于电视剧负载着广告收入,各省级卫视频道加大了对精品电视剧的版权购买。各种融资渠道也在不断拓展,各级政府部门、企业和个人、金融资金纷纷进入电视剧生产领域,客观上不仅飙升了电视剧生产的赢利预期值,而且提高了电视剧的生产能力,导致电视剧生产中的部分稀缺资源价格迅速上涨,如一线演员、著名导演和编剧的报酬成倍增长,客观上推高了整个电视剧生产成本。这样一来,曾经完全制播分离的电视剧生产环节开始发生变化,一些有实力的省级电视台重新返回电视剧生产的上游,通过自制、定制、预购、合作等方式,获得自制电视剧内容的控制权。电视剧制作成本的上扬,也带来了版权销售价格的大幅上涨。为了购买到更多的优质电视剧播出,各省级卫视纷纷采用"N+X"的方式,采取同期首播、二次重播、多轮次播出等方式,共享电视剧资源。

---

① 尹鸿.剧领中国:当前电视剧的创作与生产[OL].人民网,2011-04-08. http://media.people.com.cn/GB/22114/52789/218557/14343406.html.

② 同上。

不管怎样,精品电视剧总能在激烈的竞争中稳稳占据收视市场。在现代都市生活高物质化的今天,生活在过度紧张、亢奋、焦虑和急功近利的人们究竟该选择什么样的生活方式?电视剧生产者通过推出一批现实家庭情感剧,如《婚姻保卫战》、《新安家族》、《老大的幸福生活》、《媳妇的美好时代》和《金婚风雨情》等电视剧作品,向人们提供了一种回归平静、乐观积极的生活方式。在悬疑类电视剧方面,不少优秀作品越来越成熟。同为谍战片,《潜伏》采用了家庭剧、爱情剧的表现手法,弱化谍战情节的制约,以假扮夫妻的矛盾冲突+办公室政治的明争暗斗制造悬念,引人入胜;而《黎明之前》则吸收了更多美剧的悬疑手法,围绕休眠的特工被激活后护卧底与抓卧底的矛盾主线展开,形成敌对双方的斗智斗勇(见图2-7)。艺术品质上乘的作品,仍能在谍战剧泛滥成灾时成为收视热点。

图2-7 谍战片的扣人心弦

(二)融资与广告运营

由于电视剧市场以不到30%的播出比重带来的广告收入比重却接近50%,有近四成的电视台甚至全年70%~80%的广告收益都依赖于电视剧①,因此,广告运营在电视剧播出市场发挥着重要的作用。2010年播出的《三国》和《红楼梦》,分别拿下1 000万元和2 200万元的冠名费。安徽卫视仅《水浒》就卖出1.5亿元广告。所以,尽管国家广电总局要求:播放电视剧时,每集(以45分钟计算)可插播两次商业广告,每次播出时长不得超过1分30秒②,但从经营角度上来说,电视剧仍旧是电视台经济效益的最大保障。

在抢播电视剧的同时,各电视台也展开了广告招标活动的竞争。2011年,央视一套凭借由垄断资源支撑的新闻联播等媒介优势,得以126亿元的天价售出广告招标③。与此同时,湖南卫视、江苏卫视、东方卫视、安徽卫视等地方卫视的广告招标竞争力也逐年增强。湖南卫视是广告招标的第二大赢家。其品牌栏目《天天向上》的冠名费甚至超过了央

---

① 尹鸿.剧领中国:当前电视剧的创作与生产[OL].人民网,2011-04-08. http://media.people.com.cn/GB/22114/52789/218557/14343406.html.
② 叶朗.2011中国文化产业年度发展报告[M].北京:北京大学出版社,2011:061.
③ 同上,第067页。

视包括《新闻联播》在内所有栏目的冠名费,成为翘楚。此外,江苏卫视凭借《非诚勿扰》的火热收视率以及大剧首播等品牌栏目正显示出强大的竞争力。

(三)网络运营商

互联网将网络技术、通信技术和电视技术融为一体,利用宽带有线电视网向用户提供包括数字电视在内的多种交互式服务。这一新媒体播出渠道迅速成为电视剧销售收入的第二大来源。在2010年春季首都电视节目推介会上,电视剧的版权价格从过去的每集几千元、几万元一直飙升到最高价超出每集20万元,出现25家视频网站争购电视剧的情形。到目前为止,网络版权价格仍在呈现不断上涨的态势。由于网络视频的发展,电视台播映的许多剧目都在网络上播出,再加之盗版的影响,电视剧正版音像市场日渐萎缩,视频网站的销售收入已经大大超过了传统音像版权的销售收入。这说明,年轻的网络电视剧观众群体正在形成。

三、演艺业

演艺业是指由门类艺术家、职业表演者与演艺经营者共同组成的艺术团体及相关经营组织,以文化娱乐表演活动的商品形式进入流通领域并实现交换的经营类别。近年来我国文化部修订并出台了《营业性演出管理条例实施细则》,大幅度调整了演出市场准入政策。只要符合规定的单位或个人,均可依法投资兴办演出单位,举办演出活动。这一改革对于促进国内演出资源的整合,推动演出行业的集约化、规模化经营,增强我国演出市场的国际竞争力,起到了巨大的推动作用。所有制和行业壁垒的破除,吸引了大量社会资本、民营资本涌入演出市场,改变了国家办演出的格局。正是这种全面对内开放的政策,创造了有利于演出市场形成竞争的新局面。

文艺演出应有五个要素:一是组织者;二是节目内容;三是观众;四是演出时间;五是演出地点和场所。现代社会表演艺术形式多种多样,既有音乐、舞蹈、戏剧等综艺演出形式,也有相声、小品、二人转等专项演出形式;既包括芭蕾舞、交响乐等高雅的艺术表演,也包括杂技、魔术、马戏、曲艺、木偶、皮影等民间艺术表演形式等。近年来,随着人民群众对文化需求的增高,我国的演出市场一直保持着良好的发展势头。据道略文化产业研究中心发布的数据显示,2010年中国演出市场收入达108亿元,首次反超同年中国电影票房收入。其中:专业场所演出为57.18亿元,占总演出市场收入54%;实景旅游演出为12.4亿元,占总演出市场收入11%;民营团体在非专业场所演出为25.2亿元,占总演出市场收入23%;大型场馆演唱会等演出为13.2亿元,占总演出市场收入12%①。

(一)国有院团专场演出的市场优势

国有院团的专业性演出是演出市场的主体,一般在专业场所演出。其特点是演出节目内容的专业化,有的还要求演出场地专门化。如交响乐演出、作品音乐会多在专业音乐厅举行;戏曲、杂技、专场歌剧舞剧演出多在戏院、剧院、杂技厅举行。这类演出目标市场相对稳定,一般针对各文艺门类的艺术爱好者。

---

① 陈予燕.2010年中国演出市场收入达108亿元[OL].财经网,2011-01-21. http://www.caijing.com.cn/2011-01-21/110624920.html.

国有院团也是承担大型综艺性演出的主体,通常采取多种节目搭配的演出模式。在节目的安排上可以做到亦庄亦谐、快慢结合。如每年一度的春节联欢晚会已经成为一种文化共享的综艺品牌。在收视层面上,春节联欢晚会充分注意各地观众的收视习惯和收视趣味;在节奏控制上,以歌舞刺激视听,言语激活内容,使节目的剪切和调度充满激情和变化;视觉上,准确的运用色系的搭配、调和、互补形成新的视觉效果;在节目品位上,迎合了社会公众追求心灵的自由的审美倾向,许多节目把伴舞变成以舞蹈为主,而大牌歌星成为伴唱,形成一种新的时尚。

除大型综合艺术表演以外,戏剧表演也是人民群众喜闻乐见的一种形式。京剧是我国表演艺术的"国粹",其虚实结合的表现手法,往往能最大限度地超脱舞台空间和时间的限制,达到"以形传神,形神兼备"的艺术境界。京剧唱腔悠扬委婉,声情并茂;舞台表演精致细腻,锣鼓铿锵。除唱、念、做、打四种基本的艺术手法以外,京剧脸谱艺术也有着丰富的文化内涵:红脸代表忠勇;黑脸代表猛智;绿脸代表草莽;白脸代表奸诈,等等。通过无数艺人的舞台实践积累,京剧已经形成了一整套规范化的程式,在创造舞台形象艺术的手段方面独具特色,更能引人入胜(见图2-8)。2010年11月6日,集众多戏曲门类之所长的京剧艺术,被联合国教科文组织列入《人类非物质文化遗产代表作名录》,成为名副其实的世界级"非遗"。京剧申遗成功不仅是对拥有二百多年艺术积淀的文化价值与审美品格的世界认同,而且意味着世界以人类的名义将京剧这份人类文明的瑰宝托付给了中国。

图2-8 京剧舞台艺术表演剧照①

(二)民营团体非专业场所演出的必要补充

改革开放以来,我国的各类民营演出团体迅猛发展起来。由于国家各项文化政策的鼓励,民营表演团体的专业素质在发生着变化,在节目的艺术创新上也有所突破,在满足城乡群众文化生活需求方面弥补了国营院团的不足。有些民营团体的精品节目在拓展海外市场方面也发挥了积极作用。由于民营表演团体大多由个人出资兴办,大多数民营表

---

① 郭佳.京剧能否现代化?[OL].晋城新闻网,2010-12-20. http://www.jcnews.com.cn/culture/cultrue_content/2010-12/20/content_69943.htm.

演团体自成立之初就建立了面向市场的经营管理机制,"自筹资金,自主经营,自负盈亏,自我发展",加上出资人往往就是民营表演团体的法人代表,因此可以畅通无阻地实行团长负责制和全员聘任制,责、权、利高度统一,演职员的自身利益与剧团的整体利益紧紧捆在一起,从而有利于调动全体演职人员的创作和演出积极性。同时,民营文艺表演团体的经营目标中赢利占有很重要的成分,因而能瞄准市场确定创作演出计划,实行严格的成本核算。

(三)大型场馆演唱会演出的市场效应

对于演出商而言,成功举办大型场馆演唱会意味着高票房的回报。尤其是文化产业已经步入快速发展的中国演出市场,吸引着越来越多的国际明星和知名艺人将眼光放到了中国市场,两岸三地的众多艺人也将大型场馆演唱会视为最重要的表演舞台。对于观众而言,观看一场期待已久的演唱会不仅可以亲耳聆听并感受到艺人演唱的艺术魅力,还能在如梦如幻的舞台效果和现场观众如痴如醉的互动中获得激情的审美感受。几乎所有商业性演出都需要承担售票或包场等业务经营,支付演员出场费,或以演出为媒介进行广告宣传。因此,演出市场的分工已日益专业化,除文艺表演团体、演出场所经营商和演出经纪代理商等以外,票务公司、演出器材租赁公司等悄然兴起。票务公司甚至将其触角深入到商场、社区等社会的每一个角落,通过电话订票、网上订票、送票上门等多种便捷方式方便观众购票。演出场所经营商也积极配合演出需要,利用各种新技术和新材料,尽可能提供各种营造演出气氛的场景条件。另外,演出经纪活动作为中介,在演艺市场上越来越呈现其沟通信息的重要作用,对于大型场馆演唱会的组织而言,演出经纪商的作用尤为突出。

演艺业以其深厚的文化内涵和人们喜闻乐见的表现形式,曾经是我国历史上最早也是最具市场化特点的艺术行业。在人们文化生活更加丰富的今天,演艺业以其形象生动、视听兼备和现场互动的特点,成为最具产品衍生潜力的原创型文化产业。

第四节 艺术品经营业

艺术品和古玩收藏集知识积累和审美欣赏于一体,是陶冶情操的主要休闲方式,也是个人投资的重要手段。改革开放以来,我国艺术品和古玩收藏市场呈现前所未有的繁荣景象,成为折射人民生活水平和健康心态的一道亮丽的文化风景线。艺术品和古玩一般具有很高的艺术性和不可再生性,因此具有很高的投资回报率。近年来,我国政府对于艺术品规范经营的政策相继出台,加上流动性资金过剩及房地产、股票市场资金的挤出,导致艺术品市场再次走高。全球知名财经杂志《经济学人》刊文指出,中国已经取代法国,成为继美、英之后世界第三大艺术品市场。[①] 艺术品市场主要分为古玩文物收藏市场、近现代美术品收藏市场和邮币卡等日用品收藏市场。

---

① 赖睿.中国已成为继美、英之后世界的第三大艺术品市场[N/OL].人民网,2009-12-29. http://expo.people.com.cn/GB/10676015.html.

一、古玩拍卖

根据我国《文物保护法》规定,凡具有历史、艺术、科学价值的古文化遗址、古墓葬、古建筑、石窟寺和石刻;与重大历史事件、革命运动和著名人物有关,具有重要纪念意义、教育意义和史料价值的建筑物、遗址、纪念物;历史上各时代珍贵的艺术品、工艺美术品;重要的革命文献资料以及具有历史、艺术、科学价值的手稿、古旧图书资料等;反映历史上各时代、各民族和社会制度、社会生产、社会生活的代表性实物等,都属于文物。因此,进入市场流通的古玩藏品可大致归纳为书画、典籍、玉器、金银器、青铜器、陶瓷、家具、钱币等细分市场。新中国成立以前,北京的琉璃厂、上海的城隍庙、南京的夫子庙等都是十分闻名的书画及古董经营地。新中国成立后有名的画店有北京的荣宝斋、上海的朵云轩、苏州的古吴轩和南京的十竹斋等。从20世纪80年代起,由于国际著名的苏富比、佳士得等大拍卖公司对中国书画的成功拍卖,进一步带动了中国内地的书画市场。近年来国内书画市场日趋繁荣,各类画店、画廊、艺术博览会、拍卖会交易十分活跃。

近年来,随着我国经济的快速增长,国民收入的不断提升和富裕人群的迅速集结成为拉动艺术品拍卖市场发展的动力。与经济力量和财富分布成正比,财富的增长拉动了古玩收藏等文化消费。在2008年世界金融危机爆发之后,来自金融、房地产、奢侈品行业的买家不断增加,寻求新投资的流动资金纷纷涌向了艺术品市场。很多人看重艺术品的保值功能,购买艺术品成为合理配置资产的一种重要方式。除了一些新富阶层参与艺术品投资和收藏外,20世纪八九十年代留学潮的大批归国人员也成为中国艺术品收藏的后继力量。另外,随着与世界各国的交流越来越频繁,来中国旅游、做生意的外国人也有兴趣购买中国的艺术品。据网络信息报道,2010年11月12日,一件清乾隆时期珐琅彩"吉庆有余"转心瓶以4300万英镑,加上佣金,折合人民币约5.5亿元的天价成交,创下中国艺术品拍卖新的世界纪录。[①] 这件清乾隆年代的官窑花瓶几乎囊括乾隆时期瓷器制作的复杂工艺,属于清三代瓷器中的巅峰之作(见图2-9)。转心瓶内绘青花,外画珐琅彩,还运用了描金、镂空、转心、浮雕、浅刻等多种工艺,花瓶整体形态匀称,色泽饱满典雅,瓶身主看面的鲤鱼图案栩栩如生,配以镂空的水波纹雕花设计,尽显皇室陈列用品的大气富贵,恰到好处地映衬了瓶颈上的红色"吉"字中所蕴含的吉祥之意。清乾隆珐琅彩转心瓶极尽奢华、令人叹为观止。

图2-9 清珐琅彩"吉庆有余"转心瓶

文物商品的流通和市场一直是关系民间收藏发展前途的重要问题。在计划经济时期,国家对文物商品的交易实行专管专营的垄断政策,虽然在一定程度上遏制了文物的非法外流,但也导致了一些负面影响:合法的市场发育不良,"黑市"交易却潜滋暗长;国有收藏和经营单位文物来源枯竭,进货渠道萎缩,而走私犯罪活动却屡禁不止,有增无减。

---

① 中国开启艺术品市场"亿元时代"凭啥那么贵(图)[N/OL].中新网,2011-01-22. http://www.chinanews.com/cj/2011/01-22/2805374.shtml. 来源:羊城晚报(图/文《羊城晚报》记者许悦).

改革开放以后,全国各地的古玩市场迅猛发展,民间收藏和古玩市场已成为投资的主流,除玩家人数呈几何级增长外,对古玩的需求量也成倍增长。古玩市场的兴起不仅活跃了民间收藏活动,对于挖掘、壮大民族文化宝藏也是有着积极影响的。当国弱民穷时古玩外流严重,当国强民富时有实力的收藏群体就追回这些海外遗珍。有人说,艺术品投资就是一个富强起来的国家买回他们的历史和文化。随着社会需求的不断增大,流通渠道的逐渐多样化,我国古玩市场一定会步入稳定发展的轨道,成为传播文明、弘扬爱国主义精神的阵地。

二、现代艺术品交易

20世纪90年代以来,继股票热、房地产热之后,艺术品市场投资热正在中国大地广泛兴起,并为极具经济实力的企业家、工薪阶层乃至市井居民悄然接受。由于现代艺术品内涵广博,适应不同文化层次、不同经济实力、不同兴趣爱好人的需要,人们除了满足陶冶情操、提高文化修养的需要以外,还看重其稳妥获利的投资价值。在这些艺术品收藏爱好者中,大多数人喜好收藏中国近现代美术品,如国画、油画、版画和雕塑艺术品。也有一些收藏家开始把眼光投向正在成长的20世纪七八十年代出生的当代中青年艺术家的作品,因为这些艺术家的作品已经在艺术品市场上崭露头角,具有较高的升值潜力。

以油画为例。油画是用透明的植物油调和颜料,在制作过底子的布、纸、木板等材料上塑造艺术形象的绘画。它起源并发展于欧洲,到近代成为世界性的重要画种。油画的主要材料和工具有颜料、画笔、画刀、画布、上光油、外框等。作为一种艺术语言,油画包括色彩、明暗、线条、肌理、笔触、质感、光感、空间、构图等造型因素,充分展现二度空间艺术表现的可能性。陈逸飞的《浔阳遗韵》在香港以137万港元的价格拍出,创下中国当代画家的最高市场纪录。① 这一组画以古典气质的美女,闪亮的丝质旗袍,民族乐器和团扇等场景道具作为中国元素的审美符号,为不同文化背景下各国艺术品爱好者共同欣赏(见图2-10)。第三代及新生代的青年油画家人数众多,且大多已功成名就。其中的佼佼者也已为市场所广泛认可,如以西藏风情入画的陈丹青和艾轩、具有高知名度的罗中立、具现代感的女画家阎萍和夏俊娜、市场面宽的中央美院的王沂东等最为突出。新生代油画家的市场定位业已基本确立,在现阶段的市场水平与市场环境里,其价位短时间内很难有质的突破。

中国的现代雕塑艺术是在20世纪"五四新文化运动"之后由先辈们远渡重洋传习而来的。古希腊、文艺复兴、法国大革命时期延续下来的欧洲雕塑传统中的民主精神和人道主

图2-10 陈逸飞油画作品《浔阳遗韵》

---

① 卜昌伟.陈逸飞遗孀就回忆录[N/OL].人民网,2006-04-05. http://paper.people.com.cn/jhsb/html/2006-04/05/content_1326936.htm.

义文化是中国现代雕塑的第一批精神食粮。新中国成立后,随着留学苏联的雕塑家学成归国,对恢宏气势与崇高使命感的表现成为时代精神的体现。代表作品有人民英雄纪念碑的浮雕、《艰苦岁月》、《省港罢工》、四川泥塑《收租院》等。20世纪80年代以后,雕塑界也像其他艺术门类一样出现了多元化的格局,各种流派纷纷出现。大到城市雕塑,小到现代珠宝玉器设计,雕塑已成为艺术品市场的重要成员。

三、邮币卡交易

在现代收藏品市场中,有些物品虽具有观赏价值,但并未形成相对稳定的收藏品交易市场,如不同时期设计精良的香烟、火柴、糖果和食品包装物等。由于集邮、钱币和电信磁卡均属于有价票证,且都是具有流通、观赏和收藏价值的文化商品,故而成为一些收藏爱好者储财投资的目标之一。

以集邮为例。集邮市场是各类邮票、邮资凭证、信封、明信片、邮卡、邮折等具有通邮用途收藏品交易的场所。我国集邮业兴起于20世纪80年代,几经涨落至1995—1997年上半年邮市进入最高峰。当时的邮票被称为"软黄金"。1997年下半年邮票市场开始步入低迷,很多邮票的价格几乎是最高峰时的1/10。邮市低迷的原因很多,如邮票发行量的剧增、邮票面值太高、人的爱好发生转向、集邮知识普及力度不够人们对集邮不了解等。尽管目前市场价格不断下滑,弱市中仍蕴藏着巨大的商机。如果投资型的邮市减弱,那么集藏型邮市将会继续向前发展。由以往的投资型为主向以集藏型为主的邮市过渡,虽然要经历一个较长时间的痛苦转折期,但可以使集邮市场步入持续发展的良性循环。

改革开放以来我国经济持续快速发展,人们的文化精神需求愈加广泛。拥有经济实力后关心和参与艺术品收藏的人越来越多,艺术品收藏已不仅代表一种雅兴和品位,更成为一种新的投资手段。当前艺术品市场的投资主体正在发生变化,主要投资者已从个人爱好收藏转化成一种企业行为,鉴定、估值、保险、金融抵押贷款等业务渐渐进入金融专业人士的视野。主要变化体现在以下方面:一是艺术品市场的购买主体由藏家为主转向以机构和资本为主;二是收藏由秘不示人转向专家团队公开咨询;三是交易由个人之见的私下活动转向平台交易。一些从不投资艺术品的中产阶级开始把余钱转向艺术品投资,将其作为财产性增值的一种手段。这表明,艺术品市场已进入理性回归的状态。

第五节　文化旅游业

旅游活动是集行、住、食、游、购、娱为一体的综合性消费活动。专业旅游公司既要为消费者提供行、住、食等基本需求的常规服务,还要提供游、购、娱等高层需求的特色服务项目。现代旅游的活动内容包括观光游览、休闲度假、康复疗养、科学探险、宗教朝拜、体育比赛、探亲访友、公务出差、商务活动等。山水旅游、民俗旅游、红色旅游和科技旅游等服务项目日益成为吸引消费者旅游的重要项目。

一、景观资源

自然界中具有观赏价值的地貌、水体、生物、气象、气候和天象等自然现象,是人们外出旅游获得审美情趣的首选资源。特别是天然形成的滩涂、荒壁、冰川和石林等土地资源,海洋、江河、湖泊、沼泽、地下河流等水资源,以及附着在这些资源上的树木森林、花草植物和栖身动物等资源,都是吸引各地游客的重要因素。

(一) 自然景观

自然景观中的山岳峡谷、火山岩溶、海滩岛礁,都是在特定的地质条件下形成的。地貌随着时间的推移而处于不断的变化发展之中,逐渐形成了令人叹为观止的神秘洞穴、象形石景和奇峰怪石。我国众多名山中由花岗岩构成的山岳景观最为壮观,主要有泰山、衡山、华山、黄山(见图2-11)、九华山、普陀山等。除了各种山石景观以外,还有峡谷景观、沙漠景观、海岛景观等。我国长江三峡、大宁河小三峡和雅鲁藏布江大峡谷,都是具有代表性的峡谷景观。

图 2-11　黄山迎客松①

除山石景观外,水体景观也有其独特的观赏价值。海洋的浩瀚澎湃,河流的轻漫从容,湖泊的平和幽静,瀑布的热情奔放,泉水的纯洁秀丽,都具有形、色、声的动态美感,使人心旷神怡。根据水体特性和利用价值的不同,水体景观可细分为风景河段、漂流河段、湖泊以及山泉、潮汐和瀑布等。另外,生物景观也是自然界赐给人类的奇妙景象。植物以其美、特、稀、韵等特征成为人们的观赏对象,如桃李喻为弟子、红豆意味思慕、梅花代表高洁、松柏象征坚贞等。另外,人们还利用草、竹、麻、藤等原材料,创造出具有浓郁地域文化特色的手工艺品或旅游纪念品。动物则以其体态、色彩、姿态、发声、运动等特征成为人们观赏的对象。动物景观可以分为观形动物、观色动物、观态动物、听声动物、迁飞动物、迁徙动物和珍稀动物等类型。此外,气象、气候与天象也具有直接成景和造景的功能。当大自然中的风、云、雾、雨、露、霜、冰、雪受温度、湿度、气压、风力、降水、云雾的影响后,会出现各种奇特的天象景观。人们在雨后观彩虹、登泰山观日出、登黄山观云海等。我国地域辽阔、地形复杂,气候类型多样,具有开发气象气候景观项目的潜力。如能有效地利用并开发这些资源,就有可能开辟出避暑、避寒、滑雪、滑冰等休闲和娱乐场所,为所在地区的旅游经济发展和相关资源的利用创造很好的经济效益。

(二) 人文景观

人文景观是由人类社会历史实践遗存下来的具有观赏价值的文化景观和传统资源。随着我国市场经济的发展,许多地方充分挖掘本地人文资源,掀起"文化搭台,经济唱戏"的热潮,推动了人文景观市场的发展和繁荣。人文景观不仅包括古遗址、古建筑、古墓葬、石窟和石刻、园林、近现代史迹和现代物质文明景观等不可移动的物质文化景观,而且包括民间习俗、宗教礼仪、民间艺术和民间游艺等非物质文化景观。

在物质文化景观中,古遗址类景观资源主要包括:洞穴、山洞等原始人居住遗址;冶炼、陶瓷和染织等作坊遗址;古都、古城和村落遗址;古战场遗址;古代名人诞生地和活

---

① 摄影者不详.黄山迎客松[OL].互动图片.http://tupian.hudong.com/97820/7.html? prd=zutu_thumbs.

动地遗址。古建筑景观资源主要包括：具有防御功能的长城、城墙和城楼；具有居住功能的宫殿、官署和民居；具有宗教功能的寺庙、道观和教堂；具有祭祀、纪念或标志功能的坛、塔、坊、庙、祠、华表、鼓楼等；具有观赏、休闲功能的亭、台、楼、阁、厅、堂、廊、榭、斋等；具有贸易、服务功能的店铺、当铺、客栈、茶馆、酒楼、戏院等；具有交通、水利功能的桥、堰、堤防、运河等。石窟石刻和陵园古墓因地面较佳的自然环境和地下蕴藏的古文物，构成了山水风光、建筑和文物的综合体，具有较高的观赏价值。园林则是通过改造地形（如筑山、叠石、理水）、布置路径、种植花草树木、养殖观赏动物、营造亭台楼阁、厅堂廊榭等工程而形成的供人休闲游览的景区和场所。园林类景观资源可以分为古典园林和现代园林。古典园林主要有帝王苑囿、寺观园林和私家园林（见图2-12）；现代园林则包括植物园、动物园和城市公园。苏州园林是中国写意山水园的典型代表，一直是世界各国园林设计专业人员、文学爱好者和游客了解中国园林艺术的首选之地。苏州园林的发展文脉、景观塑造、意境创作、空间经营和造园思想等方面都有其独特的艺术魅力。

图2-12　北京圆明园①

近现代史迹类景观资源主要包括：革命遗址，如瑞金苏维埃遗址；革命旧址，如西安事变旧址；战争遗迹，如台儿庄战役遗址；事件遗迹，如南京大屠杀遇难同胞纪念馆；知名人士故居、墓地和革命烈士陵园；纪念碑、纪念塔和纪念堂等。

此外，一些现代都市的物质文明景观也具有很高的观赏价值，如交通设施中的大型机场、客运站、立交桥等，水利设施中的大型水库、堤坝、围堰、人工河渠、水利发电站等，以及文化设施中的著名高校、影剧院、体育场、图书馆、博物馆等，科技设施中的天文台、气象站、核反应堆、卫星发射塔等，城市建筑中的摩天大厦、购物中心、城市广场等。

二、传统民俗

传统民俗是人类在社会历史实践过程中创造和积累的各种风俗、习惯、礼仪、宗教、文学、艺术、技能、工艺等非物质文化传统，大体上可归纳为民间习俗、宗教礼仪、民间艺术和

---

① 沈壮海."关注文化安全新课题"[N].中国教育报,2004-02-10,(3).

民间游艺等类别。

民间习俗是不同民族生产、居住、饮食、服饰、家庭模式、婚丧嫁娶、崇拜祭祀、宗教信仰、道德礼仪、节庆娱乐、审美情趣等方面的传统和习惯,包括节日习俗、婚礼习俗、服饰习俗、饮食习俗和居住习俗等。我国地域辽阔、地形复杂、气候多变、民族众多,各个地区之间地理环境、气候条件、民族成分、人文因素等差异很大,56个民族形成了多姿多彩、各具特色的节日习俗,如庆贺节日中傣族的泼水节、藏族的"洛萨"节等,祭祀节日中汉族的清明节、端午节等,社交节日中蒙古族的"那达慕"等。在婚礼习俗方面,我国少数民族地区仍然延续着丰富多彩的各种习俗,如回族的"花儿会"、哈萨克族的"姑娘追"、傣族的"丢包"等。在服饰习俗方面,少数民族传统服饰的式样、色彩和饰物绚丽多彩,如满族妇女头顶盘髻,身穿旗袍;朝鲜族妇女上穿小巧短衣,下着水粉长裙;傣族妇女穿窄袖短衣和筒裙等。在饮食习俗方面,饮酒讲究敬酒礼仪和酒令,喝茶讲究茶道,饮食待客讲究座次、上菜顺序等诸多规矩。在居住习俗方面,因地理条件、气候条件以及信仰礼仪的不同,形成各自的居住特色,如内蒙古草原牧民会根据气候和牧场的变换而随时搬迁蒙古毡包,而西南少数民族地区多营造两层木楼、竹楼或吊脚楼,取暖则盛行火塘。

在各地民俗中宗教礼仪具有浓郁的传统色彩。我国民间宗教礼仪中较有代表性的是佛教、伊斯兰教、基督教、道教和其他少数民族宗教。佛教较为集中于汉、藏民族之中,大致分为汉地佛教、藏传佛教和云南地区南传佛教三大系,佛事活动主要有浴佛节和成道节。伊斯兰教主要集中于回族、维吾尔族、哈萨克族、塔吉克族等10个少数民族中,伊斯兰教穆斯林节日主要有开斋节、古尔邦节和圣纪节等(见图2-13)。基督教于唐代由波斯传入我国,基督教最普遍的礼仪是在每周的星期天举行主日崇拜,主要节日有圣诞节和复活节等。道教是土生土长的中国宗教,产生于东汉中叶,在中国古代宗教信仰基础上,沿袭道家的宗教观念和修持方法。此外,流传于壮族、彝族、苗族、瑶族、白族、侗族、佤族、水族、畲族、羌族、黎族、土家族、布依族、哈尼族、傈僳族、拉祜族、纳西族、景颇族中的少数民族宗教,也都具有丰富多彩的宗教礼仪活动。

图2-13 塔吉克男孩的成人礼[①]

三、民间工艺品

民间工艺品是采取各种民间手工艺方法制作而成的艺术产品。2003年10月通过的《保护非物质文化遗产国际公约》规定,传统的手工艺技能属于以非物质形态存在的精神领域的创造活动及其结晶,被列为非物质文化遗产。民间工艺品大多与人们的日常生活、风俗习惯有着密切的联系,其多数直接用来美化自身、美化物品和美化生活环境,一般以手工为主,就地取材,制作出具有地方或民族特色的艺术品,如各种建筑装饰、室内装饰、

---

① 孙力.塔吉克男孩的成人礼[N].人民日报,2004-06-26,(6).

服饰、用品、娱乐玩具以及专门用于礼仪礼品及戏曲表演的道具等。

中国民间工艺品历史悠久,内容丰富多彩,如陶瓷、泥塑、布艺、灯彩、吊饰、木刻、桦皮工艺、漆器工艺、兽皮工艺、砚石工艺、竹编工艺、漆器陶具、玉器工艺、大理石工艺、黄杨木雕、风筝、剪纸、麦秆画、年画、银饰、纸编画、苏绣等。内容多表现活泼向上、吉祥如意、长命健康、富贵有余、儿孙满堂等祈福心愿,用于民间传统节日、传统宗教和民族饰品等,流传广泛,生动有趣。

以民间泥塑为例。民间泥塑的主要材料是黏土,创作时借助用柏木制成的各种尖、细、圆、扁、方、斜、凸、凹和多齿等大小不同的工具,通过点、按、挑、刻、画的手法和泥点、泥线的堆积塑造匠人们认为最美的形体。20 世纪 80 年代末,文物考古部门在宝鸡市所辖陇县境内清理一座古墓葬时,发现了一批彩绘泥塑。经专家鉴定确认,这些彩绘泥塑距今已有 2 700 年历史,是迄今国内发现制作年代最早的彩绘泥塑。作为中国民俗文化四大泥塑之一的凤翔泥塑,自"平安马"、"富贵羊"、"福寿猪"被先后选为中国生肖邮票图案后,更是以其独特的文化魅力畅销海内外。现在,一个集民间工艺开发、生产及民俗旅游为一体的凤翔泥塑艺博园已开始筹建,凤翔泥塑的品牌效应正在形成(见图 2-14)。

图 2-14　凤翔泥塑①

在民间建筑装饰用品方面,各民族也都有着丰富的市场资源。我国自宋代及以后木构建筑的发达和绘画艺术得到广泛运用,具有民族传统的木雕和砖雕等民间建筑装饰艺术别具一格,尤其是明清两代的木雕和砖雕都有非常精巧的制作,不少民间建筑的柱础、栏杆和与建筑物有关的装饰,在继承传统的同时也形成了独特的建筑装饰风格。如皖南徽州明清民居木雕,常以戏文故事为题材,构图繁复、刻工细腻,人物造型生动传神。其特点是不涂彩漆,只涂上桐油,既能防腐,又能显示出天然纹理的自然美。到现在,各地的竹木雕还广泛用于民间家具和日用品,我国南方农村几乎家家都有雕花木床、雕花桌、椅和洗面架等,雕工十分精细,不仅讲求实用,也十分注重其审美效果,雕琢非常考究。另外,民间的石雕砖刻则具有极为浓厚的宗教色彩。如石狮在民间为镇宅避邪之物,乡部僻野

---

① 李宏波.凤翔农民兴建民俗艺博园[N/OL].新华网,2006-12-06. http://www.sn.xinhuanet.com/2006-12/06/content_8709966.htm.

随处可寻。绥德石狮有大、小两种,大石狮浑实威猛,雕琢随意,叫"巡山狮子";小石狮憨态可掬,雕琢圆浑,作拴娃娃之用。此外,石雕艺术还以浮雕形式出现,与砖刻一起运用于建筑装饰。著名的徽州砖雕,题材广泛,雕工精细,由于青砖质地松脆,一般采用高浮雕,造型圆润活脱,富有幽默情调。

在民间印染绣品市场中,刺绣、织锦、印花布更是凝聚着各民族的文化内涵和地域特点。刺绣是用彩色丝线在棉布或绸缎上绣出各种人物、动物及花卉图案的一种民间工艺。通常以剪纸为底样,在造型上强调神情动态,夸张变形与现实性相结合,以求气氛热闹而活泼;在色彩上多采用原色对比,力求色彩明快而艳丽,突出画面的装饰效果,显得鲜亮而富有喜庆气氛;在题材的选择上多以美好的人间传说和神话故事为题材。如地处江南的苏州刺绣,多有工画花卉细腻巧慧的遗风,山水能分远近之趣,花鸟能报绰约之姿,楼阁具现深邃之体,人物能现生动之情。而处于偏远的少数民族地区,刺绣以神话传说题材较多,画面神秘而深邃,有着一种原始的魅力。织锦是用多色丝线织出各色花纹的丝织物。由于经纬交织的工艺局限,形成了织锦工艺品特有的图案花纹呈直线几何形特色。织锦工艺品的花纹明快爽朗,色彩斑斓而热烈。最具代表性的是土家锦、壮锦、侗锦、傣锦、景颇锦等。民间印染花布遍及我国东西南北,广泛运用于人民的日常生活中。民间印染花布有印染、蜡染、扎染、彩印等多种工艺方法,其图案纹样风格各异。印染是将镂空花版铺于白布上,染以靛蓝成蓝印花布,分蓝地白花和白地蓝花两种,其图案因镂刻而成,风格单纯而秀雅。蜡染古称"蜡缬",是以蜂蜡或虫白卉作防染剂,加热后在白布上描绘各种图案,然后入染除蜡,在蓝底上显出白色花纹,可产生丰富而奇妙的视觉效果。扎染古称"绞缬",即将布料扎结后入染,干后拆线,紧扎处不上色,呈现出由深而浅的抽象花纹。彩印是一种只印不染的工艺,用多块雕刻花版套印而成,图案较为繁复,色彩绚丽。

还有民间的戏剧服饰和道具,也是民间工艺品市场的重要组成部分。皮影是以牛皮、羊皮或驴皮为材料,通过描绘、雕刻、着色等方法制成形象的一种工艺品,为定型脸谱化造型,一般选正侧面方位。较之其他民间表演艺术,皮影具有更大的虚拟性和包容性。皮影人物的手臂、腿脚、头项等分别雕刻,然后用枢轴连缀,以便表演时活动自如。表演时,演员操纵形象,利用灯光投影于白色幕布,伴以演奏,再以唱腔道白体现剧情。通过"挑纤人"的操纵,往往能表演出各种精彩的情态。傩戏被称为"中国戏剧活化石"。无论是傩祭活动还是傩戏演出,面具都被赋予了神秘的宗教与民俗含义。其表现手法以面具五官的变化和装饰来完成人物的彪悍之美、凶猛之美、狰狞之美、刚烈之美、英气之美等。此外,在一些少数民族地区还有用于民间祭祀礼仪活动的各种木制面具、镇墓木雕、彩牌和寨桩等民间工艺品。如云南、西藏的"跳神"面具和藏戏面具,贵州安顺的地方戏面具,湘西、黔东南一带的傩堂戏面具等。民间社火则是一种载歌载舞、体裁多样、种类繁多的综合表演艺术,最早来源于人们对土地与火的崇拜,现已逐渐演变为规模盛大、内容繁复的民间娱乐活动。表演形式包括秧歌队、地蹦子、跑旱船、跑驴、舞狮子表演,通过动作表演和故事情节组合,产生惊险跌宕的独特艺术魅力。

各地民间娱乐活动的综合造型还有木偶、龙灯、狮舞、高跷、旱船和其他游艺类活动所需的各种道具等。这些民间娱乐活动大都选在年节喜庆日子,通过多人的表演供人们观赏。此外,还有在劳动群众中广泛流传的各类艺术,包括民间文学、民间音乐、民间舞蹈、民间游艺等。民间文学大多由劳动人民集体创作、口头流传、不断加工,包括各种神话、传说、故事、歌谣、谚语、说唱、民间戏剧、民间曲艺等。民间音乐是指形成并广泛流行于民间的歌曲和器乐曲,如各种号子、山歌和小调等。民间舞蹈是指具有鲜明的民族风格和地方特色的传统舞蹈形式,流传至今的有汉族的腰鼓舞、秧歌舞,藏族的锅庄舞,蒙古族的安代舞,傣族的孔雀舞,维吾尔族的赛乃姆,朝鲜族的长鼓舞等。民间游艺是借助玩具或器械进行的娱乐活动。相比静止的民间工艺品而言,各地民间的各类娱乐活动往往更富有吸引力,可以较好地满足旅游参与者的审美情趣。

改革开放三十多年来,中国旅游业已从旅游资源大国逐渐发展成为亚洲旅游大国。随着改革开放不断深入,中国旅游业已融入世界旅游经济体系中,成为国际旅游业中一个充满活力、富有潜力且具有相当规模的有机组成部分。

四、文化场馆

随着城市化进程的快速推进,一座座具有教育、娱乐和审美功能的现代科技馆、博物馆、美术馆、图书馆等拔地而起,成为现代都市社会教育与文化知识传播的重要场所。这些场馆有目的、有重点地将人类的科技成果、文物古迹、艺术水平、文献资料展现给观众,并通过空间规划、平面布局、灯光控制、色彩配置等场馆条件,展示具有一定价值的实物、模型及图片,在传授知识的同时也带给人们愉悦的审美享受。

(一)科技馆

科技馆以揭示自然规律、演示多种科学现象为主题,以科普教育为宗旨,融展示与参与、教育与科研、合作与交流、收藏与制作、休闲与旅游于一体,以学科综合的手段及寓教于乐的方式,使观众能在赏心悦目的活动中接受现代科技知识的教育和科学精神的熏陶。科技馆是对全社会进行科普教育的重要窗口,对提高国民科技素质负有义不容辞的责任。大到宇宙苍穹,小到生物细胞,众多的科学原理和科技成果在这里得到声情并茂的展示,给人以启迪和教育(见图2-15)。近年来,科技馆的管理模式和运作模式已开始引入市场营销理念,在发挥其社会功能的同时,求得自身的生存和发展。科技馆已成为我国发展速度最快、规模最大、接待观众数量最多的科技博物馆类型。[1]

(二)美术馆

美术馆是收藏、保管、陈列、研究美术作品,举办各种类型的美术作品展览,进行美术学术交流的场所。收藏品类包括中国画、油画、版画、雕塑、年画、连环画、宣传画、漫画、素描、插图……美术馆担负着对国家艺术珍品的收藏、研究、展示,开展公民素质教育及对外文化交流,推动当代美术事业发展的社会责任和历史使命。除专业美术馆以外,进入艺术品市场交易活动的形式还有各种画廊和现场售画等。不同风格和不同品位的画廊,或展示久负盛名的名家作品,或推出崭露头角的新人作品。

---

[1] 李大庆.中国科技馆新馆20日对社会开放[N/OL].科技日报,2009-09-17. http://scitech.people.com.cn/GB/10069793.html.

图 2-15 中国科学技术馆内景

（三）博物馆

博物馆是集收藏、陈列、展览、研究于一体的综合性人文科学场所，是对外交流与合作的重要桥梁，肩负着弘扬中华民族优秀传统文化，丰富人们的精神生活，推进爱国主义教育的社会责任。我国博物馆藏品丰富、质量精湛，尤以青铜器、陶瓷器、书法、绘画为特色，在全球享有盛誉。博物馆市场是提供参观服务和产品的博物馆经营者与前来参观者之间的交换关系。越来越多的博物馆经营者正在尝试引进、开发等多种渠道，积极组织各类展览活动，在向展览方收取场租的同时，也向社会公众免费或收取低额门票，以弥补经费拨款的不足。

（四）图书馆

图书馆是面向社会公众开放、提供图书、报刊借阅和参考咨询等多功能的学术性服务机构，也是收集、加工、存储、研究、利用和传播知识信息的场所。图书馆提供文献借阅、信息咨询、计算机检索、多媒体阅览、国际互联网站、代查代检、用户培训、原文订购、计算机培训、专业教育、数据库开发、视听与缩微服务、科技查新等多种形式的服务。随着信息载体的发展变化和电子网络服务的兴起，图书馆不仅收藏丰富的缩微制品、音像制品，还入藏大量光盘数据库。数字图书馆的建设使中华民族悠久灿烂的文化和一切文明成果跨越时空，成为全人类共享的财富和"没有围墙的图书馆"。

第六节 文化会展业

文化会展业是市场经济条件下贸易交流与促进充分发展的产物。随着全球化趋势的进一步加强，各国的文化会展业迅猛发展，在国际上已形成诸如巴黎、伦敦、芝加哥、新加坡、香港等著名的展览城市。我国的文化会展经济也以每年平均 20% 的速度递增，形成了以北京、上海、广州、武汉、大连等城市为重点，覆盖京津唐、长三角、珠三角、中西部、渤海湾等地区的五个会展经济产业带。

一、会展经济的功能

会展经济是利用一定的地域特点、经济特色、资源优势，通过举办各种类型的交流会、洽谈会、展览会、博览会等,形成商务活动、物资流通、信息交流的良性循环,直接推动商贸、旅游业发展,进而拉动相关产业发展的经济群体。会展产业在优化城市产业格局、打造经贸平台、提升经济辐射功能、促进文化交流与技术创新诸方面有着巨大的经济拉动作用。

(一)打造经贸平台

现代社会的各种贸促会、展销会、博览会等文化会展正在成为城市经济的助推器。

从会展活动的主体来看,会展活动一直是政府促进贸易、投资、技术、文化交流等事业发展的重要促进手段与载体。从企业经营角度来看,众多现代企业将参加展览作为一种相对经济的市场营销手段。成熟的会展活动不仅能集聚大量人气,而且能将各类目标产业的产品集中起来,吸引从制造商、代理商到进出口商、批发商的整个产业链和价值链,提供从海关、商检到报关、物流等相关业务的"一站式"服务,从而减少人流、物流、资金流、信息流的耗损,提高营销效率。2012年4月,德国汉诺威米兰展览(上海)有限公司与武汉汉阳专用汽车研究所、武汉新城国际博览中心经营管理有限公司正式签署协议,从2012年起在武汉共同组织承办中国国际商用车展览会(简称中国商用车展)。这样就可以融三方资源,优势互补,打造中国规模最大的商用车展。为了吸引注意力,主办方精心组织了车模们的展台排练;为了吸引购买者更好地体验驾车的快感,有些参展商还在现场摆放了模拟赛车游戏机供用户体验。

(二)提升经济辐射功能

从空间关系来看,会展所提供的平台是一个"点",而对周边区域的扇形影响则像环绕在周围的"面",通过"点"对"面"的辐射,可以产生聚集、扩散、协调等一系列影响。我们知道,会展最初起源于集市,对经济发展起着积极的促进作用。改革开放以来,我国会展业在各城市发展迅速,并逐渐形成规模、形成行业。

北京、上海、广州、武汉、大连五大会展城市最为活跃,形成了京津、长三角、珠三角、中西部、渤海湾五个会展经济产业带。京津会展经济带是以北京为中心,以天津、廊坊等城市为重点,会展的内容多以文化、高科技产品的交流为重点;长三角会展经济带是以上海为中心,以苏州、杭州、宁波、南京等城市为依托,会展的内容多以旅游、轻工产品的交流为重点;珠三角会展经济带是以广州为中心,以深圳、珠海、厦门、东莞等组成的密集型会展城市群,以家电、玩具、创意产品的交流为重点形成国际化和现代化程度高、会展产业结构特色突出、会展地域及产业分布密集的会展经济带;中西部会展经济带是以九省通衢的武汉为中心,以重庆、西安等城市为犄角的会展经济带,以汽车、旅游资源的交流为重点;渤海湾会展经济带是以大连为中心,以青岛、烟台、威海等海滨城市为特色,以服装、海洋产品的交流为重点。

另外,会展产业链长,产业关联度大,不仅能带来场租费、布展费、管理费等直接收入,而且能拉动或间接带动数十个行业的发展,直接创造商业购物、餐饮、住宿、娱乐、交通、通信、广告、旅游、印刷、房地产等相关收入,促进相关产业的发展,对一个城市或地区经济发展和社会进步也会产生重大影响和催化作用。作为无烟的朝阳行业,会展业本身具有极大的市场潜力和良好的发展空间,同时也对区域经济的发展带来积极的影响。

(三) 促进文化交流与技术创新

高新技术产品的交流会、贸易经济的洽谈会以及创新产品的博览会和展销会,是最新科研成果转化为生产力的集中体现。因此,会展中心是各种新技术、新观念和文化碰撞的展示平台,也是带动区域经济的发展、激发设计不断创新的重要场所。大型会展所在地一般设在大都市,不仅拥有众多的高等院校和科研院所,而且在文化传播、技术扩散、试验检测、信息收集等方面具有诸多优势,尤其在因会展活动汇聚而来的各种技术和经济信息的存储、处理、识别、提取、变换和利用方面,很容易激发创新思维,更新人们的消费观念。

根据有关专家的测算,会展业利润率一般为20%～25%。[①] 世界上市场经济高度发达的国家和地区,会展业都带来了巨额利润和空前繁荣。以德国会展业为例。德国的会展业兴起于20世纪60年代,现在被认为是未来最有前途的文化产业之一。在世界著名的国际性、专业性贸易展览中,约有2/3在德国主办。会展经济每年为德国带来的收益都在200亿欧元以上,并为23万人提供了就业岗位。[②] 汉诺威是德国工业高度发达的城市,位于北德平原和中德山地的相交处,莱茵河同中部运河的交汇处,也是巴黎到莫斯科、北欧到意大利的十字路口,是一个十分有利的交通枢纽。被称为"世界工业行业趋势的晴雨表"的德国汉诺威博览会,是全球规模最大的会展中心,每年都要在这里举办各种重要的贸易展览吸引世界各地的参展商前来参展。

二、会展经营的分类

会展业通常以会展场馆为基础、以完善的城市设施和健全的服务体系为支撑,通过举办各种形式的会议、展览、节事活动或其他创新形式的活动,为参与活动的个人或组织提供经贸洽谈、产品展示、文化交流和参观展览的便利,在获得经济效益和社会效益的同时,带动相关产业发展的经济文化活动形式。目前,国内的会展经营大体分为四类:大型综合商品展销、专项技术产品展销、特殊节事活动展示和定期文化节事发布。

(一) 大型综合商品展销

随着世界经济全球化的发展与演进,尤其是爆发金融危机以后,世界各国会展业日益呈现大型化、专业化、集团化、网络化等发展趋势。各举办机构已不再局限于只是吸引本土企业或本地区的参展商,而是将目标更多地投向国际市场,以期加速扩大国内甚至是地区经济的影响力,力争提升国际品牌的参与程度。因此,一些国家和地区加大了政府的扶持力度,集中对大型展览场馆的基础设施投入大量的建设资金。由于政府在政策等各个方面的大力支持,很多举办城市也想通过修建大型展览场馆举办一些大型的国际会展来提升城市的形象和扩大招商引资促进地区经济的发展。所有这一切必然会导致文化展会的规模越办越大。

中国进出口商品交易会即广州交易会,简称广交会,创办于1957年春季,每年春秋两季在广州举办,迄今已有五十余年历史,是中国目前历史最长、层次最高、规模最大、商品种类最全、到会客商最多、成交效果最好的综合性国际贸易盛会。中国进出口商品交易会

---

① 杨海军,王成文.传媒经济学[M].郑州:河南大学出版社,2008:262.
② 王志东.文化产业一本通[M].济南:山东人民出版社,2010:114.

的主场馆广州琶洲国际会议展览中心建筑面积39.5万平方米,展示面积约13万平方米,室外展场面积2.2万平方米,是目前亚洲最大的会展中心(见图2-16)。商品贸易促进会(简称贸促会)在对外贸易、引进外资、对外经济技术交流与合作等工作中起着重要的桥梁纽带作用。贸促会负责对外经贸联络,组织出国展览,举办来华展览,受理涉外法律事务,调解贸易纠纷,提供商务旅游综合服务、进出口广告代理、贸易及投资业务代理、报关运输业务等。

(二)专项技术产品展销

与各项大型综合商品展销会规模具有相同传播功能的是各种高新技术交流推广会(简称高交会)。高交会是交流并推广国际及国内高、新、尖科学技术,促进国民经济快速发展的文化传播活动。

图2-16　中国进出口商品交易会展销现场①

2012年汉诺威工业博览会正值中德建交四十周年,中国是本次博览会的合作伙伴国。本届博览会向世界工业界传递了一个明确的信息:绿色智能的工业生产模式和研发理念将会极大改善人们的生活。大量参展商都将各自在节能环保方面的最新技术展示出来,如在风力、太阳能、地热等可再生能源领域的最新技术,以及能源存储、传输等方面的大量配套技术等。与此同时,来自世界多个国家和地区的参展商也展出了在智能自动化领域的最新技术。参展的自动化机器人以其精准的操作、在特殊环境下作业等独有优势,有望成为世界工业生产的生力军。不少企业和参展商都表示,当前全球工业生产需要走出资源导向性的不可持续的生产模式,进一步转向以智能、节能环保等技术为先导的高效环保型生产,实现整个生产流程的可持续性。毫无疑问,在今后的工业发展中,绿色智能的工业生产模式和研发理念将会极大改善人们的生活。中国总理温家宝和德国总理默克尔出席了这届以"绿色与智能"为主题的汉诺威工业博览会。中国哈尔滨工业大学研制的多传感器残疾人假手和机器人仿人灵巧手展台,受到不少德国中学生的青睐。

(三)特殊活动展示会

奥林匹克运动会(简称奥运会)是国际奥林匹克委员会主办的包含多种体育运动项目的国际性运动会,每四年举行一次。奥林匹克运动会最早起源于古希腊,因举办地在奥林匹亚而得名。奥林匹克运动会现在已经成为了和平与友谊的象征。世界博览会又称国际博览会,简称世博会、世博,是一项由主办国政府组织或政府委托有关部门举办的有较大影响和悠久历史的国际性博览活动。参展者向世界各国展示当代的文化、科技和产业上影响各种生活范畴的成果。世界展览会的会场不单是展示技术和商品,而且伴以异彩纷呈的表演,富有魅力的壮观景色,设置成日常生活中是无法体验的、充满节日气氛的空间,成为一般市民娱乐和消费的理想场所。

奥运会和世博会作为世界性的超大型集会,能够给举办城市带来巨大的投资,从而给

---

① 第112届广交会.中国进出口商品交易会服务网[OL].广交会官网,2012-10-15. http://www.cncanton.com/upload/201103/201103110338300130.jpg.

举办城市的社会、经济和商业发展带来充分的活力和发展机遇。超大型集会已成为举办城市重要的营销手段和平台,各主办城市均不遗余力地将大型集会的筹备和举办融入城市的整体营销战略之中,以完善城市产品,最大限度地借力提升城市形象。几乎所有举办过奥运会和世博会的城市的国际形象和影响力都得到了空前的提升。超大型集会涉及大量相关产业,影响范围广、影响时间长,是一种"注意力投资",它能够引发良好的投资与消费倾向。另外,超大型集会还能极大地带动旅游业的发展。

(四)定期文化节事发布会

尽管大型综合商品展销、专项技术产品展销、特殊节事活动展示和定期文化节事发布都需要"文化搭台,经济唱戏",但是各种定期的文化节事发布会却以其星光熠熠、名品荟萃备受瞩目。上海电视节是由国家广播电影电视总局主办的国际文化交流活动,每两年举办一次,迄今为止,已举办了18届。世界各国影视界均可携自己的电视电影作品参会,在组委会提供的场所内播放、观摩和交易。上海电视节不仅向中国观众打开了一扇了解世界的窗户,而且为中国各省市电视台引进国外优秀电视节目创造了良机,也为中国电视节目走向世界开辟了渠道。再如,北京国际电影节以"融汇国内国际电影资源,搭建展示交流交易平台"为主旨,以"国际性、专业性、创新性和高端化、市场化"为定位,每年举办一届,拟打造成具有"国际水平、中国特色、北京风格"的著名文化品牌。另外,一些新兴产业也会借会展精彩亮相。如中国国际动漫节是目前国内规模最大、人气最旺、影响最广的动漫专业盛会。2012年第八届中国国际动漫节共吸引美国、日本、意大利、法国、英国等61个国家和地区的代表团参会、参赛和参展,并首次汇聚加拿大渥太华国际动画节、克罗地亚萨格勒布动画节、法国昂西动画节、希腊雅典动画节、意大利未来电影节、韩国富川国际学生动画节等12大知名国际机构参与(见图2-17)。第八届中国国际动漫节共有208万人次参加;共签约项目165个,涉及金额104亿元,现场成交42亿人民币,总金额高达146亿元,比上届增长了14%。①

图 2-17 2012年第八届中国国际动漫节在杭州举行

目前,世界上展览场馆的利用率都不是很高。因此,文化会展营销更加显得十分重要。一些大型会展中心纷纷推出会员制营销和会展促销。一方面可以使会展企业与参展商持续保持联络,建立相对稳定的客户基础;另一方面,通过利益返还吸引新老会员企业积极合作。有的是根据业务往来次数给予优惠,有的是在会议、宣传、市场调研、技术交流甚至是媒体监控等方面提供优惠。尤其对举办定期展会的客户,会展商更加重视会后服务,通过多种方式追踪参展商对展会各项服务的满意程度。总之,低成本和服务创新是会展营销的重点,灵活应变的组合策略是会展营销成败的关键。

---

① 张晓晔. 第八届中国国际动漫节落幕 总金额达146亿(图) [OL]. 中国经济网, 2012-05-03. http://www.ce.cn/culture/gd/201205/03/t20120503_23292815_2.shtml.

第三章 新兴媒介文化市场

随着数字化技术的飞速发展,各种以高速宽带和移动网络技术为载体的信息产品越来越多地涌入现代人的日常生活中。一个综合利用多种信息技术,将文字、图像、语音、视频等信息进行整合,通过数字化创作、编辑、生产制作及传递,向消费者提供多层次、多类型文化内容产品的产业集群已经悄然形成。新兴媒介文化业态不仅包括互联网和数字化技术的新媒体和新产业,而且包括运用新兴数字信息技术对传统文化行业进行改造后产生新赢利模式的行业。与传统文化业态加以区分的核心要素是互联网和数字化技术的运用,这种有别于传统媒介形态的传播方式增加了人们在消费信息产品时的体验感和丰富性。新兴媒介文化产业已展示出强劲的发展态势,成为我国国民经济稳健发展的一支生力军。

由于网络数字化文化产业的生产环节或技术手段不同,新兴媒介文化产品也呈现出与传统文化产品截然不同的形态,并产生了众多不同的产业族群。新兴媒介文化产业大体可以分为两大部分——新媒体文化产业和多媒体数字内容产业。新媒体文化产业主要包括:基于互联网的数字新媒体产业、基于无线网络的移动新媒体产业、基于广电网络的数字新媒体产业以及户外数字新媒体产业。多媒体数字内容产业主要包括:数字娱乐产业、数字出版产业、数字教育产业、数字艺术产业以及数字广告产业。

囿于篇幅,本章主要抽取新媒体文化产业中最具代表性、影响面最广的行业市场加以分析,通过基于互联网的数字新媒体、基于无线网络的移动新媒体等产业,以及多媒体数字内容产业中的数字娱乐、数字艺术等产业,来了解新兴媒介文化市场的基本概况。

第一节 互联网产业

互联网是一个由各种不同类型和规模的、独立运行和管理的具备数据处理能力的终端设备组成的网络系统。互联网产业是指以计算机技术和网络技术为基础,专门从事网络资源搜集和互联网信息技术的研发、利用和传递,并为微观经济主体的生产、交换、分配、消费等经济活动提供有效服务的产业集群。基于互联网的数字新媒体产业主要是门户网站、搜索引擎、虚拟社区、RSS、网络文学、网络杂志、网络广播、网络电视、博客等;基于无线网络的移动新媒体产业主要是无线门户、手机报纸、手机广播、手机短信、手机彩信、手机游戏、手机广告、手机视频、手机图片、手机彩铃、手机音乐、手机SNS、移动博客、流媒体、手机网游等;基于广电网络的数字新媒体产业主要是数字电视、楼宇电视、IP电视、移动电视、手机电视等;户外数字新媒体产业主要是隧道媒体、路边新媒体、信息查询媒体、户外电子屏广告等。

我们知道,网络传播活动的主体一般由基础网络运营商、网络服务提供商、网络内容提供商及广大网民组成。基础网络运营商的业务范围分为两大领域:一是对普通用户的接入服务,包括为网民提供接入账号和其他相关服务;二是提供主机的接入服务,包括网站建设、系统集成、域名注册、主机租赁、提供虚拟主机和数据中心等服务。网络服务提供商通常是指建立网络服务平台,为网络用户提供信息服务的增值业务合作单位,主要提供信息交流、信息搜索、下载、娱乐、游戏、购物等。网络内容提供商通常是指为电信运营商提供内容服务的社会合作单位,所提供的内容有的是自行开发制作的,也有依法或依约定从某些版权拥有者获得转授权或邻接权的,如音乐歌曲、影视作品等。随着越来越多的网站走向综合性和多元化的发展道路,整个网站系统正在变成一个提供网络服务的平台和数据库。

目前,网络凭借其广泛的覆盖率和即时信息传播的优势,已经将越来越多的人吸引到了各类屏幕前。网上读报、网上购物、网络广告正在飞快地发展。在这股潮流的推动下,一个成熟的网站可凭借可观的广告收入、品牌知名度的提高、丰富的客户资料积累、潜在客户群的掌握与开发等,带来丰厚的增值服务。互联网网站按经营内容的不同可分为门户网站、电子商务、搜索引擎、娱乐休闲、社交怡情、生活服务等。

一、门户网站

互联网是一个由各种不同类型和规模的、独立运行和管理的具备数据处理能力的终端设备组成的网络系统。门户网站则是进入某类综合性互联网信息资源库的入口并从中获取有关信息服务的应用系统。

最初的门户网站主要是提供搜索引擎和目录服务。随着市场竞争的日益激烈,门户网站开始快速拓展各种新业务来吸引和留住互联网用户。目前,门户网站的业务早已包罗万象,如新闻、搜索、聊天、论坛、邮箱、影音、游戏、电子商务、网络社区等,将一个精彩纷呈的网络世界呈现在网络用户的眼前。

(一)门户网站的媒介特征

门户网站集中体现了互联网建立在数字技术、网络技术基础之上的交互性、虚拟性、体验性、个性化等媒介特征。

(1)交互性。媒介是否受欢迎首先在于其本身能否提供信息双向沟通的平台。随着人类社会的发展,时间和空间是横亘在现代人信息交流上的两大障碍。现代人常常无法做到面对面的交流,也无法及时获得所需信息或对信息作出及时反馈。互联网通过覆盖全球的网络和通信技术消除了这些障碍。一方面,信息能够快速传播,互联网可以同时容纳多人在线发布信息,消弭了信息来源的垄断性;另一方面,受众在信息反馈时也能实现实时性,而这恰恰是传统媒体所不具备的。

(2)虚拟性。由于互联网搭建了一个虚拟的世界,人们似乎可以把现实世界中的所有活动都移植到网络中来。在这个虚拟世界中,伴随着网络应用的日趋丰富和无所不能,人的社会属性将越来越多地通过互联网的方式来展示。特别是虚拟现实技术的不断精进,现实和虚拟的界限也变得越来越模糊。以网络游戏为例,通过虚拟现实技术的开发,使得很多人可以在玩游戏的过程中获得身临其境的现实体验。再比如虚拟商店街或虚拟博物馆,人们不必舟车劳顿,也不用忍受嘈杂的闹市喧哗和交通拥堵,就可以选购自己心仪的商品或观赏到世界名画。基于这种虚拟现实性,在线沟通给目标受众带来的现实感越来越强,人们的参与感就会越来越强及对信息的认可度也会越来越高。

（3）体验性。互联网连接了一个多媒体的体验平台,视频、音频、文字信息通过超文本的方式彼此链接,带给用户丰富的媒介体验。随着各种音视频硬件和软件支持系统的升级,互联网的多媒体效果不断提升,多媒体所能呈现的内容和信息不断丰富。除了传统的在线视频、音频的流畅播放,一些新技术也被最先应用于互联网,如3D技术、动态捕捉技术、增强现实技术等。特别是互联网媒介实现了对传统媒介的统一,由此带来了互联网终端设备对传统媒介设备的替代。iPhone手机和安卓系统手机强大的应用功能正帮助人们告别媒介硬件产品。当今许多消费电子设备,如播放器、录音机等都可用软件来替代。对于企业而言,有效利用互联网的多媒体性,可以有效提升客户的体验感,并能节省品牌传播的成本。

（4）个性化。互联网是一个环境个性化的媒介沟通平台,用户在接受互联网的信息时不是被动强加的,而更像是自己"找"出来的,这种参与感使用户得到最大程度的尊重。以网上购书为例,用户可以在网上书城任意挑选自己喜爱的各类纸质图书,商家即可委托快递公司将图书送达指定地点;亦可挑选电子图书,网上付费后即可获得电子图书的反复阅读权。至于在网上订购服装和鞋帽等,其个性化特点更为明显。商家可根据用户不同的体型和身材,量身定做。

正因为具有上述特点,所以互联网内容商在制作和发布信息时也要考虑受众相应的互动和交流需要,精准投放,为用户量身定做个性化的内容。

（二）门户网站的市场分布和竞争态势

目前,腾讯、新浪、搜狐和网易等四大门户网站依旧保持着市场领先的竞争力。腾讯凭借庞大的用户规模和天然的客户端资源,近年来逐步将业务延伸到网络游戏、新闻门户、电子商务、电子邮件、影音、播放等诸多领域,抢占较大的市场份额,经营业绩遥遥领先;搜狐网和网易凭借其在线游戏业务,也拥有一定的市场份额;新浪主要在广告收入方面领先。仅以2010年第三季度四大门户网站的业绩数据为例,腾讯当季实现净利润3.24亿美元;网易净利润8 750万美元;搜狐净利润5 400万美元;新浪净利润3 130万美元。[①]腾讯一家比其他三家的净利润总和还要高出80%以上。如果从四大门户网站的收入结构来看,在当季网络游戏收入上,腾讯游戏收入3.83亿美元;网易游戏收入1.88亿美元;搜狐游戏收入8 560万美元。而在当季广告收入上,新浪高达8 100万美元;搜狐5 910万美元;腾讯5 710万美元;网易2 420万美元。另外在当季移动增值业务收入上,腾讯实现收入1.037亿美元;新浪2 070万美元;网易310万美元(如图3-1所示)。

除了四大门户网站以外,其他竞争对手纷沓而至,各视频网站、社交网站、团购网站、微博等都跻身互联网争夺战之中。2010年的腾讯与360之争——一个庞大的互联网商业帝国与一个专营网络安全的创业公司之间的对抗,就是网络市场竞争的一个真实案例。不可否认,成功企业在不断扩张的市场进程中推行多角化经营是不可避免的。腾讯占据即时通信软件上的霸主地位以外,还涉足门户、社区服务、电子商务等多样化经营。这种扩张势必会影响其他公司的利益,竞争引起纠纷在所难免。然而,当冲突发生后,腾讯为了维护自身的利益,在牵涉亿万网络用户切身利益时,却作出了让网络用户"二选一"的

[①] 叶朗.2011中国文化产业年度发展报告[M].北京:北京大学出版社,2011:100.

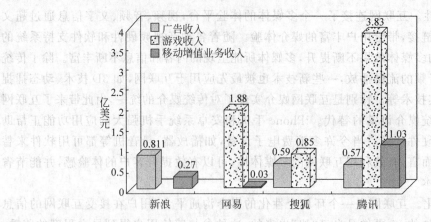

图 3-1 2010 年第三季度我国四大门户网站收入结构图①

决定。结果,使 360 虽输了官司却获得了更多用户的同情与舆论的支持。这说明,即使是行业垄断的巨人,在不断扩张的市场推进中,加强对社会的责任心、对企业形象的维护、对新创产业的提携以及精心呵护与用户之间的良好关系等都是极为重要的。

二、电子商务

电子商务是指在全球各地广泛的商业贸易活动中,基于互联网的开放应用平台,买卖双方之间通过在线电子交易和电子金融服务进行各种商贸活动,实现网上购物、各种商务活动、交易活动、金融活动和相关的综合服务活动的一种新型的商业运营模式。

(一)电子商务的运营模式

作为一种新型的商业运营模式,电子商务有着强大的生命力。在整个电子商务模式中始终存在三条动态线——物流、支付流和信息流。其中,物流是电子商务的基础,是商品和服务价值的最终体现;支付流是实现电子商务交易活动的必要手段,通常是由金融专用网络来完成的;信息流是促成买家和卖家交易的信息获取、辨别、处理等活动,也是一切电子商务活动的核心。很显然,在电子商务的整个市场营销活动中,不仅"以顾客为中心"的营销观念没有变,而且更加突出其优越于传统营销的 5R,即在正确的时间(right time)、正确的地点(right location)和正确的条件(right condition)下,将正确的商品(right goods)送达正确的顾客(right customer)手中。

在持续火爆的电子商务市场,品牌电子商务化和电子商务品牌化将并行发展。一方面,传统品牌企业在面对电子商务巨大的市场空间时,虽然有先天的品牌、供应链、产业链管理等优势,但相对于互联网企业而言,仍面临运营经验不足、团队缺乏、线上线下整合等难题。因此,外包成为加快传统品牌企业涉水电子商务的捷径。目前,美的、苏泊尔、安踏、诺基亚、HTC 等企业的 B2C 业务均由电商外包服务企业负责代为运营管理。另一方面,具有竞争力的核心产品、拥有良好的品牌形象、有着完善的供应链以及能让用户满意的购物体验都将成为企业参与竞争的重要砝码。现在,越来越多的网民养成了网购消费

---

① 叶朗.2011 中国文化产业年度发展报告[M].北京:北京大学出版社,2011:101.

习惯,品牌环境已然开始走向成熟,电子商务自身也需要品牌化。影响网民购买网上商城商品的主要因素之一就是其他网民对于产品的评价,电子商务的企业诚信成为制约网络购物发展的关键,网民也需要能真实了解产品实际情况的信息渠道和平台。在这种情况下,消费者与消费者之间的交流才会使消费警惕性降到最低,也能更好地满足网民的信息共享需求。

2010年中国网络购物市场交易规模接近5 000亿元,达4 980亿元,占到社会消费品零售总额的3.2%。① 如今互联网日益成为现实生活的一种映射,人的社会属性将越来越多的通过互联网的方式来展示。按照交易对象的不同,目前网络交易可划分为三种主要形式:其一,企业对消费者的形式(Business-to-Consumer,B to C),如京东网、当当网、卓越亚马逊网等;其二,消费者对消费者的形式(Consumer-to-Consumer,C to C),如淘宝网、拍拍网等;其三,企业对企业的形式(Business-to-Business,B to B),如阿里巴巴、中国制造交易网等。此外,企业对政府的电子商务(Business-to-Government,B to G)、消费者对政府的电子商务(Consumer-to-Government,C to G)等,也是较为常见的网络购物形式。网站不仅是企业的网上门面,而且是重要的营销工具。知识经济时代的媒体之战将是争夺眼球的战争,谁拥有更多的"注意"谁就将成为市场的主宰。对于提供电子商务应用的网来说,网站本身就具有媒体传播价值,并且可以根据客户需求进行有针对性的跟踪推广,节省了营销成本。京东商城是近几年来迅速崛起的中国最大的综合网络零售商之一,也是深受消费者欢迎的电子商务网站之一(见图3-2)。2012年第一季度,这家以在线销售家电、数码通信、电脑、家居百货、服装服饰、母婴、图书、食品、在线旅游等优质商品的网络零售商以50.1%的市场占有率在中国自主经营式B2C网站中排名第一。②

图3-2 京东商城的促销广告

(二)电子商务的团购热潮

随着网民对网络购物接受度的不断提高,新的购物模式和商机也应运而生,如帮助网民找到最优惠价格的比价购物网站、提供购物链接的返利网站和享受更低价格的团购网站等。特别是通过团购来以较大折扣购买心仪的商品,已成为消费者网络购物的主要方式。2011年我国网络团购用户数达到6 465万,年增长率达244.8%,成为仅次于微博的

---

① 叶朗.2011中国文化产业年度发展报告[M].北京:北京大学出版社,2011:101.
② 京东商城[OL].百度百科,http://baike.baidu.com/view/1241593.htm.

全年增速第二的网络应用。[①]

中国最早出现团购是公司为了降低成本而集合所有子公司进行采购。而后发展到由业内有影响的个人或专业的团购服务公司（团购网站）进行召集，将有意购买同一产品的消费者组织起来，向厂家或总代理进行购买，在保证质量的前提下获得消费资产增值和服务保障。也可以自发组织团购，将团购产品信息在网站上发布，由消费者通过网络自行组织。目前团购已在上海、北京、广州等大型城市流行起来，并逐渐发展成为一种新型的消费模式。城市团购网正是顺应时代发展的要求，结合中国电子商务的实际所搭建的网络团购平台。在团购网站和团购帖子的"省钱才是硬道理"的号召之下，小到图书、软件、玩具、家电、数码、手机、电脑等小商品，大到家居、建材、房产等价格不很透明的商品，都有消费者因网络聚集成团购买。不仅如此，团购还扩展到个人消费、健康体检、保险、旅游、教育培训以及各类美容、健身、休闲等多个领域。

三、搜索引擎

搜索引擎是指根据一定的策略、运用特定的计算机程序从互联网上搜集信息，在对信息进行组织和处理后，为用户提供检索服务，将用户检索相关的信息展示给用户的系统。

（一）搜索引擎的主流商务模式

面对互联网上的信息海洋，网民必须通过搜索引擎快速找到自己所需的信息，而网络信息服务的提供者（如各类商业网站），也必须凭借搜索引擎增加网站的能见度，进而增加销售的机会。在搜索引擎发展早期，多是作为技术提供商为其他网站提供搜索服务，网站付钱给搜索引擎。后来逐渐转向为竞价排名方式。现在搜索引擎的主流商务模式（百度的竞价排名、谷歌的 Ad Words）都是在搜索结果页面放置广告，通过用户的点击向广告主收费。Ad Sense 是谷歌于 2003 年推出的一种新的广告方式，Ad Sense 使各种规模的第三方网页发布者（可以是网站、博客、论坛等）进入搜索引擎庞大的广告商网络。谷歌在这些第三方网页投放与网页内容相关的广告链接，当浏览者点击这些广告时，网页发布者即能获得收入。百度也推出了类似的百度网盟项目。

搜索引擎为网络营销的推动起到举足轻重的作用，就完整的电子商务组成来看，网络营销是其中最重要的组成部分，是向终端客户传递信息的重要环节。很多公司之所以可以应用网络营销就是利用了搜索引擎。搜索引擎是公司网站建设中针对"用户使用网站的便利性"所提供的必要功能，并且通过对终端客户搜索行为的深度分析，为公司进一步制定更为有效的网络营销策略提供重要依据。

（二）搜索引擎的市场争夺

截至 2011 年，我国搜索引擎用户达 4.07 亿，网民使用率为 79.4%，是我国第二大网络应用。[②] 据有关资料显示，2010 年中国搜索引擎市场规模达 109.8 亿元（约合 16.5 亿

---

① 第 29 次中国互联网络发展状况统计报告[R/OL]. 中国新闻网，2012-01-16. 来源：中国互联网络信息中心（CNNIC）. http://finance.chinanews.com/it/z/cnnic29/index.shtml.

② 同上。

美元),年同比增长57.7%。① 中国搜索引擎市场曾一度呈现双寡头垄断局面,百度、谷歌二者营收份额之和为97.6%,基本上掌控着中国搜索引擎市场。

谷歌被公认为是全球规模最大的搜索引擎。谷歌拥有强大的搜索技术,能提供便捷的搜索服务,再加上其独特的企业文化和特有的互联网精神,被全球无数网民所追捧。然而,谷歌的市场在全球25个国家受到不同程度的审核,却唯独在中国这个广阔而独特的市场上,坚持要求运营未经过滤审查的搜索引擎。很明显,这是违背了所在地法律规定的。于是,谷歌退出中国市场,将搜索服务由中国内地转至中国香港地区。随着谷歌的退出,中国搜索引擎市场的竞争格局产生了一些新的变化。搜狗、搜搜、一淘、有道等运营商积极拓展市场,其他二线运营商也趁势发展搜索业务,填补搜索市场的缺口。桌面软件与搜索服务的结合将更加普遍,迅速切入市场。一些垂直领域的优秀厂商纷纷通过合作或自主研发进入搜索市场。而微博由于集合了信息的快速传播性与良好的互动性,得以爆发式增长。各大门户网站几乎同时推出微博产品,使这种以快速分享短消息为主的网站访客数量急剧增长,访客黏度也超过了社交网站。

四、娱乐网站

与现实世界的文化娱乐生活一样,虚拟的网络世界同样可以满足人们的各种娱乐需求,如网络视频、在线音乐、网络阅读、网络游戏等。

(一)视频网站

互联网用户在完善的技术平台支持下可以在线流畅发布、浏览和分享视频作品。除了传统的通过专门视频网站浏览的视频发布分享方式外,近年来P2P直播网站和客户端、BT下载和本地视频播放软件的大量应用丰富了网民用户的选择,特别是影视点播技术的成熟为视频服务的市场推广增添了动力,影视点播已经成为各类网络视频运营商的兵家必争之地。

国内知名的视频网站有优酷、土豆、搜狐视频、PPS、奇艺高清、乐视网、PPTV、酷6网、新浪视频等,常用的网络视频客户端有暴风影音播放器、PPS网络电视、PPTV播放器、迅雷看看播放器等。2011年我国的网络视频用户增至3.25亿,年增长率明显走高,达14.6%,目前已成为我国第五大网络应用。② 尽管潜力巨大,但目前只有资金雄厚的企业才能生存下来分享利润。当电视剧版权购买节节攀升之时,互联网视频企业不得不通过自制节目来缓解版权购买带来的运营成本压力,以其作为互联网视频市场洗牌阶段差异化竞争的有效手段,并通过转销给电视台来扩大视频网站的推广渠道。在2012第十八届上海电视节期间,视频网站爱奇艺、土豆等携旗下多档自制综艺节目及自制剧目高调亮相。搜狐也借伦敦奥运会发力自制综艺节目《西游伦敦记》,并计划在多家主流电视台播出。据介绍,这些低成本的自制节目仅植入广告部分便可覆盖成本(见图3-3)。

(二)在线音乐网站

网络音乐是指数字化音乐作品通过互联网传播后在设备终端下载或者播放的音乐产

---

① 叶朗.2011中国文化产业年度发展报告[M].北京:北京大学出版社,2011:103.
② 第29次中国互联网络发展状况统计报告[R/OL].中国新闻网,2012-01-16.来源:中国互联网络信息中心(CNNIC). http://finance.chinanews.com/it/z/cnnic29/index.shtml.

图 3-3 搜狐网自制的纪录片《大视野》

品制作、发布、传播和消费模式。

中国网络音乐迅速发展,通过信息网络欣赏和消费音乐日渐成为人民群众喜闻乐见的文化产品消费方式。由于大多数音乐网站主要是以用户下载免费音乐的方式增加网站流量,以流量为基础来吸引广告,这种单纯依靠广告生存的赢利模式,在遭遇无版权授权和资金匮乏的情况下势必举步维艰,甚至会出现不得不关闭网站的局面。尽管网络音乐是网络用户一直以来使用率最高的网络应用之一,但目前网络音乐的产业链还十分脆弱,在线音乐市场并没有充分地培育起来。这主要是因为:网络音乐盗链和未经授权随意发布现象十分普遍,版权主体利益得不到充分保障;产业链各主体还未达成利益分成的一致意见;付费下载的商业模式尚未得到广大网民的支持。2011年成立的网络音乐行业发展联盟是首个集网络音乐运营商、网络音乐内容提供商的行业协调组织。在联盟成立会议上,20 余家发起单位联合发布了"网络音乐行业发展宣言",并共同签署了"网络音乐行业发展联盟公约",承诺将共同遵照"遵纪守法、推行正版、坚持原创、有序经营"的基本方针,为建立网络音乐行业健康发展机制、规范网络音乐行业经营行为、依法保障网络音乐行业健康发展而共同努力。网络音乐内容提供方和渠道方的联盟合作,有助于加强两者的沟通和协商,联合把网络音乐行业市场做大。

(三) 阅读网站

网络阅读是一种有别于传统纸质阅读的新型数字化阅读方式,此种阅读方式的兴起、发展有赖于互联网的发展。这里的数字化主要有两层含义:一是阅读对象的数字化,也就是阅读的内容是以数字化的方式呈现,如电子书、网络小说、电子地图、数码照片等;二是阅读方式的数字化,就是阅读的载体、终端不是平面的纸张,而是带屏幕显示的电子产品,如电脑、PDA、MP3、MP4、手机、阅读器等。网络阅读的特点是资源信息海量、检索方便、无携带保存障碍、方便、节约资源。随着互联网的进一步发展,新一代人的阅读形式会更多地转变为网上阅读,这是不可逆转的趋势。网络阅读不但培育了一大批网络读者,也造就了一批网络文学网站和数以十万计的网络写手群体。网络写手、网络平台、出版商都很关注这个一直在膨胀的市场。网络文学的赢利点也逐渐从最开始的实体出版,转向改编影视剧以及网络游戏等诸多领域。

(四) 网络游戏

网络游戏是互联网产业很早实现赢利的应用项目之一,是指以互联网为传输媒介,以游戏运营商服务器和用户设备为处理终端,以游戏客户端软件或特定网页为信息交互窗口的旨在实现娱乐、休闲、交流和取得虚拟成就的具有可持续性的个体或多人在线互动娱乐方式。

2011 年我国网络游戏用户规模达到 3.24 亿,较上一年增长 6.6%,增速放缓。其中大型客户端游戏用户基本与上一年持平,棋牌休闲小游戏仍拥有最大受众,占总数的 80%,网页游戏保持较快增长,但由于终端设备和用户体验影响很难实现大规模普及。[1] 网络游戏产业在经历了 20 世纪末的形成期及随后的快速发展成长期后,现已步入成熟期。无论是从市场细分、产品分类还是从收费模式来看,网络游戏产业都已形成相对完善的体系。从游戏种类可分为在线扮演类游戏、高级休闲游戏、棋牌游戏、网页游戏等(见图 3-4);从游戏模式可分为动作游戏、冒险游戏、益智游戏、格斗游戏、恋爱游戏、养成类游戏、桌面游戏、音乐游戏、体育游戏、战略游戏等;从游戏收费方式可分为道具收费、按时收费、客户端收费和广告植入等。

图 3-4　网络游戏《诺亚传说》官网截图

现在,网络游戏已向其他产业领域延伸,如图书音像出版、影视、玩具等领域。每年世界各地专门的网络游戏竞技赛事吸引了众多网络游戏爱好者关注的目光,中国国家体育总局则在 2003 年将电子竞技运动列为中国正式开展的第 99 个体育项目。随后,国际上三大网络游戏赛事 WCG、CPL、ESWC 相继落户中国。通过拍卖冠名权、收取参赛费、广告商赞助和出售电视转播权等,网络游戏商也可以获得丰厚的利润。

五、社交网站

社交网站是旨在帮助人们建立社会性网络的互联网应用服务,也是互联网提供的主要服务项目之一。如果把即时通信和社交网站都统计在内,社交网站无疑是互联网使用频率最高的项目。网络用户通过互联网的电子邮件、论坛/BBS、聊天室、博客、微博、即时

---

[1] 第 29 次中国互联网络发展状况统计报告[R/OL]. 中国新闻网,2012-01-16. 来源:中国互联网络信息中心(CNNIC). http://finance.chinanews.com/it/z/cnnic29/index.shtml.

通信工具和专门的社交网站等方式进行交流互动。

近年来的即时通信更是超过了搜索引擎而高居互联网应用榜首。国内知名的社交网络应用有基于大众交流的 QQ、基于各类生活爱好的豆瓣、基于白领用户娱乐的开心网、基于白领和学生用户交流的人人网、基于未婚男女婚配的世纪佳缘、基于原创文章的新浪博客等。

社交服务最大的资源是用户。由于与用户的高度捆绑性,社交服务网络应用具备极大的商业应用价值。依托即时通信工具 QQ 为用户提供一站式互联网平台的腾讯公司,在短短的十几年里已成长为中国第一、全球第三大的互联网全业务公司。Facebook 在美国的空前成功受到各国的热捧,开心网、人人网成功模仿并已逐渐进入一个有序可循的赢利佳境之后,Twitter 的微博模式再度成为新的角逐点。现在的中国互联网环境中,社交网站呈现一片红火之势。各大门户纷纷推出微博网站,已逐渐形成鼎立局面。在经历大浪淘沙的角逐之后如何能寻得有效的赢利模式,依然是业界十分关注的焦点。

六、生活服务网站

生活服务类网站是以分类信息为入口,为用户提供交通票务、旅游聚会、餐饮娱乐、买卖租赁、招工求职、教育培训等与日常生活相关的"衣食住行用"的各类服务信息的网站。生活服务类网站因提供与人们生活息息相关的信息而具有很强的地域特征。这类网站主要是搭建一个类似社区信息公告版的交流平台供人们在此沟通有无,因此服务的对象较为集中,多以一个城市为单位。网民也可以通过生活服务类网站,了解自己所在城市中发生的生活信息。生活服务类网站经历了以下几种形式:一是如谷歌、百度等提供的本地生活搜索服务;二是以点评、黄页为主的本地生活服务模式,如大众点评网;三是以发布信息为主的分类信息网站,主要有 58 同城、赶集网等;四是在生活信息的基础上提供搜索模式,依靠生活搜索引擎技术,实现地图搜索与本地信息的结合,如口碑网。综合来看,"分类信息+综合搜索"的模式已得到越来越多的应用,早期只提供点评或分类信息的网站纷纷加入搜索引擎功能,用户通过检索可以得到自己周边详尽的店铺、商家优惠打折信息乃至周边房产信息的内容,而结合地图搜索、公交、行车指南等功能,就可以随意到达任何感兴趣的店铺。

目前,生活服务网站已经成为互联网主流应用之一,而随着互联网渗透率的逐步提高,随着搜索、网购等行为的普及,网民通过网络吐露出来的生活服务需求必将非常巨大,成为生活服务类网站成长的最大支持。

第二节 无线网络媒体产业

自 20 世纪中后期开始,电脑主机经过小型机、PC、笔记本电脑、桌面互联网的不断演进,已进入当今的移动互联网时代。如果说用电脑连接的网络被称为"传统互联网",那么基于无线网络的移动新媒体产业则可称之为"移动互联网"。这种无线网络媒体主要是通过终端实现微博、网络社区等新型社会化媒体营销模式。随着移动通信技术的快速发展,利用手机、掌上电脑和笔记本电脑等移动通信设备与无线上网技术结合的移动互联网产业链已经形成。

由于移动互联网整合了互联网与移动通信技术,可以将大量的互联网信息引入移动互联网中,从而为企业和个人搭建了一个更加便捷的移动信息化平台。移动互联网产业的营销优势在于高效快捷、精准锁定和高覆盖率。首先,移动终端具有随身携带的先天优势。手机用户可以充分利用闲暇的时间,上网延伸处理业务、阅读电子刊物、抽空玩棋牌,也可以快速搜索相关的生活信息,并通过个性化选择和主动传播的SNS,快速形成品牌黏度。其次,可以更加精准地锁定目标消费群。商家可通过手机报刊和短信投放系统,将手机用户需要的信息进行时空定向以及终端定向的匹配,有效地传递给目标受众。最后,由于移动互联网终端用户规模大,不受时空限制,具有高覆盖率的特点,移动互联网产业有着巨大的发展前景,有望成为21世纪网络应用的主流。现如今智能手机、平板电脑、PDA、MP3播放器、车载GPS、移动视频播放器、游戏机等移动设备层出不穷,使用对象也越来越广。

一、手机媒体

手机媒体是以手机为视听终端的一种大众传播媒介。如今以手机移动终端作为信息的采集和展现工具,以通信网络和互联网作为信息的传播网络,开展现代社会信息传播活动比以往更加广泛。手机除了具有通话、发送短信(或彩信、彩铃)等基本功能以外,还具有手机上网、手机游戏、手机视听、微博微信、LBS定位服务和NFC近距离无线通信技术等特殊功能。

(一)手机上网

人们在不方便通过电脑上网时,可以利用手机的无线网络覆盖来满足需求。与基于TCP/IP协议才能支持互联网一样,手机上网也需要遵循WAP协议才能完成网络浏览功能。依据WAP协议的规定,无线通信设备具有统一的标准,可用于互联网的访问,也可以收发电子邮件,实时地交流各种信息和服务。用户可以查询股票行情并进行交易,可以通过全球定位系统在WAP手机地图上确定方位,也可以根据WAP提供的最新信息完成网上电子商务交易。另外,无论用户身在何处都可以进行各项在线银行服务、预订旅馆和电影票等多方面工作,还可以下载图铃、在线游戏、移动聊天、在线小说阅读以及浏览网页等。

手机报纸是将报纸媒体的新闻内容通过无线通信的方式发送到用户的手机上,主要有彩信和WAP网站浏览两种方式(见图3-5)。彩信报是利用短信技术将制作成彩信的报纸信息定向发送给目标用户的移动增值服务。WAP网站浏览则与利用计算机登录网站浏览网页的方式并无二致。

手机杂志和手机报纸的内容及传送方式基本一致。目前,用户既可以用手机直接登录手机内容网站的WAP页面进行在线阅读,也可以将阅读软件安装在手机上下载后再进行阅读。手机杂志的内容相比手机报纸更个性化,更加深刻,形态也更多样化,各种多媒体视听形式的使用保证了其娱乐性。针对不同的用户定位,常见的手机杂志赢利模式主要有以下几种:一是用户在线浏览或下载杂志内容,电信运营商收取流量费用再将

图 3-5　凤凰新闻客户端①

利润分成；二是用户注册相应的 WAP 网站，付费阅读或下载手机杂志，运营商同时收取流量费用；三是手机杂志免费赠阅，依靠随内容推送的广告获利。还有部分具备较高关注度的手机杂志平台通过 VIP 增值服务或手机杂志订阅服务获得利润。

手机书籍是将书籍内容转化成适用于手机媒介的文本格式，经由手机作为图书阅读的终端和传播载体的阅读形式。目前手机书籍主要作为一种增值业务运行在移动电信平台上，用户可以选择感兴趣的内容在线阅读，或者请求下载之后离线阅读，也可以通过按次点播和包月两种方式订购业务。一个成熟的手机书籍阅读平台整合了内容运营商、移动电信运营商和广大手机书籍的读者，并提供完整的商业运营流程。内容运营商能够实时采集和了解读者对各类题材内容的阅读需求，并向内容出版商或发行商提供读者的需求信息，从而向读者精准地提供更多个性化的阅读内容。通过手机书籍阅读发布平台提供的离线或在线制作工具，内容提供商按照移动运营商要求的电子书格式制作电子书籍，并上传到发布平台，通过运营合作伙伴进行内容审核后提供给用户下载和阅读，平台同时具有为用户下载和阅读书籍进行订购、计费、批价、收费和结算的功能。

（二）手机游戏

最早的手机游戏是内置于手机中供人们闲暇时把玩的简单游戏，如贪吃蛇、俄罗斯方块、打地鼠、搬运工等规则简单的小游戏。随着彩屏手机的出现，开始出现类似于早期插卡式游戏机中的赛车、飞机等游戏。到现在，随着手机软硬件功能的增强和游戏内容的多元化，手机游戏的可视性、娱乐性和交互性都有了很大的提高，JAVA/BREW 联网游戏已成为手机游戏的主流。这种可以联网的手机游戏已拥有可以媲美掌上游戏机的更大空间，具有更强的娱乐性和更为复杂的交互性特点，可以实时下载、升级和多人在线游戏，越

---

① 凤凰新闻客户端[OL].安卓在线，www.apkol.com.

来越多地受到游戏玩家的喜爱。

手机游戏可分为棋牌类、益智类、体育竞技类、角色扮演类等。棋牌类游戏具有轻松、娱乐性强、易上手等特点,尤其对一些苦于找不到合适时间、场合和牌友的棋牌爱好者而言,手机上的棋牌类游戏比较符合在零散时间内随处轻松一下的娱乐要求。益智类游戏不强调动作类游戏画面的质量,也不需要角色扮演类游戏丰富的故事背景,操作简单,多为女性用户所喜爱。体育竞技类游戏因其熟悉的体育运动规则和简单刺激的游戏界面,深受体育爱好者的青睐。玩家可以轻松通过这类游戏,体验现实世界中难以实现的运动激情。角色扮演类游戏通常有着引人入胜的情节设置和复杂的人物关系,多以著名的影视题材和内容为背景,吸引对原有内容熟悉的用户成为手机游戏的玩家,从而形成相对固定的用户群体。

以《植物大战僵尸》为例(见图 3-6)。这是一款看似简单实则极富策略性的益智类防御战游戏。玩家通过武装多种植物并切换不同的功能,才能快速有效地阻挡入侵。不同的敌人、不同的玩法会构成不同的游戏模式,而夕阳、浓雾以及泳池之类的障碍更增添了游戏的挑战性。

图 3-6 手机游戏《植物大战僵尸》和《切水果》

(三) 手机视听

手机电视是以手机作为载体来接收播放电视节目等视频/音频信号,利用手机终端为用户提供视频资讯和互动信息的移动增值服务(见图 3-7)。目前的手机电视主要基于以下平台。一是基于移动网络的手机电视。移动运营商将移动服务商购买或制作的视听内容以流媒体的形式发送给特定手机用户,通过手机上的视频播放软件解压后播放。由于手机电视对网络带宽的要求较高,基本上必须依托 3G 网络才能流畅播放。二是基于依托广电系统开发的中国移动多媒体广播网络平台,直接接收其发射的信号。这种方式不受带宽影响,可实现点对多的高清视频传送,资费也相对比较低廉,但是由于缺少上行反馈通道,互动性稍差。现在中国移动多媒体广播网络与移动通信网络正开始逐步融合,借助移动网络

图 3-7 苹果手机电视

的上行通道也可以实现视频点播等更加个性化的服务。

手机电影是指通过网络付费方式传输到手机中供用户观赏影片的方式。手机电影降低了电影拍摄、制作的技术门槛，使普通人也有了拍摄电影的可能，拍摄与制作电影的成本也空前降低。手机电影必然要适应手机媒介的特征。手机电影最大的特点是"短"，这符合手机媒介的移动性、手机屏幕的制约性以及受众的观看心态，短片也更适合手机用户之间分享传播。同时手机电影的创作视角更广泛，拍摄更灵活，内容更贴近生活，尤其在拍摄记录性题材时更有优势。手机电影不仅是电影从院线这种传统发行平台的一种衍生，而且可以充分利用手机媒介的互动性开拓出新的电影创作方式，观众发短信就可以决定影片中的人物关系走向和故事的结尾，过把导演、编剧瘾。毕竟在解决了拍摄制作的成本和技术门槛后，观众的参与热情无疑是提升手机电影市场商业价值的关键因素。

手机广播是移动运营商和传统广播媒体合作的产物，目前主要有两种形式：一是依托移动通信网络和互联网络，通过无线通信技术直接手机上网实时收听或点播网络广播节目；二是在手机中内置了能够接收广播信号的硬件模块，用手机可以直接收听电台广播节目。从广播媒体的角度看，手机广播扩展了广播听众的规模，提高了广播电台的收听率；从用户角度来说，手机广播强化了广播作为伴随媒体的优点，新增的多媒体和互动功能增强了节目的视听娱乐效果。

（四）微博、微信

1. 微博

手机博客是一种以大型无线日记社区为主要特征，以关注机制为互动模式，通过手机用户发布个人日志、浏览他人日志、搜索日志等使用行为，建立的一种分享实时信息的广播式的社交网络平台。手机博客是提供个人表达和交流的网络工具。用户可以随时随地通过手机向博客网站公共信息平台发送自己编辑处理的图片、文字、音视频信息，记录和分享个人的感想、观点；也可以通过博客交友、聊天；还可以共享网络收藏。手机博客突破了以往手机用户之间只能点对点沟通的问题，实现了一点对多点或多点对一点的社区式广播模式。

当前，随着移动博客用户数的增加，其市场前景非常广阔，移动博客不但给运营商的彩信和 GPRS 流量收费带来收益，且有助于增加手机用户对 WAP 网站的黏性，为推广无线互联网业务增加内容竞争力。移动博客应用还增加了通过手机博客平台进行营销的新途径，增值服务提供商通过移动博客为免费的博客网站提供了新的收费模式。

2010 年 8 月 25 日，诺基亚联合新浪微博、人人网、开心网和优酷网举办微博发布会，旨在向全社会推出诺基亚 N8 手机。直播会当天，新浪微博首页同步推出"微博发布会"直播，7 小时内即收到微博评论、转发 89 034 条，诺基亚新浪微博首页关心人数达到 49 277（见图 3-8）。然而，新浪微博直播伊始，页面即出现短暂停顿。仅一个小时后，"诺基亚 N8 微博直播门"事件便在网上疯传。一边是国内著名门户网站新闻节目的视频直播，一边是全球顶尖级手机商的新产品发布会，在如此重大活动的报道中出现"瑕疵"瞬间即引爆了整个网络。但是，从微博营销的角度来看，诺基亚 N8 手机的微博发布会是成功的，将产品推介活动的媒介选择与新产品所具有的功能介绍巧妙地捆绑在一起，既传递了产品本身便捷、高效、互动的特点，又借助传播渠道的精准投放高效地实现了最佳的传播效果。

2. 微信

微信是一款通过网络快速发送语音短信、视频、图片和文字，支持多人群聊的手机聊天软件。新版微信的最大功能是视频语音通话。只要有网络且手机有前置摄像头，手机用户就可以实现免费视频通话，没有漫游费，没有越洋电话费，只有上网流量费，因而具有零资费、跨平台沟通、显示实时输入状态等功能特点，支持用户发送语音短信、视频、图片（包括表情）和文字，支持在线多人群聊（最多 20 人），支持查看所在位置附近使用微信的人（LBS 功能），支持腾讯微博、QQ 邮箱、漂流瓶、语音记事本、QQ 同步助手等插件功能。微信已经成为新一代短信的代名词，连收视率一路领先的"中国好声音"这样的时尚媒体，也把网友互动平台搬到了微信上。

图 3-8 诺基亚 N8 手机微博发布会相关报道①

继腾讯推出微信之后，其他竞争者也纷纷涌入视频语音通话市场。淘宝网推出了"掌上旺信"，承诺买家购买产品如在收货过程中出现问题，可直接通过"掌上旺信"的拍摄功能将产品信息以及相关证件上传，与卖家进行直接沟通。新浪微博的手机客户端、人人网的手机客户端都推出了新的服务项目，小米公司推出了"米聊"……甚至连中国移动、中国电信和中国联通三大运营商也分别推出了"飞聊"、"翼聊"及"沃聊"服务来与微信争夺市场。

（五）LBS 定位服务

基于位置的服务（location based service，LBS）通过无线网络和移动终端的配合，确定手机用户的实际地理位置，从而提供用户所需的相关信息和服务。

LBS 实际上是采用 GPS（全球定位系统）、基站等相关定位技术，结合地理信息系统，通过手持终端确定移动设备或用户所在的地理位置信息，并以短信、彩信、语音、网页以及客户端软件等方式，为用户提供与位置相关的各类信息服务。目前，国内 LBS 技术创新关注的主要方向是：整合型地理位置签到服务、基于地理位置搜索服务、基于地理位置的游戏（LBG）、地理即时信息推送服务。这一技术的推广普及将改变一系列链的形成和维系、改变有关信息获取的方式，甚至包括改变商家的营销模式等。

以大众点评手机客户端为例（见图 3-9）。大众点评网是一家城市生活消费指南网站，主要致力于为消费者提供本地餐饮、休闲、娱乐等信息指南。目前，大众点评网手机版的版本涵盖了周边搜索、优惠券搜索、签到等功能：周边搜索能够帮助用户快速找到当前点附近的美食、咖啡厅、停车场、加油站等常用信息；优惠券搜索能立即告知用户所在周边能够提供优惠的商户；签到可将用户所在的位置、当下心情以及消费感受等信息及时发送给好友，甚至分享到各大 SNS 网站，一些特别的签到还可以获得商家赠与的更大幅

---

① 中国微博营销十大经典案例［OL］.新华网，2010-10-14. http://news.xinhuanet.com/eworld/2010-10/14/c_12659636.html.

度的折扣。目前，大众点评网最受欢迎且聚集信息量最多的信息平台是"餐饮点评"。大众点评网将与用户息息相关的团购、优惠券、推荐菜三大功能融入"附近"并置顶，同时用数字标识出三类信息的数量，以便让用户更容易找到自己需要的信息。由于用户基数大、影响力广，实体商家愿意与大众点评网合作，以便提高企业的知名度，扩大销售量；而网站经营者则通过数据库积累商家信息，为手机用户提供更为贴心的消费信息。

图3-9　大众点评网手机客户端信息

（六）NFC近距离无线通信功能

近距离无线通信技术（near field communication，NFC）是一种非接触式识别的互联技术，可以在移动设备、消费类电子产品、PC和智能控件工具间进行近距离无线通信。NFC提供了一种简单、触控式的解决方案，可以让消费者简单直观地交换信息、访问内容与服务。手机NFC功能可用于移动支付，在安全性方面有较为严格的要求，通常会采用加密技术。此外，NFC功能还可用于乘坐公交时的公交卡，进入小区门禁的门禁卡以及在超市或者服装店中用于防盗的贴片或者管理标识物品的贴片等。

到现在，伴随着iPhone、iPad等移动智能终端的广泛应用，移动终端的功能益发增强，目前正朝着多模化、定制化、平台开放化的方向发展，手机APP应用逐渐崭露头角。

二、移动多媒体广播

基于广电网络的中国移动多媒体广播（China Mobile Multimedia Broadcasting，CMMB）是我国广电系统自主研发的第一套面向手机、笔记本电脑、PDA、MP4以及在车船上的小型接收终端的数字新媒体。CMMB是利用S波段信号实现"天地一体"覆盖、全国漫游，支持多套电视和广播节目的点对面提供广播电视节目的移动多媒体广播服务系统。由于可以时刻伴随个人的移动，因而也称手持电视（见图3-10）。目前其运营商中广传播集团有限公司已建成全球最大的移

图3-10　手持CMMB电视[①]

---

① 三星YP-CM3[OL].中广传播网，www.cbc.cn.

动多媒体广播电视网络。通过嵌有CMMB功能模块的手机、PDA、笔记本电脑等接收终端,用户可以接收到清晰、流畅、高品质的音视频节目,也可接收到众多类型的资讯和分类信息,它改变了传统广播电视固定接收的方式,让用户可以随时随地享受丰富多彩的节目内容和信息资讯。

CMMB作为融合媒介具有高度的整合性,它是移动网络平台与广播电视以及各类型移动终端深度融合的产物。在传播形态上,手持电视能够整合文字、图片、动画、音频、视频等形式的多媒体信息,并具有交互性。相关数据显示,截至2011年年底,CMMB已完成了遍布全国各省市的2 200多个大功率单频网发射站点的建设,完成了336个地级以上城市、850多个区县的基础覆盖网络建设,已发展成当今世界最大数字电视网。目前,CMMB的发射功率最大,到目前为止有大功率发射机1 240部,局域增补网络2 600多个,合计功率超过1 500千瓦;336个地市和855个县做到了基本覆盖,城市信号覆盖率达到98.22%,覆盖人口超过8亿,截至2011年年底缴费用户约1 600万,免费用户约2 400万。①

手持电视和互联网上的电视视频服务相比具有如下特点:一是无须借助电信通信网络,用户直接通过广播网接收广播电视信号来收看音视频节目,收视费用较低,相对于价格较高的移动互联网流量费而言,其优势更为明显;二是采用"点对面"的"天地一体"的移动多媒体广播技术进行信号传播,有效避免了因通信网络线路堵塞,导致画面卡甚至界面死机等现象;三是手持电视如同居家电视机一样,可以无时差、随时随地观看各类直播节目,没有互联网上电视视频的二次制作、传输的时间等待。

在过去的几年里CMMB得到了快速发展,但仍处于产业发展的初期。要得到广大消费者的认可,CMMB除了在网络建设方面确保信号覆盖的广度和深度以外,在终端渠道和内容建设上应有较大的作为。在终端方面,中广传播继续加大与中国移动的合作力度,向手机用户推广CMMB业务,同时也积极拓展车载终端市场(见图3-11)。2012年2月,中广传播与东风汽车公司在湖北武汉签署了关于全面展开CMMB移

图3-11　车载CMMB电视②

动多媒体广播电视技术在东风汽车上应用的战略框架合作协议。至此,中国三大汽车集团已全部采用CMMB技术标准。在内容方面,应突破节目数量少的瓶颈,并通过扩展上行数据通道着力开发互动内容与服务。中广传播已推出"睛彩财经"、"睛彩导航"、"睛彩阅读"等个性化的内容,以期吸引更多的用户。

三、户外数字新媒体

除了中国移动多媒体广播这类通过国家广电总局直接推动的移动媒体外,还有

---

① 王松才.移动多媒体发展需产业链各方协力[N].中国经济时报,2012-02-23(A11).
② 车载CMMB电视[OL].金羊网,www.ycwb.com.

很多地方媒体采取自营或合作的方式开展的移动媒体业务,如公交车上的移动传媒、数字多媒体广播、城市户外电视、户外电子报屏、触摸式公交站牌等户外数字新媒体。

车载媒体是以客运车船为载体,通过车内数字电视播放影视节目的媒介形式。车载移动媒体的雏形出现于 2001 年,在全国广电网络开始具备无线传输能力后,各地广电机构纷纷推出了属于自己的移动媒体。2006 年 8 月 18 日,国家标准化管理委员会第 95 号公告正式发布了《数字电视地面广播传输系统帧结构、信道编码和调制》标准,划定了行业的准入门槛。2007 年 12 月 6 日,广电总局向各省、自治区、直辖市广播影视局发出《广电总局关于加强车载、楼宇等公共视听载体管理的通知》,明确了行业未来的发展方向。通知规定,在现有政策下,车载媒体行业运营主体由移动电视运营商、城市广电系统和城市公交系统三方面组成。三者的合作模式通常为:移动电视运营商负责视频终端提供、技术维护、部分传播内容的制作,以及广告开发和管理等;当地的广电系统负责提供传输通路、部分传播内容,并负责节目的最终审查和批准;城市公交系统则主要提供现有车辆资源,并参与广告利润分成。车载媒体主要面向大众消费者,这一受众群体人数众多,质量成阶梯形分布,能够满足国内广告主的多方面需求。由于是在相对封闭的空间中,车载媒体容易形成强制性传播,保证了收视率。国内具备全国投放能力的车载媒体运营商有华视传媒、世通华纳等。2007 年,国内专门从事户外数字电视的新媒体企业华视传媒(Vision China Media)在美国纳斯达克成功上市,共发行 1 350 万股美国存托股票,每股以发行价 8 美元的价格挂牌成交,共融资 1.08 亿美元(见图 3-12)。①

图 3-12　华视传媒美国纳斯达克上市

城市户外电视主要包括背投光模式的电视墙、发光二极管(LED)、液晶电视(LCD)、等离子电视(PDP)以及正投光模式的墙体投影电视、水幕投影电视等。② 电视墙的成本相对比较低,技术简单,易于维修。但由于是用多个电视阵列布置,每个屏幕只显示画面的一部分,因而会造成画面的分割,容易导致画面颜色不均的现象。发光二极管(LED)耗能低,使用寿命也长,只是亮度有限。液晶电视(LCD)的色彩还原度较差,而且液晶面板面积不够,需要用上电视墙,还得注意液晶电视可视角度小以及快速移动画面的拖影问题。等离子电视(PDP)色彩还原度好,亮度也大,但耗能高、寿命短,经济性能较差。正投光模式的墙体投影电视、水幕投影电视在气氛的烘托上有其独特的优势,能营造出梦幻般的效果,电视的清晰度却有限。尽管这些户外新媒体各有各的优势和局限,但都具有广告存载

---

① 华视传媒纳斯达克成功上市 融资 1.08 亿美元(图)[OL].广东新闻网,2007-01-16. http://www.gd.chinanews.com/2007/2007-12-16/8/57955.shtml.

② 程竹,王立雄.户外大屏幕电视在城市中的应用[G].中国(天津)第三届光文化照明论坛论文集. http://www.doc88.com/p-218794610605.html.

容量大的优点,相比起传统的橱窗展示、巨幅户外广告而言,城市户外电视广告更能吸引人们的目光(见图3-13)。

通常,城市户外电视主要设置在城市中心的公共场所,既可以为现代都市居民和外来游客提供一种新的休闲娱乐方式,同时也因其视角广、亮度高、可视距离远、广告存载容量大等优点,越来越受到广告商的青睐。

数字娱乐产业主要是数字游戏产业、数字动漫产业、数字音乐产业、数字影音、数字表演产业、电玩设备及衍生产品等;数字出版产业主要是电子图书业、数字报刊业、数字版权贸易

图3-13 城市户外大屏幕电视媒体①

等;数字教育产业主要是数字教育系统、数字教育产品、数字教育设备、数字校园网络等;数字艺术产业主要是数字艺术制作、数字艺术品拍卖、新媒体艺术、数字特效等;数字广告产业主要是搜索广告、富媒体广告、分类广告和其他网络广告等。

第三节 动漫游戏业

动漫游戏产业是指以"创意"为核心,以动画、漫画、游戏为表现形式,包含动漫图书、报刊、电影、电视、音像制品、舞台剧、电子游戏和基于现代信息传播技术手段的动漫新品种等动漫直接产品的开发、生产、出版、播出、演出和销售,以及与动漫形象有关的服装、玩具、食品、饮料、电子用品、医药、电信等衍生产品的生产和经营的产业。

近年来,我国动漫游戏产业的增长速度十分可观。2010年中国动漫市场规模达到208亿元,较上年增长22.4%;动漫映播市场规模达到55亿元,较上年增长33.4%;动漫衍生品市场规模达到153亿元。②"十一五"期间,全国制作完成的国产电视动画片共1 266部、65 070集、707 614分钟,共生产动画影片78部,是"十五"期间的近5倍。动漫产品数量剧增,进而取代日本成为世界第一动画生产大国。我国动漫产业核心产品直接产值从"十五"期末不足20亿元,到2009年已经达到64.3亿元,2010年突破80亿元。③目前,我国动漫产业发展的速度虽然很快,但呈现"大而不强"的局面,民族动漫产业较国外相对落后。要推动我国动漫产业的和谐发展,各级政府部门、业界、院校应携起手来,提升动漫产业的价值链,从技术、平台、服务、人才培养、知识产权等多个方面出发,完善产业环境,打造产业平台,支撑技术体系,营造良好的市场环境。如落户杭州的中国国际动漫节,正在成为推动民族动漫产业发展的重要平台。

---

① 城市户外大屏幕电视[OL].百度图片,2011-04-26.http://www.ledxianshiping.com.
② 叶朗.2011中国文化产业年度发展报告[M].北京:北京大学出版社,2011:83.
③ 2011—2015年中国动漫产业投资分析及前景预测报告[OL].百度文库,来源:中国投资咨询网.http://wenku.baidu.com/view/022bb468af1ffc4ffe47ac12.html.

一、动漫的原创与制作

动漫游戏产业因其具有低能耗、低污染、高产业价值、多就业机会等特点与优势,被誉为 21 世纪的朝阳产业。

(一)动漫游戏的主要功能和特点

动漫游戏产业具有以下功能。其一,具有巨大的产值空间,将成为新的产业增长点。动漫游戏产业链长,通过前期的市场开发和后期的市场互动、相关广告植入、衍生产品开发、品牌授权代言等,可以不断实现动漫产业利润增值。文化部发布的《2010 年中国网络游戏市场年度报告》显示,中国网络游戏市场规模达到 349 亿元,增长幅度为 26.2%,总计带动电信、IT、广告等相关行业收入逾 600 亿元。[1] 其二,动漫游戏产业是娱乐教育的主要媒介之一。动漫游戏产业是满足人民群众精神文化需求的重要渠道,同时,它对加强未成年人的思想道德建设也有积极作用。由于青少年是动漫游戏产品的主要消费者,动漫成为他们对社会、事物进行认知的重要补充媒介。动漫内容大部分来源于现实世界,观看优秀的动漫作品不仅能够扩充青少年的视野、帮助其增长见识,还能够帮助他们树立对事物、人物的正确价值观和见解。文化部已启动了重点针对未成年人的"原创动漫扶持计划"和"原创动漫推广计划",对优秀动漫作品的创作和推广给予扶持。其三,可构建国家文化软实力。动漫游戏产业的发展与国家文化软实力的提升有密切关系。动漫游戏产业能推动民族文化的"走出去"战略、推动民族文化品牌的形成、提升对外宣传的效果。更值得重视的是,动漫产业在其发展过程中,不但能在推动产品输出、建设本土动漫品牌、形成有效的动漫传播优势等方面起到重要作用,更能明显或潜在地执行宣扬民族文化观念的任务。从整体来看,不管是较为委婉的表述还是直接的表述,动漫产业的传播总是直接或间接地进行着民族文化和国家意识形态的宣传,此种情形随着新媒介时代的来临而发展,其作用更加明显和重要。例如,日本动漫大师宫崎骏的作品,大多是对战争、人与自然、机器与人性的关系等问题的反思,其背后都与日本传统文化和日本现代化进程以来的变革紧密相关。[2]

动漫游戏产业有以下几个特点。第一,高投入、高利润和高风险性。作为一种资本密集型产业,动漫游戏产业无论前期形象创意和塑造,还是后期制作和发行都需要大量资金投入。以动画制作为例,随着高新技术的发展带动动画水准的提高,充足的资金投入是保证动画质量的关键。目前在国内进行原创型生产制作的电视版动画片,成本区间在每分钟 7 000~20 000 元,平均为 10 000 元左右。处于产业链源头的动漫设计影响着市场占有率,好的创意和动漫形象塑造具有艺术感染力和持续冲击力,能锁住消费者眼球而获得高额利润;反之就会丧失市场,前期投入功亏一篑,后期资金无法收回,构成巨大的经营风险。第二,与科技结合紧密,对高级人才需求量大。动漫游戏作为创意工业的一个典型类别,其内容主要来源于人的大脑。但将创意变成现实,变成通行市场的产品则需要更多的

---

[1] 文化部. 2010 年中国网络游戏市场年度报告[R]. 中华网,2011-03-17. http://game.china.com/zh_cn/industry/news/11011446/20110317/16434672.html.

[2] 刘轶. 动漫产业的发展与国家文化软实力提升[J]. 西南民族大学学报(人文社科版),2010(5):223.

技术支撑。动漫游戏是网络和数字技术发展的产物,当下,动漫产业正加速与互联网、移动通信等高新技术融合,建立在新媒体基础上的动漫新应用形式层出不穷。动漫游戏的创作需要大量既懂艺术又有技术的综合型人才,除了前期的创作和技术人才外,还需要后期衍生产品生产销售中的营销策划人才及其他相关行业人才。第三,产业链长,空间聚合力强。动漫游戏产业依托"创意"核心,借助影视作品、游戏的传播拉动效应,形成一个"开发——生产——发行——衍生品开发——销售"的完整产业链。在这条产业链条上有硬件生产、内容开发、系统集成、平台运营、内置广告、产品销售、衍生产品开发等主要环节,整个产业链的营销周期拉长,利润回报丰厚。其产品可获得多次、多地域以及主产品、衍生产品的综合性永久回报。将相关产业集中,可以促使生产要素的合理流动和产业结构的优化,有利于发挥规模经济效益,提高基础设施利用率。产业空间的聚集为将动漫游戏产业链打造成创意价值链创造条件,产业上游的研究开发、中游的制造生产、下游的营销推广的无缝配合可以形成"1+1>2"的聚合发展优势。

(二)动漫游戏产业链

动漫游戏的产业链是指从一种或几种与动漫相关的资源通过若干动漫产业层次不断向下游产业转移直至到达消费者的路径。动漫游戏产业链的发展是一个动态丰富的过程,它以动画、漫画、游戏为核心展开,组成一个较为完整的产业链(见图3-14)。国外的动漫产业链通常为"动漫生产——动漫播出——衍生品开发——衍生品销售——收益——再生产"。日本的动漫产业链根据本国市场实际,普遍采取产销分离的模式,即动漫的制作生产和营销推广完全分离。动漫制作由制作社和自由创作人承担,优秀的漫画作品会得到杂志连载的机会,市场反馈热烈的漫画作品有发行单行本、被改编成动画作品以及得到衍生品开发的机会。[①]

我国的动漫游戏产业还处于初始阶段,产业链还不成熟。首先,我国的动漫产业链还缺乏链条上各环节的统筹协作,往往是各执一方,相互掣肘。如动画公司仅仅关注制作环节,花费很高的成本制作出动画作品,然后找电视台谈判卖出播映权,这样未经前期充分策划的动画作品很难保证有良好的市场前景,在与电视台谈判时往往处于弱势,成本难以回收,造成恶性循环。理想的产业链应由上中下三个环节组成,上层是内容开发,中间是制作,下层是发行和产品开发。处于每个环节的主体都应主动关注其他环节的动态,通盘考虑,也可以展开合作,降低市场风险。如上游的内容制作单位要进行充分的前期市场策划,并主动与制作单位、发行单位及衍生品开发公司合作,开发出最有市场潜力的动漫内容。其次,缺少专业的渠道运营商也是制约我国动漫游戏产业发展的一块短板。一些动漫游戏产业基地通过设立产业服务平台虽然有一定的助益,但专业的熟悉市场运作的渠道运营公司、专业的动漫游戏品牌代理公司是一个产业发展成熟的标志;随着新媒体和媒介融合趋势的出现,积极拓展动漫游戏产品在不同平台推广也是增强产业链活性的重要途径。

[①] 殷俊.动漫产业与国家软实力[M].北京:中国书籍出版社,2012:66~68.

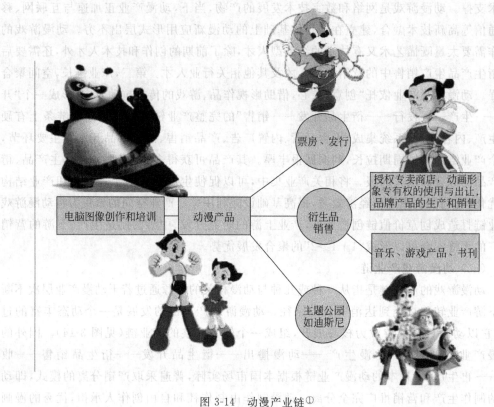

图 3-14　动漫产业链[①]

二、动漫的发行与播放

从动漫游戏产业全产业链来看,动漫游戏行业分布广泛,既有发展相对成熟的动漫图书、动漫电影、动漫游戏,也有随着新媒介发展起来的网络动漫、手机动漫等新业态,更有后期获利能力强的动漫衍生产品。

(一)动漫图书

动漫图书是动漫游戏产业的传统业务,参与动漫图书的发行者既有专门的少儿出版社,如中国少儿出版总社,也有在该领域具有比较优势的其他类出版社,如广西接力出版社和北京现代出版社等。这些主要的出版机构发行的动漫图书产品占据全国出版市场一半以上份额,其中一些经典的动漫图书作品,如《哪吒传奇》、《虹猫蓝兔七侠传》、《喜羊羊与灰太狼》等,销量达到几百万册甚至更高。此外,还有杂志社发行的动漫类刊物,比较知名的有知音传媒集团发行的《知音漫客》(见图 3-15)、飒舞天霁公司发行的《飒漫画》,以及漫友杂志社发行的《漫友》等,其中《知音漫客》周刊月发行 520 万册,发行量居漫画类中国第一、世界第三(2011 年数据)。虽然动漫图书市场有这样一些明星,但这些星星之火却

[①] 动漫衍生品:分享希望 打破无奈[OL].28 商机网,2010-07-16. http://news.28.com/redian/shangjijiao/n-524681.html.

难有燎原之势。究其根本,缺少专业化运作团队和品牌化经营理念是其主要原因。目前比较成熟的运作模式有两种:一种是以日本为代表的先出书再开发后续产品;一种是以美国为代表的先出动画片,在动画片投播的带动下再开发后续产品。这两种运作模式都被市场证明是行之有效的,但中国动漫图书发行者缺少相关的操作经验,导致无法达到期望的效果。从外部原因来看,动漫图书的主要受众年龄呈现低龄化,主要集中在4~12岁,市场上9成以上是低幼类动漫读物也证实了这一现象。他们接触动漫无一例外都从电视上热播的动画片开始,导致动漫图书的发行严重依赖电视媒体,这个年龄层次的消费者注意力容易转移而且购买能力有限都限制了动漫图书的市场规模。

图 3-15 《知音漫客》杂志封面①

(二)动漫影视

动漫电影(animation film)是指以动漫形式制作的电影,又称美术片或卡通片,长度通常为30分钟以上,是电影常见片种中的一种。动漫电影和木偶戏、皮影戏有着天然的亲缘关系,因此动漫电影也大量借鉴这些传统艺术形式发展出丰富的表现类型。随着制作技术的提升,动漫电影从二维拓展到三维,还发展出动漫角色结合真人演出的动漫电影。动漫电影是一种电影类型,并不是儿童片。由于我国传统观念的原因,动漫电影主要针对年龄层很低的少儿群体,造成动漫电影的市场相对狭小的不利局面。世界的两个动画大国——美国和日本拥有一批高水准的动漫影片制作公司,如美国的迪斯尼、华纳、福克斯、梦工厂等,日本的吉卜力、GAINAX、SUNRISE、东映等都制作出了一批兼具艺术感和票房号召力的优秀作品。两国的动漫电影风格有所不同,美国的动漫电影以数字化的电脑制作为专长,其特点是夸张的人物形象和动作,且节奏较快,体现了美国人的直率、爽快的性格,代表作有《狮子王》、《怪物史莱克》、《冰河世纪》等;而日本的动漫电影以唯美风格见长,内涵丰富、情感真挚,代表作有《铁臂阿童木》、《千与千寻》、《新世纪福战士》等。中国的动漫电影曾有过辉煌时代,如《大闹天宫》、《哪吒闹海》等,也形成过极具民族特色的画风,但由于日美系的崛起和自身原因而沉寂一时,直到最近十几年里,在国家各部委的政策扶持和自身努力下,中国动漫电影又开始逐渐恢复活力,不仅有全国热映的《喜羊羊与灰太狼》、《兔侠传奇》,还有适合中学生的《青果校园》、《极限狂飙》,更有融聚了历史典故和武侠情结的"秦时明月系列"等受欢迎的动漫电影不断涌现。然而,国产动画片整体上创新能力不足,目前还难以与好莱坞动画大片相抗衡。除了在技术上比拼外,中国动画更需要施展出自己独特的文化魅力。《兔侠传奇》是国内第一部投资过亿元的动画片,也是第一部实现90分钟全3D、采用人像捕捉技术的动画大片(见图 3-16)。中国功夫加 3D 立体技术形成了《兔侠传奇》的一大特色。为此,动画制作方专门聘请了陈氏太极大师担任技术指导,让观众除了视觉享受之外,还能体会到中国的传统文化。另外,中国特有的节庆和民俗也都在影片中有所体现。

---

① 《知音漫客》杂志封面[OL].漫客网,http://www.zymk.cn/.

(三) 网络动漫

网络动漫是动漫业和互联网加速融合的产物,是一种新的动漫传播和体验形式,主要包括动漫网站和网络动漫游戏。据艾瑞市场咨询发布的《2007 年中国新媒体动漫研究报告》显示,在我国 84 万个各类网站中,动漫网站约有 1.5 万个,占全部网站的 1.8%,同比往年显示出较快的增长势头。但动漫网站还处于粗放增长状态,动漫网站多为个人网站,缺乏运营资金和能力,加之网站定位模糊以及版权问题和赢利模式均未解决,因而表现出内容同质化、原创内容少、交互性差、技术落后等问题,亟待网络运营商整合资源,建立良好的支付方式,改变目前动漫网站有价无市的状态。网络动漫游戏网站基本上都是提供在线游戏服务,靠向会员收费获取利润,即使是做游戏类的个人网站,站长没有实力去开发运营一款游戏,也可以通过发布信息,把流量变为现金,获取会员注册游戏的佣金来生存(见图 3-17)。

图 3-16 《兔侠传奇》电影海报①

图 3-17 网络动漫截图②

(四) 手机动漫

手机动漫是指将动漫元素融入 MMS、WAP 等各类产品,并兼容 MFLASH 动画产品,通过电信运营商(中国移动、中国联通、中国电信)将产品分发到消费者手机并实现收费的一种电信增值服务,包括手机漫画、手机动画、手机游戏三大类。手机动漫最大的特点就是便携性、互动性和私人化,可以随时随地观看、体验。中国拥有全球最多的 9 亿手机用户,手机动漫的快速发展为中国动漫的崛起带来新机会,在 3G 时代,随着数据业务的不断发展和消费者需求的升级,传统的图铃下载已被手机多媒体业务所取代(见图 3-18、图 3-19)。增强手机动漫产业链的赢利能力,除了继续提升内容这个核心价值外,规划合理的利润分配方案、优化商业模式、开发符合本国市场环境的手机动漫应用技术也至关重要。由拓维信息开发并荣获中国文化艺术政府奖首届动漫奖"最佳动漫技术成果奖"的手机动漫公共技术服务平台,是我国首个为手机动漫业务内容创作、内容集成与分发、服务

---

① 《兔侠传奇》电影海报[OL]. http://www.sfs-cn.com/node3/node625/u1a1467640.html. 图片来源:人民网,www.people.com.cn.

② 网络动漫图片[OL]. 点击动漫网,http://www.digibook.cn/.

运营等提供全方位服务的大型综合公共服务平台,用户只需在平台上注册登记,就可以将自己的作品发布到系统中去,系统免费为创作者的手机动漫作品提供展示推广服务。

图 3-18　手机漫画阅读器 Comic CC 界面①

图 3-19　手机动漫游戏"Talking Moogle"②

(五) 动漫游戏

　　动漫游戏是指以动漫形象为游戏主角,以动漫场景为游戏背景,运行在电子设备平台上,按一定的游戏规则操作,满足人们休闲消遣的娱乐活动。动漫游戏的角色和故事原型部分源自同名动漫影视或文学作品,也有完全为动漫游戏全新创作的动漫人物与情节。根据游戏运行平台的不同,动漫游戏可分为电视游戏、电脑游戏、手机游戏等;根据游戏的内容架构,大致可分为角色扮演类、策略类、动作类、模拟现实类、体育类、休闲竞技类和竞速类七种。最初的动漫游戏主要活跃于电视等视频平台,借助一定的游戏辅助设备(见图 3-20)。随着网络平台的发展,运行于电脑之上的游戏可以设计得更加智能和复杂,互动范围也扩展到所有联网游戏的人,大大增强了游戏的可玩性(见图 3-21)。现今,新游戏推出时往往有不同平台运行的版本供消费者选择,从而大大丰富了游戏产业链条。

图 3-20　索尼 PSP 掌上游戏机③

图 3-21　《魔兽争霸》海报④

---

① 手机漫画阅读器 Comic CC 界面[OL]. 捉蛋网,www.zhuodown.com.
② 手机动漫游戏"Talking Moogle"[OL]. 苹果官网,www.apple.com.
③ 索尼 PSP 掌上游戏机[OL]. 小熊在线,www.beareyes.com.cn.
④ 《魔兽争霸》海报[OL]. 新华网,www.xinhuanet.com.

动漫游戏的赢利模式多种多样。单机视频游戏主要采取付费购买游戏硬件和软件,网络游戏由于涉及网络电信运营平台,因此赢利模式更为多元,如与电信商和 SP 分成流量收入,或者直接销售会员卡和点卡,交易游戏中的虚拟物品等,近来在游戏中植入广告也成为动漫游戏新的赢利途径。

三、动漫衍生品的开发

动漫衍生产品是指经动漫形象产权拥有方授权,经权利获得方开发、生产的与动漫形象有关的一系列可供售卖的服务或产品。如动漫主题乐园、服装、玩具、文具、电子游戏、餐饮、游园、家居用品、网络游戏及手机游戏等,都属于动漫产业的衍生产品。

(一)动漫主题乐园

在美国迪斯尼乐园建园 50 年之际,"希望给世界一个惊喜"的香港迪斯尼乐园开业。香港迪斯尼是世界上唯一完全按照加州迪斯尼总部模式修建的迪斯尼乐园,同样有让人产生幻觉的逼真主题场景,让人应接不暇的可爱卡通形象,让人流连忘返的丰富游乐项目,让人终身难忘的浓厚家庭氛围。香港迪斯尼由四大主题公园构成:温馨怀旧的"美国主街",以亚洲和非洲的热带丛林和野生动物为背景的"探险世界",让艾丽斯、睡美人、米老鼠等童话形象活起来的"幻想世界",以及具有高科技、太空和未来主义风格的"明日世界"(见图 3-22)。为了满足人们体验经典的需求,香港迪斯尼追求的是尽量保持原汁原味。在建筑设计上考虑到香港雨水多的地理环境,园内相当部分景区和大部分户外餐厅都有遮盖;所有园内工作人员都掌握"两文三语"——中文、英文、广东话、普通话、英语,

图 3-22 迪斯尼主题乐园①

文字说明也采用繁体中文、简体中文和英文三种语言标示;允许亚洲特有的美食进入园内,是全球唯一拥有中国餐厅的迪斯尼乐园;除了家喻户晓的迪斯尼经典故事及游乐设施外,还将配合香港的文化特色构思一些专为香港乐园而设的游乐设施、娱乐表演及巡游,比如专为香港迪斯尼设计的"幻想世界"中的"梦想花园"就建造了五座中式风格的观景亭,届时穿梭其中的米老鼠等经典卡通形象也将换穿"唐装"。在沟通文化方面,香港迪斯尼大大缩短了中国游客感受地道的迪斯尼乐园文化的距离。

此外,为了方便游客购物,迪斯尼乐园中还设立了多个礼品存放处供游客暂时存放不便携带的礼品,游客也可要求商铺将所购买的礼品直接送到住宿的房间。迪斯尼乐园门口可租借四轮及三轮两种婴儿车;如果感觉不适或不慎受伤,迪斯尼员工会在最短的时间内将游客护送到园内特设的医护室;迪斯尼乐园内还设有走失儿童中心,乐园员工看到独自徘徊的幼儿都会将他们安全转移到走失儿童中心,在等候认领期间有专人照顾并提供简单的玩具和动画片、电子游戏甚至卡通偶像造访等。另外,香港迪斯尼乐园还推出

---

① 感受经典游乐园的香港迪斯尼[J].时尚旅游,2005(6):23 页插图。

了"童话婚礼"在线预申请服务,有意在迪斯尼乐园内举办婚礼的新人可选择三种不同价位的套餐,参加婚礼的顾客可享受迪斯尼多层主题婚礼蛋糕、专业婚礼统筹服务、童话婚礼证书及请柬等。还有一些其他付费项目,包括迪斯尼卡通偶像前来贺喜、专业乐师现场演奏、童话婚礼摄影、现场娱乐表演等。虽然费用昂贵,在迪斯尼乐园内举办一场童话婚礼仍然颇具吸引力。

(二) 动漫服饰

动漫直接产品本身有其市场空间,而动漫衍生产品的市场空间更大,是整个动漫产业链中收益最高的环节。根据国际动漫产业发展的一般规律,动漫衍生品产值应占整个动漫产业产值的70%以上。① 国际通行的做法是在动漫制作之初就开始考虑衍生品,将动漫制作与衍生品开发对接,前期通过影视、图书发行等建立起知名度和喜好度,后期则经由衍生产品销售获取丰厚利润。据初步统计,变形金刚衍生品每年在中国创造的直接经济价值超过1亿元人民币,而美国孩之宝更是通过变形金刚每年狂敛10亿美元,变形金刚堪称是动漫衍生品市场一个不老的神话。② 动漫形象本身是否有性格、是否招人喜爱、是否具有知名度将直接关系到相关衍生品的销售。尤其是儿童服饰有着巨大的市场潜力(见图3-23)。

图3-23 迪斯尼童装产品③

(三) 动漫玩具和文具

玩具设计既强调艺术性,又强调实用性和商业性,是设计师想象力、实用性、市场推广能力的综合表现。改革开放以来,我国的玩具产业无论是设计理念还是设计手段都在逐步成熟。玩具设计已经作为一个单独的行业被分离出来,逐步走向设计产业化,中国从最初的生产加工制造大国逐步在向自创品牌的格局转变。随着中国经济的发展和社会的进步,人们的生活方式在不断变化,玩具企业需要既擅长玩具设计创意,又懂工艺、懂生产、懂流行、懂市场需求的综合人才。

---

① 动漫衍生品:分享希望 打破无奈[OL].28商机网,2010-07-16. http://news.28.com/redian/shangjijujiao/n-524681.html.
② 中国动漫衍生品:有亮点 求突破[N].中国文化报,2012-02-22.
③ 迪斯尼童装[OL].迪斯尼中国官网,http://www.dol.cn.

在动漫衍生品的开发中,玩具产品和文具产品是备受少儿消费者青睐的文化产品(见图 3-24)。现代大都市的专卖店和专卖柜上,带有动漫形象的各种儿童玩具和文具,以其亮丽的色彩和鲜活的形象吸引着儿童和他们的家长驻足不前、流连忘返。这些琳琅满目的商品中有制作精美、神形兼备、大人小孩均很喜欢的卡通形象填充玩具,也有时尚前卫的书包、水壶、手袋、水晶米奇雕像以及实惠的迪斯尼纪念章等,还有各种充满智慧的多功能相机、手机等,也有可以向他人炫耀的设计感极强的钥匙链、女孩最爱的纯银手链、可以在表盘上刻上自己名字的个性手表等。

图 3-24　迪斯尼玩具和文具产品①

(四) 动漫教育培训

动漫教育培训是产业发展的基础环节,目前中国动漫产业人才缺口较大,这也催热了中国的动漫培训市场。学习主体除了在校学生外,社会人士占据了绝大多数,他们或者以动漫职业为就业目标,或者想继续提高专业素养和职业技能。承担动漫教育培训的主体除了设在高校中的动漫专业,还有大量民办的动漫培训机构。两个序列的培训承担主体各有特色,高校动漫专业注重美术基础训练和文化综合素质的培养,但教学灵活性不够;民办的动漫培训机构侧重职业技能培养,但教学管理欠缺规范。与高校的动漫专业相比,培训机构呈现良莠不齐的状况,这必然会和动漫公司的人才需求的高要求产生矛盾,最终只有教学管理规范、质量过硬的教育培训机构才能生存下来,赢得口碑,促进整个动漫教育培训市场的良性发展。国内知名的动漫教育机构有中国传媒大学、北京电影学院、中央美术学院等,知名的动漫培训机构有水晶石教育等。

第四节　创意设计业

设计是指在正式做某项工作之前,根据一定的目的要求,预先制定图样、模型和效果的创造性活动。设计市场是指有偿提供产品设计、商标设计、广告设计、展示设计、建筑设计、园林设计、室内装潢设计、婚庆礼仪设计等服务的创新型产业。随着我国逐步迈入小康社会,人们的精神生活需求日益增长和个性张扬,势必促进设计市场的进一步扩展与繁荣。

人们为了生存和发展,必然要产生各种各样的需求。小到衣食住行,大到宇宙探索,需求是人类产生各种行为的原动力,也是设计的源泉。现代设计正是通过设计师创造性

---

① 迪斯尼学习用品和日用品[OL].迪斯尼中国官网,http://www.dol.cn.

的活动更好地满足人们对新奇性、功能性、美观性和宜人性的现代追求。设计产业是艺术与科技融合发展的产业。一方面,设计是一种特殊的艺术,设计的创造过程是遵循实用化求美法则的艺术创造过程。艺术化的生活方式是人类的理想,也是设计追求的目的和最高境界。另一方面,设计不断发展的动力之一就是技术的科学化,科技的发展为设计提供了广阔的空间。随着信息化社会的形成和高速发展,信息技术引领设计开始进入数字化设计时代,数字化技术的运用使设计的功能实现智能化,也开创了一个以虚拟设计为主要特征的新领域。

一、产品创新设计

产品设计是通过赋予产品文化含量和视觉影响,对产品的形态、结构和功能形成富有表现力的沟通语言与表达形式(见图 3-25)。产品设计市场主要是为客户提供从概念创意到市场导入的深度整合产业化解决方案,以先进的设计理念和计算机三维辅助设计为手段,向客户提供全新的产品造型设计、严密合理的工程结构设计,以高速度、高品质和成熟完善的服务,为客户缩短研发时间,减少成本,提高产品的市场竞争力。产品设计的服务范围不仅局限于单项的产品造型设计,而且包括以塑造企业品牌为核心,整合所有的设计资源,为客户提供从产品发展战略研究、产品设计到平面设计、展示设计的全方位服务。

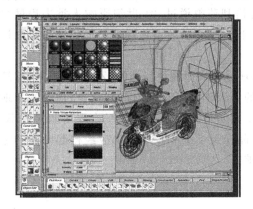
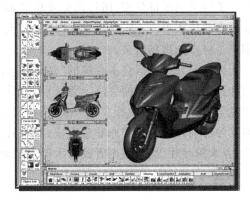

图 3-25　摩托车研发设计

二、视觉传达设计

视觉传达设计是将图形、文字、色彩等基本元素,以符合传达目的的编排方式加以组合,使之成为能满足消费者视觉心理的批量生产的二维空间设计作品。视觉传达设计市场的服务项目主要有标志设计、VI 企业形象设计、宣传册设计、包装设计、刊物设计、DM 设计、招贴设计、界面设计、网页设计及印刷服务等。一个有创意的包装设计,不仅能让品牌产品的销路畅通无阻,让厂商获得丰厚的利润和效益,而且能使消费者在购买商品和使用价值的同时获得审美享受。包装设计是企业整体营销战略的一大支柱,也是市场上同类产品激烈竞争的手段之一。在视觉传达设计服务活动中越来越多的设计师更加关注人们的精神需求,满足人们日益增长的审美文化的需要。

三、场馆展示设计

参加展览会是企业开辟新市场的首选方式。在同一时间、同一地点使某一行业中最重要的生产厂家和购买者集中到一起,借助展览会这个渠道,向国内外客户试销新产品、推出新品牌,同时通过与世界各地买家的接触,了解谁是真正的客户,行业的发展趋势如何,最终达到推销产品、占领市场的目的。

在大型展示制作过程中,应针对企业参展的目的和意图决定展览的故事内容、表现方法,从相关展览场地的整体规划到某个兴趣点的具体构思,都必须构想展示剧情的大致框架,营造特殊的展览气氛,划分出若干补充大主题的小主题及相关的各种项目;充分考虑场地空间规划及造型结构的安排,确立展示重点,规定各种造型细节,落实到模型、影像、图表、样品等多种展示媒体上。要将重点放在重要主题的展示上,利用创新的媒体来表现展示重点往往能收到意想不到的效果。

四、建筑艺术设计

建筑设计市场涉及居住、医院、学校、办公、商业及文化体育等多个建筑种类,涉及建筑结构、采暖通风、给排水、电气、工程地质、岩土工程、概预算、工程监理、建筑装饰等专业。美国著名经济学家、诺贝尔奖获得者斯蒂格利茨曾说过,21世纪影响人类进程最主要的有两件大事:一是中国的城市化;二是新技术革命。城市化进程的加快给建筑设计带来了更多的市场机会。

无论是北京奥运会主会场的"鸟巢"设计,还是中央电视台新楼的"Z交叉"方案,建筑设计正受到越来越多的关注。建筑设计市场的繁荣加剧了行业内部的竞争,现在的房地产竞争已经演变成"设计文化大战"。这是由于建筑设计不单注重房屋物理功能的效率,对其外形与环境的协调亦非常重视,要求其产品在美学上和技术上都应经得起时间的考验,务求满足建设者、使用者及广大群众的要求。

五、环境艺术设计

环境艺术是借助艺术手段将人与环境加以融合,为营造较高文化品位且舒适宜人的空间视觉环境而进行的审美创造活动。它涵盖城市环境的规划设计,建筑与外环境设计,广场公共空间设计,园林设计,景观设计,雕塑、壁画等装饰设计,室内设计,环境设施设计等方面内容。环境艺术是一种"比建筑范围更大,比规划的意义更综合,比工程技术更敏感的艺术"[1],是人类在适应环境、改造环境的过程中将自己的审美观念、能动意识灌注于环境之中逐步形成一种理性的、有计划的、有目的的、成系统的人类活动。

开放的环境空间使人心情舒畅,由绿地、繁花、林木、曲径构成的幽雅环境能在宁静中激发人们的浪漫情怀。通过造景、借景与透景,营造以小见大、以假乱真的巧妙布局,有助于人们平添无限遐想。如何全面深入地掌握环境设计的审美特征,充分有效地调动现代社会所能提供的材料、工具与技术手段,最大限度地协调传统与现代、历史与未来的关系

---

[1] 李泽厚,汝信.美学百科全书[M].北京:社会科学文献出版社,1990:200.

问题,兼顾个性特征、自我意识、独创精神和大众品味、社会需求,以适应社会发展的需要,是环境设计审美创造所需要解决的问题。

六、时尚艺术设计

时尚就是在特定时期和社会文化背景下,由少数人引领后为社会大众所崇尚和效仿的一种新奇的流行风格。时尚设计是一个较为宽泛的概念,指借助艺术和技术的手法打造一种兼具品质与美的生活,体现精神和物质的双重享受。时尚设计的领域涉及生活的各个方面,如衣着、化妆、饮食、行为、居住、情感表达与思考方式等,狭义的时尚设计则特指对人体进行装饰和美化的服装与服饰设计以及形象设计(见图3-26)。由于时尚设计引领了时尚消费,包容了多元文化价值观,随着社会生活潮流的变化而不断创新、丰富和发展,因此它不但带动了经济的发展而且提升和丰富了人们的生活品味和精神生活。

随着中国经济的持续快速增长,以及由此带来的居民收入增加、消费升级和消费观念的改变推动了我国时尚产业的发展壮大。以化妆品为例,2007年我国化妆品行业销售额达1 200亿元,2010年达到1 530亿元,每年平均增长近10%,预计2015年将达到2 300亿元。① 但处于时尚产业高端地位的民族品牌仍然很少,自主创新能力的加强、人才培养和品牌塑造是我国民族时尚产业今后努力的重点。

图3-26 时尚设计②

七、数字艺术设计

随着以微电子、通信技术为支撑的数字信息技术的应用和普及,传统的生活空间逐渐突破物质的樊篱,逐渐构建出一个虚拟的非物质社会。"所谓非物质社会,就是人们常说的数字化社会、信息社会或服务型社会。"③ 成熟工业社会的典型表征是物质产品的极大

---

① 化妆品行业"十二五"冲击2300亿元[OL]. 中国工业新闻网, 2012-03-14. http://www.cinn.cn/wzgk/wy/258463.shtml.
② 楚艳、张晶2012品牌发布会[OL]. 凤凰网时尚频道, 2012-03-24. http://v.ifeng.com/fashion/starbaby/201203/bf26eda0-403c-4a92-92c9-3298f825764a.shtml.
③ [法]马可·第尼亚. 非物质社会[M]. 滕守尧, 译. 成都: 四川人民出版社, 1998: 2.

丰富，人们通过占有有形产品来满足自己的各种需要，而后工业社会的典型特征则表现为信息产品的大量涌现，先进知识在产品和服务中的价值比重增大。"非物质社会是一个提供服务和非物质产品的社会，是物理现实和社会现实充分信息化的社会，是一种计算机和网络系统的、以知识为中心的社会。"①如智能手机，既能够语音视频通话和收发信息，还能够上网冲浪，甚至能够提供你想象不到的丰富应用，但这些"功能"和智能手机的"形式"并没有任何必然的联系。人们在享受这些高新技术产品提供服务的过程中，看不到传统意义上的实现功能的形式与质料，而只需与这些产品"对话"，尽情体验这些产品营造的非物质空间。

"非物质社会设计以数字化技术为核心，通过多媒体技术、网络技术、虚拟现实技术来实现信息、工具、人员的集成，运用创造性思维，寻求解决问题的方案。"③非物质社会设计不仅体现在设计方式的改变，更在于设计形式和内容的改变，设计的重心不再是某些有形的物质产品，而是考虑如何满足消费者的精神需求。无论是网络艺术设计、智能产品界面设计还是数字媒体设计，产品的造型、材料、加工不再是重点，人机间如何互动，如何营造一个仿真或超现实的虚拟环境，信息内容如何更加个性化，如何满足消费者深层次的潜在需求和情感需求，这些都是非物质社会设计关注的要点（见图 3-27、图 3-28）。

图 3-27　mini 蓝牙虚拟键盘②

图 3-28　利用 AR 技术的商品展示平台④

设计产业的经营主体主要是各类规模的设计公司。根据设计类别的不同分为专门的建筑设计公司、工业设计公司、服装设计公司、平面设计公司、广告设计公司等，也有少数经营范围比较全面的大型设计集团。设计产业链比较简单，由设计公司直接面向业主提供设计服务（通常表现为以图纸为基质的设计文件）。专门的设计公司一般处于设计产业链的中端，其前端还有参与设计过程科学化管理的设计策划公司，它们的主要职责是帮助

---

① 凌继尧.艺术设计十五讲[M].北京：北京大学出版社，2006：183.
② mini 蓝牙虚拟键盘[OL].小米社区，http://bbs.xiaomi.cn/.
③ 凌继尧.艺术设计十五讲[M].北京：北京大学出版社，2006：190.
④ 利用 AR 技术的商品展示平台[OL].WEB3D 工厂，http://www.web3dworks.com.

设计师进行前期和组织工作,后端还有专门的制图、打样、模型制造公司等。有些设计行业往往采取和其他行业紧密合作的方式,共同为业主提供服务。如建筑设计公司和建筑施工企业,平面设计公司和印刷公司往往形成比较固定的业务合作关系。

按设计公司经营方式的不同,大致可以分为专门的设计公司(对外承接设计业务)和设立于组织内部的设计部门两类(大型企业内自营的设计部门,主要为本企业服务)。国际上现行的设计机构以独立事务所的形式居多,设计管理主要由相关的设计协会负责,如建筑师协会负责管理建筑设计公司。随着市场的开放和成熟,我国的设计市场机制由政府全面管理转变成设计审批制度,设计企业也由国有大型设计院一统天下,转变成个体设计事务所逐渐增多。国际上知名的全业务设计公司有五角星设计集团。我国大部分大型企业都设立了内部自营设计部门,如联想集团下属的联想创新设计中心,业务涉及用户研究、产品设计、结构设计、平面设计、交互设计、同步制造、模具工程、材料工程等多个领域,直接参与设计联想现有的产品系列、开发消费电脑新产品概念,并针对设计及消费者的趋势进行研究。

除了动漫游戏产业和创意设计产业之外,多媒体产业中还包括数字教育行业。数字教育是利用各种数字技术手段实现校外教学的完整过程;只要具备上网条件即可在任何时间、任何地点接入互联网,自主地选择学习内容。相对于面授教育而言,网络教育最大限度地突破了教育的时空限制,是师生分离、非面对面组织的教学活动,也是一种跨学校、跨地区的新型教育体制和教学模式。另外,有关数字出版和数字广告等方面的内容,已在前一章的相关板块中有所涉及,在此不再赘述。

第四章 文化产业市场环境

进入市场环境的文化企业在当今商品社会中日益发挥着重要的作用。文化产品所代表的价值倾向、文化企业的运作方式、文化繁荣的强弱程度以及社会受众的消费类型等,直接影响着文化市场的规模和走势。因此,研究文化企业如何在市场运作过程中识别市场、了解社会受众的文化需求并制定文化企业的营销战略和策略,拓展文化产品的创意研发、捕获文化产品和服务的价格良机、优化分销渠道的各种通路、有效地实现促销沟通、建构文化品牌的选择模式以及调控文化企业经营中的战略管理等专题,都将在以后的各章节中逐一展开。

本章主要分析文化企业自身运作和周边关系等微观环境以及影响文化企业市场运作的经济、政治、文化等宏观环境,帮助读者了解文化企业所处的竞争环境、协作环境和行业规则等市场调研知识,使读者掌握在市场运作过程中如何判断并识别市场等营销技术。

第一节 微观环境分析

自 20 世纪 80 年代我国实行改革开放政策以来,一直被作为意识形态工具的文化团体和部分事业单位才开始逐步进入市场经济的轨道。因此,要了解文化企业市场运作的微观环境,不妨从文化企业的组织性质入手,然后对文化企业市场运作的运行模式、企业的经营内容及市场运作环节展开探索。

一、文化企业的自身环境

任何企业都是社会分工下从事某一行业产品的生产和交换的独立核算单位。文化企业也不例外,"文化企业是生产、制造文化产品并对其进行销售的专业性机构"[①]。除生产学习用品、体育健身器材、娱乐用品、工艺品等物化产品的生产企业以外,目前文化单位系统内转企改制的还包括演艺文化产业链,展示视觉艺术的画廊和博物馆,公共图书馆和文化遗产等服务性行业。此外,广义上的文化企业还涵盖着电影业、音像业、出版业、广播、电视和报纸期刊等传媒业,以及网络、动漫、设计、会展等新兴的文化企业。

(一)文化企业的经营试水

长期以来,我国长期实行的是计划经济管理体制,各级文化部门实行事业化管理体制,文化宣传是不讲赢利的公益活动。改革开放以后,我国大多数文化单位逐渐走向市场,出现公益性、营利性以及准经营性等多种格局。公益性体制由国家财政经费拨款提供保障,如图书馆、农村文化站、城市文化广场、社区公共健身设施等文化事业单位。营利性

---

① [加]弗朗索瓦·科尔伯特.文化产业营销与管理[M].高福进,等,译.上海:上海人民出版社,2002:4.

体制则通过市场进行文化经营活动,如图书出版社、音像公司、电影制片厂、文艺演出团体、书市或书店、影视剧院、各类歌舞厅、美术馆、广告公司、商业网站等文化企业。介于两者之间的是虽然采用企业化模式经营,但仍需要国家财政给予一定补贴或资助的博物馆、植物园、动物园、交响乐团、芭蕾舞团以及其他大型艺术表演团体等准经营性文化单位。

一般说来,文化企业主要是指按照经济法则和价值规律,采取规模化生产和市场化运作的方式,以赚取利润和发展经济为目的的文化生产与文化消费活动的组织者。这就决定了文化企业的经济性质与物质特征。在文化市场放开的情况下,不同经济性质的文化企业共同承担着满足人们文化需求的社会责任,先后接受着文化市场的洗礼。以演出市场为例,国营演出团体中有的初尝甜头,有的却依旧步履维艰;民营演出公司有的誉满海外,有的仍在艰苦创业;民间演出团体有的已经走出了国门,有的仍然守望着黄土地。无论何种形式的文化组织,在进入文化市场时其营销活动都是由市场经济条件下消费需求和满足需求的各环节所组成,都会为企业的维持与发展寻求市场空间。

1. 国有企业突破瓶颈

在计划经济时期,我国一流文艺团体的对外演出一般都是由国家拿钱用于纯粹的文化交流。即使是在对异域文化感兴趣且有良好音乐素养的音乐之都奥地利维也纳,每年接纳十几场以中国民乐为主的音乐会,但很少是真正实行商业化运作的。就连"中国新春音乐会"这种大型演出也是不售门票的"免费午餐",而仅仅是一种文化交流形式。

2004年4月,中国对外文化集团公司(CAEG)成立。中国对外文化集团公司由国务院作为出资人,并由文化部与财政部分别作为行政主管部门和经营性国有资产监管部门。作为中国对外文化交流的主渠道、主桥梁,该集团承担了每年在境内外举办各类大型节庆和其他重大演出活动,包括承办中法文化年、中俄互办国家年中的一系列重大演出展览项目,还先后推出了紫禁城太庙实景歌剧《图兰朵》、综艺舞台剧《少林雄风》、多媒体舞台剧《时空之旅》、杂技舞台剧《太极时空》等,在国内外取得了良好的市场和品牌效益。在自创品牌剧的同时,中国对外文化集团公司还成功引进了《猫》、《妈妈咪呀》、《大河之舞》等世界音乐剧、舞台剧代表性剧目。每年中国对外文化集团公司还在境外数十个国家和地区的数百座城市举办各类演出、展览和综合文化活动五千多场。自试水市场以后,中国对外文化集团公司开始制定新的发展战略,走文化集成之路、延伸产业链条、打造品牌产品、扩大文化出口。到目前为止,中国对外文化集团公司已拥有19家全资境内外企业以及多家控股、参股企业,是全球最大的中国演出和艺术展览供应商及运营商,也是迄今中国唯一拥有全球演出业务和艺术展览业务的企业集团。不仅在演出内容方面不断创新,而且吸引了众多明星加盟舞台演出,使得一度萧条的话剧市场又红火起来。

与此同时,归属于地方政府的各级国有演出团体也加速了体制改革的步伐,涌现了一大批"政府扶持、转换机制、面向市场、增强活力"的典型,开始扭转原先几乎所有引进项目都是商业演出,而派出去的演出团体多是"友情演出"的被动局面。由上海东方电视台与上海市舞蹈学校共同组建的上海东方青春舞蹈团,自成立以后便以大手笔、大制作的现代文化营销理念,引进名导演、名作品,剧目时时创新。不论是表现拟人化的斑马爱情,还是重新勾勒人们熟悉的历史故事,因编导独具慧眼、舞蹈震撼人心、画面不同凡响,大获好评。经过国内50多场演出和不断修改后,《霸王别姬》等节目分别走出国门,迅速融入国际市场,签下了一系列演出订单(见图4-1)。

图4-1 迅速融入国际市场的上海东方青春舞蹈团演出的舞剧《霸王别姬》①

2. 民营企业奋力打拼

演出院线制已成为不少文化企业探索产业升级、走规模化发展的一条路子,但院线式发展遭遇到了操作成本高、演出项目可持续性、地区市场发展不平衡等问题。为了规避演出市场的风险,有的企业走"政府托管"模式发展,有的企业寻求"剧场联盟",有的企业采取版权加盟,也有的企业走"演出季"授权等。而实力雄厚的民营企业则以自建、政府托管、加盟等多重手法,成功登陆演出市场。本山传媒集团"刘老根大舞台"落户北京崇文区就是一个成功的尝试。阳平会馆的业主是北京崇文区文委,本山传媒投入大量资金对这个百年老会馆进行了改造。作为业主,本山传媒北京分公司在崇文区注册无疑对当地税收贡献很大,因为今后"刘老根大舞台"在北京地区其他的连锁店都将作为本山传媒(北京)有限公司的分支机构,而且会将本山传媒的文化经营中心包括影视制作项目逐渐迁入北京;本山传媒更不吃亏,修葺一新的阳平会馆资源将会带来滚滚财源。仅用了一年时间,本山传媒"刘老根大舞台"凭借300多个座位和7个包厢,年票房收入就突破6 000万元。② 毋庸置疑,演出市场会随着受众消费的审美疲劳而呈缓慢变化,而且还需根据演出需要不断追加一定的场地设施和人员投入,再加上节目内容的深度创新的挑战,这些都形成了民营企业规模化经济效益的风险。面对市场竞争的压力,民营企业正在尝试着多种方式进行打拼。

除经营模式的创新以外,不少优秀的民营企业开始探索经营特色上的创新。由我国著名舞蹈家杨丽萍领衔主演的舞蹈诗《云南映象》,将乡土歌舞的精髓和民族舞的经典进行全新重构,让古朴的民族歌舞与新锐的艺术形式产生碰撞,带给人特有的"云南映象"。在第四届中国舞蹈"荷花奖"舞剧舞蹈诗决赛中,这台舞蹈诗成为最引人注目的"亮点"。舞蹈演员70%来自云南各地甚至田间地头,③集中反映了云南深厚文化沉淀的音乐、服装、灯光、道具留给观众惊艳的"原生态"印象,在时空错位、视觉错位中构建了一种原生态情感。通过参评"荷花奖"确立了《云南映象》的品牌地位后,即大胆走出国门。在全美最大的三家推广商的共同运作下,《云南映象》已初步确定未来3年内将在美国进行500场

---

① 娄靖.东方青春舞蹈团冲向国际市场[N].人民日报,2004-02-18(9).
② 郑洁.演艺院线制火热背后的冷思考[N].北京商报,2010-05-17.
③ 孙立梅.云南映象获得"荷花奖"[N].新闻晚报,2004-03-09.

以上的演出,其巨额演出收益将直逼爱尔兰传统踢踏舞《大河之舞》(见图 4-2)。这些民营演出团体在继承我国各民族优秀文化传统、繁荣基层文化市场、丰富城乡文化生活、满足各族人民群众多样化文化生活等方面,发挥了极为重要的作用。

图 4-2　由民营企业打造的《云南映象》已在国际国内演出市场崭露头角

3. 合纵连横走出国门

从 2009 年开始,我国演出场所方面加快了院线联盟的战略提速。国内先后出现了中演、保利两大院线,还有西部演出联盟、东部剧院联盟、珠三角演艺联盟、北方剧院联盟、长三角演艺联盟等五大省际联盟,以及以省内演出联盟为代表的安徽演出联盟和江西演出院线联盟等。凭借投融资的助推,旅游演艺已成为新的市场追逐热点,如丽江旅游斥资收购丽江玉龙雪山音像旅游文化产业有限公司 51% 的股权,宋城股份跃为中国演艺产业第一股,云峰基金为北京印象创新艺术发展有限公司注入 5 000 万美元等。

在全球推广方面,曾因制作了《梦幻漓江》、《少林魂》、《梦苏州》、《功夫传奇》并在商演中取得巨大成功的天创国际演艺制作交流有限公司,2009 年收购了位于美国第三大演艺中心密苏里州布兰森市的"白宫剧院",并开始驻场演出舞台剧《功夫传奇》。① 布兰森市为美国中部演艺之都,其剧院的数量和座位都领先于纽约的百老汇和伦敦西区。以购买剧院的方式将中国的品牌剧目带到美国主流演出市场,无疑是一种新的中国文化"走出去"的商演模式。天创公司的驻演成功不仅建立了中国演艺剧目的异国市场根据地,而且充分发挥了"直销平台"的良好效应。美国最有信誉的两大演出商已与天创就《功夫传奇》的巡演达成了协议。此外,天创还与奥地利最大的综合性文化娱乐经营实体维也纳施塔德哈勒公司合作,成立了维也纳北京天创公司。维也纳施塔德哈勒公司是德语区国家最大的演艺公司之一,也是欧洲最大的多功能娱乐中心之一。天创与维也纳施塔德哈勒公司的联手帮助中国演艺产品直接输入欧洲市场搭上了特快列车。

(二)扩散文化品牌的市场号召力

不论所有制归属如何,文化企业内部也分别设置了相应的业务管理和市场经营机构,拥有相关的管理人员、财务人员、营销主管、调研人员、市场及媒介分析人员等。这些管理人员分别承担与客户进行沟通和交流的各种业务,也需要通过市场调研了解社会大众对

---

① 叶朗.2011 中国文化产业年度发展报告[M].北京:北京大学出版社,2011:169.

文化的需求,制定本企业的营销战略和策略,研发新的文化产品和项目,选择适当的分销渠道,合理制定文化产品和服务的成本价格,调控文化产品经营中的各项管理等工作。为此,文化企业应具有充足的业务周转资金、干练的广告业务人员、完善的内部管理制度、良好的客户关系,并且必须具有强烈的社会责任感,讲究职业道德,逐渐积累丰富的市场经验。此外,文化企业还具有自身的典型特征。

1. 讲求艺术家的明星效应

文化娱乐产品是人们愿意花费金钱并利用闲暇时间去观看或参与的消费活动。和其他企业不同的是,几乎所有文化产品的最终面世都依赖于专业工作者的艺术创作。一场荡气回肠的话剧、歌剧或音乐晚会的演出,或者是一次别开生面的美术展,首先要有剧作家、舞蹈编排家、作曲家、小说家、诗人、画家及雕塑家等原创作品的产生。有了好的作品还不够,还需要有好的表演者对作品进行解读和再创造,如戏剧演员、舞蹈演员、器乐演奏者和歌唱家等,通过他们精湛的表演才能将原创作品中的深刻内涵演绎出来。由于艺术表演需要一定的语境与广大受众沟通和交流,所以需要设计师来承担制作舞台戏服、营造灯光效果等,需要美工制作演出海报和节目介绍等,还包括摄像、道具师、舞台总监、灯光师等专业技术人员的密切配合。此外,还有导演、制片人、指挥家以及招募、动员和支持其他艺术家从事作品创造的艺术管理者等。在所有这些角色中,艺术家的明星效应是不言而喻的。

在当今日益成熟的演出市场上,"歌坛常青树"刘欢一直是深受不同年龄层歌迷喜爱的歌手之一。这位并非音乐科班出身的歌手一直在高校担任外国艺术史教学,弹得一手好钢琴,很多人欣赏他的文化素养。当2004年刘欢演唱会在北京首都体育馆举办时,担任策划的国际文化艺术公司充分利用了刘欢的音乐影响力和明星效应,大张旗鼓地展开了前期宣传工作。演唱会的消息刚一公布,各电台、电视台、网络、报刊等媒体便主动报道,甚至还通过网上征集演唱曲目的传播途径不断扩大深层影响力。此外,演出公司还精心推出了关联产品6 000册刘欢演唱会纪念册,其中包括中国邮政第一次为歌手演唱会出版的纪念邮票(见图4-3)。通过精心策划和整合营销传播,刘欢演唱会不仅未唱先热,而且为具体组织文艺演出活动的市场运作提供了成功的经验。①

图4-3 "欢歌2004"纪念邮票

2. 追求作品的理念创新

伴随着商品交换活动的快速发展和市场竞争的日益激烈,各类文化产品的传播过程本身已经成为现代社会快节奏的生活方式的重要沟通语言,它可以打破不同民族不同年龄间的语言隔阂,促进不同肤色、不同人种之间的相互理解和相互融合,加速各种文化信息的传达。文化传播过程肩负着双重的历史责任:作为上层建筑,意识形态的重要载体,

---

① 陈原.二十四首名歌打底横跨古典流行 刘欢演唱会未唱先热[N].人民日报,2004-03-19(9).

文化产品的传播既要满足人们精神需求和审美需求,又要与经济活动密切联系,服务于人们不断增长的物质需求和实用需求。

为搭建美术家与公众交流的平台,中国美术馆启动了2.5亿元人民币收藏奖励基金,每年将拿出5 000万元鼓励艺术家捐赠作品[①];以长期陈列藏品为主,完成从"美术家的展览馆"到"公众美术博物馆"的功能转变,吸引众多艺术家和收藏家;成立公共教育部,让公众真正了解美术、走进美术。一方面,抬高学术准入门槛,打造中国美术馆自己的品牌展览,在引进外国精品展的同时,将本国的品牌展览推向国外;另一方面,定期举办学术讲座、国际学术论坛,通过公共教育等各种方式把更多的观众请进艺术博物馆。在实现结构性的调整和经营思路转变的同时,中国美术馆还兼顾艺术风格的多样化,收藏部分当代新锐艺术家的作品,扮演着展示当代艺术创新作品、扶持新人的角色。

(三) 文化企业的运作趋势

随着我国文化体制改革目标的进一步明确,打破旧有的文化管理机制和文化生态,让文化企业加入开放、平等竞争的市场已成为必然。文化产业所特有的意识形态属性和市场属性,加上文化产品的情感特性,使文化产业所面对的问题和局势比其他行业更为复杂敏感。文化体制改革的重点是体制创新,主要体现在两个方面。第一,一手抓公益性的文化事业,一手抓经营性文化产业。公益性文化事业单位主要是转换内部的经营机制,增强活力、提高效益,向社会提供更好的公共文化服务。经营性文化产业主要是转企改制,进行公司制、股份制改造,成为新型的市场主体,运用市场机制来增强实力。第二,以文化要素的利用来推动和提升文化产业的价值空间,促进创新文化氛围的培育。一个企业有其自身的文脉——包括有关企业和品牌的故事,能让消费者解读甚至着迷。当形成一定的企业经营理念和风格后,就可以与其他的组织相互区分开来。这些文化特质能增强企业成员间的认同感,引导和塑造员工的行为规范等。文化产业的运作趋势集中于文化产业化和产业文化化的双轨开发。

1. 文化产业化

文化产业化是指进入市场领域的文化企业按照规模化、经营化模式发展。在管理体制、经营机制和效益评价等方面遵循市场经济规律,在服务于人们精神需求的过程中体现其经济效益,实现产品的价值补偿和资产增值。

随着我国经济形势的进一步发展,当更多富起来的消费者的鉴赏能力提高后,深度的艺术文化活动需求将得到扩张,文化市场的竞争会日趋激烈起来。为了加快我国文化领域结构调整,政府要求各地合理配置文化资源,大力提高文化产业规模化、集约化、专业化水平。为此,不仅要培育一批出版、电子音像、影视和动漫制作、演艺、会展、文化产品分销等产业基地,还要重点培育发展一批实力雄厚、具有较强竞争力和影响力的大型文化企业和企业集团,而且要支持中小型文化单位向"专、精、特、新"方向发展,形成富有活力的优势产业群。近年来各传媒集团纷纷设立"市场总监"、"营销经理"、"运营主管"等职位来统筹集团的销售与推广工作。越来越多的传媒企业现在更加关注怎样通过营销模式的创新去赢得更大的经济效益。对于电视台来说同样如此。电视广告经营已全面进入营销时

---

① 徐红梅.构建国家级艺术殿堂[N].人民日报,2005-06-03(14).

代,能否用整合营销传播的理念搞好电视台的经营,已经成为电视台生存与发展的重要课题。无论是发挥电视媒介广告经营的产业属性,还是完成国家政策发布和舆论宣传的喉舌使命,都需要有良好的品牌形象、较高的美誉度、雄厚的经济实力,也都离不开科学主动的营销。香港电视传媒决胜市场残酷竞争靠营销,时代华纳、迪斯尼、新闻集团等国际化发展靠营销,湖南卫视的成功运作也是靠营销。面对残酷的媒介市场竞争,唯有转变营销观念,高效运转、求新求变、客户至上,才能牢牢吸引电视观众的眼球,赢得有实力的广告客户。

在文化产业化运作方面,每年一度的央视广告招标会,不仅上演着广告主争夺黄金时段的激烈厮杀,而且是央视赚得盆满钵溢的丰收季节。从广告招标的结构及规模可以看出一些产业发展的趋势和特点。随着产业升级、市场扩张的稳步发展,我国传统行业整合趋势明显增强,集团整合式投放广告成为一些大企业投放的一种趋势,以提升集团整体的品牌力。一些新兴行业、新兴品类的广告投放表现也相对亮眼,涌现出以电子商务为代表的京东商城等黑马。在签约认购、网上招标、现场招标(见图 4-4)之后,央视 2012 年广告招标预售共实现 142.58 亿元,再次刷新历史纪录,较 2011 年 126.69 亿元增长 12.54%。①

图 4-4　央视 2012 年黄金资源广告招标会现场

世界经济的发展已经到了一个新的转折点,文化产业将是发展中国家经济发展和社会凝聚的新动力。未来中国经济的增长引擎将会锁定国内需求和更高价值的文化出口产品与服务,只有实现文化产业化才能适应国内经济增长的需要,真正融入全球经济一体化。

2. 产业文化化

产业文化化是指在文化企业的发展中不断注入文化精髓,以文化的凝聚力、渗透力和辐射力来提升企业的竞争力,提高产业的附加值。

将文化商品作为载体,通过市场交换后进入消费者意识的过程中,既包括对文化产品外观形态、装潢、包装、商标、广告、款式的系列设计,又包含对文化企业营销活动的价值评判、审美评价和道德评价。因此,利用文化产品自身具有的亲和力可以使具有相同文化底蕴与价值追求的人们产生认同,达成有效的沟通。这既是文化企业实现品牌化的重要途径,也是 21 世纪文化企业迅速发展的立足之本。企业和人一样,内在气质是别人模仿不了的,只有形成企业独特的文化内涵才能立于市场竞争的不败之地。现在,越来越多的企业管理者逐渐意识到,同类企业之间的文化差异才是市场较量真正的竞争筹码。中华民族上下五千年兴衰史中,曾诞生过老子、孔子、庄子等诸子百家,其深厚的文化底蕴对于整个世界的历史文明而言也是极为宝贵的精神财富。在当今经济全球化的过程中,中华文

---

① 央视广告招标 142 亿创新高　茅台掷 4.43 亿成标王[OL]. 人民网-股票频道综合,2011-11-09. http://finance.people.com.cn/stock/GB/16180145.html.

化不仅要以自身的文化魅力融入国际文化的主流,让不同国家的公众产生共识,而且应有历史担当,坚持强调自己的文化特性,从而构建出一种真正的文化精神。不少有眼光的文化企业家已经开始思索在改善社会的同时来改善自己,从战略的角度重视企业自身的文化建设。更有一些有远见的企业家逐渐意识到,除了要有独特的经营风格,还要有与社会分享的胸襟,用创造出来的财富帮助社会公众整体提升文化素养。未来企业的发展势必以差异化作为各自进入市场参与竞争的武器,大力推行产业文化化的经营理念已成为人们的共识。

早在20世纪80年代,台湾漫画家蔡志忠先生以他特有的幽默笔触,创作了大量引人入胜的漫画作品。在蔡志忠的笔下,名著《三国演义》中的政治、兵法、谋略被注入了现代元素:中国古代建筑物有卫星碟形天线;宫中士大夫正在吃牛肉面等。这些生动风趣的漫画作品,已经成为向往古老文化而又不愿与艰深文字打交道的年轻人新的喜好。近年来我国网络游戏产业继续保持着快速增长势头的原因之一,不仅在于企业已经掌握了源代码等技术核心,在封堵外挂、防范私服、版本更新和增值服务的开

图4-5 动漫呼唤"中国造"①

拓方面较引进代理游戏有不可比拟的优势,更重要的原因在于原创网络游戏更多地体现了民族的价值观和文化传统,也更符合国内游戏者的使用习惯。中国拥有深厚的文化底蕴和丰富的文化资源,不仅为设计师自由地进行原创创作提供了创意的沃土,而且将会节约大量的引进成本。因此,深刻的文化内涵是中国游戏企业参与国际竞争、占据市场主导地位的核心竞争力,也是弘扬和传播中华民族优秀文化的核心推动力(见图4-5)。

二、文化企业的周边环境

当文化市场逐渐开放后,竞争和协作并行的文化市场运作机制就已经基本形成。竞争环境是文化企业经营者之间为谋取经济利益而进行的激烈争夺所必须面对的对抗性环境。协作环境是在共同的经济利益下企业与企业之间形成的互相依存的协作关系,由供应商、经销商、代理商、物流商、服务商、金融商等协作因素所构成。

(一)竞争者

在影响企业营销的诸多外部因素中最为直接的是竞争环境。竞争环境主要由同行竞争者以及行业壁垒等因素构成,此外关联竞争者和投资竞争者也会间接介入。

1. 直接竞争者

任何行业都是由提供相同产品或可相互替代的同类产品的经营者群体所构成,如报业同行、期刊业同行、图书业同行、音像业同行、软件业同行、广播业同行、电影业同行、电视业同行、网络业同行、广告业同行、咨询业同行、展览业同行、演出业同行、娱乐业同行

---

① 动漫呼唤"中国造"[OL]. CCTV-新闻,2006-03-23. http://www.cctv.com.

等。由于同行竞争者经营相同的产品,直接威胁到本行业内部产品市场份额的划分和市场占有率的大小,因此必须了解这些直接竞争者的总体情况,了解本行业内部的企业数量、地理位置、各自实力以及经营特色等,以便"知己知彼,百战不殆"。

在当今中国影坛,机遇和挑战并存,压力和希望同在。尤其是近年来迅速崛起的民营影业公司,对国营电影制片厂造成了不小的冲击。北京华谊兄弟影视公司借助影视圈知名度和影响力试图打造中国"航空母舰"。拥有强大资金实力和背景、资产过亿的保利华亿传媒公司是由中信和中国电影集团公司共同投资组建的。北京新画面公司早在成立之初便将策划和营销带入发行环节,以大炒作、大投入创下电影《英雄》2.5亿元票房。这些迅速发展的民营或合资公司,与曾拍摄过大量优秀影片但目前正处在整体转型的国营电影制片厂和电影集团公司展开了激烈的竞争。有人曾形象地将目前国内电影市场上国资企业与民营企业的竞争态势比喻为"龟兔赛跑"。① 一方是正在用股份制改造带动产权制度改革,用产业结构调整带动影视产业链的国营企业,但身负重壳、先天不足的"龟派";另一方是通过多方融资,开发多元产业正处在身强体健、四肢发达的"兔派"。当跑道放开时,人们开始看到艺术并无扶贫工程,天下没有免费午餐的竞争格局。

另外,为了保护本地市场、抵制强有力的对手入侵,有时文化企业会通过行业壁垒来阻止或限制竞争对手进入某一行业。形成行业壁垒的主要原因有:一是来自政府有关经济政策、行政法规的限制,如我国现阶段禁止私营、外资经营报社、广播电台和电视;二是来自企业自行设置的各种障碍,如特许经营、行业垄断;三是行业本身特点所决定,如投资额大、技术性强、营建周期长的演出场馆业、展览场馆业、电视传播业等,其行业壁垒比较坚固,新的经营者难以进入,而投资小、见效快、劳动密集型的报纸、期刊、图书、音像制品、软件制品等零售业、影像业、娱乐业、培训业、咨询业、广告业、设计业等,行业壁垒比较薄弱,新的经营者比较容易进入。因此,市场准入机制的宽严以及垄断程度的强弱也是影响文化企业参与市场竞争的直接因素。

2012年2月,中国国家副主席习近平访美期间,就《中美电影协议》中"允许更多的美国电影进入中国市场并提高美国片方分账比例"达成协议。据《洛杉矶时报》、《芝加哥论坛报》等媒体报道,中国将在此前每年引进20部美国电影的基础上增加14部美国进口大片,以IMAX和3D电影为主;美国电影票房分账比例从13%提高到25%;增加中国民营企业发布进口片的机会,打破过去国营公司独大的局面。② 新华社也曾发布简讯,证实中美双方就解决WTO电影相关问题的谅解备忘录达成协议。消息一出,即引发业内人士强烈关注。就在好莱坞欣喜若狂时,中国电影界却严阵以待。有关"引狼入室"还是"与狼共舞"的争议不绝于耳。电影人也纷纷担心,每年30多部分账片意味着平均每个月至少引进3部,也就是说几乎每个档期都会遭遇票房肉搏,观众对影片的选择将直接决定国产中小影片的生死。因为国产影片的成本回收主要依靠票房,与好莱坞大片相比,显然不具备竞争优势。因此,好莱坞大片的大举进入无疑是雪上加霜。也有专家表示,好莱坞大

---

① 藤井树.中国电影新版图之新龟兔赛跑[J].电影故事,2005(6):28.
② 易东东,高嘉阳.解读中对美电影三大新政 国产片面对考验[OL].中国文化产业网,2012-02-20. http://www.cnci.gov.cn/content/2012220/news_70306.shtml.

片的进入如"鲶鱼效应":作为"鲶鱼"的好莱坞大片必将激活国产片"沙丁鱼",从而盘活整个中国电影市场,希望能用成熟的电影运作理念、规律、模式更直接地影响中国导演的拍片理念,创作出高质量的电影(见图 4-6)。

图 4-6　美国大片《泰坦尼克》3D 版①与国产大片《金陵十三钗》②电影海报

2. 间接竞争者

不同行业经营者和投资者为获得更有利可图的投资机遇,必然会在最具开发潜力的产业领域形成投资的竞争态势,成为现有企业的潜在竞争对手。还有那些能够提供不同产品而满足同类需求的间接竞争者,如报纸与期刊、图书与音像、美术作品与文物、电影故事片与电视连续剧(见图 4-7)以及网络等具有替代性的文化产品领域。消费者可以任意选择进剧场观赏精彩的文艺演出,或是去电影院观赏最新引进的大片;可以去文物店寻觅自己喜爱的收藏品,也可以到美术馆观赏馆藏的珍贵油画作品;可以去保龄球馆健身,也可以邀上几位朋友到音乐茶座陶醉在轻歌曼舞之中。由此可见,不同市场之间存在同类消费的竞争态势。为了制止音像制品和院线票房血拼的不利竞争,2003 年 12 月,全国 34 条院线公司的负责人在北京联名签署了《关于电影院放映保护期的协议》,又称《北京宣言》。其内容主要针对"抢跑发行正版碟片"现象,要求从 2004 年 2 月 1 日起,影片上映的 15 天之内不得发行该片的影像(音像)制品,否则院线方将进行抵制或索取经济赔偿。③

(二)协作者

随着社会大生产的专业化程度的提高,分工会越来越细。在现代化市场环境中,没有一家企业可以独立地从事生产经营活动。即使是家族企业也不可避免地会与提供原料和产品的供应商、经销商、代理商、物流商、服务商、银行之间存在经营协作关系。这些关系

---

① 泰坦尼克 3D 起航　国内票房有望达 1 亿美元[N/OL].京华时报,2012-04-11. http://wh.sdnews.com.cn/rwyz/201204/t20120411_667528.html.
② 《金陵十三钗》海报电影资料库[OL]. http://posters.imdb.cn/poster/53097.
③ 吴晓东.音像制品院线票房血拼游戏规则[N].中国青年报,2004-06-20(A2).

图 4-7 电影《风声》与电视剧《风声传奇》[①]

是文化经营者构建和谐环境的重要棋子,应充分加以利用并竭力保持良好关系。

1. 供应商

供应商是提供生产或经营所需要的各种资源的企业和个人,如出版印刷所需的纸张供应商,制作音像制品和软件制品所需的光盘供应商等。为了避免受供应商钳制,企业在选择供应商时应避免对单一供应商的过分依赖,最好与可靠的供应商建立良好稳定的合作关系,以便在需要时能确保优先或及时供应。

2. 经销商

经销商是指专门购进企业产品再转售出去的企业和个人,包括批发商、零售商和出口商等。生产企业应根据产品特点、经营规模等实际情况,科学而合理地设计其产品分销渠道。

3. 代理商

代理商是指专门为企业或个体经营者销售产品但并不拥有所有权的企业和个人,如工艺制品代销、花卉和宠物代售、书法和绘画寄售、演员劳务经纪人等。选择代理商须考虑是直接选择经销商还是选择代理商,是选择总代理商还是选择一般代理商,交易价格、劳务报酬、交付方式、结算办法等重要事项是否委托代理商全权处理等。

---

① 电影《风声》海报[OL].电影网,2009-09-25. http://www.m1905.com/newgallery/hdpic/525247_9.shtml#img.

4. 服务商

服务商是协助生产企业储存和中转产品的仓储运输公司。文化产品生产企业可以根据生产经营规模和自建仓库数量，决定是否租用仓储公司以及租用的面积及期限，选择最佳的运输路线、运输工具和运输公司。另外，还包括为企业营销活动提供专项服务的市场调研公司、经济和技术咨询公司、广告公司以及各种广告媒体机构等。服务商可以协助企业选择最合适的市场，并帮助企业向目标市场推销产品。

第二节 宏观环境分析

和其他行业一样，文化企业的市场营销也会受到各种外部环境因素的影响，主要包括人口、经济、自然、技术、政治、文化等宏观上不可控的社会环境影响。这些不可控因素在为文化企业带来市场机遇的同时，也有可能会给文化企业带来营销风险。文化企业在增加自身适应环境影响能力的同时，也可以在变化的环境中寻找有利于自身发展的各种机遇，积极主动地创造新的市场发展空间。

一、人口状况与文化产业营销

在资讯发达的现代信息社会，一定地域内的人口密度、年龄结构、受教育程度、地域特点以及人员流动状况等，构成文化市场的消费活动主体。尤其是人口数量的多与少、人口质量的高与低以及人口流动等因素的影响，往往制约着文化企业营销的市场走势。

（一）人口数量的多与少决定着文化市场需求规模的大与小

文化市场的需求规模由具有一定购买能力和购买欲望的人口所决定。人口密度越高的地区其文化市场的需求量越大，文化市场的规模也就越大。如处于大都市和经济发达地区的电影、演出、娱乐、展览等市场较为活跃；相反，人口密度较低的中国西北部地区文化产业相对滞后，尤其是偏远山区的娱乐活动往往以当地庙会、民间艺人和民俗活动为主。大量农村人口向城市转移、特区的优厚待遇吸引着内地大中城市各类人才的流动，客观上牵引着城市图书、报刊、音像、软件、演出、展览、培训、娱乐、电影、网络等文化市场的繁荣兴旺，拉动着利用长假期间外出旅游、探亲访友以及兴建大型娱乐设施和开发人文旅游景区等一系列商机。

（二）人口质量的高与低决定着文化市场需求容量的宽与窄

文化市场的纵深发展受制于人口的受教育程度、职业分布和家庭结构等因素的影响。以传统纸质图书市场与数字出版为例，尽管数字出版具有检索方便、易于更新和分类且价格低廉等优势，如果不会上网或无法上网，其信息获取量是无法比较的。再比如年龄和受教育层面上的影响，学龄前儿童通常是动画片市场的主要消费者，但城乡差别似乎从胎教开始形成差别。生活条件优裕的城市幼童，除了受"4＋1"或"6＋1"等家庭结构的宠爱呵护以外，从小就被各种点读机和视听渠道的辅导所包裹；而那些不得不交给爷爷奶奶管温饱的农民工的"留守儿童"，连看连环画的机会也几乎没有（见图4-8）。

（三）人口流动会使文化市场发生空间位移

人口城市化对文化产品的需求也产生着一系列的影响。由于农民工大量由农村向城市转移，一些原本属于农村的地区被划入城市的版图后农村人口就地转化为城市人口，还有随着高等教育的发展大批来自农村的高校毕业生落户大城市且在数年后生育下一代，等等。城市人口急剧膨胀带来城市的基础设施和公共服务设施不断提高的同时，也带来了文化需求的相应变化。以都市报纸的发行为例，伴随着外来人口的剧增，对综合类信息的需求也在剧增，各类报纸的发行量也以前所未有的速度在发展。

图 4-8　为获赠的木马而雀跃的小学生①

当 2008 年联合国教科文组织授予中国深圳为"设计之城"时，人们关注的目光再次投向这个一度被称为"文化沙漠"的"暴发户"新城。是什么让当年的文化沙漠变成了今日的"设计之城"？早在深圳特区建设之初全国各地的建设大军纷纷涌入这个小城镇时，深圳市政府就十分重视在经济发展的机遇和社会文化环境相平衡的条件下，将设计作为一种指导城市转型的战略工具。不仅依托设计开发出独具特色的旅游景区，快速搭建了旅游经济的发展平台，而且以独具慧眼的发展眼光，鼓励创意产业落户深圳，到现在各类文化创意企业在深圳早已星罗棋布。伴随着我国改革开放的 30 年，深圳陆续创建了世界之窗、欢乐谷、东部华侨城、锦绣中华民俗村、明思克航母世界、深圳凤凰山以及荔枝生态园、红树林自然保护区和野生动物园等绿色旅游景区。通过景区形象传播的良好途径，整合旅游资源并促进了旅游经济的发展，而且寓教于乐，在景区形象传播中加强了城市形象的秩序化、成熟化、完善化、开放化、人文化，迅速提升了深圳这座城市的核心竞争力。此外，随着现代旅游业的快速发展，城市建设早已突破单纯旅游业的竞争，大力发展文化创意产业，逐渐提升了城市形象，增强了城市品牌的竞争力。

二、经济发展与文化产业营销

文化市场需要有购买力的人来参与，经济条件是文化市场营销活动具有实质性作用的环境因素。经济环境不仅决定当前的产业结构、生产需求、居民收入水平等，而且左右着整个文化消费市场的需求格局。一个地区的经济环境是由当地经济发展状况、居民收入、消费与储蓄、物价水平、商业信用等因素决定的，尤其是经济发展状况与居民收入直接影响文化市场的购买力和消费水平。

（一）经济发展状况影响文化产业开发

通常，衡量一个国家或地区富裕程度的指标之一是国内生产总值（gross domestic product，GDP）。GDP 是指一个国家或地区的所有常住单位在一定时期内生产活动的最终成果。GDP 好比描述天气的卫星云图，能够提供经济状况的完整图像，帮助决策者判断整个经济是在萎缩还是在膨胀，是需要刺激还是需要控制，是处于严重衰退还是处于通

---

① 为捐赠的木马而雀跃的希望小学学生[OL].希望工程，2011-09-07. http://news.xinhuanet.com/foto/gzpk/2011-09/06/c_121987465.htm.

胀威胁之中。如果没有像 GDP 这样的总量指标,政策制定者就会陷入杂乱无章的数字海洋而不知所措。① 此外,还有一项衡量一国或地区当期创造的国民财富的价值总量的指标——国民生产总值(gross national product,GNP)。GNP 是指一个国家或地区的国民经济在一定时期内以货币表现的全部最终产品(含货物和服务)价值的总和。虽然这两项指标都可以衡量一国或地区经济发达程度或反映国民收入水平及生活水平的高低,但 GDP 与 GNP 引致的经济增长方式却有差异。GDP 按国土计算,凡在本国或本地区范围内生产或创造的价值,均计入本国或本地区的 GDP,无论是外国人还是本国人生产或创造的价值都包括在内;而 GNP 则按国民计算,无论是在本国或本地区内,还是在国外或本地区以外生产或创造的价值都包括在内,但不包括外国公司在本国子公司的利润收入。显然,前者强调产值,后者强调收入。GDP 与 GNP 引致了两种不同的经济增长模式:输入性经济增长模式和内源性经济增长模式。GDP 的动力源泉来自政府,在发展地方经济和政绩考核的双重驱使下,势必以优惠的条件大举招商引资;而 GNP 的动力源泉则来自民间发展经济的冲动,往往更加重视本土企业的发展。两者的差异在于,输入性经济增长模式下虽然政府的财政收入上去了,但外企拿走了利润的大头,老百姓的腰包仍未鼓起来。

无论怎样衡量,改革开放以来我国国民经济始终保持着较好的发展势头却是不争的事实。文化产业的发展与经济状况的发展成正比。目前,我国的产业结构正在发生重大的变化。不论是第一产业、第二产业和第三产业之间,还是劳动密集型产业、资本密集型产业和知识密集型产业之间,以及各产业所属部门之间的比例关系都发生着巨大的变化。面对当今文化日益成为综合国力竞争重要因素的新形势,唯有以更大力度推进文化改革发展,在中国特色社会主义伟大实践中进行文化创造,才能让人民群众共享文化发展成果。与此同时,处于调整关键时期的我国大多数文化企业,也会通过对其经营环境的产业结构现状及其变化趋势的分析和判断,发现相应的市场商机,不断开发出能满足人民群众日益增长的文化需求的各类新的文化市场。

(二)居民收入水平影响文化产品的购买力

经济因素中的一个重要指标是社会购买力,即一定时期全社会或一定地区社会各方面用于购买产品或服务的货币支付能力。

文化市场规模和容量的大小,归根到底取决于社会购买力,而影响社会购买力的主要因素是人们的收入水平。城镇居民的家庭收入一般指家庭成员的固定所得,包括各种私营、个体经营者的净收益等劳动收入,利息、红利、租金等财产性收入,离退休金、价格补贴、赡养收入、赠送收入等转移性收入等。农村居民家庭总收入包括基本收入、转移收入、财产性收入三部分。基本收入指农业劳动的报酬收入和家庭经营收入;转移收入是在外人口寄回和带回收入、赠送收入、救济收入、土地征用补偿收入、保险赔款等;财产性收入包括利息、股息收入等。决定市场购买力的并非指家庭总收入,而是指城乡家庭可支配收入及其平均值。城镇居民可支配收入是在支付个人所得税、财产税及其他经常性转移支出后所余下的实际收入。农村居民家庭纯收入也是扣除从事生产和非生产经营费用支

---

① 薛志伟.教你读懂"GDP"[N].经济日报,2012-02-11.

出、缴纳税款和上交承包集体任务金额以后剩余的,可直接用于进行生产性、非生产性建设投资、生活消费和积蓄的那一部分收入。

判断城乡居民收入水平有基尼系数和恩格尔系数两种标准。基尼系数是衡量居民收入差距的指标,它是根据收入累计百分比(纵坐标)与人口累计百分比(横坐标)的对应关系,描绘出一条曲线,称为洛伦兹曲线。根据洛伦兹曲线测算,基尼系数若为 0.5,即表示 1‰人口占有了 50%的社会财富,极易出现社会不稳定状况;基尼系数若小于 0.2,则意味着在收入分配中存在平均主义倾向。在我国改革开放初期的 1980 年,世界银行估计中国大陆居民收入的基尼系数为 0.33,整体上差距不大。但到了 20 世纪 90 年代后期,居民收入差距扩大。国家统计局提供的数据表明,1998 年中国城乡居民收入基尼系数上升为 0.456。[①] 恩格尔系数是指居民的消费支出中食品支出占整个消费支出的比重,是用来反映城乡居民消费水平生活质量变化的重要指标。德国统计学家恩格尔提出:家庭收入中用于饮食的支出占家庭收入的比重决定着家庭的富裕程度,也是衡量一个国家、地区贫富状况的重要参数。一般情况下,随着收入水平和消费水平的提高,食品消费支出的比重会下降。改革开放以来,中国恩格尔系数总体上在下降。农村居民基本上在 42%左右,城市居民已经下降到 40%以下,[②]这充分说明我国人民群众的收入水平在提高,正在向全面小康转变,已经摆脱了原来以吃、喝、穿这种生存意义的消费结构,开始进入消费升级的新阶段(见图 4-9)。恩格尔系数可以反映居民消费的需求层次和需求水平,同时是影响消费需求变化的最活跃的因素。随着我国居民收入水平的增长,用于娱乐和卫生保健方面的支出所占的比重将会越来越大。

图 4-9 发达地区孩子使用的相机

三、自然条件与文化产业营销

自然环境与旅游人文资源的开发极为密切。地理状况、气候条件、自然资源等因素的优劣,直接或间接地影响文化市场营销活动的开展。

文化旅游是建立在自然条件的物质基础上,通过开发人文资源,并以游、行、住、食、购、娱诸要素及各个环节相配套形成服务产业链,按照一定路线设计、组合而成的服务产业。富裕起来的人们在满足了基本的生活需求后,就会转向较高层次的文化追求,产生休闲娱乐、猎奇观光、回归自然、鉴赏古迹等心理需求等。因此,体现一个地区的自然风光、人文风俗的旅游经济就成了区域经济发展的重要战略,成为一种新的文化竞争力。

海南省位于我国的南端,拥有创建国际旅游岛的丰富资源。从地理条件上看,海南岛

---

① 小资料.衡量居民收入差距指标——基尼系数[N].中国剪报,2001-03-29 (10).
② 盛来运.中国恩格尔系数总体趋势是向下[OL].财经网,2011-09-21. http://finance.sina.com.cn/g/20110921/085910514645.shtml.

的地貌由山地、丘陵、台地、平原呈环形层状分布，北以琼州海峡与广东省相邻，西临北部湾与越南划界，东濒南海与中国"宝岛"台湾相望，东南和南边与菲律宾、文莱和马来西亚交界。辖区内除海南岛以及西沙群岛、南沙群岛、中沙群岛等岛礁及其海域以外，还有南渡江、昌化江、万泉河等河流，是我国最大的经济特区和唯一的热带岛屿省份。从旅游资源来看，海南有"东方夏威夷"的美誉。既有洋溢着椰风海韵的东郊椰林湾，又有"天下第一湾"之称的亚龙湾；有风景秀丽的桂林洋，也有被誉为"海上乐园"的大东海。不仅有兴隆温泉、官塘温泉、南洋温泉、南田温泉等温泉旅游胜地，而且有东山岭、天涯海角、鹿回头公园、南山文化旅游区、红树林保护区、五指山和尖峰岭热带雨林森林保护区，以及世界上保存得最完整的石山火山口及其火山溶洞等著名的风景区（见图4-10）。还有一些著名的古迹，如建于清光绪年间的五公祠、建于清康熙年间的"琼台书院"、北宋文豪苏东坡居琼遗迹"东坡书院"，以及明代名臣邱浚和清官海瑞的墓陵等。近年来，海南已开发的主要旅游区有亚龙湾国家旅游度假区、南山文化旅游区、石梅湾旅游区、桂林洋旅游区、高隆湾旅游区、铜鼓岭旅游区、琼海博鳌旅游区、木兰湾旅游区、海棠湾旅游区、东寨港红树林旅游区、南湾猴岛旅游区、南丽湖旅游区、七仙岭旅游区、尖峰岭旅游区、临高角旅游区。2010年1月4日，国务院发布《国务院关于推进海南国际旅游岛建设发展的若干意见》。作为国家经济建设发展布局的重大战略部署，海南以其独特的地理优势和自然条件，成为生态旅游的首选地。按照规划设想，海南将建成世界一流的国际旅游岛，成为生态环境优美、文化魅力独特、社会文明祥和的开放之岛、绿色之岛、文明之岛、和谐之岛。可见，自然条件不仅可以开发出能够满足人们不同需求的旅游项目，同时由于其特有的地况地貌、气候条件和人文景观资源，还可以通过文化遗产申报受到良好的政策保护和舆论支持，为实现规模化经营和系统开发的品牌效应奠定基础。

图4-10　海南旅游宣传片截图

四、技术水平与文化产业营销

文化企业要生存和发展，就必须适应现代化技术发展水平，及时采用新技术，善于把握新技术对本行业可能造成的影响和机会,抢先开拓新的生产领域和营销途径。计算机、多媒体和非线性技术促使了计算机动画制作工艺的诞生,并在动画片、广告片、电影、电视剧制作过程中广泛应用(见图4-11)。网络广告、网络游戏、电子邮件、移动短信等新产品的问世,造就了大量的新型消费群体,使得众多的文化服务企业赢得了创收获益的商机。凡看过影片《唐山大地震》的观众,无不为片中地震灾难的仿真效果感到震惊。尤其是其中地裂、老吊车倒下砸垮廊桥、高吊的预制板冲向房间把人撞出、钢缆崩断等三维镜头更是令人记忆犹新。导演冯小刚却道出了实情:拍摄地震时街景模型制作、大地晃动、楼房垮塌、尘雾弥漫等情景,要运用分层拍摄、电脑合成等一系列高技术手段。因此,剧组只能邀请新西兰、韩国、英国、南非等国的顾问协助,由此也带来了巨大的成本。片中4.5分钟的地震镜头却花费8个月时间,完成260个特效镜头,总共花销5 000多万元,占制片总预算的2/3。可见,科技创新是电影实现跨越式发展的重要支撑和先导力量。

随着近年来数字化新媒介产业的迅速崛起,传媒市场上的竞争版图正在进行重构。媒介技术的进步,催生着全新的商业模式与管理体制的变革。现在的广告载体几乎无处不在,不论是网络、电视、报纸、杂志、户外、车体、电梯、卫星、墙体、楼宇,还是手机、车票、地图等,都在不经意中成为传达商品信息的载体,以网络技术为平台的网络游戏广告、博客广告、手机广告等呼之欲出。与此同时,由于市场上的目标对象在不断细分,市场空间也在日益受到挤压,于是,各传媒集团纷纷加强各自的品牌建

图4-11 运用动画技术完成的虚拟主持人[①]

构,不断变革广告营销战略,扩展各自的传播能力和传播效果。电视频道频繁改版,在栏目个性化和节目精品化上大做创新文章,以期不断提升收视率;广播媒体努力探索多元化经营思路,加大品牌造势的成本投入;传统纸质媒体也在寻求媒介融合的新路,充分整合资源,以建立自身的强势品牌。

五、政治因素与文化产业营销

政治从来就与文化营销密切相关。影响文化营销的政治因素主要由政府影响和政策抉择构成。政府影响决定着一个国家或地区文化事业和文化产业发展的总体目标和基本思路,如"三个代表"中的"代表先进文化",就是以繁荣社会主义文化为中心,以提高人民的思想文化素质和文化生活质量为出发点,以文化体制改革为动力,以发展文化产业为突破口,加快文化建设步伐的宏伟蓝图。

(一)政治社团对文化消费行为的影响

在现实生活中,人们对事物的认识和各种看法基本处于杂乱无章的状态,通过人际交往或大众传播逐渐形成了具有认同感和倾向性的社会舆论。社会舆论的倾向性及其渗透

---

① 向兵.中国动画"动"起来[N].人民日报,2005-02-07,(5).

力,往往左右着人们的社会行为,从而对包括市场行为在内的各种社会活动产生积极或消极的影响。如主管部门联合发文,推荐并动员各级政治社团组织观看《孔繁森》、《生死抉择》等主旋律影片,就是贯彻"坚持主旋律,提倡多样化"方针;坚持"以科学的理论武装人,以正确的舆论引导人,以高尚的精神塑造人,以优秀的作品鼓舞人"的正确方向;坚持"大力发展先进文化,支持健康有益文化,努力改造落后文化,坚决抵制腐朽文化"等文化政策的具体体现。

(二)民族主义对文化消费行为的影响

民族主义是一个民族的自我认同。民族主义分为两种:一种是积极的,当民族尊严受到无视或践踏时,义无反顾去捍卫;另一种是消极的,过分强调民族保护,将原本属于市场范畴的竞争威胁上升到意识形态上来加以防范。千百年来,在是维护、巩固还是抗争、革新的矛盾运动中,中华民族既有忍辱顺从、自卑自贱的奴性选择,亦有不畏强暴、宁死不屈的英雄榜样。正是"为天地立心,为生民立命,为往圣继绝学,为万世开太平"的社会感、使命感和责任感,鼓舞着人们前赴后继,铸就了不屈不挠的民族魂,使中华民族傲立于世界民族之林。爱国主义是传统文化中最为珍贵的文化精髓。

民族主义若往积极方面引导,可以激发爱国热情,增强民族凝聚力,但如果走向极端,就可能沦为消极的仇外情绪。2012年5月,《黄金大劫案》、《匹夫》、《杀生》等多部国产电影密集上映,大有"联合御外"的架势。然而,观众似乎并不买账,8部国产电影的票房总共1.75亿元,而《泰坦尼克》3D版等4部好莱坞电影的票房是13.75亿元。[①] 中国自加入WTO以后,就得遵守国与国之间贸易的公平竞争规则。如今,全球分工合作日益密切,中国电影和好莱坞之间的关系也并非只有票房竞争一种。如果利用观众的爱国主义情结过度透支,则可能有悖市场的开放和竞争,既损害观众和院线的利益,也未必能真正让国产电影强壮起来。

六、文化背景与文化产业营销

在工业文明迅速发展和全球经济一体化大趋势的今天,国与国之间逐渐形成强势文化对弱势边缘文化的侵蚀。人们开始关注不同族群的历史记忆和独特的生存象征,开始关注人类文化不同的精神存在,尤其是发展中国家的文化传统存在与可持续发展。

(一)语言符号的影响

在同一社会体系下,社会成员彼此间具有共同的价值观、行为观念、思想体系、偏好以及对物品或符号的解释。德国学者彼得·科斯洛夫斯基认为:"文化是在情境性及多重目的性上建立起来的。通往现实的文化培育之路在于理解真理不仅是事物或生命的特征及目的的显现与澄明,真理还是关于人或物是其构成部分的整体关联的构建。"[②] 可见,文化是凝聚人们社会生活方式的历史累积。在社会变迁中传统文化的发展比较缓慢,各种

---

① 陈方家.国产pk好莱坞大片 票房1.75亿元:13.75亿元[N].中国网,2012-05-08.来源:东方网,http://news.china.com.cn/rollnews/2012-05/08/content_14081805.htm.

② [德]彼得·科斯洛夫斯基.后现代文化——技术发展的社会文化后果[M].毛怡红,译.姚燕,校.柴方国,审校.北京:中央编译出版社,1999:6.

风俗习惯、道德评价和审美追求的继承性影响也是潜移默化的。人们往往在不知不觉中无意识地被动接受既有文化,而不断变化着的社会现实也会使人们思考自己的文化归宿和价值观选择。文化既是绵延流长、代代相传的有序整体,又是充满差异、千姿百态的变化过程。源远流长的传统文化为现代文化产品的创新提供了极为宽广的创作题材和丰富的符号元素。"符号是信息的外在形式或物质载体,是信息表达和传播中不可缺少的一种基本要素。"[①]符号学理论认为,一切通过符号或象征手段进行的社会互动,都是符号载体和意义的统一体。符号载体是信息的外在形式或物质载体,如图像、形式、现象等;而符号意义则是信息的内在本质或精神内容,如情感、语义、价值等。符号包括语言符号和非语言符号两大类:语言符号主要是人类借助声音和文字传情达意的各种信号载体;非语言符号则是语言符号的伴生符(如图像、语气、字迹等)、体态符(如姿态、动作、面部表情、手势等)和程式符(如数学中的运算符号、中文中的标点符号、音乐中的简谱符号、建筑中的柱式符号、京剧中的脸谱符号等)。任何传递信息的媒介符号都是人的思想观念和情感语义的感性坦露,也是指示和称谓事物及关系的识别代码。不论是运用传统绘画、传统建筑、传统工艺、传统服饰还是传统戏剧、传统习俗等,都可以为现代设计注入文化的元素。

闻一多先生曾将中华文化称为"龙凤文化",龙与凤代表着中华民族最基本的文化符号。[②] 中国龙起源于新石器时代早期,经过几千年的发展、演变和升华,已成为海内外华人普遍认同的精神象征、文化标志和情感纽带。龙的形象体现着中华文化的精髓——融合。中国古人对蛇、鳄、鱼、猪、马、牛、鹿等诸多动物,对雷电、云雾、霓虹、龙卷风等多种天象融合的结果,便产生了龙。融合意味着凝聚、团结、协作、合力。凤凰是中国古代传说中的吉祥鸟,是高贵美好的象征。凤凰是中国民间四灵"龙、凤凰、麒麟、龟"之一,传说中的凤凰可以浴火而重生,象征着生命和永恒。[③] 此外,"凤凰"还是和谐观念的产物:凤凰是一个对立统一体,雄为凤,雌为凰,表示阴阳调和、合和祥瑞;凤凰又是融合原始时代多个不同氏族崇拜物的集大成者,凤凰的形象不仅表示自然物之"和",也表示人类社会之"和"。可见,文化符号是一个民族或群体在精神气质方面的集体性特征,在同一群体中往往存在行为习惯、思考方式和看事物的角度都相近的认同现象。

(二)亚文化群的影响

亚文化群是可以凭借宗教信仰、职业特征、地域特点和民族风俗等来识别,并具有一定时期社会主流文化特征的身份群体。其至饮食习惯、娱乐方式、服饰特征等都能反映出不同的亚文化人群。在消费社会,亚文化是具有共同的消费特征和审美趣味的社会分层。"当一个社会的某一群体形成一种既包括主文化的某些特征,又包括一些其他群体所不具备的文化要素的生活方式时,这种群体文化被称为亚文化。"[④]针对不同的亚文化群特点,研究他们的消费特点、行为习惯、生活态度、伦理道德、价值观念等,就可以有的放矢地拓展市场,赢得市场。

---

① 郭庆光. 传播学教程[M]. 北京:中国人民大学出版社,1999:43.
② 庞进. 庞进解读中国龙[N]. 光明日报,2007-03-23.
③ 三亚凤凰岛奥运主题广场启用[OL]. 人民网,2008-03-30. http://expo.people.com.cn/GB/58536/7186623.html.
④ [美]戴维·波普诺. 社会学[M]. 第十版. 北京:中国人民大学出版社,1999:78.

生态博物馆作为世界流行的保护文化遗产的一种特殊形式,已被引入我国。目前我国有 11 个生态博物馆,分布在贵州、云南、广西和内蒙古等地区,成为保护少数民族丰富多彩的文化活标本。① 生态博物馆是指一个社区聚居者具备共同的语言、服饰、建筑、文化心理素质等。如 1995 年由中国和挪威合建的梭嘎生态博物馆,由 12 个民族村组成,方圆 120 多平方千米。村寨仍处于男耕女织的自然经济状态,没有文字,刻竹记事,有独特的婚嫁、丧葬和祭祀仪式、音乐舞蹈等。村民们的生活用品、生产工具和穿戴装饰等,本身就是一种陈列。当游客循着青石条铺的上山小道来到小村时,可以亲眼见到淳朴的民风和怡然的生态。你可能见到母亲正为女儿梳盘头髻的情形,将长约 2 尺的木角盘置脑后,再在木角上盘 10 多千克重的用麻缠成的假发,用白线捆绕成倒 S 形,凝重而美观。也可能见到长者在搅制蜡染染料,年轻的姑娘们在已染过的布料上飞针引线,绣蜡花图案。还可能见到用原始工具脚踩石椎在椎窝里磨玉米,用木制纺车纺线的情形(见图 4-12)。目前梭嘎生态博物馆正积极探索发展文化产业,各个村寨水电路全通,准备将当

图 4-12　贵州梭嘎生态博物馆内村民纺线的情景

地苗族村民的蜡染和刺绣发展成一个个家庭作坊,由博物馆负责销售和挖掘市场,增加当地村民的经济收入。另外,为了原汁原味地保护好少数民族的活态文化,政府和专家已从教育入手,培养当地民族文化的优秀继承人。

"文化传播是人类特有的各种文化要素的传递扩散和迁移继传现象,是各种文化资源和文化信息在时间和空间中的流变、共享、互动和重组,是人类生存符号化和社会化的过程,是传播者的编码和读者的解码互动阐释的过程,是主体间进行文化交往的创造性的精神活动。"② 受时空条件的限制,人们往往只有机会接触自己赖以生存的本土文化,并习惯于相对稳定的文化氛围。一旦面对现代信息社会各种新媒介提供的多元文化平台,便开始用新的视野来审视文化传播的价值,在尊重历史文化传统的同时努力接纳外来文化的渗透与融合,形成文化传播的开放性、共享性和再造性的时代特征。

第三节　市场调研的程序和方法

文化企业的市场调研涉及所需的各种信息如何收集,以及每种调研方法如何使用和什么时候用的问题。通常会在桌面调研和实地调研之间交叉进行:先做好案头的资料收集等桌面调研准备,以确定实地调研的目的和方向,一旦桌面调研完成便可用实地调研来探明实情,分析检验。市场调研包括确定寻求市场信息的性质是定量的还是定性的,抽样调查所要覆盖的范围与样本的大小,采用何种数据收集方法,如何分析所得的数据资料。

---

① 汪志球. 生态博物馆 没有围墙[N]. 人民日报, 2005-06-08,(11).
② 庄晓东. 文化传播:历史、理论与现实[M]. 北京:人民出版社,2003:2.

每一个市场机遇都应尽可能转化成对文化产品和服务的需要进行研究,选择最合适的方法来收集数据,分析、解释数据,进行推论,提交研究结果、结论和对策建议。

一、问卷设计

在市场调研过程中,问卷调查是一种广泛采用的调查方式。通常由专门的调查机构或部门,根据委托方的调查目的先编制各类调查问卷。然后,采取随机抽样或整群抽样的方式确定调查样本,由调查员完成事先设计的调查项目。最后,经过概率与统计的严谨分析,得出科学的调查结论。除样本选择、调查员素质、统计手段等因素外,问卷设计水平是确保调查结果真实准确的一个重要前提。

一份好的问卷是围绕调查目的事先设计的一系列有结构的问题,以便吸引被调查者参与配合,并愿意提供真实的意见和事实的数据资料载体。好的问卷设计可以达到以下目的:第一,从被访问者那里获取准确的相关信息;第二,以同样的版式问被访者同样的问题,有利于掌握全面的描述;第三,提供一种标准形式,以免遗漏或曲解相关问题;第四,答案记在问卷的统一的位置上,为数据资料的统计处理提供方便。

(一)问卷的目的分类

在设计问卷之前,首先要明确问卷的目的。如果是进行探测性调研,那么问卷设计主要在于探寻潜在的问题或机会,确定企业所面临的问题与相关影响。如果是进行描述性调研,那么问卷设计主要在于描述各变量之间的相互关系,如消费者使用情况及评价、市场销售情况以及价格、媒体影响力以及市场潜量等问题。如果是进行因果关系调研,那么问卷设计主要在于考察影响因果之间各相关因素的函数关系,既要涵盖所有的相关因素,又要了解相关程度。如果是进行预测性调研,那么问卷设计主要在于利用已知的因果关系,用一个和数个事物的变化趋势去推断未来一定时期内的变动趋势。总之,要根据问卷调研的目的来设计客观而科学的问卷表。

(二)问卷的基本类型

访谈提问一般描述三类问题:行为类、态度类和识别类。

行为类问题是为了发现人们已经有过的消费行为,只描述事实而不关乎评价。如:你最常用的……? 你有……? 你用什么方法……?(询问事实)

态度类问题是用来了解人们对产品使用或品牌偏好所持有的看法和意见。如:你为什么……? 你认为……? 你是否同意……?(询问理由)

识别类问题是在被访者同意的情况下,了解他们的年龄、性别、社会阶层、住房类型、家庭构成等背景情况,以便识别被访问者相互间的差异,为市场细分提供信息。(询问意见)

(三)问卷的基本结构

问卷的基本结构由开头、主体和背景三个部分组成。开头主要包括问候语、填表说明、问卷编号等内容。其作用主要是快速引起兴趣,消除对方顾虑,激发参与意识,争取积极合作。主体是问卷的核心内容,包括所要询问的问题,由问题和选择答案组成。在设计问卷时,事先要确定调研的主干,辅之以每个问题的相关分支。主体问卷设计应简明扼要,避免可有可无的提问。在设计主体问卷内容时,要反复推敲提问的逻辑性和系统性,避免需要询问信息的遗漏,也要便于调研目的的实现。另外,在细节问题上尽量综合考虑被调研对象的配合,省时、高效是必要的。背景通常放在问卷的最后,主要是有关被调查者的性别、民族、婚姻状况、收入、受教育程度、职业等基本信息,以供统计分析时使用。

1. 标题

问卷的标题是说明调查目的最为直观的表达方式,如"关于某企业形象的调查问卷"。因此,问卷的标题应简明扼要,使被调查者能迅速明确主要的调查内容和调查目的。

2. 简短说明

为了消除被调查者的疑虑,并统一填写问卷,通常采取开门见山的方式直接吸引被调查者的参与配合。

3. 基本情况

有时为了掌握不同消费群的主要特征,在问卷中也会列出一些如性别、年龄、文化程度、职业、收入之类的基本情况。

4. 主体内容

问卷内容一般应根据所要调查的目的提问并给出可供选择的回答。问卷问题的形式分为封闭式和开放式两种。开放式问题不提供具体答案,而是由被调查者根据实际情况自由作答。如"您的爱好是什么?"。封闭式问题是同时给出问题和选择性答案,由被调查者从中选择,打"√"即可。

5. 编码

大规模的问卷调查往往采取编码的办法,事先将调查问卷中的有关项目及备选答案给予统一设计的代码,以便借助计算机来简化统计工作。

6. 作业记载

有的调查问卷后面,甚至注明了调查员的姓名、访问日期、访问时间等作业记载。

7. 结束语

结束语一般放在问卷的最后,用来简短地对被调查者的合作表示感谢,或者用来征询被调查者的看法和感受。

二、桌面调研

桌面调研是指收集已经公布了的各种信息,它们可能存在于已经印刷出来的产品名录、出版刊物、统计数据、行业情报之中,但越来越多的方式是利用一台能与网络数据接通的个人计算机。桌面调研的主要渠道是上网查询和收集其他资料。

(一)上网查询

上网查询是通过互联网收集资料的一种调查方法。其优点在于:第一,辐射范围广,可以不受被调查者所在地域的限制,只要是通邮地区都可以被选为调查对象;第二,费用低,是最便宜、最方便的资料收集方法;第三,速度快,信息反馈及时。和任何事情一样,上网查询也有其局限性:样本对象仅局限于网民,可能造成调查误差;所获信息的准确性和真实性程度难以判断。

进入在线数据库并借助国际互联网进行调查只需一台配有调制解调器和通信软件的个人计算机(PC)。国际互联网是一个全球互相联结的网络,它连接服务器(容纳信息的计算机)同时也把互联的企业、科研院所、商贸协会、政府部门、医疗机构、科学设施以及个人连接起来。通过国际互联网可以获得两个重要信息源：一是公司、组织机构、个人创设的推销或宣传他们的产品、服务或观点的网址；二是由对某一个特殊主题感兴趣的人们组成的用户群组。互联网提供接近数百万博学多才的人互相交流的机会，通过用户群组提出问题或早或迟会得到解答。凡是公司的典型地址一般都带有"www.公司名.com"，根据首标"www"识别网址很容易运用搜索引擎搜索到关于某一主题的信息。搜索者还必须学习从一个地址到另一地址的转换，编辑那些有用的资料以便下载或复制进入工作文件夹。

（二）利用产品名录及其他资料来源

除了到图书馆查阅和利用在线数据库以外，还可以收集来自电子媒体、期刊和其他免费宣传材料的信息，例如，一些摘要、统计资料和目录指南之类的材料等，有些出现在磁盘或只读光盘上的资料还会定期修改和更新。很多出版社和供应商那里有范围非常广泛的市场营销调研报告和其他数据资料供出售，收费标准少到象征性收取，多到可与做专项调研的付费水平相当。最常用的信息来源是收集来自公司公开发布的产品说明书，还有展览摊位以及现场提供的宣传册，这些都是营销调研者比较感兴趣的情报猎物。

（三）建立数据库

无论是期刊发行还是推销其他具体的文化产品，都会在市场运作之前或是运作期间，适时地进行市场调查，给出一个清晰的定位，满足各类消费者的文化需求。以期刊发行为例，目前比较深入的调查方式有三种。一是聘请读者做评刊员。每当期刊准备发行时，都由读者评刊员发表对当期期刊内容的评价，并提一些建议和选题的方向。二是成立读者俱乐部。利用读者俱乐部可以有效地使编辑和读者进行沟通，了解读者的需求。三是建立读者档案的数据库。通过建立完备的读者档案，直接了解读者的需求，并听取读者的建议及对刊物自身的评价；结合刊社自身的网站，同读者的数据库连在一起，在网上建立互动区域，使读者和编辑或者刊社的计算机数据库发生互动联系，大大提高刊物的核心竞争力。

三、实地调研

为了获取第一手资料，营销调研人员常常深入工厂的产品研发部门、商埠中心的柜台或直接找消费者交流，了解并收集有关的情报信息。常用的实地调研方法有访问法、观察法和实验法等。

（一）访问法

访问法是通过口头询问或问卷方式向被调查者收集资料的一种常用调研方法，包括面谈访问、电话访问、邮寄访问等形式。

面谈访问是通过调查者与被调查者面对面交谈来获取与文化企业营销活动相关资料的一种调查方法。可按事先拟定的提纲顺序进行，也可根据现场实际情况采取自由交谈方式。面谈访问的优点在于：第一，交谈的主题可以突破时间限制，尤其是那些争议较大或一些新发现的问题，调查者可以采取灵活委婉的方式，迂回提问，逐层深入；第二，由于调查者与被调查者采用的是面对面交流的方式，拒答率较低，问卷回收率一般在90%以上；第三，调查对象的适用范围广。面谈访问也有一定的局限性，要支付调查者的培训费、交通费、工资以及问卷及调查提纲的制作费,调研成本较高。

电话访问是通过电话中介与选定的被调查者交谈来获取市场信息的方法。该调研方法在国外较为普及,在我国才刚刚开始。通过电话中介与被调查者交谈的优点在于:第一,直接交流,信息传递速度快,可以在较短的时间内调查很多的样本;第二,调研费用低,只需支付电话费即可。其局限性在于电话访问的结果只限于有电话的对象这一群体,不利于调研资料收集的全面性和完整性。另外,无法观测到被调查者的某些真实反应。

邮寄访问是将事先设计好的调查问卷邮寄给被调查者,由被调查者根据要求填写后寄回的一种调查方法。其优点在于:第一,调查的空间范围广,可以不受被调查者所在地域的限制,只要是通邮地区都可以被选为被调查对象;第二,费用低,是一种既经济又方便的方法;第三,真实性高,可以给予被调查者相对宽裕的时间作答,便于被调查者深入思考或从他人那里寻求帮助,而且可以避免面访调查中可能受到的调查人员的倾向性意见的影响性。其局限性在于问卷回收率低,一般情况下问卷回收率在15%以下,影响调查结果。另外,实效性差,一旦问卷滞留的时间较长就会失去其分析研究的价值。

(二)观察法

观察法是指凭借肉眼或仪器进行实地考察,记录被调查者的行为,以获取各种资料的一种非介入调查方法。观察法包括直接观察法和仪器检测法。

调研人员可以直接到商场、经销店、门市部、展销会、交易会等现场,亲自观察和记录顾客的购买情况、购买情绪、踊跃程度、同类产品竞争程度、新产品设计以及各种商品的性能、式样、价格、包装等。为了深入了解商品性能,确信广告功效,最好选择真人真事,亲自作证以取信于消费者。已经面市的商品,可找受惠者作证;准备上市的商品,可征求试用者使用后再作证。

调研人员还可以利用数码相机、监视器、跟踪仪等仪器设备进行营销效果调查。比如为了进行电视广告收视率调查,在征得用户同意后在家用电视机上安装电子记录器,当观众收视电视节目时就能完整地记录下来,然后加以汇总分析就可以了解观众收看什么样的电视台和电视节目,以便确定广告播出的黄金时段。

(三)实验法

实验法是通过实验对比来取得营销资料的一种方法。实验法主要应用于检验有关市场变量间因果关系的假设,如测试各种广告的效果;研究商品的价格、包装、陈列位置等因素对销售量的影响;研究品牌对消费者选择商品的影响;研究颜色、名称对消费者味觉的影响;测试各种促销方法的效果。

用实验法来做市场调研,可以分别做市场反应实验、广告信息实验和媒介效果实验等。市场反应实验是找出两个在人口、收入水平、购买习惯等方面都比较类似的细分市场,将两则不同的广告分别播放,然后对比观察市场上的反应。广告信息实验是在同一市场或几个不同的市场上推出信息不同的广告,然后比较广告的效果,从中挑选最具有吸引力的广告信息。媒介效果实验是在两个相似的测试市场上,使用不同类型和强度的媒介进行广告推广,在不考虑其他因素的情况下,分析测定态度、知名度、视听率等,用以评价媒体的传播效果。

四、分析/编写调研报告

一份好的市场调研报告中有三点特别重要:解答了主要问题;有清晰的结构;作出了解释性结论。因此,在编写调研报告时一定要注意提纲挈领和版面生动。

(一)提纲挈领

调研报告没有一种被所有人都认同的格式,也不存在任何硬性不变的法则,而应根据不同的文化企业类别设计出使对方乐于接受的结构。基本结构包括:标题页、目录、摘要、序言、调研结果、结论与建议、附录等。

标题页是人们首先看到的报告的封面。如同给人留下第一印象一样,一份好的调研报告首先要能引起阅读者的好奇心和兴趣。目录简要描述了报告的主要内容,是引导浏览者了解报告结构的导游图。摘要是文件主体中突出重点的最重要部分,一般占据阅读者必读的前部位置。序言是介绍调研的背景、目标和方法,分别描述导致委托研究的原因、叙述总体研究目的以及所包含信息的主要范围。调研结果因项目而异,有时评价市场规模、市场份额和市场趋势;有时只限于形象或态度资料的归纳。结论与建议是营销调研报告的展示橱窗,它们为文化企业提供有兴趣的主题,有时还提供解决特殊问题的建议。附录是有可能对阅读者有价值或阅读者可能感兴趣的资料。

(二)版面生动

为了使调研报告具有吸引力,最好设计一个统一的版面。在正文里适当安排一些快捷轻松的示意图、表格和其他有关图片资料,以便更快地感染阅读者。

应了解文化企业的战略目标和策划实施步骤,尽量使版面内容形成一串合乎逻辑的思想,避免烦琐的词语、专业术语和俚语,尽量用简短词语,句子宁短勿长。如果实在不能精简,可以试图改变叙述方法,使用断开的句子,让阅读者直接看到主要观点;消除对正文密集的长页的厌烦;使每一点简单易懂。大多数人宁可阅读活泼有趣的报告,而不愿读那些用冗长而晦涩的句子写成的文学作品。

(三)系统分析——5W2H模式

为了清晰地描绘出消费者购买行为的轮廓,一般采用西方消费研究的系统方法——5W2H模式对影响消费者购买行为的各种要素进行分析(见图4-13)。即Who(谁买/用)、Why(为什么买/用)、Where(在哪儿买/用)、When(什么时候买/用)、What(买/用什么)、How to(如何去买/用)、How much(买/用多少)。

1. 购买/使用角色分析——Who

消费者市场的组成主要包括个人与家庭,这些个人或家庭是某一特定产品或劳务实际的或潜在的购买者。只有充分了解谁是真正的使用者、发起者、影响者、决策者、购买者,才能有针对性地做好市场定位。

2. 购买/使用动机分析——Why

消费者为什么购买某种特定产品?其追求的产品利益点究竟是什么?消费者的购买动机可从以下方面去寻求:该商品适合怎样的用途?该商品能否用于其他目的和方法?能持续使用多久?使用该商品是否舒适?有没有使用上的困难?是否与使用者的喜好相吻合?商品是否具有特别吸引人的魅力?价位是否合理?是否满足使用者的某种愿望?

3. 购买/使用地点分析——Where

消费者通常在什么地方购买——超市？专卖店？大商场？不同的地点不仅影响渠道的调配，而且影响文化营销的成功推广。

4. 购买/使用时机——When

了解消费者购买或使用产品的某种时间规律，有利于捕捉商机，制定准确的包装容量和广告推出时机。

5. 购买/使用功能——What

在消费者的实际购买行为发生时，往往会对隐藏在产品背后的购买动机产生游移不定的感觉，需要暗中施以"消费教育"才能促使购买行为的发生。尤其在竞争品牌不断介入的情况下，对产品的认知需要解说和指导时，将消费者购买商品的实际好处和使用功能通过广告传递出来显得十分重要。

6. 购买/使用方式——How to

了解消费者的购买习惯，分析商品的使用环境，将为产品渠道调配以及广告宣传的情境营造等提供创意的来源，增加消费指导。

7. 购买/使用频率——How much

不少细心的消费者往往会对产品的成本和使用频率较为关注，而商家为了开发高效节能型产品也着实会投入大量的产品研发费用。如何通过广告说服消费者？最好的途径是宣传产品的"物有所值"。

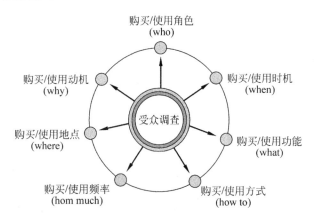

图 4-13　5W2H 模式

市场环境不仅制约着企业的营销战略和策略，而且影响着消费者对文化产品的接受状况。因此，必须准确了解市场环境信息。如市场文化信息调查，包括社会主导文化、习俗文化、民族文化、消费文化、色彩文化等；市场消费状况调查，包括整体市场与细分市场的构成、消费市场的大小、国民经济情况、季节性消费因素、消费潜力的水准与转移等；市场商品格局状况调查，包括市场上同类商品的数量、品种、规格、质量对比、外观对比、基本结构、供求状况、市场价位情况及其变化趋势等；市场竞争对手情况调查，包括竞争对手的市场占有率、促销策略、产品特性、市场优势以及消费者对它的评价；国家的宏观经济政策，包括各项法规、地区性的经济管理措施等。只有对不断变化着的市场环境信息了如指掌，才能制定科学有效的营销策略。

综上所述，文化企业唯有清醒地了解自身所面临的主客观营销环境，仔细甄别有利条件，避开不利因素，充分调集企业自身的竞争潜力并形成良性循环，才能及时抢占市场先机，获得良好的经济效益。

第五章 文化需求的消费分析

文化产业营销是通过对文化产品或服务概念的确认,相关价格策略、促销策略和分析策略的制定与实施,在实现具体的交易活动中满足人们各不相同的文化需求。这些需求一般以欲望、意向等形式表现出来,属于人的一种心理状态。消费需求是人的消费心理活动的基础和重要动力,它促使人们产生购买动机,并通过支配购买行为来满足人们物质生活的实际需要,或缓冲人们在精神生活方面所感受到的匮乏。

和其他产品的消费相比,绝大多数的文化产品是为了满足个人、家庭以及团体消费者精神生活方面的需求。因此,本章在简要阐述消费需求理论的基础上,主要分析文化消费者的需求变化和特征、影响文化消费行为的因素和决策过程以及文化语境的消费认同等内容。

第一节 文化消费的需求特征

文化市场的消费需求不仅指随着人们生活水平提高的物质文化产品的需求,如各种视听器材的更新、数字化休闲娱乐用品的普及等,而且包含消费者对文化商品或服务的精神需求和审美欲望。在我国文化市场上,盲目生产或重复生产造成的资源浪费并不少见,一些假货赝品充斥着还不十分规范的艺术品市场,一些没有创意的产品赫然摆满了文化用品商店的货架,这些现象都从不同的角度反映出文化市场背离消费需求所造成的弊端。

一、消费需求的动机理论

人在生存环境和文化环境影响下,会产生各种不同的需要。当人们购买文化商品时,也会受到不同的动机所驱使而作出不同的选择。因此,密切关注消费者的态度、意念、好恶、兴趣、需求及欲望,就能了解并掌握消费者对文化产品的认知过程和接受心理。不少心理学家提出了各种研究人类动机的重要理论,较为有影响的代表人物是西格蒙德·弗洛伊德(Sigmund Freud)的潜意识学说和亚伯拉罕·马斯洛(Abraham Maslow)的需求阶梯理论。通过这些理论的分析,可以发现文化消费的需求特征和认知规律。

(一)潜意识学说

西格蒙德·弗洛伊德是一位心理分析专家。他认为,人在成长和接受社会规范的过程中有很多欲望是受到抑制的。这些欲望既无法消除也无法完善地控制,它们会出现在梦境中,脱口而出或出现在神经质的行为中,个人不可能真正了解自己的动机。[①] 因此,这一理论又被简称为"潜意识学说"。该理论有三个基础:本我、自我和超我。本我是心

---

① [美]菲利普·科特勒等.市场营销管理(亚洲版·上)[M].郭国庆,等,译.北京:中国人民大学出版社,2002:170.

理体系中最原始的、与生俱来的、无意识的结构部分;自我是从本我中分化出来,将本我的盲目冲动引入社会认可的轨道并得到发展的那一部分;超我是在人格领域中最后形成的反映社会准则的欲望,追求至善至美的理想主义。

弗洛伊德潜意识理论中最容易引起争议的是关于性本能的观点。他认为,性本能是人的行为的内在潜力,这种本能促使人通过各种方式获得满足。在欧美等发达国家,性诉求在文化产品的营销中被普遍运用。虽然反映了文明社会对"性"的坦然,但很多的情况下则更应顾及暴露程度与尊重不同国家不同文化背景下的风俗习惯。与西方文化的直白和外露相反,在中国,由于千百年来形成的含蓄与内敛的文化特点,往往会采取较为隐讳的表达形式。

将弗洛伊德的潜意识学说用在文化需求的消费分析上,通常是依据潜意识动机来解释文化商品购买情景,主张施加视觉、听觉、味觉等影响,来刺激或抑制消费者某种行为的发生。就消费者的意识层面来看,除了由感觉、知觉、表象、概念、判断、推理等组成的显意识层面外,还有处于显意识以外的潜意识层面。根据消费者的潜在需求制定相应的营销策略就显得尤为必要。18 世纪 70 年代,德国的一批年轻知识分子在法国启蒙运动思想家卢梭的影响下,以自己手中的笔为武器掀起了一场文学革命,这就是德国文学史上著名的狂飙突进运动。这一时期的作品集中表达了作家摆脱封建束缚、解放个性和建立新社会秩序的时代要求,鞭挞了当时封建专制的暴政和不平等的社会制度。伦茨的《家庭教师》就是这一时期

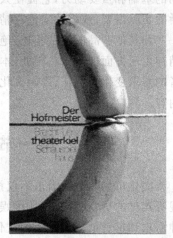

图 5-1 《家庭教师》的戏剧海报①

的作品,小说描述了一对年轻人的爱情追求被挡在门户偏见之外,男主人公不得不以自残的方式结束自己的恋情。在为德国基尔市剧院设计的《家庭教师》戏剧海报中,著名设计师霍戈尔·马蒂斯以极富视觉冲击力的表现手法,暗示着故事情节的悲剧性结局(见图 5-1)。

(二)需求阶梯论

著名心理学家亚伯拉罕·马斯洛将人的需求分为五个层次:生理的需要、安全的需要、归属的需要、尊重的需要和自我实现的需要(见图 5-2)。②

马斯洛认为,人们总是首先寻求对生存最重要的需要的满足。生理的需要是指为了生存和人类繁衍而产生对必不可少的基本生活条件的需要,如充饥的食品、御寒的衣物等。一个饱受饥饿折磨的人决不会对社交感兴趣,也不会注意别人对他的看法或者对他是否尊重,更不会关注呼吸的空气是否纯净。只有在满足了基本的需要后,才会产生下一种需要。安全的需要是维护人身安全与健康,寻求保障、照顾和安全感的需要,如人寿保

---

① 毛德宝.广告设计[M].南京:东南大学出版社,2002:2.
② [美]菲利普·科特勒等.市场营销管理(亚洲版·上)[M].郭国庆,等,译.北京:中国人民大学出版社,2002:171.

险、健康营养品以及稳定的职业和有保障的生活等。归属的需要是指希望给予或接受他人的友谊、关怀和爱护,得到某些群体的承认、接纳和重视的需要,如结交朋友、交流情感、表达和接受爱情,即亲情、友情、爱情的需要。尊重的需要是指对身份地位受到尊重、成就感获得认同的需要,如获得荣誉、博得好评,拥有一定的社会地位等。正是由消费者的个性、素养、道德观、价值取向等自我评价,以及希望得到他人赞誉和提升公众形象认可的社会评价,决定着消费者利益关注点的选择与排序。随着人们生活质量的提高,消费偏好也日益呈现需求多元化和特殊化等特点。人们在解决了基本需要后,对自尊和自我实现的需要会日益增强,不断寻求新的进取目标超越自己。通常情况下,那些对自己的生存质量感到满意的人,都能在工作、学习中不断发挥潜能并具有创造力。成功人士的一个重要心理因素就是对自己及他人都能抱着欣赏和宽容的态度,不易产生焦虑的情绪,也不会受到恐惧的影响。这些人一般会有至深的知交和亲密的家人,善于尊重别人的意见,性格开朗,视野开阔,持有较为实际的人生观,绝不为达到目的而不择手段。

在上述五个层次需求中,前两个层次的需求主要是较低层面的生活物质需要,后三个层次的需求主要是较高层面的心理精神需要。人的需求是无止境的,也总是以由低到高的层面发展。但人的各种需求往往是交织在一起的,同一购买行为可能既是满足生理的需要,又是为了满足社交或尊重的需要。从文化营销的角度来看,人的高级需求即精神消费需求更值得深入探讨和研究。对于来中国旅游的外国朋友而言,一件印有中国京剧脸谱的文化衫或其他带有地域特点的日用品往往会成为极为珍贵的旅游纪念品。同时,人们总是首先寻求对最重要需求的满足。在满足了重要需要后,即转向满足下一种重要的需要。只有在满足了一种重要的需要后,才会产生下一种需要。

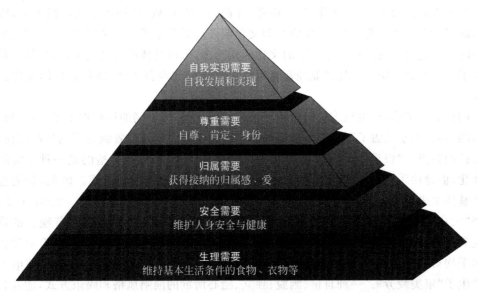

图 5-2 马斯洛需求阶梯

将马斯洛的需求阶梯论用在文化需求的消费偏好分析上,主要是根据金字塔形式所描述的人类需求由低到高的结构变化,强调需求多元化和特殊化特点,根据不同的细分市场分别适应并满足不同人各不相同的需求变化。如电影市场曾一度由崇尚英雄主义的武打片一统天下，当生活在快节奏的现代都市的人群希望通过电影来舒缓紧张情绪时，一大批轻松幽默且充满欢笑的情景剧进入了影视市场。在诠释人与人之间的亲情、友情和爱情的同时，这些文化产品通过消费者的个性、素养、道德观、价值取向等自我评价，以及希望得到他人赞誉和提升公众形象认可的社会评价，改变着消费者利益关注点的选择与排序。

心理学动机理论对于分析消费者的购买动机、指导文化营销中的心理战策略，具有十分积极的理论意义和实践意义。在现实社会中，人们几乎都是在一定动机驱使下完成其购买行为的。消费者对外部信息的认知过程经由各种物理信息的刺激，到生理过滤层产生感觉，继而形成心理过滤层面的情感，逐渐定型为对文化产品信息的感知认识，通过记忆库建立认识档案，保持并创造形成对文化信息新的认知。

二、文化市场的需求特征

文化市场上的消费需求是人们对文化商品的购买欲望和购买意向，包括文化消费者了解各种商品信息所需的报纸、广播、电视、网络新闻和其他信息的需求；为提高知识更新程度所需的图书、期刊、音像制品、软件制品的需求；为修身养性或消遣娱乐对文物、集邮、花卉、宠物等商品消费和对演出、展览、旅游、培训、电影、电视等服务消费的需求，等等。随着现代科技进步的不断创新和广泛应用，文化商品和文化服务的需求也会不断扩展和延伸，因而带有多样性、诱导性、趣味性和可塑性特征。

（一）多样性

由于人们的收入水平、文化程度、职业、年龄、性别、民族、信仰和生活习惯不同，所以会形成多种爱好和兴趣，对于文化商品和文化服务的需要是千差万别的，购买心理是多种多样的。人们总是按照被具体化了的文化消费需求，形成具体的消费动机，再选择满足文化需求的对象和方法。文化产业经营者可以根据条件和经营优势，选择最佳的文化目标市场。

同样是综艺节目，央视综艺因占据平台资源的优势，在不同的栏目推出了大量经典和精彩的节目，几乎覆盖了不同年龄层面的所有电视观众。而地方省级卫视则另辟蹊径，寻找自己的特点。"快乐中国"一直是湖南卫视响亮的宣传口号，想打造的是一种独特的快乐文化，倡导快乐精神，从而推广拥有快乐价值观和世界观的生活方式。因此，频道包装设计整体上采用了橙色系——一个象征"年轻、活力、温暖、甜蜜"的颜色。2005年夏，因一档"大众取悦大众""想唱就唱"的平民化娱乐节目《超级女声》，使得像春节晚会都难以吊起观众胃口的电视娱乐市场变得热闹起来。在一个文化多元发展、大众审美素养和思维水平均得到全面提高的时代，频频出现在大小综艺节目中的歌星和艺人早已使电视观众产生了"审美疲劳"。一种自信、洒脱、独立、随心所欲的演唱风格和娱乐方式，能迎合很多年轻人渴望激情和特立独行的叛逆心理。因此，一向以关注世界的大事件著称的美国《时代周刊》，在其2005年10月3日出版的亚洲版上，将身穿时尚的黑上衣、佩戴着银色项链、脸上露出率性笑容的"超女"冠军李宇春印在了这期周刊的封面上（见图5-3）。《时代周刊》（亚洲版）认为，《超级女声》挑战了中国传统的规范，李宇春满不在乎的个性及双性色彩的演出所带来的震撼已经超出了她本身。不论如何评价中国的"超女现象",有一点是毋须置疑的,那就是成功的商业运作带给广告商和传媒业双赢的经济效果。

(二)诱导性

文化消费需求在一定条件下是可以引导和调节的。文化消费者最易受文化产品特色、广告宣传、营销方式、现场氛围等刺激,从而诱发冲动性需求。开发出新的文化产品,会使潜在的需求转化为现实需求;良好的售后服务,会使无需求的看客转化为现实买主。如在保龄球馆配备专人示范、在高尔夫球场增添陪练型服务等,都将有利于激发顾客的娱乐兴趣,培养顾客的消费习惯。

图5-3 曾引起国内外广泛关注的"超女现象"①

一般情况下,消费者的购买行为分为六种。其一,习惯型购买。消费者往往长期使用某种品牌的商品,或习惯于惠顾自己喜爱的服务场所,通常按自己的习惯重复某种品牌的购买行为。其二,理智型购买。这类消费者在购买产品之前通常尽量收集信息,了解产品知识;在购买过程中慎重挑选,反复权衡比较。他们往往表现得十分冷静和慎重,不易受品牌、装潢、广告宣传和环境氛围的影响。其三,冲动型购买。这类消费者感情比较外露,主观随意性较强,他们喜新、好奇、爱美,多在感情冲动下产生购买行为。其四,豪爽型购买。这类消费者大多经济收入较高、购买能力较强,讲求个人的身份,比较注重产品的品牌、个性、性能、外观和质量。其五,节俭型购买。消费者大多经济收入较低、购买能力较弱,受经济能力的限制和求廉心理动机的支配,通常喜欢挑选价廉物美的产品。其六,不确定型购买。这类消费常缺乏购买经验和有关产品知识,购买时往往表现出犹豫不决,缺乏主见和固定的偏好,大多为刚刚独立生活的青年人。

(三)趣味性

人们的文化消费需求受内因和外因的影响,因此具有伸缩性。消费者本身需求欲望的强弱、文化程度的高低和支付能力的大小等是影响需求的内因;文化商品或文化服务的供给情况、价格水平、广告宣传和售后服务等是影响需求的外因。内因与外因均对文化消费需求产生促进或抑制作用。一般说来,人们对基本生活资料的需求弹性较小;享受和发展生活资料的需求弹性较大。在文化经营中,除了可以通过价格策略及各种促销手段激发和扩大文化消费的需求以外,更重要的是应当学会观察、了解消费者的兴趣点,增强消费者对文化产品的兴趣。

人们在日常生活中,对自己所感兴趣的事物往往注意力相对集中。有些人兴趣集中在音乐欣赏上,有些人兴趣主要集中于居室环境的布置,还有些人热衷于社交场合的交际等。按兴趣的程度不同,可以将兴趣分为三种类型。第一类是癖好型。它是兴趣强度最大的一种类型,如果不采取消费行为,便会产生强烈的心理不适感和失落感。如迷恋上网

---

① 冯伟宁.超女成时代周刊亚洲英雄[OL].光明网,2005-10-09. http://www.gmw.cn/content/2005-10/09/content_313903.htm.

聊天或玩游戏的青少年网民,如果哪一天没时间或没条件上网,就会特别难受。第二类是固定型。它是兴趣保持相对稳定的一种类型。固定型消费者均有较长的消费经验,经过多次消费选择,对于某个品牌或某类产品产生了稳定的兴趣。如消费者对音乐的天赋较高,就会对与音乐欣赏有关的产品一直保持浓厚的兴趣。第三类是新奇型。它是兴趣范围广泛、程度较低的一种类型。这种程度的消费兴趣会随时发生转移。在现实环境中有许多因素可以刺激人们产生这样或那样的兴趣,如大众传媒的广告宣传、消费市场的流行趋势、亲朋好友的介绍推荐、消费行为的示范作用等。

文化在讯息传播过程中不仅左右着人们对讯息的反应和态度,而且决定着人们思维的联想和扩散,产生潜在的趋同影响力。这是由于个人的自我同一性与他人或群体存在的依赖关系,从而接受某些观念、态度或行为方式。通常人们对外部信息的把握会以过去的经验为背景,而这些经验的来源便是外部的文化世界。一些针对年轻消费者的商品广告为满足这一消费群爱突显自我的心理特征,通常选择节奏强劲的音乐曲目和边歌边舞的狂野爆发力,来宣泄叛逆、不羁、率性的情怀。

(四) 可塑性

随着社会经济的可持续发展和人们生活水平的不断提高,人们对文化商品和文化服务的需要处于不断的发展变化之中。当一种文化需求被满足后,又会产生新的文化需求,并且这种需求趋势总是由简单到复杂、由追求数量上的满足到追求质量上的充实等有规律地发展着。文化企业经营者可以通过市场调研,预测消费需求的未来变化,并采取相应的营销组合来适应各种文化消费需求的发展趋势。

现代社会是一个受大众媒介影响的社会,各种消费文化载体和符号充斥人们生活的方方面面。消费者当仅凭个人常识无法作出判断和选择时,通常会接收来自外界的各种潜移默化的行为指令。一种情形是通过语言、文字或图像直接刺激消费者的消费行为,如电影海报、音乐会海报、图书卖场广告、网络广告等。另一种情形则是通过营造文化氛围间接导致人的行为发生。无论身在何处,星巴克总能带给人们随意、轻松、自由、浪漫、优雅、尊贵、体面、惬意、舒适的享受。人们可以坐在怀旧的木质桌椅旁,欣赏着清雅悠扬的音乐,把玩着考究的咖啡器具,一边惬意地品尝着可口的咖啡,一边用便携式电脑浏览互联网,继续着商务洽谈时尚未完成的话题。在这样的环境氛围中,人们很容易找回内心已经逝去的怀旧情感,享受优雅闲适的文化品位。

在中华民族的历史长河中,自古就有"阳春白雪"和"下里巴人"之分,大众文化与精英文化之争是一个永恒的话题。随着现代人生活水平的提高,人们的文化需求会越来越呈现多元化趋势。以创新的形式传播精英文化,以喜闻乐见的形式吸引大众参与,在娱乐中提升人们的文化素养,在艺术享受中更好地娱乐是构建和谐社会发展的必然。

第二节 消费认知的心理反应

文化产品属于精神消费产品,通常十分重视消费者的认知、情感和行为变化。人们对文化产品的消费认知往往是感知、情感、想象和理解等多种心理活动交相渗透、彼此推移的过程,同时受到外部刺激和内部感知的影响。内部感知影响主要包括消费者个人的需求和动机、消费者认知的范畴、消费者的学习方式和消费者所保持的兴趣等;外部环境刺激包括消费者的家庭、社会结构及文化背景等。对文化产品的消费认知一般会经历以下心理过程:认知反应—情感反应—意向反应。

一、认知反应

从人们接触到文化产品的信息存在,一直到知晓文化产品信息的相关内容,是文化产品的消费认知反应过程的第一阶段,即感觉—注意—知觉阶段。

在这一阶段,人们通过感官获得有关文化产品的各种信息,再经过综合与解释的大脑加工,便产生了对文化产品消费的初步感知。在相同的主观条件下,外界刺激的强度越大,就越容易被消费者所感知;反之,外界刺激的强度越小,就越不容易被感知。

(一)感觉

感觉是人脑对直接作用于感觉器官的客观事物的个别属性的反映,是一切认识活动的开端。它包括视觉、听觉、味觉、触觉、嗅觉等。如能观赏图画、能聆听音乐、能品尝美味、能触摸质感、能嗅到幽香、能产生饥渴和痛痒感等。

通过视知觉、听知觉、嗅知觉、味知觉和触知觉等外部感知,可以强化信息接受效果并反映外界事物的属性。如对物体的形状、大小、距离和运动知觉等属视知觉,对声音的方向、节奏、韵律等知觉属听知觉,还包括通过肌肉运动、平衡、内脏等感觉来产生体内刺激,反映体态和运动的不同状态等。在接受各种外界信息的刺激反应时,不同人对信息的刺激反应各不相同,不同的感觉通道也会产生不同的感受。太弱的刺激几乎无法引起人的觉察,而太强的刺激则又可能导致负面影响。只有选择恰当的刺激强度,才能产生良好的信息刺激效果。感觉阈限是心理学的一个术语,它是指恰好引起感觉的刺激强度。小于阈限的刺激强度,对于机体的感觉器官是不发生反应的。能引起感觉的最小刺激量被称为绝对阈限,能引起觉察的最大刺激量被称为上阈限。正是这些科学的数据为感觉的刺激效果和舒适度提供了适宜的物理范围。荣获第46届戛纳国际广告节平面广告全场大奖的索尼游戏网站的广告,透过乳头部位的按键符号,传达出进入索尼游戏网站带给人的痛快、淋漓尽致的感觉(见图5-4)。

图5-4 索尼游戏网站广告①

(二)知觉

知觉是在感觉基础上产生的人脑对客观事物的整体反映。实验证明:当光照条件较弱时,人们感觉到刺激图像模糊不清,难以辨认。然而,当光照条件略微改善时,尽管刺激图像仍然游移不定,人们可以把图形与其背景区分开来。这说明,输入的知觉客体信息与已存储的审美主体经验信息之间存在拓扑映射——视觉系统对外界图像是从大范围性质

---

① 王绍强.创意空间[M].广州:岭南美术出版社,2002:28.

出发的,先有图形和背景关系的知觉,然后才有图形局部性质的进一步识别。人对外界事物的把握并不是分割开来的各元素,而是一个完整的整体。在创意设计中,设计师常常利用这种审美状态下的真实,造成视觉上的连续感、秩序感和韵律感;或者利用不同感觉在一定条件下相互作用所产生的联觉,通过特定的色彩和造型避免令人不愉快的感觉或形成感觉的位移和转换,以增强设计的艺术魅力,使消费者对文化产品形成更为全面而深刻的印象。

格式塔是德文"Gestalt"一词的音译,本意是指形式、形状或一种被视觉分离出来的整体,又称完形理论。格式塔心理学认为,任何"形"都是知觉进行积极组织或建构的结果,我们每个人对"形"都有一种与生俱来的本能。然而,不同的"形"因其大小、方向、位置等发生变化,就会产生不同的认同感受,而这种感受是大脑皮层对外界刺激进行积极组织的结果。因此,格式塔心理学根据人们观察"图"和"形"的视觉规律,归纳出类似性、相邻性、延展性、闭合性、图地转换性等视知觉特点。格式塔心理学这些原则的巧妙运用,为人们提供了一个全新的视觉思维角度,对创意设计中的视觉语言有着积极的影响作用。

1. 类似性

类似性是指利用物象之间视觉形式和所指含义上的相似,把两种不同的物象加以类比,连接成一个新的完整概念。当人们对某一事物感知引起对相似事物的回忆时,大脑神经网络中贮存的信息被激活,于是对相似的事物就会作出反应。以"形—形"同构的设计语言做出来的广告,一般会依据广告促销的目的并围绕营销组合策略这一核心,让消费者感受到产品所提供的利益,通过符合消费者认知习惯的传播方式,形象地传递经营意图。通过设计师精心选择的媒介编码,建立有助于消费者认知的解码通道,帮助消费者最终产生购买行为。

2. 相邻性

相邻性是指利用事物间符号的表征及内涵的双重因素,利用含义相似和形式相依的内在关联,创造出能够迅速吸引人们视线而且产生强烈心理反应的图形创意。为了避免受众的视觉疲劳,广告设计师的首要任务是要让作品从铺天盖地的信息海洋中跳跃出来,吸引受众的注意并产生好感,使广告传播尽可能在最短的时间内传达给社会受众一个准确的信息。因此,利用不同的事物间符号的表征的接近,或者利用含义相似和形式相依的内在关联,往往更能独树一帜,简明扼要地传达出广告产品本身所具有的良好品牌魅力。

3. 延展性

延展性是指利用事物或现象之间的因果关系揭示事物内在的变化规律,从事物属性或形态特征上加以引申。因为这种同构的双重性具有一定的因果关系,即形式同构作为一种手段,含义同构作为一种目的,它们的有机结合形成了同构表现的丰富性。在广告设计中,设计师通常会将受众日常知晓的事物与所要传达的广告表现主题进行关联性引导,以便完成无障碍的解码沟通。同构是利用物象之间蕴含意义的彼此关联,来揭示所要传达的广告本质。由于同构双方在形状和结构上的关联不一定很突出,它主要是利用联想作用来达到传递商品信息的目的。因此,用同构手法设计的广告作品一般容易产生主题深刻、构思奇特且耐人寻味的艺术效果。

4. 图地转换性

图地转换性是指借用透视关系和前后遮掩的视觉经验,在同一个平面空间里塑造出两种截然不同但连接得天衣无缝的矛盾空间。通常在视觉背景和视觉客体给予观者视觉感官的刺激量相当的情况下,人们总是有选择地处理知觉所需要的对象。一般而言,清晰鲜明突出于前的被选择为视觉客体,而模糊不清退居于后的被称为视觉背景。在图形语言中它们分别被称为"图"与"地"。当二者差异明显时,人们的视觉运动便很顺利,而当二者融合混同在一起难以分辨时,观者的视觉运动就会产生一定的幻象。利用知觉的选择性处理图地关系,尤其是利用图地转换给受众的知觉提供多种选择,则可以透过简洁的设计元素传达出多种商品信息和丰富的设计内涵。在这类广告设计中通常突破了二维空间的限制,创造出一个全新的多维空间视觉效果。这在以"表现"而非"再现"为主体的当代图形设计美学特征中,不仅体现了悖论、错觉或双重含义,而且与当代许多实证科学一时难以解释的自然现象有着某种内在的联系。

5. 闭合性

闭合性是指有意利用图形的不完整来制造悬念,而让观者通过调集以往的记忆或经验来填充尚未表现出来的图形部分。广告视觉语言通过调集受众参与广告画面的完整过程的视知觉活动,有效提高受众的知觉印象和知觉记忆,从而激发受众参与的兴趣。

利用格式塔心理学的完形理论,揭示知觉客体信息与已存储的审美主体经验信息之间存在的图形和背景关系,形成视觉上的连续感、秩序感和韵律感;或者利用不同感觉在一定条件下相互作用所产生的联觉,通过特定的色彩和造型避免令人不愉快的感觉或形成感觉的位移和转换,以增强设计的艺术魅力。德国著名设计大师冈特·兰堡在为电视节目《书,书》所做的广告中,红、黄、蓝三色垂悬的书签丝带将实体"书"和广袤而深邃的背景融为一体,不仅使广告画面在构图上显得均衡,而且暗喻了"书"的含蓄隽永(见图5-5)。

图5-5 电视节目《书,书》的广告①

另外,人的主观因素如经验、情绪、年龄和性别等对知觉偏见形成也有重要影响,从而形成模特效应、首因效应、晕轮效应、移情效应、名人效应、刻板效应等。以首因效应为例,首因效应是指最先见到和听到的商品信息对印象形成的作用。一般情况下,人们对初次见到和听到的商品特性会留下较深印象。对比较熟悉的商品观察几遍之后,留在记忆中并能够回想起来的常常是最初或最后见到的商品样式。

(三)注意

能否影响消费者形成感知觉,关键在于文化产品本身和传播产品信息元素的编码能否强烈地吸引消费者的视线。作为受众的文化消费者,通常只关注那些与己相关的感兴

---

① 陈放.无言的想象[M].哈尔滨:黑龙江美术出版社,1996:30.

趣的信息。视觉心理学认为,当视网膜接收的信息到达大脑皮层时,大脑组织会产生反应。这种组织活动往往产生两种结果:一是使人看到了事物的形状;二是产生了与大脑组织过程相应的感受。文化产品本身和传播产品信息中一般蕴藏着能够引起消费者注意的视觉张力和受感染的力场。在琳琅满目的商场里,在五彩缤纷的广告中,消费者常常会被那些醒目的提示、鲜明的色彩、独特的造型、新颖的形式、传神的照片、生动的文字所吸引。衡量是否引起注意,主要看消费者关注文化产品本身和传播产品信息的接触效果。

心理学认为,注意是人的心理活动对外界一定事物的指向与集中。它包括两个基本特点:注意的指向性和集中性。

注意的指向性,是指人们的心理活动有选择地指向一定对象,而不去关注其余的对象。消费者在接受文化产品本身和传播产品信息时,其心理活动不是指向一切事物,而是只关心局部信息内容。因此,在设计电影海报和文化产品广告时,设计师要将传播信息中可能引起受众注意力的因素,从众多的视听形象、文字图表等其他符号中挑选出来,忽略其他局外和关系不密切的要素,并以全部精力来解读关键的商品信息。通常,设计师会从注意力的捕捉开始,提供视觉流向的诱导以及流程规划,到最后映像的定格等逻辑设置,去引导观者的视线运行,使观者能以最合理的顺序、最快捷的途径和最有效的浏览方式获得最佳映像,从而激发受众的心理诉求,唤起消费者浓厚的兴趣。

注意的集中性,是指排斥一切与文化产品本身和传播产品信息无关的因素,使被接受的相关信息内容的重点能鲜明清晰地反映出来。这是因为在同一时间内,人们只能捕捉自己最感兴趣的少数信息,而无法注意到所有的视觉元素。当有意义的刺激成为注意的中心时,人们只接受那些与自己固有观念一致或自己需要、关心的信息,而回避那些与自己固有观念相抵触的或自己不感兴趣的信息。通常,能够引起消费者注意的因素有客观和主观两个方面:客观因素是指外界运动变化的刺激物及其对消费者感官的刺激,如大型商场的时装表演就比身着时装的石膏模特儿更能吸引顾客的注意(见图5-6、图5-7);主观因素是指消费者已具备了购买商品的需要、愿望、动机以及对于某些商品的兴趣,只要有适当的刺激就可以促成他们对于某些商品及其有关事物的注意。

图5-6 上海法国周的活体雕塑[1]

图5-7 成都宽窄巷的活体雕塑[2]

---

[1] 姜煜."活体雕塑"亮相上海法国周[OL].中国网络电视台,2011-10-17. http://news.cntv.cn/20111017/115740.shtml.

[2] 吴晓铃.以假乱真 活体雕塑秀出大市场[OL].中国网络电视台,2011-02-11. http://news.cntv.cn/20110211/104675.shtml.

二、情感反应

从人们对广告信息进行消化和理解性思考,到引起强化(或弱化)的反应,产生对广告信息的判别和取舍,这是心理反应过程的第二阶段,即思维—兴趣—情感阶段。

(一) 思维

思维是在一定意识的指挥下,对已经感知到的外部信息进行综合分析和处理,寻求实现主体所需要的方法和方案的行为过程。因此,主体可以能动地、连续地获取各种环境信息,并对已经获得的环境信息进行转型、传递、提取、存储、删除、对比、排列、组合等多种运算,得出应对环境变化的操作方案。人的思维活动是非常迅速的,特别是使用视觉识别言语思维,具有很强的跳跃性、简化性和浓缩性,常常会一闪而过。如果能使大脑高速运转的思维速度与从外界获取信息的速度趋于同步,就可以成为快速理解的重要基础。人脑右半球潜能的开发成为促进创造性设计思维高级质变的前提和关键。在用视觉解读文化产品本身和传播信息时,司职于数学运算、逻辑推理、语音传达等抽象思维的左脑,会将司职于音乐形象、视觉记忆、空间认知等形象思维的右脑中存储的形象记忆内容转化成语言,然后再表述出来。换言之,广大受众在快速浏览各类信息时往往会充分激发右脑高度的图形识别、记忆和处理能力,而由左脑承担意义性信息的处理。这样就使左右脑协同起来,快速识别并处理相关的信息,以最优的方式获得对信息的处理方案。

人的思维可分为潜意识思维和显意识思维两种类型:潜意识思维是主体不知觉的有思维意识指挥的思维方式,亦称为无意识思维或被动性思维;显意识思维是主体知觉的有思维意识指挥的思维方式。人的意识活动除了具有显现的、可控制的显意识反映形式之外,还有潜在的、不可控制的潜意识反映形式。当潜意识感觉的总和接近阈限或受到某一相关信号的诱导时,潜意识活动有可能跃入显意识过程;显意识活动因不断重复而记忆化、凝固化和自动化之后,也可以日益转化为潜意识。这说明,潜意识和显意识之间存在渐进性与突发性的辩证统一。面对浩如烟海的信息,只有经过潜意识功能的大量筛选,才能使少数有价值的信息进入显意识。图5-8是靳埭强先生设计的亚洲艺术节海报,画面中的脸谱取印度歌舞的头饰、中国京剧旦角演员的眼部化妆、泰国歌舞的面具以及日本浮世绘版画的风格等最具代表性的文化符号组合在一起,成功地诠释了亚洲艺术节所承载的地域文化的信息特征。随后的第四届亚洲艺术节海报同样沿袭了分割组合的结构形式,以亚洲地区不同国家的音乐、舞蹈、戏剧、绘画为媒介,彰显着东方文明的独特文化魅力。

(二) 情感

情感是认知活动中十分活跃的一个因素。情感可以使思维插上翅膀,趋于理解,化为感知,创造或再现生动的文化语境。情感的动力作用可以使创意设计更加生动、充满激情,可以使广告主题富有感染力,容易引起共鸣。情感还有助于设计师形成各自独特而有魅力的设计语言。综观一些富有创意的优秀设计作品,都是设计师的生活经验、价值取向以及他们对外部世界的情感体验,这些作品阐释着设计师的情感、爱好以及对设计语言的理解和感受。

图 5-8　亚洲艺术节海报①

文化产品的创意设计应同时满足接受者的情感要求和审美趣味。不同的创意和色彩寓意,既可以激发接受者的情感体验,又可以满足接受者的情感心理。比如,红色象征热烈、喜庆,容易煽起喜气洋洋的情绪;绿色象征生命、希望,容易激发生机勃勃的联想;蓝色象征宁静、博大,容易产生睿智理性的情感。自古以来,我国就有"喜、怒、哀、欲、爱、恶、惧"七情的说法,它基本上概括了情感的基本形式。现实生活中,人们的情感会在此基本的形式上不断发展,延伸出多种情感形式来,我们可以根据其不同方面对情感进行分类。按情感的状态分类可分为:激情、心境和应激;按情感的社会内容分类可分为:道德感、美感和理智感等。

(三) 兴趣

兴趣是个体以特定的事物、活动及人为对象产生的选择性的态度和喜好。每个人都有自己感兴趣的事物,并会在观察中给予优先注意,在研究中积极地探索。如对美术感兴趣的人,不会错过对各种美展活动的观赏,对自己印象深刻的作品流连忘返,甚至在自己的艺术创作中留下某种烙印。消费者在接受一款文化产品或广告时,通常会产生两方面的反应:认知反应和情感反应。一般来说,认知反应能增强消费者对信息的了解,即事实的学习;情感反应则表现为文化产品或广告在消费者心里所引起的情感体验。因此,在文化产品的创意设计中选择新奇独特的外观造型和富有视觉冲击力的色彩等,不仅可以瞬间捕捉消费者对文化产品的注意力并产生浓厚的兴趣,而且能吸引消费者进一步了解产品的内在构造和其他感兴趣的方面。任何一种兴趣都是伴随着相关知识的获取和参与活动所体验的满足而产生的。喜欢音乐和舞蹈的人会主动寻找机会去搜寻相关知识,而且在欣赏音乐和舞蹈时也会陶醉在其中,感到前所未有的愉悦、放松和乐趣。

如何使消费者对文化产品产生兴趣,调动其"爱屋及乌"或"情人眼里出西施"的体验诱惑,是文化产业营销深入研究必然会关注的一个问题。

---

① 汤义勇.招贴设计[M].上海:上海人民美术出版社,2001:41.

此外,除了关注消费者对某物或某事的情感或习惯以外,还应重视模特效应、首因效应、晕轮效应、移情效应对消费者认知的影响。

三、意向反应

随着人们对文化产品的信息储存时间和储存量的沉淀和积累,逐渐形成对文化产品的信息判别的依据,一直到使态度趋向稳定并形成指导人们购买行为的固定观念,这是心理反应过程的第三阶段,即记忆—态度—信念阶段。

(一)记忆

记忆是人们对经验的识记、保持和应用的过程。有效的文化产品信息不仅要能引起消费者注意,激发兴趣,还要能让消费者将有关商品信息存入记忆之中。人们曾经感知过的文化产品的信息和体验过的情感,都可以成为记忆的内容储存在脑海里。记忆为过去的生活实践认知留下痕迹,它保持并创造着、丰富着以往的知识、经验和技能,一旦需要便会即刻调集起来。同时,记忆也是对信息的选择、编码、储存和提取的过程,它包括识记、保持、再认和回忆等基本环节。识记是指识别和记住以往的信息,从而积累消费认知信息经验的过程;保持是指巩固已获得的信息经验的过程;再认是指当过去接收过的相关信息再度出现时,能把它辨认出来的过程;回忆,就是在过去接收过的各种信息不在眼前时,也能把它重新回想的过程。记忆过程中的这些环节是相互联系、相互制约的,没有识别就谈不上对过去信息的保持;没有识记和保持,就不可能对接触过的相关信息进行再认和回忆。只有识记和保持牢固,回忆和再认才有可能实现。

2010年,根据同名小说改编的电影《山楂树之恋》在全国首映(见图5-9)。这部被称为"最干净的爱情故事",讲述的是一段发生在"文革"期间真实而凄美的故事。不同于"王子爱上灰姑娘"的老套路,影片中男主人公军区司令员的儿子老三喜欢上了家庭成分不好的女主人公静秋,但影片挖掘的却是特定历史时期年轻人的清纯恋情。有过同样经历的知青一代观众,更容易理解影片中的性无知、忠字舞等历史印记,并在记忆深处引发情感上的共鸣。

图5-9 知青记忆——《山楂树之恋》

(二) 态度

态度是指对人、对事、对物的看法及行为表现。态度包含三种成分：情感成分，即对态度对象的情绪反应；认知成分，即对态度对象的想法和信念；行为成分，即对态度对象采取的行动或可观察的行为。

在大脑皮层的生理电力场中，产生着具有方向和强度的特定张力。这种张力可以激发心理深处存储的经验记忆，有利于改变人们的态度甚至影响其行为。文化产品信息的艰难说服意在改变消费者的态度，关键在于"谁在说"、"向谁说"和"怎么说"，即沟通的有效性途径。"谁在说"取决于说服者的公信力和吸引力：由一些拥有明显专长的人比缺乏可信度的人更具有说服力；由是长相出众的明星或有个性特征吸引力的人作广告代言，比没有吸引力的人更具有说服力。"怎么说"取决于广告说服的途径和方法。商业场上早已摈弃了"王婆卖瓜"类的推销，而有些表面看来不是用于说服的信息反倒更能打动人，比如现场采访、公益活动形象等。另外，如果只呈现有利于自身立场的说服容易引起消费者反感，而客观真实的双面说服会更加有效。"对谁说"取决于受众定位。有时在沟通过程中，受众因年龄、职业、经济地位、受教育程度等会对产品信息产生不同的态度。如电视台的体育赛事直播往往迎合的是青少年消费群的基本特征：热爱运动、渴望胜利、崇敬英雄、希望受人重视、思维活跃、想象力丰富并充满各种梦想。通过一个个体育明星的"神话"，将媒体品牌的忠诚度演绎为一种新的信仰，收视率便不单代表媒体形象，更代表一种运动精神和体育文化。

(三) 信念

信念是人们在一定的认识基础上，对某种理论学说、信仰理想以及思想观念所持有的信服态度。心理学认为，人的信念是意志行为的基础。没有信念人们就不会有意志力，更不会有积极主动的行为发生。消费者在对外界信息的认知过程中，最终的购买抉择是感觉、知觉、表象、联想、想象等多种心理活动的综合化的过程，也是导致购买行为中对需求的目标事物所产生的坚定选择。

文化产业营销者应注意到消费者对购买信息不断同化、顺应的心理反应，想方设法去扩大消费者对信息的同化吸收能力，并且尽量营造出能让消费者放心使用的环境氛围来感知产品和服务。当消费者对文化信息的刺激被纳入主体的心理图式之中时，可以加强并丰富主体原有的认识结构，从而从量的方面扩大主体的认识结构；当原来的主体图式不能同化客体刺激时，就会发生不平衡以至于改变并创建出新的结构或图式，从而从质的方面扩大认识结构。因此，当新媒体迅速普及后，不少文化产业经营者选择用户体验的营销新模式来帮助消费者坚定购买信念，并付诸购买行动。

第三节 消费行为的决策分析

人们在购买文化商品时，会受到不同的动机所驱使而做出不同的选择。"消费行为就是指人们为满足需要和欲望而寻找、选择、购买、使用、评价及处置产品和服务时介入的过程和活动。对于许多产品和服务来说，购买决策包括一个广泛的信息收集、品牌对比和评价,以及其他活动在内的长期、细致的全部过程。"①打开与消费者心灵沟通之门的钥匙应当是满足其某种需要的利益承诺。充分掌握相关的市场信息,密切关注消费者的态度、意念、好恶、兴趣、需求及欲望,尽量选择能够沟通买卖双方的信息传递符号,了解并掌握消费者的接受心理,并借助一定的媒介手段来刺激、变更或增强消费者的购买行为,成为文化需求研究的重要内容。

一、消费行为的决策模式

人们喜爱一幅美术作品、一件时尚服饰、一张光碟,大多就是喜爱一种感觉而已。通过这些文化载体人们领悟的是理想、主张、灵感、赞赏、感动等一些主观而难以捕捉的东西。但文化产品具有消费者所需要的购买价值却是一个不争的事实,包括最受欢迎的旅游城市、畅销书、电影巨片、流行歌曲、体育比赛等,人们甚至不惜用高价进行交换。

对消费者行为了解的程度决定着文化营销获取成功的大小。文化产品的营销商不仅需要知道顾客企图满足的特别需要,以及他们如何将这种需要转换成购买标准,而且需要了解消费者如何收集各种信息并且利用这些信息在竞争品牌中进行挑选,甚至需要了解顾客如何做出购买决策、喜欢到哪儿买东西、在购买关头又如何受营销刺激的影响等。消费者的购买决策大体分为问题确认—信息调研—选择评价—购买决策—购后评价等阶段,同时还经历着复杂的心理过程,即动机—知觉—态度形成—整合—学习等阶段,正是这些心理活动影响着消费者购买的最终决策。②

(一)问题确认

消费者决策制定过程的第一阶段是问题确认,即消费者意识到一种需求并且有一种解决问题的冲动,才会有后面的决策过程。

问题确认是由消费者理想状态与现实状态间的差距引起的。当消费者对情境的希望与情境的实际之间存在差异时就会产生某种确认的需要。引发理想状态与现实状态间差异的诱因是多方面的,有时是人为的内在原因,有时却因为天灾等外部影响。以外出旅游为例,2003年中国大地发生了一场突如其来的SARS灾难。在疫病肆虐期间,为了保护人民群众的生命安全,严堵唾液传播病毒,教育人们出门时必须戴口罩,在公共场所不能随地吐痰、打喷嚏时要避人等,甚至不得不采取前所未有的控制手段——禁足,以尽量减少公共区域活动等预防措施来控制疾病的蔓延。这场天灾由于政府采取的防范措施果断,最大限度地减少了人员的伤亡。然而,其对于各行各业所产生的影响却难以避免(见图5-10)。因为"非典"足不出户,国内旅游业损失高达2 100亿元人民币;因为"非典"防范扩散,境外游客锐减50%,损失约400亿元人民币。③ 因此,即使是按常规作出消费选择,也还有需要最后确认的因素。

然而,并非所有文化产品的购买都建立在需要的基础上,消费者寻求的某些产品或服

---

① [美]乔治·E.贝尔奇,麦克尔·A.贝尔奇.广告与促销——整合营销传播展望[M].张红霞,李志红,译.大连:东北财经大学出版社,2000:141.
② 同上.
③ 郭子鹰.非典后的三维反思[J].旅行家,2003(7):13.

图5-10 2003年SARS肆虐对旅游市场造成的冲击

务并非基本性的但却是他所喜爱的。需求是指受一个人的知识、文化和个性影响的被感知的需要。因此,需要确认什么是真正的需求。

(二) 信息调研

消费者决策制定过程的第二步是信息收集。一旦消费者意识到一个需要可以通过某种产品或服务的购买得到解决,他们便开始寻找制定购买决策所需的信息。信息的内部来源通常是对储存在大脑记忆中的信息进行扫描,回忆各种购买经验和相关知识。对于重复性购买和惯例消费品,如低值易耗的文化用品、到街头报摊随处可购买的小报等,往往都是凭借储存在记忆里的过去信息,因此即可做出购买决定。如果内部收集没有产生足够的信息,消费者便会通过外部收集追求另外的信息。信息的外部来源包括:来自周围的朋友、亲戚或同事;营销商控制的商业广告、销售人员或购买点展示及材料;公共来源,包括杂志或报纸上的文章或电视上的报道。

消费者决定利用多少及何种外部信息来源取决于以下因素:购买决策的重要性、获取信息所需的努力、相关经验的积累、同购买相联系的察觉到的风险程度,以及可支配的时间等。假定要挑选一部周末想看的电影,只需翻阅报纸或上网查看电影指南;而如果是决定大宗购买或是更复杂的购买行为,也许就要借助大量信息来源的参考。

(三) 选择评价

在获得决策信息后,消费者便进入选择评价阶段。在这一阶段,消费者将比较各种品牌的文化产品及服务项目,选择被认为值得购买选择的各种品牌。消费者通常根据产品文化或服务项目的实际结果进行选择,即购买一件产品或一项服务时所经历的功能性评价和心理性评价。功能性评价是指有形的且为消费者直接经历的文化产品或服务用途的具体功能;心理性评价大多为不可捉摸的、主观的以及个性化的抽象评价,比如一个文化产品让你感觉如何或你想象其他人将怎样看待你购买或使用这种产品。不少消费者会从一个独特品牌上体验到文化产品和服务项目带来的消费享受。

(四) 购买决策

在熟知有关选择品牌的信息后,消费者可以根据选择评价的结果,发展出购买某种品牌的购买意图或倾向。购买意图一般以品牌的属性或特征为基础,包括购买者的动机、知觉、态度形成的整合。购买决策同真正的购买行为有时并不一致,尤其对个人计算机和其他耐用消费品等重大和复杂的购买情况更是如此。而对于非耐用商品,购买决策与其购买行为的间隔时间可能会短一些,因为消费者已经形成对一种独特品牌的偏爱从而导致重复购买。营销商会竭力在消费者中发展并维持品牌忠诚,使用提醒式广告帮助消费者记忆,并在突出的货架上进行定期的促销以防止消费者转换品牌。人们的购买选择往往会随着客观环境的变化进行相应的调整。如我国旅游业在经历"非典"萧条后重新启动时,人们的旅游观念发生了很大的变化。"看到什么","去过哪里"不再是人们选择旅游产品的重要标准,而休闲度假、亲近自然和放松身心的"体验型"和"享受型"旅游项目成为新宠(见图 5-11)。从注重旅游经历,转变为注重旅游体验;从追求线长、点多、价廉的服务项目,转变为讲求旅行品质、讲求享受服务的消费观念;从急行军式的观光旅游,转变为驻停式的休闲健身旅游。

图 5-11 "非典"后期亲近自然的多种选择①

(五) 购后评价

消费者决策过程并不随着购买过程的结束而结束。一种情况是,在使用过产品或服务后消费者会将其实际表现同期望水平进行对比,并体会到满意或不满意。这种从使用产品中得到的真实感受会影响其未来的购买行为,积极表现意味着该品牌增大了再次购买的可能性,消极结果可能导致消费者减少再次购买的可能性。另一种情况是,可能结果是在作出某项艰难的购买选择之后产生怀疑的感觉。在这种情况下,可以从其他人那里寻求借鉴性意见,修正或改变对未选方案的态度或看法,或寻找支持他们选择的信息;也可以利用广告来巩固消费者对购买决策的肯定,甚至寄出追踪信件和服务指南之类的小册子,开通咨询电话,包括提供更广泛的回报、退货政策、延长保质期,以确保消费者满意。

目前国内大多旅游者喜欢在旅行归来后与家人和亲朋分享旅游的成果,当他们拿出照片、录像带和纪念品时,大多数旅游者会强调旅行经历,这种只关注"到过哪里"的旅游并不是真正意义上的旅游。旅游本是一项享受过程的消费活动,需要旅游者静下心来体验当地的自然环境和人文风情。对于处在快节奏紧张生活压力下已经呈现"亚健康"状态的人来说,能到安静清新的地方清肺醒脑,松弛一下紧张情绪比什么都好。因此,在湖边租一间能够看见风景的小屋,带上便携式笔记本,在树林间回复信件,制订在办公室无暇顾及的发展计划;或与家人、朋友一起泛舟湖面,或带着孩子和小狗一起玩飞盘……享受

---

① 郭子鹰.非典后的三维反思[J].旅行家,2003(7):22,46,48.

过这样的假期之后人们往往可以更好地工作和生活。

二、消费行为的价值取向

尽管导致消费者产生购买行为的因素非常复杂，但在寻找、购买、使用和评价能满足需要的物品和服务的过程中，还是有一定的规律性可循。消费行为是从形成需要开始的，既然需要就说明存在生理、心理上的意识与认知。凡未被意识的需要是潜在需要，它虽然为人的购买行为提供前提，但并不都会产生购买行为；凡已被意识的需要，都有可能成为激发购买行为的动机。消费者购物时并非对每一件艺术品都有预期目标，多数情况下只是一种朦胧的欲望。尽管导致消费者产生购买行为的因素非常复杂，但还是有一定的规律性可循。在现实社会中，人们几乎都是在一定动机驱使下完成其购买行为的，包括求实、喜新、移情、表现等心理特征。

（一）求实

求实是以追求产品的实用和实惠为主要特征的购买动机。消费者主要关心的是产品内在的质量和功能效用，讲求经济实惠和使用方便。

中国传统文化历来主张勤俭节约。尽管改革开放以来，人民群众的生活水平普遍提高，但是千百年来"精打细算"、"未雨绸缪"、"量入为出"的消费观念还是一直深深地影响着一代又一代人，尤其是要转变中年以上的消费者用信贷方式来消费并非易事。在现实中，一些经济状况不好而不得不遵循节俭生活方式的消费者，在选购商品时更多的是追求产品的耐用性，仍旧喜欢购买那些只具有基本功能的简单产品。一些经济上尚不能独立的青年学生，为拓宽视野，改善现有的知识结构而购买自用教材或教辅类图书时，会对同类书籍进行反复比较，往往选择那些再版次数较多的版本或更能满足自己需要的版本慎重决策。然而，也有一些工资收入颇丰但具有环保意识的人，并不会去购买耗油量大的小汽车。这些人外出旅游时，宁可选择那些能观赏美景、品味美食，满足回归自然、放松心情的地方前往，而不会接受旅行团精心安排的豪华旅游(见图 5-12)。

（二）喜新

喜新是以追求产品的新颖性为主要特征的购买动机。具有新颖性特征的产品，包括新品种、新规格、新材料、新花色、新功能、新款式等。

图 5-12　选择实惠且有趣的环境旅游①

---

① 余炜.顶级养生度假村[J].时尚旅游，2005(6)：110.

人们总是乐于接受新奇的事物,因此,不断开发新产品、更新老产品有利于满足消费者的这种购买心理,即使价格贵一些,消费者也乐意尝试和及时享用。如年轻消费者对于新事物比较敏感,他们有着自我的个性,有独立的思考方式和价值观,对新奇、时尚的事物充满好奇。针对这一特定消费群的受众心理游戏化、信息内容个性化、视觉表现卡通化、传播方式互动化等特点,拓展网络、新媒体的互动传播,包括音乐下载和QQ等即时通信,形成以较低成本吸引受众互动参与的传播效果。

(三) 移情

移情是通过对广告讯息内容的情境认同或角度转换,以追求产品的审美感受为主要特征的购买动机。移情说是西方现代美学中较有影响的流派之一,由德国学者立普斯创立。大多数的移情现象是指客观外界与主观情感相结合,从而使知觉表象与情感相融合的审美过程。人们聚精会神地关注审美对象时,往往会不知不觉地将自己的主观认识和审美情趣注入对象中,使客观的审美对象显示出相应的情感色彩现象。从心理学的角度来看,移情说的美感是一种心理错觉,一种在客观事物中看到自我的错觉。客观事物产生美感的根本原因在于人们的情感已经"外射"到事物身上,使主观认识和审美情趣变成了事物的属性,达到物我同一的境界。也就是把人的感觉、情感、意志等移置到客观事物之中,使原本没有生命的东西仿佛有了感觉、思想、情感、意志和活动,产生物我同一的境界。只有在这种境界中,人才会感到这种事物是美的。爱美之心,人皆有之。随着国民收入水平和文化素质的不断提高,人们对美的事物追求会愈加强烈。装帧精美的图书、能吸引人们眼球的广告、精彩纷呈的文艺演出、扣人心弦的电视连续剧等,都会受到不同年龄层面消费者的青睐。文化消费者不仅会要求文化产品的造型美、式样美、色彩美等外在的美感,而且要求获得文化产品的思想美、品格美、意境美等内在美感。

以旅游卫视为例。新频道 ID 的主题围绕"旅行者对旅行的感受和态度"进行设计演绎,通过合成画面、光效等手段,将常见的登山鞋、旅行包等旅行装备进行创意设计,通过旅行者地理位置与时间的变化,牵引出旅行者在旅途中的心理感受,并通过一系列看似悖论的命题——远行与回归;吃苦与享乐;离开与相遇,演绎出不一样的旅行时尚(见图 5-13)。

(四) 表现

表现是希望在公众和群体面前炫耀自身的优势以得到肯定或认同的购买动机。我国的"80后"、"90后"甚至"00后"的独生子女,是一个非常特殊的消费群体。他们从小处于家庭的核心,形成了"自我"的个性,讨厌墨守成规,喜欢多变、刺激和新颖的生活方式,追求个性彰显、与众不同。这类消费者在购买文化产品时,比较注重产品的品牌、产地及其社会声誉。这种炫耀性不同于富豪们的财富显摆,而在于向外展示自己的品味,在于表现出自己追逐时尚潮流的能力。这说明,消费文化所提倡的生活方式不是指在一定的经济和社会地位中渐渐养成的牢固的消费习惯和态度,它是指消费者认同某种社会时尚,跟随流行趣味的轨迹前行,并在消费过程中获得新的社会身份和相关形象。消费文化通过不断地提出新的消费概念和消费模式来吸引大众,勾勒出新的与社会时尚相匹配的形象。

随着消费需求的日趋差异化、多样化、复杂化,现代社会进入重视情感价值胜过物质价值的时代,尤其是购买文化类消费品更是重视个性的满足、精神的愉悦、舒适及优越感。

图 5-13 旅游卫视频道广告

由于独生子女消费群生活在传媒高度发达、信息高速流通、各种时尚元素充斥的现代社会,在海量广告的浸泡中长大,也擅长用搜索工具寻找答案,故而喜欢追随时尚、新鲜、前沿的消费潮流,看重产品的夸耀性和符号性,许多文化产品本身的核心功能反而成为次要因素。因此,他们不仅在购买商品时比较注重产品的品牌、产地及其社会声誉,对款式和时尚有着强烈的追求,而且喜欢上网聊天、打电子游戏、手机换个不停、吃洋快餐和穿新潮服饰,花钱没有节制,很少考虑为将来而储蓄,敢于"花明天的钱,圆今天的梦"。

三、消费行为的选择反应

现在的受众再也不是被动的信息接收者,而是拥有自主选择权的参与者。正如丹尼斯·麦奎尔所言:"受众既是社会环境——这种社会环境导致相同的文化兴趣、理解力和信息需求——的产物,也是特定媒介供应模式的产物。"[1]尤其是以互联网为信息交流载体的网络受众,不仅可以任意点击自己所需要的信息,而且可以主动拦截被动的或是自己不感兴趣的信息。受众的选择性认知直接影响购买行为,而选择性接触、选择性理解和选择性记忆正好连成了一个足以影响消费者认知的防卫图。因此,既要了解消费者对外界信息的选择反应,也要了解信息环境对消费者所产生的参照影响。

(一)选择信息

消费者对外界信息的选择反应主要包括选择性接触、选择性理解和选择性记忆。

选择性接触是指受众在接收外界的传播信息时总是倾向于关注那些自己感兴趣的或需要的信息,而这种选择性接触有利于强化受众原有的态度。信息刺激的强度主要通过

---

[1] [美]丹尼斯·麦奎尔.受众分析[M].刘燕南,李颖,杨振荣,译.北京:中国人民大学出版社,2006:2.

营造视觉张力和视觉重点来实现。不论是产品还是广告,如采用视觉冲击力较强的外观造型、画面效果、影视特技和音响特效等,都会增强消费者对产品信息的选择性注意。信息刺激的对比度主要是借助虚实空间的对比、体量大小的对比、色彩的对比等表现手法来实现。信息刺激的重复率是通过增加刺激的总强度以克服遗忘来实现。重复使单体信息成为时间序列中的有序组合,往往更容易与其他偶然出现的无序信息形成对比。信息刺激的新鲜度是借助时间上的新旧对比实现的,如新潮、时尚的风格,新颖别致的安排等更容易引人注目。通过色彩对比进行空间立体化的表达,往往可以造成广告视觉强度的刺激,在瞬间吸引受众注意力并接受广告信息的传达。

选择性理解是指人们习惯从自身需求出发对信息传递产生不同解读,受众的心理特征、文化倾向的不同也会产生对于同一信息解读的理解差异。在产品信息的传播过程中,传者会将产品和广告中具有一定意义的符号加以编码,而受者也会将信息回译成意义的解读。因此,编码者应努力防止或减少受传者对信息的曲解,尽可能使信息被多数人所正确理解和接受。产品的信息传播也是一个编码与解码的过程,消费者通常会依据自己的理解来完成对产品信息的解读。让产品信息的接受者循着一定的思考方向、编码轨迹和逻辑途径去主动地发现隐藏在作品中的相关信息,从而准确理解产品令人动心的功能魅力,成为设计师创意表达的主要任务。

选择性记忆是"受愿望、需要、态度及其他因素的影响而回忆信息的倾向"。[①] 在产品信息传播中,已经突破选择性注意和选择性理解这两关的部分信息,要想顺利进入受传者的大脑中储存起来,还必须经过选择性记忆的再过滤。人们常常只会记忆那些符合自己需要的和愿意记住的信息,同时忽略那些无意义的和不利的信息。这种记忆上的主动筛选、取舍,就是信息接受机制中选择性记忆的过程。电视观众在遇到电视连续剧之间频繁插播自己并不感兴趣的广告时,就会在最外层的选择性接触阶段采取调台或换频道的抵制行为。如果从节目预告中得知有自己感兴趣的信息,则会运用选择性理解来期待解释信息的符码。如果通过上述环节的筛选依然无法留下自己需要的信息,就会选择能支持原先观点的信息,忘记其他不相关的信息。

选择性接触、选择性理解和选择性记忆是受传者在接受过程中最基本的内在操作方式,也是难以明察的一种认知接受选择机制。这种选择机制的启动、运行和终止,既取决于主观因素和客观因素的特点和形貌,也取决于主客观因素之间互动的频率和吻合的程度。

(二) 影响因素

文化产品不同于一般商品的物理性功能,文化产品凝聚着创造者的情感理念和理想追求,它们带给人们更多的是精神享受。一部感人肺腑的电视剧、一场能震撼心灵的文艺演出,其关键在于建立消费者与艺术家之间的心灵沟通。人们在购买文化内容产品时还会受以下因素影响:参照因素、技术因素和环境因素。

参照因素是能够使消费者根据以往的经验和对文化产品所具有的知识面产生认同的

---

① [美]沃纳·赛佛林,小詹姆斯·坦卡德.传播理论:起源、方法与应用.第四版[M].郭镇之,等,译.北京:华夏出版社,2006:79.

因素。同是芭蕾舞剧演出,在观看过程中既可以和同一台舞剧中的其他片段进行比较,也可以和这个艺术家的其他作品进行比较,甚至还可以同其他风格的舞蹈(如现代舞、爵士舞等)进行比较。

技术因素是指消费者所得到的产品中的技术含量。它可能是指产品本身(一件向往已久的雕塑艺术品),也可能是媒介(自己所喜好的歌星、影星的演出光碟),或者是作品表演的一个组成部分(实地观测民间艺人的绝活表演)。消费者在拥有产品的同时也就获得了艺术作品的审美享受。

环境因素与产品周围暂时的、易变的情势有关。真正的艺术作品是不可能复原的,更何况不同的人对于作品的感觉是各不相同的,包括不同的心境情绪、物理状态、舒适程度。所有这些转瞬即逝的因素对于文化产品的整体理解过程有着重要的影响,同时还影响着消费者对作品的评价。尽管消费者的直觉是购买所有文化产品的重要因素,但必须注意这种直觉感受在表演艺术和观赏艺术中所起的特别作用。艺术家的心理状况、身体状态以及对于观众反应的感觉同样是影响产品质量的环境因素。

第四节 文化语境的消费认同

文化产品在满足人们的需求过程中需要获得消费者的认同,即由于个人的自我同一性与他人或群体存在的依赖关系,从而接受某些观念、态度或行为方式。人对外部信息的把握以以往的经验为背景,而这些经验的来源便是外部的文化世界。人之所以不同于动物就在于人生活在一个"意义"的世界里。

语境是人可以理解的"意义"的承启,新创造的事物融入语境的作用正是在时空上构建具有"意义"的上、下文关系,从而便于人对其意义的认知、解读和接受。当前的消费文化正在从大量消费向讲究美观和文化性的消费过渡。在后工业经济社会,市场过程的自我实现价值观要求更加重视人的因素,满足人性的或人格化的要求。在对商品的评价中,文化的观点起着越来越大的作用。

一、文化语境探究

"语境"一词原本源于语言学术语,是一事物在时间或空间上与他事物的关系。不同学科对"语境"阐释的角度各不一样:语言学认为,语境是用来表达某一个词所使用的社会背景或表明它所带有的语感,即使用语言的前后环境。艺术学认为,语境是一定艺术现象具体存在时各种因素的总和。因为任何时代的艺术总是与其所属时代的生存语境休戚相关,并且是对那个时代基本文化精神的揭示。文化学认为,语境包括丰富的内涵和众多的层次,是客观存在的文化现象。传播学认为,语境是构成信息或信息涉及的物质、心理和社会的一种营造环境。

电影《泰坦尼克号》被不同国籍、不同文化背景的电影观众所感动,说明人们共同关注的是电影语言如何与观众进行沟通以及表达模式的契合。《泰坦尼克号》是一部讲述沉没之船上永不沉没的爱情绝唱,一部讴歌职业道德、信念、勇气、自我牺牲和爱情的电影佳作。影片打动人心的原因除男女主人公杰克与露丝魂牵梦萦的生死之恋以外,还有在生死考验面前人们内心永不沉没的责任、义务和道德理念,在被解构的历史回忆中得到永恒。当汹涌的海水涌入驾驶舱时,船长用刚毅和镇定表达了他的忏悔和尊严,直至海水没过头顶;近900名船员中有687名船员像船长一样永远地留在了泰坦尼克号上,责任和纪律造就了群雕般的英雄壮举。影片借一个个感人肺腑的场面,讴歌了一大批小人物高尚的职业道德:信号员一直坚持在甲板上发着毫无希望的信号;锅炉工本来已经被安排到救生艇上当划桨员,却把生的希望让给了别人;报务员坚持到最后一分钟,继续敲打着生命终结的秒数。最让人感动的是船上身着燕尾服的乐队演奏员,在人们惊慌失措的时候,他们一直演奏着《上帝与你同在》的乐曲,安抚着不安的灵魂。透过悲凉激越的提琴声,展现出人在死亡面前所拥有的全部哀伤和尊严,感人至深。也许人们无法拯救毁灭性的灾难,但人们可以从中领悟人类最美好的情感。

二、语境建构的消费沟通

我们知道,在与消费者实现沟通时,消费者的反应过程是由认知阶段、情感阶段和行动阶段组成的一个依次的运动。因为认知总是先于情感的,而情感又是先于行动的。认知阶段是指接收方对于特定产品或者品牌的知晓或感知,包括对品牌存在的感知,对其属性、特色或优势的知晓和理解。情感阶段是指接受方的感觉或者对特定品牌的喜好程度,如渴望和偏好。行动阶段是指对品牌采取的行动,试用、购买、使用或摒弃。①由此,便产生了消费沟通中语境建构的三个层面:其一,需求层,即消费者对产品的利益关注点;其二,接受层,即消费者对信息接受的符号理解;其三,兴趣层,即消费者对文化产品的趣味点。只有在这三个层面上获得消费者的认同,才能使文化产品与消费者进行最直接、最有效的对话。尤其是精神类文化产品大多借助语境的建构,可以分别从诉求语义、关联语义和审美语义方面实现消费沟通。

(一)诉求语义

不同文化语境的消费者,其固有的思维模式和认知习惯会强烈地表现在对诉求语义的接受上。诉求语义是用于吸引消费者注意力和影响他们对产品或服务的感受的一种方式。只有诉求的利益点和消费者关注的利益点相吻合,才能在需求层上引起消费者的共鸣。

诉求语义通常分为两类:逻辑性语义和情感性语义。逻辑性语义强调消费者对产品或服务实际的、功能性的或实用的需求,讯息的内容强调事实、认识和说服的逻辑性。采用产品特征诉求容易引起人们对产品的好感,并能作为理性购买决策的基础。情感性语义则借助情感的表达形式,寻求令消费者心动的关键因素,以期产生沟通的共鸣。中国传统文化的基本格调是伦理——社会建构的人情网络,家庭关系、亲友关系、人伦关系十分突出,一切离不开人与人的感情伦理关联。人的情感是最丰富的,也是最容易激发的,人类不断地寻求观念和情感的表达形式,通过隐喻、暗喻、借喻、联想等多种方式向使用者传递企业的理念,使产品和服务与使用者的内心情感达到共鸣。

---

① [美]乔治·E.贝尔奇,麦克尔·A.贝尔奇.广告与促销——整合营销传播展望[M].张红霞,李志红,译.大连:东北财经大学出版社,2000:210.

在央视公益广告《Family》中，设计师巧妙地将人们熟悉的"家"的英文单词 FAMILY 的字母拆开，并且将其中代表家庭角色的字母突出出来，按照家庭成员的不同角色讲述"有家就有责任"的广告主题，"家"是父母养儿育女的艰辛历程，也是儿女回馈父母的内心表白。代表爸爸（Father）的"F"挂着拐杖，代表妈妈（Mother）的"M""会流泪"，代表子女的我"I"长成大树以后伸长了臂膀，懂得要让年迈的爸爸可以依靠，给臃肿的妈妈撑起遮阳伞（见图5-14）。当人们观看这则广告时，内心会充满感动。

图 5-14　央视公益广告《Family》截图①

（二）关联语义

关联语义是利用生活中相关事物的相近、相似、相对的关系来契合诉求需要。通过间接指涉、触类旁通、由此及彼、举一反三的类比推理，领会若干"只可意会、不可言传"的语境奥秘。它易于表达某些联想和暗示，丰富而微妙，正好与中国人喜欢含蓄、委婉、间接的表达方式相吻合。

人的认知往往力求以最小的心理投入获取最大的认知效果。人们在解读文化语境时只会关注、处理那些具有足够关联的内容，而且倾向于在与这些内容有最大限度关联的语境中对其进行处理，并构建与这些内容具有足够关联的心理表征。认知沟通必须十分重视符号的可接受性，即文字和图形与消费者的经验领域相关联的可解读性，这是与消费者沟通的前提条件。图形是广告符号的重要组成部分，应尽量选择消费者可解读的图形，包括消费者对图形本身的识别，还包括对图形特定含义的理解。在任何时代、任何文化中，物品的有用性和象征性之间的联系都为理解普通的人——物的关系提供了具体的语境。这说明，关联语义的沟通必须建立在消费者对文化语境的客观识别基础上。

（三）审美语义

在"读图"、"解像"的时代，人们已经习惯于从形象本身取得意义。中国人审美心理所具有的整体性、意会性、模糊性和长于直觉判断等特点，都可在"意境"中找到端倪。意境的核心是一种体验的境界，能够对人产生感召力和穿透力。在电影内容生产这样一个诉诸受众感知接受的文化产品中，创意表现和审美语义的运用仍是其重要的核心内容。审

---

① 央视公益广告《Family》[OL]. http://v.youku.com/v_show/id_XNDQ3NjcyMzQ0.html.

美是一种看不见的竞争力,对美的追求是人的潜意识的一部分,电影不仅负载着信息传递的重任,在表现形式上也需要借助审美文化的基础。含蓄、联想、借物言志是构建文化语境常用的方法。将不同的事物进行美妙的渲染类比,可以给人一个很大的联想空间,激发消费者的购买动机。有了恰当的审美作衬托,消费者就能够理解文化语境中的各种符号,从合适的角度切入对人性、对社会、对未来的关注点。

三、文化语境的认知趋势

20世纪50年代以来,发达国家的消费已然从大众消费向审美消费的文化需求过渡。为了满足消费者的文化需求,各国政府一方面大力加快发展本土的文化产业,营造繁荣兴旺的文化市场;另一方面,鼓励为产品注入科技含金量的同时,也积极倡导为产品注入艺术含量和魅力价值,使得人类的生活更加和谐而美满。

(一)文化内涵符号化

文化既包括全部由语言和符号构成的现实世界,也包括人们当作文化现象经过整理和解释所创造、保持并传承的东西。文化载体承载并传达着不同时期文化的内容和文化的意义。在文化传播活动中,文化价值、符号意义早已超越了它们所荷载的文化的直接的、物的含义。符号学理论认为,一切通过符号或象征手段进行的社会互动,都是符号和意义的统一体。符号是信息的外在形式或物质载体,如图像、形式、现象等;而意义则是信息的内在本质或精神内容,如情感、语义、价值等。任何传递信息的媒介符号都是人的思想观念和情感语义的感性袒露,也是指示和称谓事物及关系的识别代码。凡能表示特别意义与辨识目的的载体应可称为符号,如文字上的注音符号、文章中的标点符号、音乐中的音律符号、数学上的运算符号等。符号是信息表达和传播中不可缺少的一种基本要素。

作为人类社会交流的媒介,符号是认识客观外界事物的沟通桥梁;作为信息载体,符号是实现信息存储和记忆的重要工具;作为传播渠道,符号是表达思想情感的物质手段。人类思维就是对相关符号的组合、转换、再生的操作过程。作为以大众传播活动为主的文化传播,符号更是以其直观而生动的形象广泛为社会受众所接纳。为了达到沟通的目的或实现传播的结果,人们创造了各种符号,借助这些符号表现一些特定的事物或叙述某种思想传达给其他人。任何人与人之间交往的事物都可以用符号来加以说明,所以符号是专门用于人类社会表达、描绘、陈述、传达和交往需要的。作为可以表征其他事物的符号,不仅取决于约定俗成,还取决于这个符号是在一定的"情境"中起作用的。人是创造各种符号和进行符号交流活动的高级动物。人类创造的所有符号,不论是以形象表现为特征的图像符号,还是以逻辑推理为特征的语言文字符号,它们共同司职于人类的信息传递和情感沟通。

楚文化是江汉地区三苗文化的遗存和发展。楚人的先民以凤为图腾,凤是主真、主善、主美的神鸟。从形态上看,凤是雍容华贵,飞能冲天、鸣能惊人的审美化身。楚文化的精髓:一是筚路蓝缕,即艰苦创业精神;二是追新逐奇,即开拓进取精神;三是兼收并蓄,即开放融会精神;四是崇武卫疆,即强军爱国精神;五是然诺贵和,即诚信和谐精神。[①]

---

① 图文:端午共话屈原 祖国在我心中[N].湖北日报,2011-06-04(专刊).http://hbrb.cnhubei.com/html/hbrb/20110604/hbrb1401929.html.

楚艺术品的色彩以红黑色的强烈对比为基调，演绎着远古先民心灵的震撼与情感的交融，体现了楚文化中富于想象、充满生命激情、飞扬卓厉的民族气质和进取精神。当这些文化的遗传密码被引入现代设计中时，它所产生的情感共鸣已远远超出了国界，走向了世界。我国著名设计师陈放曾以传统中国文化为底蕴，结合现代设计表现方法为法国巴里巴银行设计过一套礼品扑克牌。设计师不仅选择了不同时期中国古币的形制为设计元素，而且将从1到10的吉祥语，象征祥和的如意纹、祥云纹、福寿纹等图案符号，还有十二生肖的民俗形象等民间艺术精华组合在一起，再融合西方文化中黑桃代表权力、红心代表爱情、梅花代表幸运、方块代表财富等习俗，设计出具有很高艺术价值和收藏品位的文化产品——泉币扑克（见图5-15）。

 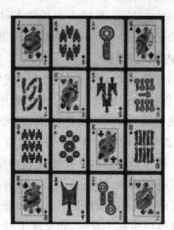

图5-15　礼品扑克牌设计[①]

（二）视觉表达简洁化

随着商品交换活动的快速发展和市场竞争的日益激烈，广告已经成为现代社会快节奏生活方式的重要沟通语言，它可以打破不同民族间的语言隔阂，促进不同肤色不同人种之间的相互理解、相互交流和相互融合，加快各种信息的传达。

自然社会本来是按照网状结构而不是直线形结构把各个物种联系起来的。人类社会中人与人之间的交往，社会事件之间的关系等也都是网状结构。视觉是物体的影像刺激视网膜所产生的感觉，是人类信息传递的主要方式。当一切富于成效的思维必然发生于知觉领域内时，视觉是表现空间联系的精确性和复杂性最为简洁的感觉样式。著名学者阿恩海姆认为："在思维活动中，视觉意象之所以是一种更加高级的媒介，主要是它能为物体、事件、关系的全部特征提供结构等同物（或同物体）。视觉形象在多样性和变化性方面堪与语言发音相比。然而更重要的原因在于，它们能够按照某些极易确定的形式组织起来，各种几何形状就是最确凿的证据。这种视觉媒介的最大优点就在于它用于再现的形状大都是二度的（平面的）和三度的（立体的），这要比一度的语言媒介（线性的）优越得多。这种多维度的空间不仅会提供关于某些物理对象或物理事件的完美思维模型，而且

[①] 陈放. 法国巴里巴银行礼品扑克牌设计.

能够以同构的方式再现出理论推理时所需要的各个维度。"①因此,在越来越发达的现代社会,文化产业营销中人与人之间的沟通会朝着简洁化的视觉表达为主的方向发展。

(三) 内容诉求人文化

随着现代高科技的发展,社会文化模式也在发生着变迁。人们寻求与商品感性的真实交流,关注和探讨经济的可持续发展,追求更加富于生命的生存方式,于是有了后现代文化对人文主义精神的呼唤。曾经局限在富裕阶层的文化消费行为,如今已普遍成为寻常百姓广泛的消费需求。消费文化已经成为一个重要的经济要素,并日益凸显出浓郁的人文主义特色。

在商品的功能、种类等硬件竞争难分胜负的情况下,商品的文化个性作为一种软资源介入竞争,为激烈的竞争环境导入了新的生机与活力,也给企业带来了新的希望。企业营销和产品的宣传开始更加重视文化附加值的影响,消费者购买产品时也不再由物质的质量而是由文化的质量所决定。人们将休闲、娱乐与文化交织在一起,对文化含量高、设计精美的产品需求在不断增加。消费观念的变化不断加快,审美趣味和流行风格的变换等,都对后工业文化提出了更为严峻的挑战。文化产业营销不再是为着一个单纯的经济目标,而已经成为丰富广大人民群众物质生活的社会责任。越来越多的文化产品开始注重独特的文化个性,重视用户消费过程中的情感体验。

中国的历史文化源远流长。如何对构成现代人赖以生存的社会物质产品设计的文化内涵进行深层挖掘和展示,不仅关系着现代市场经济条件下企业经营的品牌战略,而且是探索赋予产品以文化的意蕴引发消费者共鸣,形成营销卖点的关键所在。

科学与技术的发展必然以相应的社会文化发展作为条件和结果。当物质文明发展到一定程度、人们的温饱问题逐渐得到解决之后,就会转向精神方面的需求。人类虽然通过文字实现了信息活动体外化的记录、保存和传播,但这并不是说文字是人类传播的唯一体系,声音语言的再现和延伸,以及动作、表情、体态、声音、图形、图片、影像等,同样是信息的重要载体,而且发挥着越来越重要的符号作用。以传统戏剧为例,京剧大师梅兰芳、程砚秋都认为,京剧的表演手法是写意的,如同用毛笔渲染出的国画,优雅而古典。然而,年轻的消费者对如潮水般涌入的西方文化趋之若鹜,而对延绵数百年、上千年的文化辉煌却不屑一顾,这说明年轻消费者对中国传统文化的认同感发生了危机。这种消费认同上的偏离,直接导致了京剧市场的演出锐减,传统艺术后继乏人。但在喜好国粹的中老年消费者中,京剧脸谱依然是受到青睐的工艺品(见图5-16)。

图5-16 京剧脸谱市场上精心选购商品的顾客②

---

① [美]鲁道夫·阿恩海姆.视觉思维[M].滕守尧,译.北京:光明日报出版社,1986:341.
② 张海峰.京剧脸谱市场[N].人民日报,2005-02-04(15).

中国人传统的认知习惯是重关系的、直觉的、沉思的、玄想的,属于高语境文化。因此,在沟通方式上着重气氛的营造,综合调动诉求语义的说动功能、关联语义的说懂功能和审美语义的说服功能,就能实现消费心理的认同效果。

(四)传播渠道整合化

随着市场竞争的加剧,文化产业的信息传播已经开始由介绍商品特性转向品牌形象塑造,由竞相吸引消费者的注意到探寻用户的接受心理。广告早已不再是单一的促销工具,而必须和促销、公关、新闻、直销、CI、包装、产品开发等一起,进行一体化的重组整合,使消费者无论从什么信息渠道都能获得对某一品牌的一致信息。文化企业的经营策略是一个难以捕捉的抽象概念,必须以消费者易于接受的特定方式表达出来。通过报纸、杂志、影视、网络等各类媒介向社会受众传播,实现"同一声音"的最大涵盖范围和力度,并借助对某些固定元素和信息的重复强调,对人的视觉思维构成多元统一的持久刺激促使它们演变为固定记忆,受众在作出信息判断时便可即刻调出潜在记忆,迅速达成对外界信息的认知。这就需要对信息进行感性的转化,创造出更为适宜的视觉思维环境,保持品牌形象的一致性和完整性。

阿迪达斯品牌广告的诉求对象是青少年消费群,针对这一特定消费群热爱运动、渴望胜利、崇敬英雄、希望受人重视、思维活跃、想象力丰富并充满各种梦想的基本特征,设计师通过动画表现体育明星在运动场上的激情演绎,将来自产品功能利益的销售主张,转化为关于追求、进取、拼搏等人文精神的认同(见图5-17)。

图 5-17 阿迪达斯品牌广告①

综上所述,以消费者的利益关注点为中心,是广告诉求语义需要表达的主题;中间是消费者可接受的文化符号范围,在此范围内使用关联语义让消费者进一步理解主题;审美语义用于激发消费者的兴趣,从而积累好感,进而形成认同效果,借助文化语境更好地实现与消费者的认知沟通。

---

① 阿迪达斯品牌广告[OL].中国设计网,http://www.cndesign.com/.

第六章 文化产业的市场策划

文化产业的市场策划是在分析和判断市场机遇和问题的基础上，根据文化企业自身特点制定发展目标和市场对策的重要环节。文化企业的市场策划包括设计调研目的，计划回答问题的样本，系统地收集、分析并报告与企业推行营销战略有关的一系列市场调研活动的技术准备，也包括确立企业市场营销战略目标、编制营销计划、决定成本预算、制定营销策略、选择与组合广告媒体并组织实施、检测营销效果等有关企业战略发展和战术应对等重大问题。文化产业市场策划的重点是进行文化市场细分、选择竞争战略和制定营销策略等。

第一节 市场细分

市场细分是指文化企业在市场调研的基础上，依据文化消费者的需求特征、购买行为和购买习惯等方面的差异，将整体市场划分为若干个不同的购买群体，以便锁定目标消费群的市场分类过程。每一类消费者群就是一个具体的细分市场，每一类消费群都需要具体制定针对性较强的市场策略。然而，文化企业只能根据各自的实力，针对其中的一个或相关联的几个细分市场进行策划。

一、市场细分的依据

由于市场细分是根据消费者的需求、动机、购买行为的多元性和差异性来划分的，所以文化产业的市场细分有利于企业发掘市场机会并开拓新市场，也有利于企业选择目标市场和制定市场营销策略。市场细分后的子市场比较具体，企业可以根据各自的经营理念及经营实力确定适合自己发展的目标市场，而且针对性较强，信息容易了解和反馈，一旦市场有风吹草动便可及时调整营销策略，制定相应的对策，提高企业的应变能力和竞争力。

市场细分的基础是顾客需求的差异性。差异性的意义在于能够在观念上加以区别，并提出相应的营销组合方案，在满足市场需求的同时促成企业获利。因此，在进行市场细分时，通常会按照地理、人口、行为和消费心态来加以区分。

（一）**按地理区域细分**

按地理区域进行市场细分是最常用也是最简便的细分方法。地理区域不仅可以直观地提供市场的分布范围、气候条件以及经济发达程度，而且有利于深入研究这些要素对未来营销活动的影响。

地理区域可按各省、市、地、县划分，也可以按南方、北方的地理环境和气候条件划分；可以按城市规模划分特大型、大型、中型、小型城市，也可以按经济发达程度划分为沿海特区和中西部地区,等等。在"长三角"、"珠三角"、"京津冀"等区域经济形成规模后,湘鄂赣三省已于2012年2月签署《长江中游城市集群商务发展武汉宣言》,准备联手打造"中三角",冲刺中国经济"第四极"。① 这意味着,地处长江中游内陆省份的湖北、湖南、江西三省的市场一体化建设已经正式启动。"中三角"主要覆盖了3个省会和27个地级市,涵括了湖北武汉"1+8"城市圈、湖南长株潭城市群、江西环鄱阳湖生态经济区,以三省的省会城市武汉、长沙、南昌为核心,以浙赣线、长江中游交通走廊为主轴,面积有20多万平方公里。由于武汉、长沙、南昌三个城市群沿长江中游呈"品"字形结构,等腰三角形分布,故称为"中三角"。不同于其他区域经济先行原则,"中三角"的崛起中生态环保将得到优先考虑。因此,在加快长江中游城市集群建设中,推进以布局协调、功能相济为目标的空间结构优化,以统筹规划、节点衔接为主线的基础设施互联,以优势互补、集群发展为方向的产业发展对接,以江湖联动、综合整治为核心的生态环保工作。已跻身全国五个旅游标准化试点城市之列的湖北咸宁,抢抓"中三角"发展先机,利用作为湖北唯一连接湘鄂赣三省的地级市的地理优势,以及山川形胜、灵动奇秀的自然条件,积极开发了温泉疗养、九宫避暑、陆水度假、赤壁怀古、三湖垂钓、青山健身等具有生态养生特色的旅游品牌,成为享誉中外的浪漫休闲之城。这个因《易经》中"万国咸宁"而得名的鄂南门户,有着历史上被多朝皇帝封山赐匾的全国五大道场之一、明末农民起义领袖李自成殉难地的九宫山旅游资源,正以生态旅游为特色,"筑巢引凤"将优势产业做大做强。② 长江中游城市集群联手打造"中三角"的序幕已经拉开(见图6-1)。

图6-1　九宫山与"中三角"的旅游融合

(二) 按人口统计细分

按人口统计进行市场细分也是一种广泛应用的细分方法。人口统计数据不仅可以全方位了解年龄、性别、职业、收入、家庭人口、家庭生命周期、民族、宗教、国籍等人员结构情况,而且有利于针对不同的消费者将市场划分为不同的群体。

不同年龄段的消费者,由于所经历的社会环境不同,其性格、爱好、经济状况等也各不

---

① 杨宁.湘鄂赣冲刺中国经济"第四极"联手打造"中三角"[N].人民日报,2012-03-06.http://kfq.people.com.cn/GB/236326/17305433.html.

② 孙勇,张萱,彭惠雯."西服哥"徐开波 投身"中三角"旅游融合[OL].人民网,2012-05-19.http://tv.people.com.cn/GB/150716/17932159.html.

相同,对文化产品的消费需求也存在很大的差异。综艺节目一直是央视和各省级卫视争夺观众最为激烈的节目。深圳卫视《年代秀》别出心裁地推出了一档代际互动综艺秀。该节目引进国外热门综艺节目《Generation Show》的模式,不仅包含综艺一贯的游戏竞赛项目,还结合影像、实物、音乐表演和时尚秀等元素,借助现场明星嘉宾的回忆和表演,带领观众完成时空穿越,还原每个年代的文化记忆,从而重新塑造最真实、最生活化的时代英雄。每期年代秀节目分别邀请 60、70、80、90、00 五个不同年代的 10 位明星嘉宾同台互动,通过年代答题、游戏竞技等环节进行同场 PK,使得年代秀节目既有温暖的动情时刻,也有斗智的竞技氛围(见图 6-2)。不论是出生在计划经济时期火红年代的中年观众,还是出生在改革开放后的年轻观众,都可以在这场代际互动综艺秀中通过回忆与表演,穿越时空,理解彼此,找到不同年代最生活化的真英雄。由于嘉宾是各界明星大腕,故而足以吸引电视机前不同年龄段的观众在梦幻的过去和真实的现在中悲喜同行。

图 6-2　深圳卫视《年代秀》

至于性别、收入、民族、职业、教育以及家庭人口方面的情况亦如此,都会产生不同的需求差异。凡是有差异的地方,就意味着有潜在的新市场。我们知道,收入的变化直接影响消费者的需求欲望和支出模式。收入高的消费者显然会比收入低的消费者在购买钢琴、珠宝首饰或参加教育培训等方面容易付诸实施;收入较低的消费者其支出模式大多只能用于满足基本的生活需求层面。民族习俗的需求差异也是这样,我国是一个多民族的大家庭,各个民族有自己的传统习俗和生活方式。因此,文化市场不仅存在差异性的商品需求并满足这些各不相同的民族文化需求,而且应通盘考虑生态旅游建设的方方面面并满足不同文化需求的各个不同环节。还有职业和受教育的程度,尤其对网络、手机等新媒介带来的需求变化,都要求文化产业营销人员深入研究,了解消费者在志趣爱好、生活方式、文化素养、价值观念等方面的差异,了解不同消费者的购买行为和购买习惯。至于家庭人口的多少和家庭结构的形式,也是影响文化消费的重要因素。由于提倡计划生育,很多城市家庭出现"4＋1"或"6＋1"的模式,这对于儿童玩具、早期教育和益智培训等市场需求都将产生影响。

(三) 按需求偏好细分

按消费者的需求偏好进行市场细分是根据消费者不同的生活方式、性格特征和购买动机等变数,将文化市场细分为不同的消费群体。

生活方式属于一种文化现象,即包括人们的衣、食、住、行、乐以及社会交往、待人接物等物质生活和精神生活在内的一种群体模式。在一定客观条件的制约下,人们的生活方式有各自的独特发展规律,其活动形式和行为特点往往具有相对的稳定性和历史的传承性。比如勤俭节约的生活方式,虽然历经不同的社会经济形态演变,却一直传承下来,成为中华民族传统文化的重要价值观念之一。但随着生产力水平的提高和科学技术的发展,生活方式也会发生着变迁,在特定的社会变革时期甚至表现为某种超前性。

性格特征影响文化消费。性格的理智特征主要集中表现为善于观察、分析、感知等能力,具有这类性格特征的消费者有的擅长观察对象的细节,有的善于把握观察对象的整体,有的倾向于快速感知,有的擅长精确感知,有的善于形象记忆,有的善于抽象判断。性格的情绪特征主要是指个体在情绪控制方面的表现。有的情绪强烈,不易于控制;有的相反,易于控制。有的消费者情绪波动性大,易于冲动性购买;有的消费者则情绪稳定,多为理智性购买。性格的意志特征表现为自觉性、坚定性、果断性和自制力等方面。自觉性是指在购买行动产生之前有明确的目的,事先就制定了购买行动的步骤和方法。坚定性是指为实现购买目标坚持己见而不受干扰。果断性是指能够在复杂多变的情境中迅速作出购买决定,不会优柔寡断。自制力则是指消费者善于控制自己的行为和情绪,理性购买,理性消费。不同的性格特征往往会导致不同的消费倾向。容易冲动的消费者喜欢购买能表现自己个性的产品,富于创造性和冒险心理的消费者则容易对新奇、刺激性强的文化商品感兴趣。

服装不单单是御寒遮体的纺织物,而是提升和丰富人们内心修养的一种平台。好的时装设计不仅可以触摸人们的心灵,而且展示着人们不同的自信、魅力和文化品位。马克华菲JEANS男装2012秋冬发布会以"冰雪城堡"的梦幻概念拉开序幕,大片雪花的装饰让人恍若置身冰雪梦幻的世界中。费尔岛系列凭借北欧民俗风情的费尔岛图案、新迷彩与原始印花、剪边、散口边缘的细节等,展现着男士优雅的复古主义风格;而采用简洁经典的黑灰色调、强烈的分割与拼接以及不对称显示垂坠等效果,则充分展示朋克风格的不羁气质;透过英伦气质的校园男孩,展现着环保主义情怀的青春热血,以最真实、最自然的方式流露出不需要掩饰也不需要浮夸的"型男"气质。不论何种款式,都在展示着一群外表看上去文静害羞、内心则渴望获得关注的男性群体(见图6-3)。

图6-3　马克华菲JEANS男装2012秋冬发布会①

---

①　马克华菲JEANS男装2012秋冬发布会[OL].视觉中国,2012-03-26. http://c.chinavisual.com/2012/03/26/c81411/index.shtml.

至于按照购买动机来进行细分,更是商家十分关注的一项研究。通常,文化消费者对所选购的文化产品和服务都有求实、求廉、求新、求美、求名、求安等价值取向,这些各不相同的购买动机都可作为市场细分的变量依据。

(四)按购买行为细分

按消费者的行为因素进行市场细分就是按照消费者购买时机、购买频率以及对品牌的忠诚度等变量来细分市场。

不同的消费者会选择不同的购买时机。中老年消费者受传统消费观念的影响较深,这类消费者求实、求廉,对"半价电影票"和促销类的活动比较感兴趣。而年青一代中的"月光族",与父辈勤俭节约的消费观念不同,他们喜欢追逐新潮,扮靓买酷,"吃光用光,身体健康",不太在乎钱财的去留。"月光族"群体中,要么是有稳定收入的白领,要么是缺少生活磨炼而又备受父母呵护的独生子女。他们大多习惯网上购买,冲动性消费,喜欢攀比,迷恋品牌消费,对电子产品的更新速度比较快。对于喜欢玩游戏机的不少年轻消费者而言,如何把握新产品的购买时机是一个值得关注的问题。不少消费者会在新产品问世后尽快将旧的产品加以淘汰,及时更换成各种具有新功能的产品。还有些节令产品的消费本身就具有很强的时间性,如烟花爆竹的消费主要在春节期间,暑假期间则是旅游旺季,各地的旅游团十分活跃。因此,文化企业可以根据消费者的不同需要、购买或使用产品的时间进行市场细分,在适当的时候加大促销力度。

美国迪斯尼凭借动画起家,已形成由影视娱乐、媒体网络、主题公园和消费产品等产业链构成的娱乐品牌。多年来,迪斯尼一直重视自己的内容生产,不断寻求创新之路。从手绘经典、真人动画、电脑动画、模型动画、电影卡通到录像首映,在漫长的创业途中,迪斯尼奉献给全世界儿童和成人一个个精美的童话故事和鲜活丰满的动画形象。《白雪公主与七个小矮人》不仅是世界电影史上的第一部长篇动画电影,而且在动画片拍摄的技巧、画面的景深、透视和层次等技术方面都具有革命性的突破。影片诠释的善与恶、美与丑的道德规范,为各国观众所津津乐道,广为传播。《狮子王》则通过描述小狮王辛巴的成长,探讨了有关爱、责任和生命意义等严肃的主题。迪斯尼的动画专家利用水墨渲染的技巧,充分展示了非洲大地的壮阔与瑰丽,再加上电脑动画特技所展现的澎湃场景,给人以史诗般的感受。时至今日,迪斯尼动画影片留给难忘印象的还是一个个栩栩如生的动画形象。米奇乐观豁达,友好真诚,积极向上,敢想敢为;而米妮则是一个可爱的邻家少女,待人友善,热心助人,尽管腼腆,却单纯朴实。迪斯尼在关注内容生产的同时,发现、拓展了巨大的市场商机,并较早地开始了自己的产业化运作。如果说动画生产还只是这家娱乐企业起步时的惊艳亮相,那么随着市场的发展迪斯尼陆续开发的迪斯尼乐园、迪斯尼消费品以及迪斯尼网络等就是谱写着市场神话的品牌奇迹。值得一提的是,所有的迪斯尼乐园几乎都一模一样——由8个主题园区构成:美国大街、冒险乐园、新奥尔良广场、万物家园、荒野地带、欢乐园、米奇童话城、未来世界,这八大主题园区就叫做 Magic Park。迪斯尼不仅让游客们置身恍若仙境的童话世界中,而且让流连忘返的游客带回各种印有迪斯尼品牌图标的纪念品、文具、用具、服装等,于是迪斯尼的产业链在满足游客的审美需要的同时,也实现了自身的营销目的。

消费者对品牌的忠诚度也是市场细分常用的一个依据。品牌忠诚度是通过购买习惯反映出来的。消费者有坚定的品牌忠诚者、多品牌忠诚者、转移的忠诚者、无品牌忠诚者等不同的消费对象。文化企业可以通过文化消费者的购买习惯判断其品牌忠诚度,进而继续稳定坚定的品牌忠诚者,争取多品牌忠诚者和无品牌忠诚者。对于转移的忠诚者也要甄别转移的原因,以便改善营销策略,更好地满足消费者的需求。

二、市场细分的程序和方法

在进行市场细分时,首先要选定文化产品的市场需求范围,以此作为开拓市场的战略目标。可以分别从地理环境、人口统计、需求心理和购买行为等方面列出影响产品市场需求和顾客购买行为的各项变量,了解潜在的市场需求。同时,在调查、分析、评估各细分市场的基础上,确定可进入的细分市场,并制定相应的营销策略。

(一) 市场细分的程序

市场细分的目的是寻找适合企业发展的市场空隙,以便进一步制定切实可行的战略和策略。通过市场细分可对本企业产品的市场方位做到心中有数。从这个意义上讲,市场细分的过程就是按照一定的程序进行分类、比较、选择的过程。

1. 分类选择市场范围

市场空隙是指尚未被占领或具有竞争性的市场空间。企业的市场扩张应当走多远?向什么方向扩张?文化企业首先要根据自身的经营条件和经营能力确定进入市场的范围,如进入哪个行业、生产何种产品、提供什么样的服务等。可以根据细分标准,全面地列出潜在顾客的基本需求,并根据潜在顾客的不同需求初步划分市场。

2. 通过筛选和比较找出有可能进入的细分市场

从按照不同需求划分的市场中进行筛选和比较,找出与企业自身条件相符且有发展潜力的市场范围,深入进行分析研究。尤其对细分市场消费者的行为特征以及市场环境等因素,应作出科学的分析和判断,并用形象化、直观化的方法加以表达。

3. 复核并选定目标市场

为了慎重决策,可以进一步对拟进入的细分市场进行再调查,以便确定细分市场的市场潜力和发展规模,最终选定与本企业经营优势和特色相一致的目标市场。

(二) 文化市场细分的方法

市场细分的方法主要有两种:单一变量法和综合因素细分法。

所谓单一变量法,主要是将影响消费需求最主要的因素作为细分变量,从而在宏观变量或微观变量间找到一种平衡,以便有效区分消费需求与企业营销组合产生有效对应的变量。如玩具市场曾一度是针对不同年龄段的儿童设计适合不同需要的玩具的,因此按年龄细分是单一变量。然而,随着职场压力的提前,早教的观念开始流行,各种启蒙教育、益智类玩具日益丰富多彩。不仅如此,为了排遣都市生活的紧张压力,成人玩具悄然兴起。年龄不再是玩具市场细分的单一变量,而是包括年龄、功能等多方面的综合考量。

所谓综合因素细分法,是用两种或两种以上影响消费需求的因素进行市场细分,从而多方位、多层面判断市场的一种方法。例如用生活方式、收入水平、年龄三个因素将人们对服装的时尚需求划分为不同的细分市场。此外,还可以将影响消费需求的多项因素按一定的顺序或结构进行由浅入深的细分,使得目标市场变得愈加明晰而具体(见图6-4)。

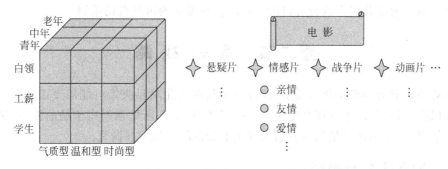

图 6-4　电影市场细分方法图示

2011年11月上旬,一部投资不足千万的小成本电影《失恋33天》,成为继《让子弹飞》、《唐山大地震》、《非诚勿扰2》大片之后,周票房过2亿的第4部国产影片(见图6-5)。无论是影院的排片量,还是观影的人次都创下了始料未及的高纪录。这部总投资才890万元人民币的小制作影片,却实现了3.5亿元的票房。[①]《失恋33天》大获成功的一个很重要的原因是:该片是一部突出功能性的、细分化的类型片,属于情感片中的爱情喜剧片,而且是爱情喜剧片中的失恋治愈小系列。观众从识别性极强的片名上就可以知道影片的定位。这样的定位是影片市场细分的结果,说明现代社会中需要看失恋治愈心灵类型片的人的数量大大超出了人们的想象。《失恋33天》的成功告诉人们,类型片的电影观众永远存在,关键在于影片生产商有没有敏锐的市场眼光,能不能将隐藏着的观众需要细分出来,并选择对路的题材和好的表现形式,来满足电影观众的需求。

图 6-5　国产小成本影片《失恋33天》[②]

无论采用何种市场细分方法,都不可能满足市场上所有顾客的全部需求。因此,文化企业应对自身的产品或服务有明确的经营方向,并且对企业所处的市场地位有一定的判断和了解。在确定大方向的前提下,不断抽丝剥茧进行细分,找准消费需求的细分市场,

---

① 万斯琴.分账大片激活中国电影工业[OL].中国企业新闻网,2012-03-07. http://www.cenn.cn/News/20120307-153158.shtm.

② 王正昱.失恋33天票房奇迹难以复制[OL].人民网,2011-11-12. http://www.people.com.cn/h/2011/1112/c25408-2530358566.html.

第六章　文化产业的市场策划

根据企业自身的经营实力进行有目的、有计划、有谋略的市场营销策划。

第二节 竞争战略

在竞争日益激烈的文化市场中,推行一项新的文化项目决策可能需要很多财力。为了规避风险,最大限度地发挥文化企业的投资效应,应不断增强洞察市场的能力,精准地判断市场机会,重视在满足消费者需求基础上获得的一切发展商机。

一、SWOT 分析模型

SWOT 分析是通过归纳企业自身的优势及劣势,以及外部环境所能提供的机遇和造成的威胁等情况,为营销决策提供依据的一种分析模式。

(一)SWOT 分析模型简介

SWOT 分析模型于 20 世纪 80 年代初由美国旧金山大学国际管理和行为科学教授海因茨·韦里克(Heinz Weihrich)提出。这一模型经常被用于企业战略制定、竞争对手分析等领域,主要包括分析企业的优势(Strengths)、劣势(Weaknesses)、机会(Opportunities)和威胁(Threats)等。因此,SWOT 分析实际上是一种对企业内外部条件各方面要素进行综合和概括,进而分析企业的优劣势、面临的机会和威胁的方法。通过 SWOT 分析,可以帮助企业把资源和行动聚集在自己的强项和有最多机会的地方,使企业的战略明朗起来。

"S"表示优势(strengths),主要了解文化企业在产品特色、使用范围和质量的优势是什么,顾客基础和分销、价格、促销方面的优势又是什么。"W"表示劣势(weaknesses),主要了解广告主企业的管理基础、产品、顾客基础、价格等方面欠缺的是什么。"O"表示机会(opportunities),主要分析文化企业以外存在其产品销售及市场前景,如经济政策对市场增长的影响,竞争对手遭遇突然变故,资金环境促成了占据有利地形的机会等。"T"表示威胁(threats),主要分析并确认是否存在来自经济、政治、人口统计或法律力量在一定限度内的威胁。显然,优劣势分析主要是着眼于企业自身的实力及其与竞争对手的比较,而机会和威胁分析则是将注意力放在外部环境的变化及对企业的可能影响上,以便为制定文化企业的营销战略和策略提供依据。

在应用 SWOT 分析模型时,企业高层管理人员应在确定内外部各种变量的基础上,尝试进行战略匹配。即 SO 战略——依靠内部优势,利用外部机会;ST 战略——利用内部优势,回避外部威胁;WO 战略——利用外部机会,克服内部弱点;WT 战略——减少内部弱点,回避外部威胁。

第一,优势+机会,SO。当宏观政策对文化市场的增长十分有利,或者竞争对手转移市场腾出了市场空间,或是银行贷款政策放宽等机会来临时,企业可以利用自身已经具有的内部优势撬起外部机会,及时捕捉瞬息万变的市场时机,以谋求更大的战略发展。

第二,机会+劣势,WO。当宏观环境条件不错,只是企业实力不够,或是企业内部资源优势不能与外界有利条件相互重叠时,企业就需要积极寻求资源利用条件,抓住机遇,促进内部资源的劣势向优势方面转化。

第三,优势+威胁,ST。当客观环境条件对企业优势构成威胁时,企业不能坐以待毙,而是要积极寻找解除威胁的办法,或是积极创造条件使自身优势得以充分发挥。

第四,劣势+威胁,WT。当企业遭遇外部威胁,而企业内部各方面又处于一蹶不振的劣势时,企业则应将威胁带来的影响降低为最小。

在实战中,可将企业自身的实力及其与竞争对手的比较,逐条列入图 6-6 的最上栏;将外部环境变化中的机会和威胁,逐条列入图 6-6 的最左栏。根据所列情况,将企业可能采取的应对措施分别填入表格的对应栏中,即可对企业所面临的市场环境和自身的优劣势一目了然,以便进一步为营销策划提供决策依据。

内部 外部	优势(strengths) (S)	劣势(weaknesses) (W)
机会 (opportunities) (O)	SO 1. 2. 3. ⋮ 发挥优势 利用机会	WO 1. 2. 3. ⋮ 利用机会 克服弱势
威胁 (threats) (T)	ST 1. 2. 3. ⋮ 利用优势 回避威胁	WT 1. 2. 3. ⋮ 减少弱势 回避威胁

图 6-6 SWOT 分析模型

(二) SWOT 分析模型的应用

在归纳出企业自身的优势及劣势,分析外部环境所能提供的机遇和造成的威胁的基础上,就可以着手制定文化企业的市场营销战略和策略。这一过程的关键在于,根据企业资源组合情况,确认企业的关键能力和关键限制是什么。

可以将已经识别出来的所有优势进行分组,分别按与企业潜在的机会有关,还是与潜在的威胁有关来归纳。用同样的方法把所有的劣势进行分组,也分别按与企业潜在的机会有关,还是与潜在的威胁有关来归纳。在这个基础上,将企业可能采取的应对措施进行归纳,明确哪些是可以利用的外部积极因素,哪些是需要监视的外部消极因素;哪些是可以改进并增强的内部有利因素,哪些是必须消除或减弱的内部不利因素。然后,将归纳的结果按照四象限战略图的区域划分,分别标在 SWOT 战略图上,从而选择适合企业抉择的战略目标。

以某网站微博为例。该网站是中国内地最早开办的类 Twitter 网站,也是目前国内拥有用户最多的微博服务产品。如何分析该企业自身的优势及劣势,外部环境所能提供的机遇和可能遇到的威胁?如何针对这些情况制定相关的营销战略?

在分析企业自身的特点和条件方面,首先看该网站的优势(strength)。第一,具有抢占市场先机的先发优势。相比其他门户网站,该网站是国内最早开办类 Twitter 网站市场的先行者。第二,其用户多为购买能力较强的年轻白领消费群。该网站已与优酷联手推出视频转贴应用,与京东合作开启了"微购物"模式,多方合作,共同赢利。第三,拥有众多名人用户。进入该网站微博的文艺界、体育界明星众多,还有一些企业高管、媒体人士等,都是这家微博的活跃用户,其名人效应不言而喻。第四,已独立启用了微博拼音域名,为在更大范围内争取用户奠定了基础。接着再来看其劣势(weakness)。第一,同行竞争对手的介入降低了微博的有效信息含量。第二,不少微博的内容与意识形态有关,网站不得不投入较多的精力检查敏感话题。仅审核海量信息就牵制了较大的精力,这在一定程度上制约了网站微博自身的发展。第三,部分拥有大量粉丝的知名博主开始出走,削弱了该网站微博的稳定发展。

在分析外部环境的影响和变化时,发现既有机遇又有挑战。在分析机会(opportunities)时,归纳了以下方面的有利条件。第一,由于提供微博服务较早,拥有广泛的用户基础,为广告商提供了信息平台。第二,可以对其海量的微博数据进行分析挖掘,寻找有意义的商业发展趋势。第三,一些有影响力的企业和传媒机构开始入驻。包括部分主流媒体,这为该网站微博的品牌宣传推广提供了有利的社会影响。在分析威胁(threats)时,归纳了以下方面的不利影响。第一,由于民众通过微博向政府问责,即将出台的微博实名制管理办法有可能对微博的发展有所限制。第二,同行竞争会愈演愈烈。竞争对手中有的网站拥有高份额的日活跃用户数,有的已形成了宽松的舆论氛围,还有的在经营多元化方面有所突破,都会吸引新用户,甚至带走一部分该网站的用户。第三,忠诚用户沉淀不足,浅层用户对微博的新鲜期已过,活跃用户开始疲劳,消息量呈下降趋势,用户登录时间越来越少。

根据以上所列的市场调查分析,不难看出该网站微博所面临的市场现状:虽然拥有先行者的优势,但不足以确保持久而有效的竞争力。随着普通用户新鲜感的渐行渐远,忠诚用户又沉淀不足,以及宏观政策层面上随时可能产生的进一步监管加强等,都对该网站微博服务项目的发展产生着重要的影响。唯有寻找新的增长点,才能继续占有优势市场份额,不断扩大并发展市场前景。

针对上述情况,如果探索优势+机会(SO),无疑会将重点放在充分利用"先行者"的资源优势上,不断拓展多元化经营的路子,继续争取更多的合作者,共同赢利。在拓展多元化经营的路子方面还有没有创新的潜力?比如在服务产品的功能上继续扩展,开发比现在的微博更加强大,承载内容更多的产品;或者突破现有每条微博的内容在140个字节以内的限制,或随着媒介环境的快速变化,使上传视频和照片的功能更加强大。在竞争如此激烈的市场环境中,还能不能推出新的差异化产品?等等。如果面对机会+劣势(WO)时,面对优势+威胁(ST)时,甚至遭遇劣势+威胁(WT)时,又该采取哪些措施规避风险,增加自身的经营实力?这些都是在制定营销战略时必须考虑的问题。

应用SWOT分析模型,有助于文化企业找到自身的准确定位。珠三角的报业竞争格局是中国整个报业竞争的缩影。不论是《广州日报》的市民化定位(见图6-7)、《南方都市报》的城市青年目标读者群定位,还是《羊城晚报》与日报的差异化定位等,都说明知己知彼是报纸定位的思考原点。在综合类日报中,《广州日报》与《南方都市报》的风格迥异。《广州日报》大气、沉稳,而《南方都市报》新锐、创新。这种具有差异和区隔的定位使两者各自有力地抓住了自己的读者群体。《羊城晚报》则是通过晚报与日报的差异和区隔获得自己的市场空间的。一旦确定了报纸具有差异和区隔的定位,每个环节都紧密围绕定位进行传播和推广。如果是针对白领阶层的报纸,其内容就应该围绕白领的学习、工作、生活需要进行策划,报道白领关注的事件,可以策划白领读者沙龙、赞助白领联谊会等公关活动,发行重点区域可以集中在写字楼、高尚住宅区,甚至报纸的价格可以适当高于普通大众报纸……广告创意也要新颖独特,能反映读者所感兴趣的白领生活。报纸媒体与普通产品的推广传播的不同之处在于:作为传媒,报纸需要保持自己的活跃形象以及影响力,因此除了常规的硬性广告、公关活动的策划以外,与内容密切结合的专题策划尤为重要。此外,不仅要善于抓热点,还应该善于制造热点,以引起巨大的反响和关注,争取固定订阅用户。定位不仅是建立市场区隔的有力手段,而且是使品牌报纸具有独特性的有效方法。

图 6-7 《广州日报》市民化定位的形象广告

需要指出的是,随着现代信息技术的发展,媒介环境已经发生了很大的变化,SWOT模型不可避免地带有时代的局限性。如企业自身和外界环境的区分,现在的媒介环境发生了很大的变化,企业早已存在于相互依赖的网络中,而网络的相互依赖亦体现在企业的经营上,内与外实际上是很难分割的。另外,对优势和劣势、机会和威胁的判断缺乏一定的测量标准。优势是与企业自身的历史对比,还是与竞争对手的现状相比,与顾客需求的情况相比?没有更加具有说服力的衡量标准。还有,四种内外匹配的战略是在静态分析下进行的,很难确保还没有实际发生的内外匹配一定会实现。企业的优势是否强到足以把握机会、对抗威胁?企业的劣势是否弱到错失良机、不堪威胁?尽管如此,不少企业依旧通过这一模型来寻找新的资源,创造出新的优势,从而达到过去无法达成的战略目标。随着人们的认识水平在不断提高,新的更高级的市场分析模式将层出不穷。

二、目标市场的竞争战略

文化产业市场研究是为了及时发现营销中的各种问题和机遇,并有针对性地提出有效的营销对策。了解企业面临的市场现状后,才能有的放矢地作出目标市场的战略选择。

被誉为"竞争战略之父"的哈佛大学商学院著名教授迈克尔·波特(Michael E. Porter)认为,市场竞争是包括同行业竞争者、供应商的议价能力、购买者的议价能力、潜在进入者威胁、替代品威胁在内的五种竞争力量的抗争。通常情况下,企业的战略目标不同,所选择的竞争策略也各不相同。有的企业是为了占领竞争市场的制高点,可能获取的利益也较高;而有的企业因经营实力受限,只能争取获取些微弱的收益;有时企业追逐的目标兴许不止一个,但就可能使自身的资源被分散。因此,迈克尔·波特教授认为,应对市场竞争的战略选择有三种:一是总成本领先战略;二是差异化战略;三是目标集聚战略等。①

(一)总成本领先战略

一些实力雄厚且在消费者中有广泛影响和良好口碑的大型文化企业,在细分市场差异不大时,通常会选择总成本领先战略。

所谓总成本领先战略,是指文化企业为了赢得较高的市场份额,力求使自身的成本低于竞争对手,以便能以产品和服务的总成本最低的优势参与市场竞争。为此,有经济实力的企业往往会通过购置高效生产的配套设施,采用标准化与大规模生产模式,严格控制管理费用开支,最大限度地减少研究开发、服务、推销、广告等方面的成本费用,来换取成本领先的优势。一旦企业获得了强势的市场地位,所获的高回报边际利润不仅可以重新投入扩大再生产的循环,进一步提高文化产品的生产效率,而且可以继续保持低成本的竞争地位,不断维护本企业在市场上的领先地位。显然,这一竞争战略的优点在于:可采用标准化与大规模生产模式来降低成本,有利于打造统一的品牌形象,降低生产、存货、运输、研究、促销等成本费用,降低企业的经营成本。其局限性在于:在市场竞争日益激烈的情况下,容易忽略较小的子市场需求,致使企业丧失发展良机;如果管理不善,致使投入大于产出,总成本优势将不复存在。

为了推进总成本领先的战略目标,企业管理者会对成本给予高度的重视。比如,与原材料供应商保持良好的沟通与联系,要求设计便于批量生产以提高产量的产品,寻求保持一个较宽的产品线以分散固定成本,等等。同时,也会重视对主要顾客群的服务,提高服务质量,在其他环节上降低成本,以确保总成本低于竞争对手。

(二)差异化战略

随着文化市场竞争的白热化,不少文化企业不得不选择突出重围,跳出同质化的圈子,寻找产品创新的路径,实施差异化战略来应对激烈的市场竞争。

所谓差异化战略,是指文化企业根据不同的细分市场的特点,通过扩大某些产品的花色、式样和品种,或制订不同的营销计划和办法,以充分满足不同消费者的不同需求,吸引各种不同的购买者,从而树立企业独特的经营特色。一些文化企业试图在创建名牌形象、寻求产品新的性能特点、引进最新的技术等方面拉开与竞争对手的距离。然而,创新要付出成本的代价,伴随着差异化战略的推广总会伴随着很高的成本风险。因此,这一竞争战略的优点在于:可以在同质化市场中异军突起,在消费者多元化需求的过程中,树立良好的企业形象,并迅速赢得目标市场的竞争优势。其局限性在于:研发产品或引进技术的前期成本会急剧增加,包括产品改良的成本、制造过程的生产成本、商品储运保管的成本以及进入流通渠道后的各项管理成本等。

为了推进与众不同的差异化战略目标,企业决策者不仅需要胆识与魄力,还需要经过

---

① [美]迈克尔·波特.竞争策略[M].陈小悦,译.北京:华夏出版社,2005:34.

科学的论证,准确判断市场走势,对可能遇到的风险作出务实的评估,并对差异化战略实施过程中可能出现的各种问题有积极的应对措施和方法。

(三)目标集聚战略

针对一些重大的节事活动或某一特定时期的市场需要,文化企业有时也会选择主攻某个特殊的顾客群、某条产品线、某一个细分的时段或某一个特定的市场。

所谓目标集聚战略,是指文化企业将一切资源和努力集中于一个或少数几个有利的细分市场,从而在局部范围内超越竞争对手。目标集聚后,企业不再将有限的人力、财力、物力分散用于所有的市场,而只是集中使用在一个相对狭窄的范围内。这一竞争战略的优点在于:对目标市场的需求容易进行较为深入的调查研究,从而集中采用一些针对性强的营销手段参与市场竞争。采用目标集聚战略,不但可以节省市场营销费用和增加赢利,获得成本领先的优势,而且可以探索市场的差异化,获得较有利的市场地位和特殊商誉,营销效益也将大为提高。采用目标集聚战略,可以通过满足特殊对象的需要而实现差别化,也可以在为专一的对象服务时降低成本,使其赢利的潜力超过业内的普遍水平,因而具有前两种战略的优点。其局限性在于:将企业的前途与命运全系于一个或极少数几个细分市场会有一定的风险,也限制了可能获取的其他市场份额。如果所选定的目标市场遭遇不景气,则企业将步履维艰,甚至元气大伤。因此,即使在市场景气的情况下,多数采取目标集聚战略的企业,仍愿将目标分散于若干个细分市场中以便留有余地。

为了推进目标集聚战略,企业决策者要选准能够在某一相对狭窄的范围内超越其他竞争对手,充分利用有限的人力、财力、物力,专心经营,平衡利润率与销售额之间的关系,为目标市场提供优质服务。

迈克尔·波特教授在推介以上三种竞争战略时,曾强调每个企业必须明确自身在市场竞争中的战略地位,否则会因为徘徊不定而处于极其被动的处境。如果缺乏足够的资本投资,不能采用标准化与大规模来降低成本,就会削弱"打低成本牌"的资本。如果选择了差异化竞争战略,就必须舍弃对低成本的努力,承担起有可能因为异军突起所遭遇的风险。而如果采用目标集聚战略,在更加有限的范围内建立差别化或低成本优势,同样会遇到相应的问题。因此,有时企业的决策者很难抉择。越来越多的企业不得不开始探索新的路径——向三种通用的竞争战略靠拢。

2012年暑假,各地方卫视纷纷推出音乐类节目,展开了娱乐频道新一轮的厮杀。在这场角逐中,辽宁卫视的《激情唱响》、山东卫视的《天籁之声》、深圳卫视的《清唱团》、云南卫视的《完美声音》和青海卫视的《花儿朵朵》等都在寻求与以往娱乐节目不同的看点。在这轮角逐中,曾成功举办过《中国达人秀》的东方卫视,也强势推出了《声动亚洲》的新节目,可一路领跑的却是浙江卫视推出的《中国好声音》(见图6-8)。在这个没有华丽的服装、炫目的造型、激情的伴舞的节目里,电视镜头始终只对准了学员投入的本色表情,四位导师或沉醉、或震惊、或纠结、或动容的神情。然而,正是这场只认声音不认人的草根真人秀,以其真诚的选拔机制Hold住了观众,以每15秒广告费价格狂飙至50万[①]的市场轰

---

① 文化产业基金助"好声音"变身"好生意"[OL].中国文化传媒网,2012-09-21. http://www.ccdy.cn/chanye/shichang/201209/t20120921_403996.htm.

动效应,重新点燃了中国本土自《超级女声》之后音乐类节目的竞赛火焰。在音乐类节目同质化现象也越来越严重的情况下,《中国好声音》为什么能成功?除了引进了来自欧美原版节目的成功运作经验、成功地邀请到国内一线歌手组成导师团以外,还有市场运作方面的成功尝试。首先,拿准了市场需求的脉搏,将每位歌手真实的励志故事讲述出来,给观众提供了新颖的节目形式和更贴近生活、朴实无华的感动,能引起观众的共鸣。其次,只认声音不认人的市场定位准确,明星导师们一律以"好声音"为评判,遇到认可的好声音才会"转椅"。再次,展开体验式互动营销,向观众全方位展示了整个节目录制的花絮,让观众体验产品制造的全过程。最后,多层次的网络口碑打造,既吸引了娱乐界名人的微博传播,又有效地利用各种新媒体开通了官方微博、嘉宾微博,还有歌手微博,外加微博软文和一系列活动的配合,包括对质疑声的解答等,充分调动了网友的参与,形成了社会议题,成功地开展了大范围的公关活动。正如中国文化传媒网所说,"懂文化+懂商业",使得"好声音"变成了好生意。

图 6-8 《中国好声音》海报①

在探索《中国好声音》的成功之路时,学界和业界都开始探究台前幕后的决策过程和运作经验。负责台前的是浙江卫视,主要承担《中国好声音》的整体运作和营销推广;负责幕后的是上海灿星制作,主要承担《中国好声音》的每场演出。浙江卫视是中国第一批上星的省级卫视,近年来在洞察电视观众厌倦了气势磅礴和人海战术的大型综艺节目后,陆续推出了《中国梦想秀》、《我爱记歌词》等优秀电视栏目。而灿星制作最早隶属于上海东方传媒集团有限公司,即 SMG,后来,归为华人文化产业投资基金,从"体制内"走向了"体制外",但这个团队的骨干都来自东方卫视,曾成功地制作过《舞林大会》、《中国达人秀》等优秀栏目,有着丰富的制作经验。

在引进《中国好声音》这个节目时,浙江卫视和灿星制作建立了"紧密捆绑式的合作关系"——共同引进版权,共同投资,共同制作,共同宣传推广,共同招商,共同受益。② 由于模式本身首次被引进中国,意味着前期的投入需要一大笔风险投资。版权引进,4 台原装进口转椅,还有确保舞台高品质的音频投入也非常大。一旦节目达不到预期的收视效果

---

① 中国好声音首页[OL].爱奇艺网,2012-09-21. http://www.iqiyi.com/zongyi/zghsy.html.
② 中国好生意的又一个运作范本 中国好声音[N/OL].经济观察报,2012-08-21. http://cy.51zjxm.com/shangyemoshi/20120821/20114.html.

和社会影响力，就意味着前期投入的所有资金将全部打水漂。然后，双方都认为过去的音乐节目已让大众审美产生疲劳，市场正处于空白。为了给中国音乐正本清源，为中国音乐寻找到真正的好声音，这种使命感让双方一拍即合。再加上合作双方各自的优势和已经取得的收视率业绩，完全可以做成一档高质量的节目。

事实证明，不论是当初的决策过程还是后续的产业链运作，《中国好声音》都是一个很好的尝试（见图6-9）。在原本敲定的冠名赞助方临时撤资后，浙江卫视的营销中心不到一周时间就拉到了加多宝6 000万元的赞助费。节目仅播出两期，就收回了前期全部成本。不仅如此，《中国好声音》后续的产业链也将十分活跃。第一，打造音频精品。灿星制作本身拥有很好的平台和资源，如全亚洲最著名的音乐平台

图6-9 《中国好声音》全新的运作模式①

Channel V 和连续举办了16届的《华语音乐榜中榜》等。这些都会给学员一个很好的平台进行推广，吸纳很多专业歌手、制作人和音乐大师跟学员进行合作。第二，拓展营销渠道和推广渠道，开发线上、线下产业模式，如举办各地的巡演，和好乐迪、钱柜等的KTV合作，与中国移动的彩铃合作，等等。第三，和一批优秀的话剧及音乐剧的导演合作，把voice 做成音乐剧，组织常规的国内线上、线下的巡回演唱会。第四，利用四位导师的人脉资源和社会影响力，延伸《中国好声音》的产品生命周期和产业链。中国的音乐市场目前正处于一个由极衰转盛的过程中，一旦瞅准了市场并抓住了机遇，就可以有一个相当可观的市场前景。

第三节 战术选择

所有的市场研究只为解决两件事：识别营销问题和解决营销问题。前者涉及寻找目标市场的过程，包括对文化市场潜力的判断、目前市场份额的评估、形象研究、竞争市场特征分析、销售前景预测等；后者主要解决市场细分以及产品、定价、促销和分销的有关问题。② 如果说营销战略是指导文化企业营销活动的行动纲领，那么营销战术则是推进战略实施的重要手段。文化企业要想实现长远发展的战略目标，还必须采用切实有效的战术和谋略，才能增加品牌附加值，赢得消费者的好评。

作为文化市场的参与者，文化企业的经营者往往会因各自的实力差异，扮演着不同的市场角色，作出不同的战术选择。如何在有限的市场空间选择各自有利的占位？如何把握稍纵即逝的市场时机？这些都是文化市场运作实战中经常面临的选择。

---

① 谢培.中国好声音 一本生意经[OL].凤凰网文化,2012-07-26,来源：时代周报,http://culture.ifeng.com/1/detail_2012_07/26/16317156_0.shtml.

② [美]纳雷希·K.马尔霍特拉.市场营销研究应用导向[M].涂平,等,译.北京：电子工业出版社,2002：8.

一、市场角色选择

在文化市场这个大舞台中,每个企业都扮演着各自不同的角色。根据企业经营实力的大小和所在市场中发挥的不同作用,大致上分为市场领导者、市场挑战者、市场追随者和市场补缺者等角色,不同的角色其策略各异。

(一)市场领导者

市场领导者一般经济实力雄厚,拥有同类产品最大的市场份额,并在新产品开发、价格变动、销售渠道和促销力度上占有绝对优势。为了维护市场领先地位,这类企业往往通过不断开发新产品和开辟新用户来扩大市场总需求;在确保市场份额的前提下,不断改进薄弱环节,防患于未然,防止其他竞争者争夺市场;通过改善分销渠道、改善营销组合来巩固市场占有率。

为了巩固市场地位,领导者企业大多以形象广告为主,着力宣传企业的经营理念,以提升企业知名度为直接目的。人们容易先入为主,最先进入人脑的品牌占有很多的优势,而且一旦形成印象后又不轻易改变。在同类商品中消费者会买最先认识的商品,甚至形成习惯性购买同一品牌。保持优势位置的有效办法是不断提醒消费者,继续强化品牌优势。当企业获得了领导者的地位之后,要将"我是第一"的观念渗透到企业营销的所有环节之中,既要避免因"第一"产生的负面效应,又要在不知不觉中使消费者认同这个"第一"。

中央电视台是国内最具竞争力的主流媒体之一,是全国电视观众了解国内外重大事件的重要窗口,也是世界了解中国的重要窗口。央视拥有国内一流的播音员主持人队伍,制作过大量为观众喜闻乐见、耳熟能详的名牌栏目。在引领全国电视节目制作的潮流方面,是名副其实的市场领导者。从1983年开始,中央电视台在每年农历除夕的晚上都要为全国人民和海内外侨胞奉献一台精美的综艺性文艺晚会,简称春晚。春晚开创了我国电视综艺节目的先河,引发了中国电视传媒表达内容、表达方式等

图 6-10 2012 央视龙年春晚片头①

方面的重大变革。春晚承载着主流意识形态的思想内容,凸显着对国情民意宏大的叙事功能。每年的央视春晚已成为世界上演员最多的综艺晚会,收视率最高的综艺晚会,世界上播出时间最长的综艺晚会。央视春晚这个诞生在改革开放初期的电视综合文艺形式,早已成为家喻户晓、闻名海内外的文艺大餐,成为所有炎黄子孙追求国泰民安的民俗盛典(见图 6-10)。

(二)市场挑战者

市场挑战者通常是那些"坐二望一"地将企业战略目标定位向市场领导者靠近,并试图争夺市场领导者市场份额的竞争者。当这些企业发现了市场领导者的弱点时,便会利

---

① 历年央视春晚片头[OL]. 百度网, http://baike.baidu.com/albums/25245/25245/1/3918376.html.

用自身的优势向对方发起正面进攻。这类企业通常也拥有较强的经营实力,其营销策略大体是:通过价格折扣策略、产品创新策略、改进服务策略、配销革新策略、降低生产成本策略、密集性促销策略等多方围堵来夺取市场份额。同时,也会针对市场领导者的形象定位,提出有利于自己的形象宣传策略,以期在消费者心目中树立"我也是第一"的认同效果。

从20世纪90年代后期,湖南卫视开始在地方卫视中迅速崛起,成为一个在国内外刮起"快乐旋风"的娱乐传媒强势品牌。这个被电视观众亲切称为"芒果"的地方卫视媒体,以"快乐中国"频道理念的特色战略,迅速扩大在娱乐市场上的影响。由何炅等人组成的"快乐家族"5人团队,率先打破了男女搭配的传统主持模式,别具一格地引进了"主持群"概念,使《快乐大本营》这一精品栏目15年长盛不衰,坚持把欢乐带给全中国的电视观众。从2003年开始,湖南卫视开始进入频道运营和品牌高速发展的黄金时代,创下了稳居全国省级卫视第一的好业绩,通过自办电视剧、组织大型音乐选秀活动,打造王牌栏目以及节庆晚会的全线发力,在大幅甩开省级卫视阵容的同时,已迫近央视的第一地位。由汪涵领衔的"天天兄弟"7人团队,更是以其幽默风趣的主持风格,倡导中华礼仪等积极主题,迅速形成了一种全新的娱乐脱口秀热潮。与此同时,湖南卫视还积极扩大海外影响。2009年5月,湖南卫视国际频道从内地数十家地方卫视中首获开播"国际频道"资格,并在香港落地开播。其节目经过卫星传送,多通道覆盖落地,将"快乐中国"衍变升华为"快乐全球华人"。根据央视索福瑞提供的数据显示,湖南卫视7月份有6个全天排名第一,21天排在全国前三,而7月全月收视率与央视五套持平,仅次于央视综合,位列全国第二、省级卫视第一。[①] 在第26届中国电视金鹰奖颁奖晚会上,湖南卫视和央视主持人首次联袂主持,以经典回眸、剧情再现、歌舞表演等艺术形式,配合实景和虚拟场景的交错,带给全国电视观众一个华丽震撼的视觉盛宴(见图6-11)。

图6-11 由湖南卫视主办的第26届中国电视金鹰奖[②]

---

① 湖南卫视依靠节目创新改版7月收视率居全国第二[OL].光明网,2012-08-03. http://www.gmw.cn/media/2012-08/03/content_4704556.htm.
② 第26届中国电视金鹰奖[OL].迅雷网,http://topics.kankan.com/2012jyj/.

(三) 市场追随者

市场追随者是指一些实力明显不如前两者的企业,虽然在市场号召力和影响力方面远不及前两者,但会在细分市场中寻求适合自身发展的用武之地,在营销组合上采取较为灵活的方式,既不采取激进的手段阻拦领导者扩大市场占有率,又能从领导者、挑战者打开的市场局面中获利。这类企业的营销策略大体是:虽然在某些方面模仿市场领导者和市场挑战者的做法,但却避免直接竞争,在追随中寻求有利的市场时机。

由于消费者的需求多元化,同类产品的市场总会存在一定的"空隙"。这个"空隙"虽不能与处于中心地位的领导者相比,但可能是领导者、挑战者无暇顾及的市场。因此,市场追随者的营销策略可分别针对不同产品的不同情况,选择价位空隙、性别空隙和年龄空隙等,在不断细分市场的过程中使自己在市场上站住脚。

目前,省级卫视中除了少数的市场领先者和挑战者获得了不错的市场份额外,更多的是市场份额较少的追随者。第 5 名至第 15 名省级卫视市场份额接近,处于内部竞争的胶着状态。产业呈现出"长尾"的趋势。① 自央视春晚开创了明星云集、汇集各民族艺术精粹的电视综艺节目的模式以后,不仅央视自身衍生出了大量综艺类节目,如《综艺大观》、《正大综艺》、《曲苑杂坛》、《星光大道》、《欢乐中国行》、《我要上春晚》等栏目,在元宵、五一、中秋、国庆、元旦等重大节日也开办各类综艺晚会,而且全国大大小小的地方电视台也频频效法,使得综艺节目成为颇具规模的媒体文化形式。湖南卫视以"快乐中国"定位,江苏卫视以"幸福中国"定位,其操作手法大多异曲同工。其他省级卫视也不甘落后,纷纷在综艺节目上新招迭出。《天籁之声》是山东卫视重磅打造的选秀类重量级综艺节目(见图 6-12)。该节目第一阶段开展"梦想总动员",在济南、广州、西安、成都、杭州和长春等全国六大分赛区甄选出 90 名选手;在腾讯、pptv、乐视、迅雷看看、酷狗音乐等五大网络直通区海选 30 名选手,共计 120 名选手进军济南。第二阶段,经过"盲眼选拔"与"魔鬼培训",决出全国 24 个好声音。第三阶段展开"群雄会战",通过晋级悬念向广大电视观众展现豪华的音乐盛宴。第四阶段组织"巅峰对决",采用国际化公平公正的对

图 6-12 山东卫视《天籁之声》②

决机制,让最优秀的选手唱响天籁之声。为此,山东卫视组织了强大的评委阵容、全顶级制作团队、联合五大网络支持、线上线下立体推广,意在回归音乐的本质。

(四) 市场补缺者

市场补缺者是在市场细分的基础上,从那些大企业无暇顾及的狭小市场中寻求商机,以获得市场生存地位的一些小企业或专业化企业。这类企业的营销策略大体是:寻找那

---

① 王瑜. 新政策下省级卫视竞争策略指向[OL]. 新华网,2012-02-29. 来源:中国记者,http://news.xinhuanet.com/newmedia/2012-02/29/c_122771724.htm.

② 天籁之音 LOGO[OL]. 山东卫视. http://baike.baidu.com/albums/3553373/3553373/0/0.html#0$fc1f4134970a304e5179d75bd1c8a786c9175c33.

些不起眼的市场机会,在夹缝中寻求自身的发展。

对于市场补缺者企业而言,制定营销决策之前首要的任务就是做好市场细分。只有通过深入分析目标消费群的特定需求和兴趣爱好,找准能突出自身的特点和优势的细分市场,才能制定适合自己发展的营销策略。

在我国,真正了解爵士乐的消费者并不是很多。爵士乐起源于非洲,其强烈的节奏,独特的和弦,尤其是演员由粗嘎到圆滑、由室闷到响亮、由刺耳到柔美、由野蛮到抒情的大幅度音色变化,常常会令听众陶醉与沉迷。爵士乐以不可意会的愁绪带给人们心灵的触动,非歌唱的吼声、高叫和呻吟,甚至动人心魄,令现场观众亢奋、激越、震撼与悦动。爵士乐中最常用的是不同于传统观念的颤音。颤音是音高的有规律的变化造成的,如小提琴上的揉弦,就是利用这种变化而产生富有生命力的音响效果。爵士乐分为蓝调、繁音拍子、新奥尔良传统爵士乐、狄西兰爵士乐、大乐团、摇摆乐、比波普、酷派爵士乐、自由爵士乐、摇滚爵士乐与融合爵士乐、新咆哮乐与后现代咆哮乐、波萨诺瓦、方克爵士、后波谱、酸爵士、现代爵士、灵魂爵士、西海岸爵士、融合爵士、拉丁爵士等。爵士乐进入到中国的历史可追溯到20世纪三四十年代。在十里洋场的旧上海,曾出现过一定规模的爵士乐演出和一些颇具水准的爵士乐音乐家,但主要是为舞厅伴舞。后来爵士乐在中国几乎销声匿迹,出现了近40年的断层。直到改革开放后的20世纪80年代,爵士乐始为内地的一些先锋音乐家所涉及,并逐渐为大众所感知,歌手崔健就是一个代表。进入21世纪以后,爵士乐逐渐深入华人音乐的各个领域,专业爵士乐手也开始形成一定规模,甚至一些流行音乐人即以爵士风格的作品成名。对于"80后"的青年消费者而言,爵士乐的劲爆与炫酷有着独特的魅力。2012第七届北京九门爵士音乐周在北京开幕,来自世界不同国家和地区的16支风格不同的爵士乐队炫技京城(见图6-13)。人们不仅可以从音乐中欣赏到新奥尔良传统爵士、摇摆乐、酷派爵士、摇滚爵士等不同形式的爵士乐,而且可以从不同风格的爵士乐队的表演中体会不同的异国风情。

图6-13 2012第七届北京九门爵士音乐周演唱会[①]

二、竞争战术规则

根据竞争态势制定切实可行的营销战术和措施是重要的战术要领。军事上以攻或守

---

① 张燕辉.2012第七届北京九门爵士音乐周演唱会[OL].新华网,2012-09-17. http://news.xinhuanet.com/photo/2012-09/17/c_123726385_2.htm.

为主要特征将战术分为防御战、进攻战、侧攻战和游击战等。尽管商战并无刀兵相见,但营销策划的谋略亦可借鉴军事战术来表达。

(一)防御战规则

军事上的防御战往往出现在被动挨打的不利情况下,除了在指导思想上沉着冷静以外,在战术上要适应防御战的需要,或采取高垒深堑,固守城池;或采取守中寓攻,局部出击;或采取以攻为守,"围魏救赵"等不同手段。另外,还要静观其变,用心寻找竞争对手进攻时可能出现的弱点和可以利用的"轻敌"情绪,伺机发动攻击。切忌战术混乱,否则很难控制局势。

市场竞争中的防御战与兵战有些相同,有些则不同。当企业处于被动挨打的不利情况时,可借鉴军事上的防御措施:固守城池,守中寓攻,局部出击或以攻为守等。当企业位居市场领导者时,为了防御挑战者的进攻也会研究并制定防御性战术。这时应注意以下策略:

——高垒深堑,只有当你是市场领导者时方可参战。因为市场上的觊觎者会发动攻击,处于行业领袖地位的品牌通常会见招拆招,制定相应的对策迎接挑战。

——以攻为守,抢在竞争对手之前推出产品和服务。通过开发一些新产品和服务,淘汰一些现有的产品和服务,以加强自己的地位。一般情况下动态的目标要比静态的目标难以击中,这样可以套牢竞争对手。

——守中寓攻,以迅速模仿对手的运动方式阻挡对手的竞争活动。市场领导者必须在进攻者立足未稳之前迅速争取市场造势的主动,找准时机进行回击。

多年来央视不仅要面对新闻实力强大的凤凰卫视,还要面对以娱乐见长的湖南卫视,再加上江苏卫视、东方卫视、浙江卫视这些异军突起的诸侯割据,市场领导者的地位已受到巨大的冲击。除了新闻频道无人能敌以外,其他频道开始以防御战来支应。以往年最具吸引力的春晚为例,龙年春晚央视导演组力邀陈佩斯和朱时茂归来因档期问题未果,他们却被东方卫视龙年春晚成功邀请(见图6-14)。两位演员是在一个充满创意的黏

图6-14 陈佩斯、朱时茂亮相东方卫视龙年春晚①

土动画节目中担纲配音,以13年前二人演出的《警察与小偷》为蓝本进行再度演绎。新版节目融入了时下的热门词汇,如"咱得把他 Hold 住"、"犀利哥啊我"、"奖金,木有,补贴神马都是传说"等,依旧幽默诙谐,令人捧腹。因此,央视一方面继续打造精品栏目,对《我要上春晚》、《星光大道》、《欢乐中国行》、《非常6+1》等综艺栏目改版创新;另一方面开始放下高大全身段,向地方卫视主动示好。在湖南卫视主持的第26届金鹰奖晚会上,大批央视名主持人纷纷出现在颁奖晚会的现场,就是这种转变的一个信号。同时,央视也向浙江

---

① 聚焦春晚:央视与地方卫视 哪个更给力[OL].新华评论,2012-01-26. http://news.xinhuanet.com/newmedia/2012-01/26/c_131377295.htm.

卫视《中国好声音》、东方卫视《声动亚洲》、山东卫视《天籁之声》、青海卫视《花儿朵朵》以及台湾中视、台湾中天娱乐台《超级星光大道》等热播节目抛出了橄榄枝,邀请三甲选手参加蛇年春晚。

(二) 进攻战规则

军事上的进攻战通常占有兵力上的主动权,攻城略地、打击对方是进攻战的主要目标。在战术上大多会根据战斗企图、敌防情况、地形条件选择突破口。通常会选择对方防御比较薄弱的环节,以便隐蔽接近,快速突破并向纵深发展。打开缺口后,迅速向两翼实施钳形合围。在纵深发展取得突破性战果时,及时投入预备力量,迂回包抄,为解决战斗创造条件。

市场竞争中的进攻战主要是针对市场领导者的策略制定的攻击性营销策略。有时是针对竞争对手的强项硬碰硬,有时是专挑市场领先者强势中的弱点加以攻击。采用进攻战时应注意以下问题:

——知己知彼,研究市场领导者的实力和地位。要想挑战成功,应仔细琢磨竞争对手的战术,关注竞争对手的产品、销售量、价格以及分销渠道等,研究市场领导者企业的竞争策略,制定主动进攻的战术方案。

——突击强攻,攻占某一个具体的市场目标。从领导者的战术力量中寻找相对薄弱的地方发起进攻。领导者也会像人一样,总有一些不为人知的"软肋"。发现这些"软肋"并有针对性地制定对策,往往能获得出其不意的市场效果。

——乘虚而入,攻击对手的最薄弱环节。如果全线发起进攻则代价太大,应尽可能地在一条较窄的战线上发起攻击;只有打开突破口,进攻的力量才能向两翼推进。

(三) 侧攻战规则

军事上的侧攻战通常是避开正面强攻,出其不意地攻击对方的侧翼阵地。在战术上主要有瞒天过海、迂回包抄、声东击西、欲擒故纵等。

商战中的侧攻战与兵战类似。为了避免过早与竞争对手直接较量,将营销攻势的重点集中在有限的范围内,以相对优势去攻击竞争对手的薄弱环节,就是典型的侧攻战。侧攻战包括两种:一是区域性侧攻战,通常会选择竞争对手无暇顾及的地区为侧攻目标,局部发起营销攻势;二是发现同一区域内竞争者未曾顾及的细分市场发起营销攻势。

采用侧攻战时可选择以下突破口:

——寻找出其不意的细分市场。

——快速出击,抢占有利位置。在无人竞争的区域发动侧翼战,产品必须包含创新或独特的部分,要让顾客对你有新的观念。侧翼战策略还需要有独到的眼光和先见之明,需要把握时机。

——集中火力,拿下攻坚战。

(四) 游击战规则

军事上的游击战是以袭击为主要手段的非正规战术,具有高度的流动性、灵活性、主动性、进攻性和速决性特点。在中国,游击战有着悠久的历史。早在公元前512年的吴楚之战中,就有游击性质的作战行动。《握奇经》中曾有生动的描述:游军之形,乍动乍静,避实击虚,视嬴挠盛,结陈趋地,断绕四经。可见,游击战的精髓是敌进我退,敌退我进,敌疲我打,敌逃我追。在战术上遵循合理选择作战地点,快速部署兵力,合理分配兵力,合理选择作战时机,战斗结束迅速撤退是游击战的五项基本原则。若用于商战,游击战也具有一种以弱胜强的战术优势。

和大型企业相比,有些中小企业的机制十分灵活,能够迅速而敏锐地捕捉到一些新的商机,积极开发市场需要的新产品。因此,在开展游击战时可以选择以下路径:

——寻找便于防守的细分市场。尽管开展游击战并不能改变市场格局中的实力对比,但可以减小竞争双方对峙的战斗规模,以便取得一种相对的优势。

——韬光养晦,藏灵显拙。采用游击战术的广告公司一般都较为内敛,虽没有正规的组织结构图、职业说明书、经历状况以及烦琐的组织程序,但所有的成员都是作战人员。这样不仅可以把更多的力量投入战斗中,而且能有效提高游击者对市场上所发生的变化的反应速度。

——随机应变,随时转移。当市场发生变化局势转为不利时,就要毫不犹豫地放弃某一个阵地或某一产品,以免将有限的资源浪费在不必要的争夺之中。反之,当发现了新的市场机会时,开展游击战的公司应该利用其灵活性迅速进入阵地。

目前,在国内电视市场的整体结构中,收视率的竞争十分激烈。从市场领导者来看,尽管中央电视台是国内最具竞争力的主流媒体之一,拥有国内一流的播音员主持人队伍,但随着近年来省级卫视频道的正面竞争,央视在加快自身节目制作创新步伐的同时,不得不开始"俯身"接纳地方卫视。从市场挑战者来看,湖南卫视虽然据市场领导者的距离越来越近,但也同时被其他后来的挑战者如江苏卫视、浙江卫视等步步紧逼。从市场追随者来看,强弱对比开始加大,竞争格局处于胶着状态。从市场补缺者来看,多数省级卫视的整体发展还行,但产权意识和创新意识仍然比较淡薄,盲目跟风较为盛行。

即使在风头正健的省级卫视中,三强争霸战刚刚开始拉开序幕,鹿死谁手还未定。两年前江苏卫视凭借《非诚勿扰》,吹响了挑战湖南卫视霸权的冲锋号,至今在收视排名上仍压制着湖南卫视的王牌节目《快乐大本营》。《中国好声音》在 2012 年的夏天突然崛起,以 15,20,30,36,50 万元的 15 秒广告递进价,远超了当年湖南卫视"超级女声"的市场行情。直到这时,湖南卫视和江苏卫视才意识到省级卫视的三国时代已经来临。因此,在激烈的市场竞争中,省级卫视要想占领优势地位,不仅要加速集聚自身资源,更要在市场混战中选择合理的竞争生态位,使用科学、清晰、有效的竞争策略,在积极提升节目的创新性的同时,还要纵向挖掘节目的资源空间。

三、战术应用选择

文化营销的战术应用主要是特色战术、渗透战术和拓展战术等,以便根据文化企业自身的实力,选择最有利的市场位置开展营销活动。

(一)特色战术

特色战术是突出宣传商品的特殊功效,确定商品在市场中占据的特殊地位,以不容置疑的市场优势增强企业竞争力的一种战术思想。

成功的市场差异策略大多运用了独特的销售主张——USP 理论。USP 由英文 unique selling proposition 的首写字母组成,最初由 R.雷斯于 20 世纪 50 年代提出,后由达彼斯公司重新审视,在继承和保留其精华思想的同时,发展成一套完整的品牌操作模型。其基本要点是:USP 应提出一个其他品牌未能提供或尚未被提供的给消费者的最终利益,而且要使消费者坚信这个最终利益是最佳的;USP 最好能够与消费者的需求直接相连,有足够的说服力和感染力来吸引新的消费群或将消费者从其他竞争对手中争取过来,并导致消费者最终做出购买决定;USP 必须对目标消费者做出一个清楚的、令人信服的利益承诺,而且这个利益承诺是独特的。USP 不仅是传播产品信息,更主要的是要激发消费者的购买行为,一旦被消费者所接受,就会给该产品带来持久受益的好处。

在制定特色战术时,重要的是寻找和竞争对手之间的产品差别化,以提供更好、更新、更快或更便宜的产品附加价值来提升文化企业的核心竞争力。更好是指产品的性能优于竞争对手;更新是指开发前所未有的产品;更快是指公司能减少产品在工作时消耗的时间以及送货上门的时间;更便宜是指购买相似的产品只需要更低的价格等。

青海卫视的台标取水滴状,寓意十分明确——青海是三江的源头,保护水资源的纯净,打造其独特的绿色频道理念(见图 6-15)。为此,青海卫视在启用全新"水滴"台标时,别出心裁地在台标中融入了空气质量显示器功能,如果青海首府西宁地区空气质量不能达到优良等级,台标就会变为灰白色,反之为青绿色,意在提醒人们,珍惜每滴水,爱护每棵树、每座山,善待每个生命。正因为立足自身特点,以青藏高原独有的生态和文化资源,打造自身的地域品牌和文化个性,所以,即使同样是选秀节目的《花儿朵朵》,也借用了流行于甘肃、青海、宁夏等地的一种山歌形式和当地人民口头文学形式之一的"花儿"来命名,强调在选秀活动中要把绿色、原生态的民族特色带进节目中,让民族文化大放异彩(见图 6-16)。近年来,青海电视台开始探索边远地区省级卫视的改革新路,与湖南电视台共同出资组建绿创传媒公司,展开与湖南卫视的深度合作,由湖南卫视提供主持人、电视节目、制作团队,拓展了青海卫视的节目来源。双方合资的绿创传媒集团由湖南电视台控股49%,青海电视台控股51%。青海卫视目前已在全国35个中心城市、近百个地级城市落地,覆盖人口达5亿之多,成为全国重要的电视媒体之一。

图 6-15　青海卫视台标[1]

图 6-16　青海卫视《花儿朵朵》图标[2]

---

[1] 青海卫视[OL].百度,http://baike.baidu.com/view/20536.htm.
[2] "花儿朵朵"再获批文 规定 80%内容必须为唱歌[OL].网易,2012-02-08.http://www.1717news.com/20120208/1012.htm.

(二)渗透战术

渗透战术是避开市场竞争锋芒,在貌似平静的市场营销活动中,悄然展开市场份额的一种争夺手段。它以蚕食方式展开营销推进,以"随风潜入夜,润物细无声"的低调姿态投身市场争夺,成为当今文化产业市场竞争的重要手段。

采用渗透战术,通常是为了给产品建立相对持续的竞争优势。比如为老产品开发新的顾客群体,扩大现有目标消费群体的数量,让新顾客开始尝试购买并逐渐转化为常客。越来越多的企业在动态的竞争环境里不得不面对越来越多的不稳定性因素,尽管企业也想努力提高产品与服务的质量,但终归不能保持绝对的长久竞争优势,经常会有竞争者以不同的方式加入市场份额的争夺。在以顾客需求为导向的市场经济情况下,只有深入地了解市场和顾客,才有可能为产品建立相对持续的增长路径。因此,市场渗透的常用策略有价格渗透、产品新卖点渗透、市场概念渗透、引导消费习惯渗透以及终端市场渗透等。

尽管相当一部分省级卫视都在探索使综艺节目长盛不衰的门路,但从市场营销的效果看却参差不齐。如定位"文化卫视"的河南卫视,虽然突出了戏曲节目和民族体育节目,但配套的栏目设置无法形成足够明显的特色优势。在地方卫视的激烈争夺中,东方卫视一直在寻找自己频道理念的价值诉求,不断在与央视、与凤凰卫视的比较中调整自己的市场渗透路径,通过分析观众类型、不同的需求变化等,探索在节目推广、内容生产、品牌营销、广告销售和衍生品开发上形成价值链。比如在新闻报道方面,东方卫视力求用独特视角记录中国城市发展,见证世界变化,推出了《看东方》、《环球新闻站》、《东方新闻》、《东方夜新闻》、《真情实录》等优秀节目。在综艺节目方面,东方卫视大胆引进国外优秀节目的模式,成功地举办了《中国达人秀》、《舞林大会》、《百里挑一》等。《中国达人秀》是一款"零门槛"的选秀节目,旨在让拥有才华和梦想的普通人展示自己的才华和天赋。通过选拔让虽然平凡但真正富有才华、拥有梦想并渴望创造奇迹的普通人走上世界的舞台。为了广泛选拔出真正优秀的达人选手,东方卫视还在不同地域、不同人群中开设了通道,传递着真诚的节目理念(见图 6-17)。

图 6-17　东方卫视《中国达人秀》校园达人选拔[1]

---

[1] 东方卫视《中国达人秀》校园达人选拔[OL]. 百度图片. http://image.baidu.com/i? Ct=503316480&z=&TN=baiduimagedetail&word.

到目前为止,东方卫视已经覆盖了中国绝大多数城市地区,成为除中央电视台以外中国落地率和人口覆盖率最高的地方卫星电视频道。同时,东方卫视(海外版)也在北美、欧洲、日本、澳大利亚等海外地区落地,全球覆盖超过7亿电视观众,成为一个面向全国、辐射海外、充满青春活力和国际视野的开放式卫视平台。[①]

(三) 拓展战术

文化产品的市场拓展主要是通过对文化产品的品牌塑造,来扩大文化企业的品牌形象和市场影响的一种营销策略。在经济全球化这个大碰撞、大分裂、大融合的特定时期,品牌竞争已成为经济竞争的决定要素。然而,决定品牌价值的是品牌背后的文化支撑。

交响乐是一个国家的一种特殊身份和标志。中国爱乐乐团创立之初就定了三大目标:国内一流、亚洲前列、世界闻名。在不到5年的时间里,中国爱乐乐团便迅速崛起,奇迹般实现了当初定下的目标。其重要原因在于为创建高起点品牌而建立一套完整成熟的管理、策划、运作、营销、推广的班底。爱乐乐团自成立一开始就向国际优秀乐团看齐,坚持严格的职业化训练,实行"请进来,走出去"的开放式培训。请进来的都是当今世界杰出的作曲家、指挥家、演奏家、歌唱家,在他们和他们的曲目带动下,演出水平自然会直线上升;走出去时接触的都是一流的剧场、一流的公司和一流的观众。每年举办的新年音乐会已经成为中国爱乐乐团响当当的品牌。在有"艺术之都"美誉之称的巴黎,法国文化部部长在盛大酒会上以"四个一流"盛赞中国爱乐乐团音乐会:乐团一流、演奏一流、阵容一流、合作一流。在华沙国家大剧院,曾指挥过柏林爱乐乐团、伦敦爱乐乐团的指挥家、大剧院院长雅切克·卡斯普契克亲自指挥中国爱乐乐团和大剧院合唱团共同演出了《贝多芬第九交响曲》。当激荡人心的末章奏响时,宏大的声浪冲击着全场,热烈的掌声和喝彩持续了很长时间。在哥伦比亚艺术家经纪公司这个全球闻名的经纪公司里,中国爱乐乐团已和其他世界最优秀的艺术家和艺术团体一起名列其中。在亚洲,唯有中国爱乐乐团有此殊荣。中国爱乐乐团高起点定位后的迅速崛起说明,只要有足够的说服力和感染力来吸引消费群,只要能使消费者坚信这个最终利益是最佳的,就会给品牌带来持久受益的好处(见图6-18)。

图 6-18 爱乐乐团世界巡演[②]

---

① 东方卫视[OL].百度百科,http://baike.baidu.com/view/67610.htm.
② 中国爱乐乐团世界巡演[OL].中央电视台音乐频道,2007-02-28. http://www.cctv.com/music/special/C13717/01/index.shtml.

文化产业经营者通常会针对不同的细分市场考虑市场的适度规模和发展前景,考虑市场结构的吸引力以及企业自身的经营目标和各种可利用的资源。当深入分析了细分市场以后,就会根据自身的实力选择有利于发展的市场空间占位,制定相应的市场战略和策略,服务于并服从于企业整体发展的营销策略。

第四节 营销策划

策划,最早见于军事术语。"上兵伐谋,攻心为上。"古之策划,多指兵战中的谋略之术。"运筹于帷幄之中,决胜于千里之外",自古以来就是智者的最高境界。从脍炙人口的成语、兵法以及民间传说中,不难领略人们对策划的一种神往,如《孙子兵法》中的"围魏救赵"、"声东击西"、"暗度陈仓"、"隔岸观火"、"调虎离山"、"欲擒故纵"、"釜底抽薪"、"远交近攻"等。

商战如兵战。在市场竞争日趋白热化的今天,市场策划更是商家从事营销活动的重要手段。文化产业的市场策划是在对文化市场及消费者进行研究的基础上,应用科学的思维和方法,对市场营销活动进行构思、谋划和设计的管理过程,主要工作包括目标定位、诊断调查、创意构想、方案论证、实施操作、评估服务等策划内容。

文化企业的市场策划若按战术对象分,可分为企业策划(对企业整体形象和发展的策划)、商品策划(对品牌产品开发推广的策划)、服务策划(对提高信誉增强亲和力的策划)等;若按纵向发展程序分,可分为市场选择策划(择定目标市场的策划)、市场进入策划(产品进入市场的时机和策略)、市场渗透策划(争取向周边辐射的策划)、市场扩张策划(巩固现有市场,扩展新市场的策划)、市场对抗策划(制定与竞争对手抗衡的策略)、市场防守策划(针对竞争攻势制定相应对策)、市场撤退策划(根据市场变化制定退出市场或转变经营方向的策略)等;若按横向联系分,可分为产品策划(产品开发、产品组合、产品推广等策划)、品牌策划(形象策划、定位策划、延伸策划)、包装策划(装潢策划、结构策划、造型策划)、价格策划(必要成本、消费者可接受价位、竞争策略)、分销策划(布点策划、通路策划、便利策划)、促销策划(沟通策划、广告策划、宣传活动策划)等。

一、营销策划的基本特点

文化企业的市场策划是为确定其市场扩张的经营战略,通过寻找市场空隙或影响人们的认知来建立产品的形象和信誉,使消费者产生特殊偏好,从而获得稳定销路和市场占有率的一种营销技术。因此,文化企业的市场策划具有以下特点:目标的明确性、运作的预见性、谋划的洞察性、应变的谋略性、战术的适宜性和决策的全局性。

(一)目标的明确性

文化企业通常会根据市场竞争的形势和自身实力,来制定适合自己的市场策略,如销售额、利税率、市场占有率等具体目标的选择;亦可按近期目标、中期目标和远期目标进行战略选择。市场策划所面对的一个永恒的主题是:如何选择有足够利润吸引力或市场潜力的特定消费群,将企业的产品、服务及观念有效地传递给社会受众。

在进行市场策划时应首先明确策划的意图。是为了实施营销策略以抢占市场先机为目标,还是为了通过扩大销售额来实现利润目标?是为了扩大品牌知名度以追求社会影响为目标,还是为了塑造品牌的整体形象而制定长远的品牌构筑战略?不同的活动目标决定着不同的市场策划重点和方向。处于求生存时期的文化企业,市场策划的首要目的是拉动销量;已经渡过生存期而求发展的文化企业,市场策划中开始关注品牌形象的树立;有实力而且有眼光的文化企业,则希望实现市场稳定增长的长远目标。因此,市场策划大多依企业在市场竞争中的实际情况而定,商业化意识较浓。

(二)运作的预见性

所有的策划都是有关未来事物发展变化的谋略抉择。文化企业市场策划的任务是找出营销活动中事物之间的因果关系,权衡利弊,为赢得市场提供依据。即预先决定做什么、何时做、如何做、谁来做的决策过程。随着中国市场的进一步开放,市场竞争的激烈程度势必与日俱增。这就为文化企业的经营提供了有利的市场环境和极好的发展机会。

如何把握市场先机,提升文化企业市场策划的预见性?这就需要策划人员不仅要有相当扎实的营销知识,还要有睿智的战略眼光,能够未雨绸缪,准确地判断市场走势。第一,用数据库营销观念指导调研,并提炼企业营销精准的核心价值。第二,用整合营销传播的思想去把握营销活动的全过程,以统一的目标和形象传递一致的信息,实现与消费者的双向沟通,并建立品牌与消费者之间长期密切的关系,有效地实现文化产业营销的目的。第三,用"长尾理论"去关注商品和市场。大多数处于曲线尾部的文化企业都是正在发展起步中的中小企业,未来文化市场的主战场不在于令人瞩目的热门产品或大客户等曲线的头部,新的市场机会同样存在于需求曲线的尾部。

(三)谋划的洞察性

文化企业市场策划的目的是通过对企业现有经营环境的分析,找出其发展的机会和障碍,选择、组合、改变营销渠道和促销手段,通过精心设计将产品成功地推向目标市场,以提升品牌知名度,实现企业经营目的。市场策划就是把复杂的问题简单化,能见微而知著,洞察消费需求的市场潜力。

市场上的各种新产品、新品牌、新观念每天都在不断涌现,文化企业同样面临随时颠覆与崛起的可能。因此,在做文化企业市场策划时应将创造性思维融入策划的每一个环节:深入细致地展开市场调研、独树一帜地找准市场定位、独辟蹊径地制定营销策略、独具匠心地完成策划方案与组织实施等,包括将创意渗透到日常管理和客户沟通的方方面面。

在制定文化企业市场策划时应注意以下问题:

(1)如何找到取得潜在竞争优势的来源?
(2)可运用哪些主要的差异特征?
(3)如何在市场上进行有效的产品定位?
(4)如何向市场传播自己的定位信息?

文化企业的市场策划应十分重视研究特定的目标消费群,要善于洞察消费者的行为模式、生活态度、价值取向、消费理念等,以及地域、民族、职业、收入、年龄、学历等因素对购买行为的影响,细致地观察消费者、企业、产品、市场、突发事件等影响广告效果的各个细节,以便在需要的时候调集出一些既有创意又具可行性的储存信息。在对这些信息进行海阔天空的创意联想后,论证其可行性,选出可操作性强的市场策划方案。

(四) 应变的谋略性

市场是瞬息万变的,孙子曰:兵无常势,水无常形,能因敌变化而取胜者,谓之神。市场营销活动也不例外。在制定文化企业市场策划时要充分考虑市场的各种变化因素,即使面对市场突如其来的变化亦能成竹在胸,沉着应对。

文化企业的市场策划是一个动态的过程,应随时关注市场的变化和发展。有时从传播的角度看,制造话题并放大话题是推动市场营销活动的"杀手锏"。2007年湖南卫视组织"快乐男声"时,当另类评委的"麻辣"点评引起争议时,人们发现舆论的导向已将享受娱乐快感的人们不知不觉转变成了话题的制造者。而一些参与赞助活动的商家、传播信息的媒体以及广大电视观众都在这场娱乐盛会中获益。显然,这是一个资源共享、互利多赢的成功策划案例。[①]

(五) 战术的适宜性

市场策划是一项系统工程,每一步骤和环节都是紧密相连的,其中任一环节发生变化都会影响其他环节的调整。以媒介环节为例,选择合理的媒介渠道不仅是达成有效沟通的重要基础,也是广告主和广告公司取得双赢的有效途径。当今的媒体日渐细分化,昔日"一招鲜,吃遍天"靠一炮走红的广告造势已很难制造奇迹,分众传播环境下的新媒体在很大程度上正在冲击着传统的主流媒体。因此,营销策划中就要使媒体的选择和组合更为精准、更加匹配、更加合理。正因为文化市场瞬息万变,市场策划的战术也要求更具适宜性的特点。

由于人们头脑中已经形成了固有的文化认同,如对娱乐化为特色的西方现代文化和以讲求文脉为特色的中国传统文化的认知,因此很难想象年轻时尚的百事品牌会去寻找"红楼梦中人",也很难想象中药出身的江中品牌会去选择"快乐男声"。于是,自然而然就有了"江中亮嗓呼唤红楼梦中人"的活动策划。《红楼梦》代表着中国古典小说文化高峰,而江中是做中药产业的,与传统文化密不可分。可见,企业通过赞助进行品牌嫁接时,一定要注意媒介匹配的适宜性,让两者之间有故事性、有联想,易于转述和表达。[②]

(六) 决策的全局性

文化企业市场策划的成败如何与最终的企业经营决策之间有着相互影响。有眼光的文化企业应及时树立品牌战略意识,不仅要考虑企业当前面临的市场难题,更要重视未来市场的发展规划。由于市场策划的目的是通过对企业现有经营环境的分析,找出其发展的机会和障碍,选择、组合、改变营销渠道和促销手段,以提升品牌知名度,实现企业的经营目的。因此,在制定营销策划时一定要有全局观念。

二、营销策划的实施程序

通常情况下,营销策划分为三个阶段进行:第一阶段,通过市场调查明确营销目标,

---

① 钱言.仁和快ս:选秀旗帜下的资源交换[OL].中国广告人网,2007-09-08. http://www.chinaadren.com/html/file/2007-09-08/renhekuainanxuanxiuqizhixiadeziyuanjiaohuan.html.

② 蔡放.江中亮嗓:从另一个时空解读红楼[OL].中国广告人网,2007-09-07. http://www.chinaadren.com/html/file/2007-09-08/jiangzhongliangsangconglingyigeshikongjieduhonglou.html.

会商有关战略构想,并拟定策略实施对策;第二阶段,提交营销策划提案,通过反复沟通确定最终方案,在此基础上组织各项策划案的实施;第三阶段,观测营销活动实施进展,测定营销效果等(如图 6-19 所示)。

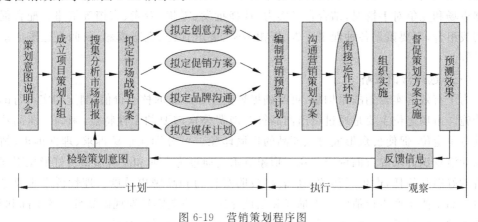

图 6-19 营销策划程序图

(一)明确策划目标

确定营销目标是进行营销策划、确定营销方案的第一步,它是后期的营销策划各环节的航标。因此,首先要在占有市场信息的基础上,科学而系统化地分析营销活动各环节和要素,认真审视以下情况:所策划的商品或服务项目中有些什么重要的利益点是消费者一定要买的?谁是预定的目标消费群?目标消费群为什么购买或不买该商品?如何触及目标群众?如何测量是否已把想传达的讯息传给目标受众?想传达什么样的资讯给实际的和可能的购买者?如何使消费者向终极销售目标移近?

在聚集了各方面的资讯材料后,就可以拟定简明扼要的陈述,来说明营销策划将预期达成什么目标。这些收集到的资讯往往会转化成策略,而这些策略得用具体的目标表示出来,设定好近期目标和远期目标。营销目标可以从不同角度进行划分,可设定近期目标和远期目标,也可设定行动目标、讯息目标、传播目标。其中,行动目标又可分为直接行动目标和间接行动目标;讯息目标又可分为告知性目标、劝服性目标和提醒性目标;传播目标又可分为认知性目标、知识性目标和态度性目标等。不论何种目标,都应紧紧围绕营销的基本目标展开,并符合整体营销策划的需要。

(二)制定营销战略

营销战略是正确评估市场资源,调集并挖掘内部潜力,针对外部条件制定有效的市场战术的重要决策过程。

整体营销战略应包括战略思想、战略目标、战略设计和经费预算等。营销战略思想一般取决于营销战略的选择。是积极进取还是稳健持重?是密集轰炸还是长期渗透?营销战略目标则主要决定做什么和要达到什么目的。以广告策划为例,广告策略设计是分别从消费者心理和市场竞争对手的情况,从广告推出的时间进度、传播范围的空间覆盖、媒体渠道的选择、进攻性策略的设定等方面,具体制定广告战役方案。广告经费预算是根据企业的营销情况、广告目标、竞争对手等因素作合理的预算分配等。

在锁定目标市场的同时,应充分集聚内部资源,密切关注营销组合的相互关系。配合产品的实战组合,研究产品生命周期、确定产品线及新产品开发时机、决定品牌包装的促销功能,以及预测品牌产品的附加价值与服务理念等。同时,还要配合定价的实战组合,根据市场和竞争对手的情况,配合促销作出相应的让利策略等。配合分销的实战组合,是根据市场和竞争对手情况,结合自身实力,选择批发、零售、专卖、直销等策略。配合促销的实战组合,则要策划各种促销广告、折扣赠奖、展示宣传、竞赛摸彩、新闻报道等活动及效果等。

(三)选择营销策略

为了有效落实营销战略构想,可明确提炼企业和产品的核心价值,制定切实可行的战术措施。市场定位主要是通过突出商品符合消费公众需要的个性特点,来确定商品特色及其竞争定位,促使公众形成对该商品的稳固印象。可分别从形象诉求、理性诉求、情感诉求和潜意识诉求等方面说服公众。形象诉求是通过为企业和品牌塑造良好形象引起消费者的好感与信任,产生迁移效果后转换成购买行为和品牌忠诚度。理性诉求主要是通过对商品功能所产生价值的逻辑描述和条理介绍,使公众容易发现商品带来的实际利益。情感诉求是通过营造情境刺激公众的情感心理,引导公众对商品留下美好的印象。潜意识诉求主要是通过合理运用感性诉求和象征手法,激发受众产生联想与想象。

(四)编制策划书和比稿材料

为了协调整个营销活动的有序进程,应明确将整个营销活动过程编制成具体的文字方案和策划表达。通过撰写营销策划书和演讲资料,使管理层和执行层充分了解营销策划案所能带来的实际利益,了解为完成营销活动所需支付的相应费用等。

1. 撰写营销策划书

营销策划书一般包括前言、市场分析、营销战略、消费对象、市场范围、媒体策略、广告预算及分配以及营销效果预测等。

(1)前言。在营销策划书的前言中,应简要说明营销策划的主要任务和战略目标。

(2)市场分析。市场分析包括四个方面的内容:企业经营情况分析、产品分析、市场分析、消费者研究。应该根据产品研究的结论,说明自身产品所具备的条件;再根据市场研究的结论,与市场中各种同类商品的情况相比较,并指出消费者的爱好和偏向。针对具体情况,可提出产品改进和产品开发建议。

(3)营销策略。根据产品定位和市场定位研究的结果,列明营销策略的重点。逐一说明用什么方法使商品在消费者的心目中建立深刻而难忘的印象;如何刺激消费者产生购买兴趣;怎样改变消费者的使用习惯,使消费者形成品牌偏好;怎样扩大产品的销售对象范围。此外,还应对相关的战略配合进行规划,如公关手段、人员推销、销售激励等。

(4)消费研究。根据相关研究结果,可计算出消费对象的具体分析数据,如人口总数、人口地区分布、人口的年龄、性别、职业、文化程度、阶层、收入等,并分析消费对象的需求特征、心理特征和购买特征等。根据市场定位确定目标市场的选择,并说明选择的理由和地区分布。

(5)媒体策略。详细说明营销实施的媒体策略具体细节,包括媒体选择、暴露频次和媒体组合等。

(6)广告预算及分配。根据广告战略的内容,详细列出媒介选用情况及所需费用,并制成表格。

（7）营销效果。主要阐述整体营销活动实施后预计可达到的营销目标和效果。

2. 制作演讲材料

演讲材料是提案会的重要内容。内外人员对提案的评价是影响营销决策的关键。营销人员往往会投入相当的精力来准备营销提案，并为提案的展示制作最佳的表现形式。

（五）确定媒体计划

当策划方案获得通过后，就进入营销活动的组织实施阶段。因此，应确定具体的媒体计划并组织实施，根据消费者的兴趣点和展示商品形象的需要确定媒体选择，并认真审查广告信息的发布，预算媒体发布所需的成本。

（六）购买媒体并安排广告推进档期

购买广告媒体时应充分考虑各媒体的不同性质特点以及媒体的传播数量和质量，受众对媒体的态度，媒体的传播对象以及媒体的传播费用等因素，根据广告目标、广告对象、广告预算等进行综合分析与权衡，来选择媒体的组合和运用。

（七）编制营销费用预算计划

营销费用预算是针对具体项目的宣传活动编制的经费计划，包括市场调研费，广告设计费，广告制作费，广告媒介租金，行政办公费与人员工资，促销与公关费，其他杂费开支如邮电、运输、差旅、劳务费，等等。

（八）进行策划效果评价

营销效果评估是营销策划的最后内容。要判断整体营销活动的效果，可通过量化的测定进行市场信息测评、广告媒体测评、营销活动测评，也可以通过财务预算进行营销效果的投入产出分析。

第七章 创新：打造产品优势

产品是营销组合的重要基石。要了解产品规划在市场营销中的意义，先得了解产品的消费分类和产品的市场界定，然后再探讨产品的生命周期规律、产品研发的创新路径以及产品组合与产业价值链等问题。

为了满足人们对文化产品和服务不断增长的消费需求，通过创新开发来打造产品优势已成为文化企业营销战略和营销组合中的重要棋子。在发达国家，"以优化产品性能、价值和外观，提高厂商和顾客之间的相互利益为目的而进行的产品概念特性创立和开发方面的专业服务"①行业迅猛发展，成为不少国家创意产业中能给消费者带来功能满足、给企业带来畅销赢利、给社会带来发展机遇的一个新兴行业。

第一节 产品概念

文化市场的产品研发主要研究以实物形态存在的各类现代文化娱乐及休闲产品，以内容生产为形式的信息传播产品以及各种与文化活动有关的服务项目产品等。与其他产品一样，文化产品和服务的创新开发也是运用创造性思维特点，将满足人们各种文化需求的产品符号信息转换成消费者认同的形象或意念的过程。

一、产品印象

人们对各类健身器材、图书读物、工艺美术品以及其他休闲娱乐品等物质产品的需求，对影视节目、文艺演出、体育竞赛、观光旅游以及丰富多彩的文化生活等精神产品的需求，都是文化营销产品规划所要研究的范畴。

如果按照生产方式划分，我国目前的文化产品包括：以工业化生产方式提供的文化产品，如图书、报纸、期刊、音像制品、软件制品、时装设计、工业设计等；以大众传播为主的文化服务形式，如广播电视、文艺表演、美术馆、博物馆、广告设计、咨询公司等；以个体化生产方式提供的文化产品，如书法、绘画、雕塑、摄影、手工艺品等。此外，还包括休闲娱乐产品及服务，如游览景区服务、室内娱乐活动、休闲健身娱乐活动等服务产品。

如果站在消费者的角度来划分，即根据消费者为获得文化产品所花费的努力程度和需求特点，亦可将文化产品的消费分成便利产品、可选择产品和特殊产品等。

（一）便利产品

便利产品是指消费者需要频繁购买且不必刻意追求的常用文化产品，包括各种纸张、仪器文具、笔墨砚、照相器材、体育用品、乐器、美术用品、旗帜礼品等文化用品。只要一进

---

① ［美］卡尔·T.犹里齐，斯蒂芬·D.埃平格.产品设计与开发[M].杨德林，译.大连：东北财经大学出版社，2001：195.

文具店,各种色彩斑斓的多功能文具盒、彩色铅笔、精美的卷笔刀、双肩背包等,总能吸引少儿消费者的目光。这类产品除特定的消费偏好外,大多数消费者只要去街角报亭或路边的文具店内即可买到,而不用搜遍整个城市的所有购物场所去寻找。另外,候车厅、地铁站、轮船码头和机场等公共场所也设有专柜向游客提供各类消遣杂志和报纸。还有闹市区可供人们娱乐消遣的卡拉OK厅、咖啡屋和音乐茶座等,也都是人们休闲娱乐的文化消费场所。

(二) 可选择产品

可选择产品是指消费者需要对产品的适用性、质量、价格和式样等进行比较,有些甚至是需要在多种替代商品之间进行比较后再作购买决定的文化产品。比如在图书城购书时,消费者可能会漫无目标地浏览各类书架上的精美图书,但经常光顾图书城的读者会有目的地寻觅自己感兴趣的相关书架,直至选中其中适合自己需要的图书。如果想选购的是小说,也许会快速翻阅众多的畅销书或书目简介,从中确定一个自己感兴趣的主题;也可能受正在热播的某个电视剧影响,选择购买同名小说细细品味。

提起玩具市场,人们马上会联想到儿童玩具。的确,在国内各地的玩具店里,各类益智玩具、布偶玩具、模型玩具、角色模拟玩具、电子/电动玩具、动漫衍生品玩具等,向不同年龄层面的少儿消费者展示着奇妙的玩具世界。据中国轻工业协会的调查统计数据表明,在中国玩具市场上,99%为儿童玩具。不论是北京还是上海,近万种玩具几乎都是以儿童为消费对象,绝大多数适合4~8岁的儿童。然而,随着人们生活水平的提高,对玩具的需求也开始发生了变化。在美国,40%以上的玩具是专门为成人设计制造的,而且有专门生产成人玩具的公司。成人玩具大多侧重于智力、记忆力、应变能力和协调技巧的训练。其实,不论成年人经历了多少世事沧桑,在他们成熟的躯体里都会涌动着对未知的好奇,潜藏着一颗未泯的童心。当来自工作、家庭和生活中的各种压力成为负担的时候,人们希望通过兴趣转移使得紧张的情绪得以缓解,通过玩具调节工作中的烦恼,释放部分心理压力。如今个人收入增加的白领阶层,不再为自己拥有一款高级轿车或者名贵服装而骄傲,他们越来越注重个人的内心需求。如果说高级轿车可以吸引来自周围羡慕的眼光,满足一定的优越感和虚荣心,那么懂得调节心情,将本来刻板的生活变得有滋有味已成为一种新的时尚,成为人们珍视的一种品位、一种情趣。

有人预测,未来成人玩具将是国内玩具市场争夺较为激烈的一部分,尤其是国外厂商的加入会使竞争更加白热化。成人玩具不论是功能设计还是制作材料,均有别于儿童玩具。从玩具的功能看,大致分为益智类、竞技类和休闲类等;从制作的材料上区分,可分为铁艺类、木艺类和电子类等。益智类玩具多是以九连环为主的解扣类和以孔明锁为代表的解锁类拓扑玩具,这类玩具比较适合20岁以上的男青年;而拼图玩具则比较适合女青年。竞技类玩具主要是指各种棋类以及部分体育类产品。休闲类玩具以高级电子产品为主,一般造型精美,消费者多为事业成功人士。如果能加大研发投入,提高科技含量,改进成人玩具的创新与制作工艺,加强专利保护,就可以把握市场先机,掌握主动权。

(三) 特殊产品

特殊产品是指消费者需慎重决策的科技含量高的专用文化产品,或有着明显偏好的特定品牌的文化产品。比如功能配置较高的便携式计算机、数码相机等,消费者会专门去搜集产品的相关资料,反复比较,慎重决策。如果是消费者期望看到的自己所喜爱的明星表演的电影、文艺演出或碟片,他们甚至愿意为之付出不懈的努力——想方设法提前买票,或排队数小时耐心等候,甚至不惜一切代价只为亲眼一睹明星风采。消费者绝不会为自己不喜欢的文化产品而屈尊和妥协,因为文化产品通常属于专业化的特殊产品。

随着人民群众生活水平的提高,各类笔记本电脑、平板电脑、移动硬盘、数码相机、单反机、摄像机以及各种时尚影音用品等纷纷升级,消费者对文化产品的需求愈来愈呈现多样化、精细化趋势。为了满足变化了的需求,很多文化企业潜心研发,不断推出功能多样的新产品来应对激烈的市场竞争。以数码相机为例,人们在选择数码相机时不仅会关心产品的性价比,如价格、像素、变焦倍数和品牌,还会挑选相机的外形、色彩、体积和液晶显示屏的大小等。尽管厂商备有详尽的产品说明书,人们在挑选这类产品时还是会反复权衡。大多数文化产品并非简单产品,特别是文学艺术作品等内容性产品,不仅要求消费者懂得一定的操作技能,而且在使用过程中还要有"会听音乐的耳朵"和"会看绘画作品的眼睛",具有一定的审美欣赏能力。当消费者对某一类型的产品不是很熟悉时,产品的复杂性就显得更为突出了。文化产品可以通过技术标准或象征性价值来进行描述,而消费者最终购买的是一系列真实或虚幻的利益。

了解文化产品的消费分类,就可以更清楚地把握不同消费者的购买特征,以便做好市场细分和规划相应的营销组合策略。所需购买的是便利产品的消费者,不会为获得所需的产品付出多少努力,能便利购买即可,购买的频率高,通常容易接受替代品;所需购买的是可选择产品的消费者,会主动收集产品的信息资料并作出比较,热衷于去专卖店购买或选购品牌产品;所需购买的是特殊产品的消费者,通常会对自己喜爱的品牌产品比较忠诚,不愿意接受替代品的推荐,愿意为获得满意的产品付出努力。

二、产品界定

每件产品都需要具有使用价值和交换价值才能进入市场交易。人们购买的产品常常是一个具体形式(功能使用)和抽象形式(价值评价)的混合物。具体产品是人们以视觉方式所感知的文化产品形态,如实物、品质、式样、特色、品牌、包装、广告等;抽象产品是指以价值来衡量的非视觉感知的产品形态,如声望、服务、场所、评价等。

市场学通常以三种方式来界定产品:有形产品、附加产品和一般产品。[①] 有形产品是指产品实实在在的物理存在,包括服务或观念,如外观、款式、颜色、风格、质量、尺寸、重量、特性、材料、使用效率、能耗、名称等;附加产品是指顾客购买产品时附带获得的各种利益的总和,如品牌形象、口碑、保证、送货、安装、维修设备、使用说明和技术指导、信贷、退货承诺、售后服务等;一般产品是指消费者购买产品所追求的实质性利益,即消费者为了获得能满足某种需要而购买商品的真实理由。

一件产品的核心价值就在于消费者购买产品所追求的实质性利益,商家所要提供的也正是能够满足消费者某种需要的购买理由。在联合利华可爱多冰淇淋广告中,通过涂满奶油的幼童脸部特写镜头唤起人们对吃冰淇淋时快乐心情的回忆(见图7-1)。由此产

---

① [美]乔尔·埃文斯,巴里·伯曼.市场营销教程[M].张智勇,等,译.北京:华夏出版社,2001:308.

生了一个新的创意——在冰淇淋售卖机处安装一个摄像头,专门捕捉参与游戏的顾客笑容。通过比对不同年龄、不同性别人笑容的参数分析,从顾客笑容中挑选符合技术参数的"快乐"中奖者并赠送冰淇淋奖励赠品。商家的理念是:我们售卖的就是快乐!

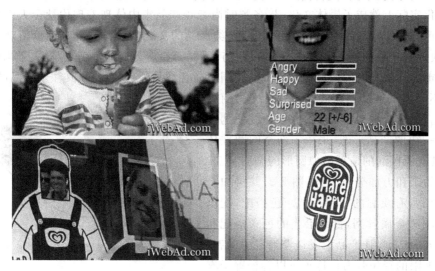

图 7-1　售卖"快乐"的可爱多冰淇淋广告①

现在的市场竞争越来越激烈,竞争产品的附加值越丰富,竞争力也就越强。所谓附加值,是指通过产品的深加工、精加工、降低物耗、提高效率、改进设计和包装装潢、开发产品新的使用功能等途径,提高产品的知识含量、技术含量、艺术含量,乃至"魅力价值",使原有产品增值的一种创造结晶。如果产品只有物理性功能而没有其他附加值,就会成为一文不值的小石子。美国著名学者菲利普·科特勒认为,未来竞争的关键不在于工厂能生产什么产品,而在于其产品所能提供的附加值:包装、服务、广告、用户咨询、购买信贷、及时交货和人们以价值来衡量的一切东西。不断开发新产品是文化企业具有活力和竞争力的表现,也是文化企业战略发展的不竭源泉。

三、文化产品的内涵

文化产品的组成也包含有形产品、附加产品和一般产品。以提供精神享受为主的文化产品包含以下内容:其一,主体产品或物品本身,即产品有形的物化形态,如图书、杂志、报纸、计算机、健身器材、娱乐用品、CD、学习机、主题公园等;其二,相关服务,即提供上门送配件服务、安装、维修、培训、提供相关的辅助软件、赠送贵宾卡等;其三,核心价值,即具有某种象征性的、能够影响消费者或消费者依附于该产品价值的东西,或有象征意义的价值体现,或威望、权力和梦想的实现等。

现代传媒的触角已经渗入社会的每一个角落,各类时尚音频产品在以自己特有的方式表达着不同人群的消费意愿。由于有了先进的数字化技术和多媒体技术的应用与推

---

① 社会化媒体营销案例集锦[OL]. http://www.youku.com/playlist_show/id_6163484.html.

广,各类时尚音频产品不仅仅是一种文化载体,更是现代社会中占据主导地位的一种文化存在方式。正如专门研究现代流行文化生产的美国宾夕法尼亚大学社会学教授戴安娜·克兰所介绍的斯诺的观点:"在当代社会,公众往往接受媒体所呈现的社会现实。因此,当代文化实际上就成了媒体文化。"① 各类时尚音频产品集中体现着现代社会人们日常生活中的审美趣味、流行形象、语言环境等,这类产品的文化内涵首先是一种价值观念的体现,其次才是产品物质形态本身。一件时尚产品是否符合人们的审美观,取决于当时流行文化的审美认同。由两位设计师创办的美国时尚音频品牌奥特蓝星,其注重产品的文化内涵、不断追求产品创新的经营理念尤为商界所称道。奥特蓝星 iMT237 突破了传统便携音箱千篇一律的产品形态,采用了新奇的圆柱体造型,其光滑圆润的造型酷似圆形的金属礼盒,为产品的亲和力加分不少(见图 7-2)。再加上机身采用富有质感的亮银色和灰色搭配,配以黑色的喇叭金属丝网,借助恰当的色彩搭配和简约大方的造型,让产品愈发透着浪漫的诱惑,散发着无限的音乐张力。这种可以轻松置于衣

图 7-2　奥特蓝星 iMT237 的标新立异②

兜里或背包中的时尚产品,不仅可以满足人们随时、随地、随意欣赏音乐的愿望,而且为人们创造出与家人、朋友在任何场合分享音乐的快乐体验。

　　一直以来,不论是电视、音响、随身听、笔记本,还是数码产品、游戏机,日本索尼的产品几乎处处得宠。特别是 Walkman,更是索尼全力打造的时尚音频产品线。为了使每一位 Walkman 使用者永远留在自己的阵营,索尼不得不频繁升级。闪存式 MP3 随身听采用镁金机身,让人一看便知是数码音乐的代表产品。使用了音频压缩技术的 Walkman,不仅是小巧便携的 MP3 随身听,也是可以连续播放长达 70 小时的 ATRAC3 66kbps 格式音乐的移动存储器,里面可以存入各种图片、文字等内容。在造型方面,取流线型外观,大小与 Zippo 打火机相仿,远远超过市场上的同类产品。另外,索尼还独创了"穿梭操控旋钮",只需单手即可播歌及选歌。索尼随身听的广告并没有直白地展示其悦目的外观设计,宣传其完美的音质,而是将随身听产品"如影随形"的时尚与活力的精神享受诠释了出来(见图 7-3)。

　　不论是各种玩具、文具用品、电脑、摄像机、图书、游戏机、时尚音像用品等实体产品,还是广播、影视、网络、动漫游戏、卡拉 OK、游园等内容产品,文化产品的内涵在于引发消费者对该产品的价值产生认同,满足消费者的真正需求,这也是文化企业营销产品的关键意义所在。如对时尚音像用品的价值认同,既包括对其作为媒介载体所传播的信息内容的满意程度,也包括年轻消费者在佩戴和使用时尚音像时所产生的炫耀感、优越感、时尚感以及梦想实现等象征意义的价值体现等等。

---

　　① [美]戴安娜·克兰.文化生产:媒体与都市艺术[M].南京:译林出版社,2001:4.
　　② 奥特蓝星:最潮流的音频产品面面观[OL].金羊网,2009-04-01. http://www.ycwb.com/misc/2009-04/01/content_2099581.htm.

图 7-3　索尼 Walkman 的"如影随形"

第二节　文化产品的生命周期

在消费需求不断变化、技术日新月异、产品生命周期日益缩短、竞争与日俱增的情况下,企业原有的产品淘汰速度在不断加快。为了保持文化企业良好的发展势头,必须不断开发新产品。新产品的成功开发能使企业获利,也能使企业不断扩大自己的市场占有率。相对于文化企业的其他发展战略而言,开发新产品能使企业获得比较优势,领先一步。要真正理解文化产品开发的市场意义,可以从产品市场周期理论找到答案。

一、产品生命周期曲线

文化产品的市场需求量往往因流行时尚和技术更新的变化而增减。像人一样,产品也有其生命周期——导入期、成长期、成熟期、衰退期。根据产品从进入市场开始的需求量变化情况来描绘其趋势图,产品的销售态势大体呈现出一条"S"形曲线:在导入期,往往不为人所知,加上产品研发需要一个漫长的探索过程,在这一阶段商品销售量发展很缓慢;在成长期,如同茁壮成长的青少年,产品自身的技术日趋成熟,销售量快速攀升;在成熟期,随着竞争对手的介入,产品市场销售额的增速逐渐慢了下来,但可以达到市场需求的顶峰;到了衰退期,产品的各项技术指标趋于同化,市场需求呈饱和状态,甚至会被新的产品所取代,市场需求量会迅速跌落下去。

与此同时,产品的成本也在随之而变化。在导入期之初,尽管产品尚未批量生产,但设备先行。不仅要投入大量的机械制造设备,还要消耗一定的原材料和劳务费等制作成本。到了成长期,为了打开市场得投入相当的广告费用。随着产品生产的发展成熟,竞争对手纷纷涌入,各种广告费用和公关成本居高不下。待到产品有了一定的认知度,还得为继续保持市场份额投入成本,直到市场饱和,销售额下降其成本也未必能降下来。如图 7-4 右图所示,成本曲线与销售曲线相交成叶片状区域为赢利区,空白区域显示为亏损区。亏损区的形成主要分为两种情况:一种是因为前期投入过大尚未收回成本所致;另一种是销售额的增长速度减缓,无法抵偿已经投入的原材料成本和为了扩大销售而追加的广告等成本。从产品生命周期全过程来看,文化企业唯有一方面加强管理,降低成本,另一方面扩大销售,延长产品的生命周期才能保证赢利。

如果文化企业在一个产品进入衰退期时才开始寻找新的替代品,不仅置自身于经营被动的不利处境,而且经营亏损的区域面积也会相对增大。精明的厂家或大型企业往往会采取积极主动的产品创新研发的战略,"生产一代,研制一代,设计一代,构思一代",以求始终保持向上发展的增长活力,并尽可能减少产品开发期的利润亏损(见图 7-4 右图)。

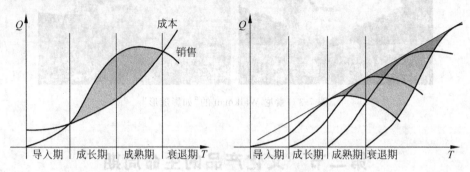

图 7-4　产品生命周期示意图

可见,产品周期曲线虽是一种很简化的描述,但却是判断文化产品市场战略的重要依据。尤其是赶时尚潮流的产品,或者是即将进入衰退期的产品,其产品周期的分界点在哪里,何时"放"或"收"是最佳的市场时机等,需要细致的研究。同时,根据市场发展规律适时推出一代一代的新产品,也符合企业最大利润的需要。从这个意义上讲,产品周期的曲线模型为我们提供了一个推广产品延伸策略并能够不断追踪市场的依据。

相声一直是我国人民群众喜闻乐见的娱乐形式。由于年代久远和当时条件的限制,很多老的相声艺术家都没能留下形象,有的甚至连声音都未能留下。央视三套推出的动漫栏目《快乐驿站》(见图 7-5)以及央视一套推出的《轻松十分》,用动漫手把相声、小品中虚化的背景具象化,并在借鉴版画、水墨、皮影、年画等美术形式及中国传统艺术的基础上,将时尚、先锋元素融汇其中,将经典与时尚、传统与现代巧妙地融合在一起,创造出一种全新的艺术表现形式。这种全新的艺术表现形式不仅用原汁原味

图 7-5　《快乐驿站》中的产品延伸①

的声音勾起了人们熟悉的记忆,而且通过动漫的重新演绎让观众体味到全新的视觉幽默。一方面解决了相声"皮厚",进入情境慢,抖包袱之前的铺垫过程不容易抓住人的缺憾;另一方面拓展了人们的想象空间,通过视觉效果增加了幽默的表现力。更重要的是,用动漫形式将精品相声甚至是绝版相声生动地演绎出来,对于相声艺术的保护性发展是很有价值的。

二、产品周期的营销战略

在产品生命周期中,最初引进新产品时有可能遭遇消费者对新产品的拒绝和抵制。

---

① 郭秀凤.让中国原创动漫飞翔起来[OL].人民日报,2004-10-21(14).

在经历缓慢的销售后,甚至还会出现财务亏损以及丧失竞争力的情况。市场渗透的速度往往会被多种因素所延缓,包括分销网络限制新产品进入市场、其他公司销售替代产品的强烈干扰以及过高的价格,等等。研究文化产品处于不同周期的市场战略十分重要,它关系着文化企业经营的兴衰与发展。

(一) 引入期市场战略

在文化产品引进的初期,通常价格很高,不论制造商还是经营者都期望尽快获得大量的收入来弥补前期投入的成本。除每个产品的单位生产成本以外,还包含为推进市场所发生的促销成本,包含按照一定的比例分摊产品的设计和开发费用。因此,基于价格和促销两个主要因素组合可选择四种不同的产品引进战略:高价位快速渗透、低价位快速渗透、高价位选择渗透和低价位缓慢渗透。

高价位快速渗透是指在强有力的促销活动中以较高的价格将产品推入市场。当潜在的市场还不了解某类新奇物品时,会有足够多的消费者希望购买它,甚至不惜支付较高价格,这一战略无疑是比较合适的。在这种情况下,企业预见在不久的将来会有激烈的竞争,希望能抢先打造一个有力的品牌形象。低价位快速渗透是指同样在强有力的促销活动前提下将产品以相对较低的价格推向市场。企业希望就此进行较大程度的市场渗透,并获得较高的市场占有率。如果产品不为人知但能够吸引不少对价格敏感的消费者,那么使用这一战略是非常有用的。产品生产的数量必须达到"规模经济效应",这样才能确保它在较低价格下仍能获得赢利。低价缓慢渗透能使企业通过节省促销费用来增加利润。在这种情况下,必须有广阔的市场,通常消费者对于价格较为敏感,这类产品哪怕是全新的品牌,也必须为人所知。高价位选择渗透是指将产品以非常高的价格但很少的促销投入市场的方式。这种方法适用于市场竞争小、产品已为人知、消费者愿意以这个价格购买产品的市场环境。将此类产品投入市场可以用较低的促销费用使公司获得较高的利润。

说起马戏,一般观众的脑海里浮现的可能是一顶流动的大帐篷,一群狮子、老虎、大象、小狗,几个放着重复音乐的音响,以及一个连一个的杂技表演。然而,将技巧和情节融合为一体,把传统的柔术、跳板、踢碗、顶缸等绝活重新包装后,同样的演员、同样的表演技巧,在高科技手段制造的声、光、电、水幕、烟雾、全息投影的配合下,却给人们带来了非凡的体验。风靡美国百老汇、拉斯维加斯等全球娱乐中心的大型多媒体梦幻剧是目前国际上非常流行的舞台演出形式(见图7-6)。尽管门票价格不菲,但上演以来好评如潮。

图7-6 多媒体梦幻剧《时空之旅》的快速渗透

(二) 成长期市场战略

随着更多的消费者加入尝试新产品者的行列,产品进入到它的成长期。"早期接受者"的队伍将壮大成"早期大多数接受者"。至此,需求已变得非常强烈,并已达到允许降低价格来鼓励其他消费群体购买产品的阶段。

在这一阶段,产品的销量会有迅速的增长。由于市场能够吸引更多的竞争者,竞争也相应激烈起来。新介入市场的生产商能在不影响现有制造商销量的情况下赚到足够的利润。这时的企业面临两难境地:是将所得利润储存起来继续维持简单再生产,还是将这些利润继续投资获得更强的竞争力?如果是后者,那么经营人员应分配一定比例的利润去改良现有产品,进一步扩张分销路线,增强促销竞争等。理智的经营者会选择部分牺牲当前的收益以换取企业更好的前景。

网络游戏经营是以高科技做娱乐内容,再将内容送达千家万户的内容供应商。因此,网吧是网络游戏运营商的必争之地。网吧不仅是用户享受高科技娱乐游戏的场所,也是网络游戏商推广游戏娱乐的重要渠道。现在的网吧已经成为网络游戏产业链条中跨越发行渠道、销售以及终端游戏消费的特殊环节,包括点卡的销售、游戏的广告、组织玩家互动等多种市场活动,都能有效地促进网络游戏业的发展。上海盛大网络发展有限公司和其运营的游戏"传奇",在很长一段时间内几乎成为网络游戏的代名词。"盛大"产品的核心竞争力并不在于"传奇"游戏本身,而在于其出奇制胜的销售渠道建设能力和市场推广能力,线上线下的互动活动、服务器管理、玩家投诉、账号管理等。据中国互联网协会统计,在全球网络游戏市场每年迅速增长的背景下,2010年中国动漫游戏市场规模达到208亿元,比2009年增长22.4%;动漫产业播映市场规模达到55亿元,比2009年增长33.4%;动漫衍生品市场规模达到153亿元。① 曾经仅仅是单纯"娱乐"的网络游戏,如今已成为网络经济中最为活跃的一股力量(见图7-7)。

图7-7 网络游戏"玩"出GDP②

然而,市场竞争是激烈的,随着竞争对手的纷纷涌入,国内网游产业经历了2004年前后的快速增长以后,市场格局发生了变化。随着玩家需求在不断地发生变化,游戏厂商的产品创新速度已越来越跟不上快速变化的玩家需求,近年来网游的增长速度明显在慢慢放缓。在网络游戏的创新研发上,有些游戏厂商的产品甚至靠毫无创新的抄袭、模仿来维持市场占有率,有些游戏厂商则走向了过度设计的极端,导致国内3D网游市场的衰退。

---

① 叶朗.2011中国文化产业年度发展报告[M].北京:北京大学出版社,2011:083.
② 曹玲娟,王炜.网络游戏:娱乐创造财富[N].人民日报,2005-11-02,(6).

尽管如此,国内网游垄断的新格局已经初步形成。网易、腾讯、盛大游戏、巨人网络、畅游以及完美世界六大企业的总收入已达353亿元,占市场份额超八成,特别是腾讯、网易、盛大这排名前三的巨头,市场份额之和达到64.64%。① 与此同时,境外的网络游戏公司却瞄准了有着巨大潜力的中国网游市场。世界领先的休闲游戏公司宝开游戏《植物大战僵尸·长城版》在原经典PVE基础之上,增加了浓郁的中国特色的长城关卡、全新植物以及具有中国特色的定制游戏,版本包含16种原创迷你游戏,涵盖了用户熟悉的宝开其他经典游戏的玩法。自2012年5月首发后不到4个月即突破了1 000万次下载量②,其火爆程度可见一斑。所有这一切都说明,产品成长期的营销策略重点在于以新取胜,快速抢占市场。

(三)成熟期市场战略

当产品进入成熟期时,潜在的消费者大都接受了该产品,整个需求进入了一个平稳发展的阶段。这一阶段可以分为三个时期:第一个时期是慢速增长期,在这个时间点上销售增加速度开始降低;第二个时期是饱和停滞期,由于市场竞争白热化消费需求有升有降;第三个时期是成熟衰退期,一些消费者开始转向替代产品或新产品,这一时期产品销量开始下降。尽管市场已经饱和,但新的公司或产品品牌仍在涌现,并试图在市场上寻找合适的位置。

成熟期文化企业的战略可选择三种不同的应对方法:改变市场、改良产品以及改善营销组合中的其他变量。首先,市场可以通过寻找新的未被选择的细分市场而进行变更,即设法劝说消费者购买更多的产品,或通过改变普通消费者对产品的感受来对品牌进行重新定位。其次,产品改良可以通过提高质量来恢复销售、改变风格,或者开发产品新的特性。只要消费者感到这些变化是实在的而且是与之直接相关的,那么这一策略将非常有效。最后,有选择地调整营销组合中的其他变量,如通过降价吸引消费者,采取强有力的促销活动占领市场,或转向密集型的分销渠道拓展市场等。如何确定产品处于生命周期的不同阶段?如何将产品暂时处于停滞的时期同产品的饱和阶段区分开来?可以分别从产品的市场渗透率、寻找新的细分市场的可能性以及人均消耗量等方面加以判断。如果不能在已占领的细分市场中继续扩大或找到其他新增的细分市场,那么市场也就达到了饱和点。

在日渐成熟的我国电影市场,如何继续满足人们日益增长的文化需求已成为一个新的课题。电影生产能否通过寻找新的未被选择的细分市场而进行变更?回答是肯定的。同样是为纪念中国人民抗日战争暨世界反法西斯战争胜利60周年,讴歌中国人民可歌可泣的民族精神的体裁,《为了胜利》采用全景式描述,真实地记录了中国人民抗日战争的基本历程,向广大的观众全面展示了中国人民为争取和平付出的艰苦卓绝的努力,给人以启迪。然而,曾拍摄了一系列风格雄浑悲壮的抗日电影的冯小宁导演,在拍摄过《紫日》、《红

---

① 网游赚钱能力惊人 国内六大公司毛利均超60%[OL].凤凰网,2012-09-28. http://games.ifeng.com/netgame/yejiexiaoxi/detail_2012_09/28/17977837_0.shtml.

② 植物大战僵尸新增中国风僵尸 国庆免费体验[OL].凤凰网,2012-09-30. http://games.ifeng.com/mobilegame/detail_2012_09/30/18016988_0.shtml.

河谷》之后,却发掘了一个用喜剧风格阐释重大主题的新的细分市场。在影片《举起手来》中,由郭达饰演一个朴实胆小但有民族气节的农民,由潘长江饰演一个被驴屁熏过、公牛撞过、地雷炸过、巨石砸过的日本鬼子兵。通过这两位小品演员诙谐而幽默的表演,让电影观众在笑声中鞭挞侵略者的丑陋行径,同时也挑战了"悲剧比喜剧更容易震撼人们的心灵"的定式思维。这说明,通过影片市场细分,不仅可以用更加丰富的电影语言拍摄题材严肃的主旋律影片,也可以改变并满足不同年龄层面的消费者对主旋律影片接受的多重需求。

不只是电影市场在寻求突破,受到广大电视观众喜爱的电视连续剧制作风格也在悄然发生变化。长期以来,在内容生产方面一直贯彻艺术来源于生活又高于生活的原则,真实事件或人物原型为艺术家提供了素材。通过艺术手段的加工,将故事情节进行有序的排列,并通过渲染和集中矛盾等故事情节的描绘,再提炼主人公的语言,这样的文学作品和影视作品往往更加生动,使人感觉更加强烈和震撼。因此,在战争年代和新中国成立初期,为了鼓舞人们的斗志,宣传英雄人物的形象都是"高、大、全"的完美形象。然而,人们在经历了反思后,更容易选择真实可信的故事阐述。如在电视连续剧《亮剑》主人公李云龙身上,不仅聚集着战争年代我军克敌制胜、横扫千军的胆魄和气势,面对强敌不计生死、敢于亮剑相搏的革命英雄主义精神,又有旧时代穷困落后的社会痕迹,说粗话、没规矩、犯纪律,以及耍赖皮、本位主义等不良习气。这样一个人物虽说并不完美,却更显可敬、可亲、可爱。在他身上,既有被长期残酷的血与火打造出的暴烈性格,又保留过去习气的痕迹;在他头脑中,既有被极端恶劣的环境磨炼成的非常规思维,又混合着清水一样的朴实、憨厚和农民式的狡黠。也正是这些性格和思维的奇怪组合,使他总不按常规出牌,出奇制胜、攻其不备,又出乎意料、乱捅娄子。正是这样一个并不完美的人物形象,让观众觉得更真实、更生动。因为以李云龙为代表的八路军战士体现着决不服输、敢于拼搏的中国军人精神。

(四) 衰退期市场战略

衰退期对于每个企业而言都是最难处理的时期。在判断文化产品是真正进入衰退阶段抑或只是暂时销售不景气的问题上,几乎无法保证所选答案的准确性。这种不确定性将导致不同的决策,特别是当产品在市场上存在了相当长的一段时期之后。在这类决策中,人为因素的影响不能被低估,感情因素或反对终止方案会使促销者坚持原来的方案。一般企业在产品衰退期的战略选择无外乎两种:一是守;二是转。然而,传统文化企业却面临更为艰难而复杂的选择。

要守住日渐衰退的传统文化市场则要采取多种积极的应对措施。如在文化遗产的保护方面,登录世界遗产名单后采取科学完善的保护是一个重要战略。拥有灿烂文明的中国,迄今有 41 处文化和自然遗产登录世界遗产名录①,总数仅次于西班牙、意大利,名列世界第三。我国苏州有着独特的园林风格、浓厚的吴文化底蕴、健全的城市配套设施、便利的空港交通。1997 年,苏州园林中拙政园、留园、网狮园、环秀山庄被列为世界文化遗

---

① 鲁金博. 我国澄江化石地被列入《世界遗产名录》[OL]. 新华网,2012-07-01. http://news.xinhuanet.com/world/2012-07/01/c_112330498.htm.

产;2000年,沧浪亭、狮子林、艺圃、耦园和退思园又被增补列入。然而,作为苏南经济中心的苏州,并没有采取杀鸡取卵式的开发,在喧腾的城市发展进程中,古城保护和文化遗址保护始终居首位,较早地确定了保护古城发展新城的思路。新城在古城外,现代高科技产业得到高速发展,积聚财力,以保护古城,减轻古城超负荷的压力;彰显文化特色,发展旅游业,提升城市形象和整体环境。围绕古城保护,地方政府拨出巨款用于古建筑修缮、治水、道路改善、非物质遗产昆曲和评弹的保护(见图7-8)。这一切保护措施将使苏州这颗明珠更加璀璨。

图7-8 地方政府支持对非物质遗产昆曲和评弹的保护①

当有些文化产品不得不退出市场时,文化经营者希望将它们尽快卖出,或集中力量于最能获利的细分市场和分销渠道之中。当然,也可以选择使用挤压战略,即降低促销成本,任产品自生自灭,从而获得短期利润。值得注意的是,在分析衰退阶段的主要指标时不能忽略优良替代产品的存在。如果优良的替代品无法被超越并对市场造成极大的冲击,就意味着衰退期即将来临。CD唱片几乎完全替代了磁带,就是关于这种征兆的极好范例。当然,即使有了这一征兆,也并非一切就已经确定——最初有人认为电视的出现将宣告收音机的灭亡,然而事实并非如此。电视机和收音机似乎是使用两种不同技术的同一类产品,注定要存在于一个同样的市场之中。当然其中一些产品最终会转化,譬如收音机的肥皂剧为电视连续剧所取代。两者都有各自的特色,所以它们能够共同存在至今,在不同的环境下可以满足同一用户的不同需求。

由于新产品的开发大都伴随着很大的风险,因此文化企业的投资者常常希望能迅速和直接地判断产品的获利性,以便及时做出决策,尽可能降低投资风险。一般而言,衡量产品开发的可行性指标有五个。一是产品质量。确属性能优越、质量可靠的新产品,将有助于文化企业市场份额的扩大和顾客愿意支付的价格所带来的销售额扩大。二是产品成本。因为产品的成本决定企业从特定销售量和特定销售价格中所获得的利润。三是开发时间。设计部门如能快速完成产品的开发或及时对技术进步做出反应,企业就会迅速地得到回报。四是开发成本。企业支出的产品开发成本通常在为获得利润而进行的投资中占有可观的比重。五是开发能力。它使企业可以更有效、更经济地开发新的畅销产品。

---

① 刘琼.文化遗产:如何守住历史根基[N].人民日报,2004-02-20,(9).

第三节　文化产品的创新开发

制造型企业要想在市场上获得成功，必须具备识别用户需求并以低成本快速推出新产品的能力。文化产业的产品创新研发尤为关键。由于文化产品的消费大多与时尚相连，与科技发展的速度相关，因此，从发现文化产品的市场机会开始，到产品的研发、制造、销售以及运送到消费者手中的整个过程，都取决于产品创新的快速推进。然而，要想"先发制人"并非易事。产品的创新研发起始于一个想法，结束于一个有形的物化产品，这其间既有对想法的筛选和权衡，又有在不具备充分信息下开发有形产品的时间压力。这对于任何产品开发团队而言，都具有很大的挑战性。

一、创新产品的划分

文化产品的特色创新是指运用技术发明、艺术创作或科学普及等手段生产创新产品。除具有一定创新观念并通过载体形式表现出来的小说、诗歌、散文等语言艺术作品，书法、绘画、雕塑、工艺美术等造型艺术作品，音乐、舞蹈、曲艺、戏剧等表演艺术作品和电影、录像、电视等综合艺术作品以外，主要的物化产品是那些应用现代科技生产出来的新媒体产品，如采用高新技术或新型材料制作的各类健身器材、工艺美术品以及其他休闲娱乐品等物化产品，金箔画、贵金属纪念币、录音盒带、录像光盘、软件光盘、网络游戏等媒体产品，利用特定地域的自然资源和人文资源建造或编排出来的物态景观，建造幽雅恬静的亭、台、楼、阁，在溶洞内设置能诱发游客产生梦境般虚幻的光雕效果等。为了进一步探索创新产品，我们先将新产品界定为全新产品、改良型产品和延伸性产品三类情况。

（一）全新产品

全新产品多指运用新材料、新技术、新工艺和新原理创造出来的文化产品。由于其结构新、功能新，往往开发起来难度大、费用高、周期长、成功率较低。即使推向市场以后，还要求消费者具有同步的消费观念和生活方式。最近，在法国 Hello Domain 影像展会上，尼康公司展出了自己设计的概念相机。相比较传统的单反相机而言，尼康概念相机的最大特点是能够为摄影者提供便捷，因为新款概念相机可更换的部件很多。除了镜头以外，还可以更换液晶显示屏和握把，甚至连机身上的某些部件也能随意更换。在一个崇尚 DIY 的时尚潮流面前，让用户可以自己组装一台喜欢的相机款式，无疑会吸引用户的关注。

（二）改良型产品

改良型产品往往是指针对现有产品品进行质量、性能、材质、款式或包装方面的改良产品，或是运用新材料、新技术、新工艺和新原理对现有产品进行换代升级的产品。由于只是对其结构或功能进行部分改良，研发时间相对较短，开发起来难度也不那么大。不少文化产品的创新选择了走更新换代之路。为了解决人们喜爱的 iPhone/Galaxy 裸机防水问题，有厂家拟用纳米材料加以解决——直接在手机电路上涂抹一层纳米防水涂料，使其能抵御人体汗水、卫浴间的潮湿，甚至是野外旅游时不慎将 iPhone 或 Galaxy 落入水中亦可安然无恙。

(三)延伸性产品

延伸性产品是借鉴了原有产品的某些设计要素,但形态上已经发生了很大变化,有些甚至以全新的面孔来面对消费者。这类产品既有运用新材料、新技术、新工艺和新原理创造出来的文化产品,也有在形式上借鉴或模仿成功模式的文化产品。

世界知名玩具品牌乐高出自童话王国丹麦。其创始人在建造业不景气的20世纪30年代看准了儿童市场,以其精湛的手艺制作木头玩具,并于1934年创立自有品牌"LEGO"。1949年乐高玩具的木材质改成能批量生产又节省能源的塑胶块,1958年乐高玩具的结构改为可插接紧扣,拼装组合成形状各异的玩具的同时,为不同年龄的玩具爱好者制造出了无穷无尽的可能。这些改革促使乐高玩具市场急速成长,成为极具规模的玩具企业。到现在,人们已经可以用这种可拼装的玩具,拼接出各类逼真的航模、载重车,甚至是模拟人,其视觉效果几乎以假乱真。而且,这些部件组合具有高自由度的乐高模型、机器人、赛车等还可以遥控,并模拟音响效果。在电脑上完成三维建模,然后按照模型一步步进行组装。

不仅如此,乐高还将玩具世界拓展到旅游、教育等多个领域,不断扩大着新市场的版图。乐高先后在丹麦、英国、美国、德国建立了主题公园——乐高乐园,用小积木搭建大建筑,营造出人们喜爱的童话世界,吸引着世界各地的大量游客前往参观游览。如1968年建成的丹麦比隆乐高乐园,是用4 450万块不足小手指大小的塑料拼插积木搭建而成,总面积约25公顷,内设8个主题公园,每年都有上百万名游客前来参观游览。1996年建于英国伦敦郊外的温莎乐高乐园,是英国收费名列前茅的主题乐园之一,里面有令人叹为观止的迷你伦敦,圣保罗大教堂、伦敦塔、大本钟等建筑物栩栩如生。1999年3月20日开放的美国加州圣地亚哥乐高乐园是第三个建成的乐高乐园,园内九个园区的所有设施和景观基本都是以一块块色彩艳丽的乐高积木堆砌而成,处处充满惊奇童趣。2002年春开幕的贡兹褒乐高乐园距德国首都慕尼黑约100公里,拥有七个主题特区可让游人尽情游玩,园内所有的建筑由5 000万个乐高塑料积木砌成。2011年10月15日,由5 000万块乐高积木搭建而成的美国佛罗里达州温特黑文乐高乐园正式开园,这是迄今为止世界上最大的一家乐高乐园。在日本,关东地区有"东京迪斯尼乐园",关西地区则有"日本环球影城USJ",只有名古屋被称为"主题公园空白地"。然而,据媒体报道,乐高乐园英国运营商已在日本名古屋市召开记者招待会,宣布将在名古屋市港区建设日本名古屋乐高乐园,预计将于2015年开业。① 图7-9是在美国佛罗里达

图7-9 用积木堆建的童话世界

---

① 邢俏.日本首座"乐高乐园"选址名古屋 预计2015年开业[OL].人民网,2011-10-28. http://world.people.com.cn/GB/16061384.html.

州温特黑文举行的佛罗里达乐高乐园开园式上,一名女孩观看用积木组成的爱因斯坦头像。①

二、产品的创意研发

为了向文化市场不断地推出广大消费者喜爱的各类文化产品,文化产品的设计人员必须具备创造性思维的潜在素质,不断地激发直觉和创造力,以较高的审美敏感度和扎实的表达技能,提高文化产品的设计内涵。要使一件文化产品既能提供消费者需要的实用功能,又使消费者产生审美喜好,就要求设计师对文化产品注入独特新颖的产品创意。

(一) 创新产品的意念生成

为完成人们文化需求而综合各种思维类型进行创新活动的结果,是审美艺术和科学创造的智慧结晶。文化产品的创新研发离不开创造性思维的运用,也取决于创新产品的意念生成是否符合市场上的需求。

1. 创新思维的心智特点

创意力丰富的人大多具有以下特点:喜欢挑剔,企图改变的不满感;追根溯源,力求理解的好奇心;敢于冒险,挑战未知的成就欲;自信成功,执著坚毅的意志力;日积月累,厚积薄发的专注性等人格特征。通常,有创意力的人善于发现并注意寻找现存方式的不足和缺陷,经常对事物感到怀疑并竭力表现出试图改变的愿望。好奇心是经由怀疑、思维、困惑而形成的一种能力,有好奇心的人总喜欢追根寻源,力求理解。敢于冒险的人大多具有猜测、尝试、实验或面对批判的勇气,甚至包括坚持己见及应付未知情况的能力。有创意力人不仅对自身的创造潜能充满自信,而且常常苦心孤诣,如痴如醉,具有坚持到底的执著和韧性。专注性是将逻辑推理带入情境中,根据日积月累的知识洞察出影响变动的因素,处理复杂问题与混乱意见的能力。此外,有创意力的人还具有流畅力、变通力、敏锐力、独创力和精进力等智力特征。流畅力(fluency)是指产生创意想法的多少,即所有可能的构想。一个人所提出的点子越多,就说明他的思维越具有流畅力。变通力(flexibility)是指不同分类或不同方向的发散思维,从某一领域转到另一领域的能力,或是以一种不同的新方法去看待一个问题。敏锐力(sensitivity)是指敏于觉察事物,具有发现缺漏、需求、不寻常及未完成部分的能力,也就是对问题的敏感度。独创力(originality)是指反应的独特性,能想出和别人不同的点子,具有独特新颖的能力。独创力是由某一项反应在全体反应中所占的比例来决定的,与别人雷同的越少,独创力越高。精进力(elaboration)是在原来的构想或基本观念上再加上新观念,增加有趣的细节和组成相关概念群的能力。

最近,一家德国广告公司为乐高制作了一组绝妙的创意广告,吸引了人们的眼球(见图7-10)。在这组创意广告中,工作人员以最少的乐高积木展现了五组经典的卡通形象,诠释了乐高以简单的色块发掘人们无限创意的产品魅力,挑战并征服着人们的想象力,包括《辛普森一家》、《芝麻街》、《南方公园》、《唐老鸭》、《忍者神龟》等。

---

① 子衿.全球最大乐高乐园开张 5 000 万积木搭建积木天堂[N/OL].北京晚报,新视网,2011-10-15. http://www.takefoto.cn/viewnews-10824.

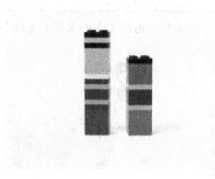

图 7-10　德国广告公司为乐高制作的经典卡通形象广告①

2. 创意力的生成过程

文化产品创意的生成过程一般是先根据产品需要提炼一个概念,在此基础上充分调动个体对生活的回忆与思索,展开活跃的思维,通过不断碰撞寻找文化产品的创意诉求点。

人的头脑有着惊人的创造潜能。神经生理学鼻祖查尔斯·谢林顿爵士曾这样描述:"人脑乃是一台施了魔法的织布机,千百万织梭往复翻飞于斯,织就花纹转瞬即逝,图案寓意何其深远,几曾又有过驻留的时刻?小小图案似合若离,此消彼长,宛如银河舞于九天"。②正是由于人脑中的闪烁不定和连绵不绝,才使得思维中的各种模式和图谱层出不穷。

人类有别于动物的标志在于思维和语言交往。在长期社会劳动和语言交往的作用下,人的思维由表象上升到概念,从而使人对外部世界的关系从直接的印象中分离出来,在思维中保持一定的独立。就这样,人的意识活动逐渐达到高度发展的水平,并在语言交往等符号的作用中实现人类知识的传递和文明程度的提高。它可以自由地表征对象,并在传播过程中约定俗成地被应用。正是由于符号的基本逻辑结构才形成了符号间演化、组合和派生的各种机制,并对产品创新研发的设计意念产生着重要的影响。无论是创造构思的求索、知觉信息的筛选、诱因条件的妙用,还是灵感的显现,都离不开设计师的社会实践。

苹果公司一直致力于通过其清晰的设计、创新的技术解决方案以及战略性的产品发布活动来推进其产品的功用极限。在即将推出的以"i"开头的传统命名的新产品中,有自行车、眼镜、电子宠物玩具、游戏机、运动鞋等,这些产品有望再次在全球掀起新的"苹果热"。以宠物玩具设计为例,苹果研发的宠物狗和宠物猫不仅在外观上十分逼真,会十分亲昵地随着主人欢跑,而且通过与ions应用进行完全整合的宠物狗,还可以为一只"狗"或"猫"设定新的技巧来帮助主人看家护院(见图7-11)。这种未来产品的功能将会包括:与ions操作系统和cloud完全整合,可与所有ions设备进行通信;与iTunes商店完全整

---

① 用乐高积木拼出的经典卡通形象 你能认出几个?[OL].爱活网,2012-03-23. http://www.evolife.cn/html/2012/64391.html.

② [英]托尼·巴赞.思维导图:放射性思维[M].李斯,译.北京:作家出版社,1998:20.

合，即时下载"动物技巧"；支持 Face time 功能，从而能让用户通过它们的眼睛来监控自己的房子；与 Nike＋进行整合，当它们跟着主人跑步时可追踪主人的表现；支持 Wife 上网功能(802.11a/b/g/n)；拥有蓝牙 4.0 功能。

正是由于新产品创造中融入了人类的智慧和创新激情，所以消费者在把玩一件文化产品时所感悟到的作品意义远比作品本身所传达的信息要深远许多。因为在信息交流过程中，好的创意作品会让人展开想象的翅膀，经过思维加工再造出符合文化产品新的情境。当人们插上想象的翅膀时，可以放飞思想，自由翱翔。

（二）创新产品的设计表达

在中国远古文明的发展史中，奚仲造车、胡曹制衣的传说曾作为勤劳智慧的华夏民族的骄

图 7-11　苹果开发的宠物概念设计①

傲被载入史册。在信息时代科技进步飞速发展的今天，人们对艺术进化的规律有着更加深刻的认识，尤其是计算机和网络技术的发展，为后工业社会寻找新的造型语言和艺术理念提供了更加开阔的视野，产品形态的设计正在越来越深入地完成从具象形态到抽象形态的演绎。

文化产品的形态设计是借助产品造型元素来代表或表征某一事物的符号，用来传达产品意义，实现产品与人沟通的一种设计语言。通过这种语言，人们可以了解文化产品是什么、怎样使用以及产品具有什么样的品位等。文化产品不仅承载着具体而实用的功能语义，而且浓缩着不同时期不同社会文化对产品形态的影响。美国逻辑学家莫里斯(Charles William Morris)曾对任何符号行为所产生的标识、评价和指令作用进行过逻辑学阐释。莫里斯将符号学划分为三个分支：语构学、语义学和语用学。语构学是研究符号与符号之间的关系；语义学是研究符号与指意对象之间的关系；语用学是研究符号与使用者之间的关系。② 符号可以被看作是一种"符号贮备系统"的媒介，然后被看作一种"对象范围"和一种"解释领域"，并与"环境"、"状况"以及一定的通信渠道相联系。作为可以表征其他事物的符号，不仅取决于约定俗成，还取决于符号是在一定的"情境"中起作用。用在产品形态的设计表达上，语构学着重于处理各类语言系统的结构、空间、形式的建构关系，它着重于产品各造型要素在结构上的有序性；语义学着重于处理各类语言系统的符号表征和符号旨意之间的指代关系，在产品形态的设计表达中它着重于产品各造型要素在"引申意指"中的关联性；语用学着重于处理各类语言系统在交流过程中语言的使用和理解的沟通关系，在产品形态的设计表达中它着重于产品各造型要素在解读认同中的易读性。同样是按钮，却有着不同的使用方式：有的是利用凹面，提示按的功能；有

---

① 耀文.iPhone 过时啦？苹果 2013 年十大未来式概念产品曝光[OL].中外玩具网,2012-09-24. http://news.ctoy.com.cn/show-15568-1.html.

② [德]马克斯·本泽,伊丽莎白·瓦尔特.广义符号学及其在设计中的应用[M].徐恒醇,编译.北京：中国社会科学出版社,1992：4.

的是采用反向纹理防滑,提示旋的功能;有的则是加大旋钮表面的防脱,提示拉的功能。人类在创造美的实践活动中不仅越来越熟悉并掌握设计美的各种构成要素,而且一直在探索如何运用这些构成要素实现产品的视觉效果和使用功能的最佳组合。除遵循节奏与韵律、尺度与比例、和谐与统一、调和与对比等一般形式美的构成法则之外,产品形态的设计语义可分为直观而准确的功能语义、生动而形象的情态语义以及和谐而悦目的审美语义三种。

1. 直观而准确的功能语义

产品形态设计的基本要求是能直观准确地描述产品的形态及功能(见图7-12)。设计师不能离开大多数消费者的经验而进行设计,所创造的形态只有与消费者头脑中的语义符号产生共鸣,设计才会被认同。每件产品都有它的主要功能,有些产品也可能会复合其他辅助功能,组成一条功能链。这些产品的功能语义主要包括:

(1) 操作语义:操作形式、操作面、操作空间、操作环境等。
(2) 拆装语义:拆卸式、螺旋式、挂钩式等。
(3) 结构语义:联结、扣结、抽结、黏结、钩结、旋结等。
(4) 符号语义:色彩、警示、符号等。
(5) 材质语义:金属、塑料、玻璃、陶瓷、木料等。
(6) 加工工艺的形态语义:机加工、浇注、吸塑等。

以折叠方式的功能语义为例。有以收缩方式实现折叠功能的收缩型产品;有以张合方式实现折叠功能的张合型产品;有以线径方式实现折叠功能的拉缩型产品;有以卷曲方式实现折叠功能的卷曲型产品;还有以膨胀方式实现折叠功能的充气型产品等。

2. 生动而形象的情态语义

如何使文化产品形态表达更加生动、悦目、有情趣,这是设计师比较感兴趣的一个课题。产品的设计美是具有高度、宽度和深度三维空间的立体形态,在空间中占有实际位置。人们在对立体形态进行量的描述以及形态内力运动变化产生的审美感受中,形成了不同的体量感和视觉张力(见图7-13)。尽管量感和张力都带有形体审美的知觉成分,但前者侧重于立体形态体积的描述,而后者明显倾向于对物体内力运动变化的感应。情态主要指产品的表情性与体态感。

图7-12 直观而准确的功能语义

图7-13 生动而形象的情态语义

产品的表情性是通过人们的感觉、知觉、情感等所产生的形态语义,这种语义具有丰富的解读力。如味觉、触觉、嗅觉、听觉等所产生的光滑、粗糙、柔软、弹性、干燥、潮湿等;具有时尚性的形态语义等所产生的高科技感、精美感、简洁感、现代感等;雅俗、刚柔、巧拙、强弱、清浊、显晦、动静等。

产品的体态感是指产品形态所表达出的具有生命力、运动力的语义,这种语义具有内涵的视觉张力。如生长感、膨胀感、扩张感、孕育感、扭曲感、抵抗感、舒展感、反弹感、聚集感、组合感、分裂感;速度感、冲击感、方向感、流动感、起伏感、跳跃感、凝练感;体量感、结实感、厚重感、整体感、雕塑感。产品的立体感既可以是能明确指出界限的物体,也可以是依视知觉判断的立体,还可以是用点、线、面、体等造型要素构成真实量感的立体。

产品形态所产生的视觉张力一般表现为:速度感、反抗力、气势感和生命力。物体在运动中所呈现出来的速度感能激发兴奋、激动、进取、奋进的审美情感。通常在有作用力的情况下,必然会出现反作用力现象,这种反作用力如果在决定形态的抗争中占据主导地位,就能创造出强烈的视觉张力。由物体的内在联系和呼应构成的凝聚力,或体现其发展方向的轨迹,均能构成特定的审美氛围。在产品形态的构成语义中,张合本身就能营造出特殊的气势感。从自然造物的表面形态或生长规律中探寻生命的活力,并运用传神的手法加以提炼和表达,已成为现代艺术设计中最具活力的构成法则。无论是对物体内力运动变化,还是对物体体积的外观描述,都已成为产品设计广为采用的造型手法。

3. 和谐而悦目的审美语义

现代工业产品具有多功能、高效用以及结构复杂等特点,这就要求设计师在外观造型上做出归纳,以达到变化之中的统一,处理好视觉构图的主要部分和从属部分的关系,所有造型均围绕一个特定目标定格调,利用主题来统一全局,选择形态与大小较为统一的元素组成视觉同一性,利用材质变化,产生触觉差异或形成触觉视觉化效果等。设计师应围绕一个特定目标定格调,选择形态与大小较为统一的元素组成视觉同一性,使消费者容易产生统一的视觉认知冲击效果。通过操作便捷的旋钮语意、开关自如的控制面板以及内部设计,传达出设计师提高产品使用性能的设计智慧。系统形态设计追求有序的和谐与统一,不仅更好地左右产品的形制与态势,而且扮演着极富戏剧性的市场形象角色。另外,产品形态构成要素的有序变化,还可以产生节奏韵律的审美感受。如同自然界中起伏的山峦、呈放射纹的美丽贝壳,产品构成要素若出现有规律的重复,也会形成节奏感和韵律感。一般而言,节奏多呈现有条理的连续,韵律多表现为有起伏的重复。在产品形态设计中,往往采取连续、渐变、起伏、交错等表现手法来加强形体的节奏感和韵律感。如果对单个元按顺序进行疏密、厚薄、方向、大小、形状的组合编排,可以构成放射性变化的韵律感。还有,在产品形态设计中根据体量的轻重、形状的大小、空间的虚实、位置的远近、线形的刚柔、材质的软硬等规律性地增加或递减,形成有一定规律的层次感;根据回旋的曲率的涡状变化,形成富有运动感的律动表现等。

近年来在世界各国设计界悄然兴起的新现代主义风格,除了保持与其他设计风格、设计手法千丝万缕的传承和影响之外,还增添了更加客观、理性、讲求逻辑、注重实效的产品造型时代气息。为了消除人们对高科技产品的陌生感,一些设计师突破了功能主义棱角分明、冷峻拘谨的模式,用柔和、流畅、匀称的造型,用侧面转角及弧形设计,以及采用象征高科技的银灰色调,使人产生"太空用产品"的美感享受(见图7-14)。这场革命急剧地改变着人们的生存环境和行为方式,同时也对产品外观设计产生着强烈的震撼和冲击。

文化企业在推出高科技含量的时兴文化产品的同时,也在推行"人性化服务"的过程中给消费者带来了种种便利。人们在购买新型健身器材时会获得各种附加服务和利益承诺,包括保证、指导、保管、运送、装修、馈赠、优惠、信贷等。不少文化企业开始关注各种延伸产品的开发,为文化消费者提供服务周到、便利消费的附加利益,从而培养文化消费者对本企业及其产品的信任与忠诚,使自己在文化市场竞争中处于更加有利的地位。

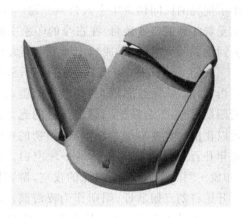

图7-14 新现代主义风格的产品设计

产品研发创意思维中最具代表性的基本特征是独创性。只要思路畅通,想象力丰富就可能产生发散性思维;只要思路与众不同、能突破惯性思维就可能激发独特的异向性思维;只要能迅速转移思路,由此及彼,触类旁通,灵活连接,就可能迸发出新颖的灵感火花;只要善于抓住事物的本质,使问题简洁化、条理化,就可能培养出优秀的洞察能力。中国科学院院长路甬祥先生曾经提出,设计和创造是人类文明的第三种文化。学术界以往只是推崇科学文化和人文文化,也有人尝试借助科学家和艺术家共同努力寻求其完美结合。第三种文化——设计与创造,将使工业产品实现科技、艺术、功能和经济的统一。文化产品更是如此。广泛应用先进科技,为产品注入技术含量、艺术含量并提高附加值,已成为文化产品创新开发的潮流。

(三)创新产品的市场推广

按照WTO的原则,包括文化产业在内的服务行业应当开放。有学者认为,文化产业结构的调整是中国文化产业主动进入WTO"后过渡期"的标志。从2004年11月起,外资允许进入传媒领域的分销市场;至2004年年末,外资首次获准通过合资、合作成立电影制片、电影技术和广播影视节目制作公司……不少海外文化投资者热衷于扩大在华新兴文化行业的项目投资。在上海、北京、深圳、广州等地的各类相关展会上,海外投资者咨询政策的兴趣集中在网络、游戏、娱乐和创意等行业的开放度上。这些变化说明,中国文化产业中的服务市场并不平静,它或许就是中国文化市场上的最后一块蛋糕。中国的文化服务企业又该如何去面对?

由著名导演张艺谋担纲,投资近1亿元人民币,有600多名演职人员参与演出的桂林山水实景演出——《印象·刘三姐》,①现已成为桂林永久性旅游演出的经典品牌(见图7-15)。每当夜幕降临,远离尘嚣的各地游客置身大自然造化出的充满灵性的山水之间,置身亘古悠远的天然剧场里。《印象·刘三姐》共分为:序·山水传说;红色印象·

---

① 周华.组图:"印象·刘三姐"山水实景演出长演不衰[OL].人民网,2008-11-17. http://pic.people.com.cn/GB/73694/8349023.html.

山歌;绿色印象·家园;蓝色印象·情歌;金色印象·渔火;银色印象·盛典;尾声·天地颂唱等部分。一曲耳熟能详的经典山歌"唱山歌哎,这边唱来那边和……"缘水而起,引出了优美的民间传说中主人公刘三姐。在 70 分钟的演出中,人们穿越时空,感受着山水,感受着壮族的经典传奇,在古今的印象中徜徉伴随着天籁之音,艺术地再现了刘三姐故乡美丽动人的生活图景,成功诠释了人与大自然的和谐关系。

人们来到桂林,清晨顺漓江而下,游玩了三山、两洞、一条江之后,匆匆瞥一眼驰名天下的阳朔山水,就会踏上归途。星月的光华还不足以让山水在夜幕中熠熠生辉,阳朔的夜晚对每年几百万游客来说几乎是一片空白。自从《印象·刘三姐》点亮了漓江的夜空,游客们纷纷开始将刘三姐歌圩、阳朔作为夜游漓江的终点。城市是大公园,山水是大舞台,演出从旅游开始,旅游在演出中继续,演出使人文融入了山水,传统的观光型旅游转向休闲型旅游。

图 7-15 山水实景演出——《印象·刘三姐》

《印象·刘三姐》不仅直接造就了阳朔当地大量的就业机会,而且拉动了整个经济链条的快速运转。来自世界各地的游客将《印象·刘三姐》当作了广西的一个特有景观,甚至出现了场场满座、一票难求的现象。主办方从环境及安全以及环境保护方面的考虑,采取了严格的限票措施,结果给每个售票点的限额还没分配就被提前预订完毕。《印象·刘三姐》在经济、旅游、文化、自然保护等方面,都留给人们无穷的回味。

《印象·刘三姐》作为产业项目与旅游紧密结合,成功地将桂林山水资源和刘三姐文化资源有机地整合,形成很好的市场卖点;其名导名家制作、大手笔投入、大气势的山水剧场,大胆创新的演出概念吸引着游客;《印象·刘三姐》的广告策划和推广十分到位,吸引了国内外新闻媒体的高度关注,有关《印象·刘三姐》的新闻迅速传遍世界各地。同时,加强了与旅行社的合作,建立了较为完善的营销系统,拥有了较为稳定的客源,使越来越多的人争相来桂林亲眼目睹这一演出盛况。一个地区城市文化运营得好的话,将会拉动当地的房地产业、酒店业、餐饮业、交通业、服务业等相关产业。《印象·刘三姐》的成功运作,使很多游客增加了在桂林停留的时间,特别是阳朔县的旅游经济受益匪浅。现在,该项目的各项配套工程已基本建成,酒店公寓、百间商铺、山洞音乐厅、古城楼、漓江观景台、广场、大型停车场等服务项目,成为《印象·刘三姐》的客流、票务、接待、商务集散中心。可以想见,今后的"锦绣漓江——刘三姐歌圩"将逐步形成以《印象·刘三姐》大型山水实景演出为核心的融民族风情、山水传奇、田园风光、人文体验、休闲度假为一体的旅游风景区,成为广西桂林阳朔的旅游热点。

(四)产品的"微笑曲线"

综观文化产品创新研发的市场推广,可借鉴"微笑曲线"的直观表达。如图 7-16 所示,微笑曲线呈 U 形,左上角代表产品创新的知识产权,它决定产品附加值的形成和功能实现,是产品研发阶段的主要目标;中下端主要是产品的生产组装和运输过程,是产品制造阶段的必要环节;右上角代表分配和销售,是产品进入市场后品牌塑造和实现利润的重要途径。从企业经营的角度来看,研发—制造—营销的过程,就是产品从生产到交换的产业链和整个周期。如果是与外企合作,则要放到全球性竞争的大环境下加以考察。

很显然,研发的目的是在满足市场需求的同时获取利润,而要获利就要使回收的产出和利润大于投入制造的成本。唯有这样,微笑曲线才能真正为企业带来赢利的快乐。因此,通过微笑曲线可以动态地了解企业研发、生产、营销的经营主题,加快产业升级和转型,尽量争取在产业链分工中占据有利位置。不少企业在探索产品升级或产品下移的思路,产品升

图7-16 微笑曲线示意图

级是产品高走的路线,即从原来低档往中档、中档往高档走的办法;而产品下移是创造新的细分市场,让营销的固定成本下降。有的企业在进行垂直整合的尝试,包括向上游链的整合和向下游链的整合。有的企业则进行水平延伸的尝试,一种是产品的水平延伸,一种是产品线的水平延伸。有的企业在探索缩短销售渠道,建立直接供销关系,利用网络渠道缩短中间环节。更多的企业则是通过产品创新和技术升级来增加产品的科技含量和附加值。

三、产品组合创新

产品组合是由关联产品的宽度和系列产品的深度所决定的。一个大的艺术中心可以提供戏剧产品系列、舞蹈系列等,而一个小型展示会只能提供非常有限的产品系列的组合,很可能每种系列只包含一个产品作为代表。很多文化企业趋向于创造与主流艺术产品有关的副产品,从而构成另一类产品系列。一个交响乐队会提供系列音乐会,录制他们的保留节目,同时推出与该产品系列相关的T恤衫。博物馆不仅进行经常性的和临时性的展览,而且可以提供一系列获取教育和吸收文化知识的活动,包括学术研讨、介绍性的参观和专题会议等,甚至提供有一定规模的餐厅和纪念品商店。在相关产品中获益的可能性激励着经营者重新考虑他们的策略,电影、展览会、书、音乐会可以成为相互协作的产品组合。

(一) 拉长产业链

文化产品的产品链是通过主干产品不断向相关产品或下游产品拓展延伸的产品研发路径。产品链牵出的是关联产品的研发,它包含产品之间的关联层次和关联程度,也包含对产品资源横向开发的有效利用。产品链的开发影响着关联产业的衍生与发展,形成一定规模的良性循环的共生互利产业链。

正在迅速崛起的数字娱乐是我国文化市场上一个全新的产业,网络游戏、数字摄影、电子图书、彩信、3D动画、Flash动画等越来越多地以充满活力与诱惑的形态出现在数字娱乐领域。一方面,数字娱乐产业本身就是一个打破传统行业壁垒的产业,需要将音乐、美术、文学、电影、网络技术融于一体,辐射电信、出版、影视、通信、美术设计、玩具制造、软件开发、计算机硬件生产等众多行业。因此,它的发展必须进行跨行业的合作,打造产业

链,使企业风险降低,实现多赢。另一方面,从事网络游戏的企业民营居多,企业领导者也非常年轻,富有创新意识和市场意识,成功地解决了赢利模式的问题。中国动画曾经有过如《大闹天宫》《小蝌蚪找妈妈》等水墨风格、剪纸风格的艺术精品,但都没有被现代的商业运作包装过,更没有跟进后续的产品延伸开发。而史努比、米老鼠、KITTY猫、皮卡丘、机器猫等"舶来"的卡通,每年都从中国市场赚走6亿元。① 尚未成熟的产业链,导致中国动漫市场80%以上的赢利流向了日、美等国。

其实,与动漫影片相关的各类游戏、服装、玩具、小家电、食品、文具用品、主题公园、游乐场、小礼品、装饰物件等动漫衍生品在生活中无处不在。通过加入动漫元素,产品的形象更加丰富,产品价值也会翻倍增长。如一个普通的陶瓷杯只能卖价2元,可加了一个Hello Kitty的头像后,也许就可以翻了10倍的身价,而且销量更好。多年来,我国动漫产业基本集中在"动画制作"及"电视播出"两个环节上,资金分配也集中在这些环节上,而后期的衍生品开发、品牌授权等环节相对脱节。曾经热播过的《黑猫警长》《哪吒闹海》《大闹天宫》等经典动画,甚至基本上没有跟进的衍生品产业链。目前,我国的动漫游戏产业的受众已高达6.5亿人,居世界首位。② 国家近年也相继出台了一系列扶持动漫产业振兴发展的政策措施,中国动漫产业的被动局面正在改善。动漫要发展,就一定要在它的原创能力和深度开发之间形成互相推动、互为因果的良性循环。动漫游戏的原创可以漫画先行,先确定故事、人物设定、造型等,然后再推出动画和游戏。先吸引消费者产生兴趣到投入体验,再在每个环节上尽量降低风险,出版商、网游原创企业、动画制作企业、玩具制造企业通力合作,形成利益共同体,最终占领市场。由于动画产品的开发周期较长,应尽量开发些短期产品作为补充,以确保资源的有效利用。动画、漫画和游戏周边的产品开发模式较为灵活。目前,网络游戏的市场风险已初露端倪,竞争将更加白热化。

2011年,香港"意马国际"以10亿港元收购内地知名动画《喜羊羊与灰太狼》消费品权(见图7-17)。当传言中的消息得以证实时,内地业界颇为吃惊:没想到几只小羊竟能值那么多钱。其实,吃惊的背后影射的是人们对影视衍生品的陌生和对文化产品品牌意识的淡漠。很多国产动画片事先都没有考虑开发图书、音像、玩具、文具、服装、食品乃至休闲旅游等延伸产业的产业链。《喜羊羊与灰太狼》消费品权在没有出售之前,后续产业链只做了些低端的塑料文具和玩具制品。《喜羊羊与灰太狼》在国内有了极好的市场效益之后,仍然只是以500万元的低制作成本制作第二部、第三部动漫产品本身,而没有跟进影视作品后续的衍生品产业链。在好莱坞,电影收入只占影

图7-17 "喜羊羊"衍生品开发权出售

---

① 江南.中国动漫缺什么[N].人民日报,2005-06-06,(11).
② 郑小红.动漫衍生产品深圳礼品展上:"很火很赚钱"[OL].中新广东网,2010-04-24. http://www.gift12345.com/h1/news/2010-04-27/1541144844.shtml.

片总收入的 15% 左右,其余都是由影片品牌效应衍生出的周边产品赚得。而目前我国国产片却相反,据一些媒体报道,2010 年全年出产的 526 部影片的投资商中,赚到钱的不足 20%。① 因此,目前我国影视衍生产品产业链的市场空白十分巨大。文化产业在成功地打造出品牌之后,一定要跟进产业链机制。只要能创作出优秀的源头作品,为开发影视衍生产品产业链打好基础,就有可能发展并推进文化产业衍生产业链的市场前景,周而复始地为文化产业带来不竭的财源。

(二) 打造产品束

产品束是通过具有相同产品属性的集合不断凝练产品内涵的产品研发路径。产品束所涉及的也是关联产品的研发,它包含关联产品的环境和条件,涉及关联产品的纵向开发和资源整合。

我国著名的民俗旅游地陕北安塞有着自己独特的名片:腰鼓打出豪气,剪纸剪出灵气,绘画描出秀气,民歌唱出喜气②(见图 7-18)……安塞浓缩了中原农耕文化与北方游牧文化交融的全部历程,既有古秦直道、古塞芦子关、镰刀湾塞门古城、陕北第一大佛(真武洞大佛)等极富地域特色的黄土风情,又是保留、传承中华民族古老优秀民间文化最集中、最具有代表性的区域之一,先后被文化部命名为"民间绘画之乡"、"剪纸之乡"和"腰鼓之乡"。

安塞腰鼓是撼山震岳、激越奔放着生命原动力的民间舞蹈。不论是出土文物宋代画像砖上描绘人物打腰鼓时潇洒刚劲的动作,还是诗人范成大"腰鼓百面如春雷,打彻凉州花自开"的诗句,都表明至少早在 1 000 多年前腰鼓在西北边塞的盛行。在延安陕甘宁边区的新秧歌运动中安塞腰鼓得到了极大的发展和普及,使这种雄浑刚健、粗犷豪放的陕北民间古老艺术形式得以传承与发展。1984 年由陈凯歌导演、张艺谋担任摄影的电影《黄土地》,最终使这种与黄土地相契合的民间舞蹈走出塞北,走向全国。1986 年,安塞腰鼓在首届全国民间音乐舞蹈比赛上夺得最高奖项;1988 年,安塞的 200 多名腰鼓手在首届全国农民运动会开幕式上大放异彩;从 1990 年起,安塞腰鼓先后在第十一届亚运会、国庆 45 周年庆典、香港回归、国庆 50 周年庆典以及德国柏林举办的亚太活动周等重大活动中多次一展风采。

图 7-18 安塞剪纸、安塞腰鼓、安塞农民画

---

① "喜羊羊"消费品权值 10 亿港元? 品牌吸引资金[N/OL].中国长城互联网,人民日报海外版,2011-05-07. http://www.cgw.cn/xwzx/whxw/201105/07/227209.shtml.

② 庄庆萍,高兰新,郭志东.安塞:铸文化品牌 促经济发展[N].人民日报,2004-05-03(4).

安塞剪纸有着敦实古朴、硕壮丰满的民间艺术传统,洋溢着浓烈的塞北农村生活气息。据说在安塞农村,95%以上的妇女会剪纸,许多人家至今保存有用烟熏成的祖传古时花样。安塞剪纸最初是用来装饰美化生活的"窑洞剪纸",被一代又一代的劳动妇女传承下来,形成古朴生动、强烈自由的风格。安塞剪纸形式多样,内容丰富,具有很高的观赏价值和收藏价值,被誉为"活化石"和"地上文物"。安塞剪纸有6 000多幅作品先后在西安、北京、上海、广州、河北等地展出,几千幅作品被外国国家级美术馆和国外人士购买、收藏。剪纸艺人还曾远赴10多个国家表演献艺,引起中外友人的极大兴趣。中国美术馆、《中国美术全集》也分别收录有安塞剪纸。被联合国教科文组织授予的中国16位"民间艺术大师"中,安塞占了4位。1993年,安塞县被中国国家文化部命名为"中国剪纸之乡"。

安塞的民间绘画是在吸收了剪纸、刺绣、布玩等艺术形式的精髓的基础上发展起来的。安塞农民画曾先后在西安、北京、上海、深圳等各大城市展销,并吸引了法国、德国、新西兰、日本、加拿大等10多个国家的宾客前来观赏购画,一些美术专家、美院师生及港澳台有关人士纷纷考察展览。多幅作品参加了法国独立沙龙美展,90余幅作品在全国及港澳的大赛中获奖。安塞农民画构图奇美,想象力丰富,手法大胆,色彩效果十分明显,具有独特的艺术效果,被誉为东方的毕加索。中国美术馆收藏了部分作品。《美术》《人民画报》《人民日报》等数十种报刊进行了介绍。安塞农民画家到过法国、美国、日本、德国、奥地利、菲律宾等国进行表演交流。1998年,安塞县被中国国家文化部命名为"中国农民画之乡"。

安塞民歌旋律高亢而激越,带有浓郁的地域特色和泥土气息,演唱题材广泛、形式多样。歌曲多为即兴创作,通俗易懂,久唱不衰。安塞的民歌手多次参加中央电视台等单位的大型晚会演出,先后为70余部影视剧配唱,"民歌大王"贺玉堂2001年登上北京人民大会堂的舞台,一曲《黄河船夫曲》,引来了如潮的掌声。在充分挖掘民间艺术资源、发展文化产业形成旅游产品束,全力打造文化名县和经济强县迈进方面,陕北安塞正在探索一条"文化引来百业兴"的可持续发展之路。

(三) 延伸产品组合

产品组合是文化企业提供给文化消费者的一组产品,它包括所有的产品线和产品项目。"产品线是指密切相关的一组产品,因为这些产品以类似的方式发挥功能,或销售给同类顾客群,或通过同一类型的渠道销售出去,或同属于一个价格幅度。"[①]产品组合的宽度是指企业产品线的多和少,产品组合的长度是指企业产品项目的多少。

近年来,江苏卫视以"情感世界 幸福中国"为频道定位,以新闻版块、娱乐版块、电视剧版块的合理划分,清晰地将新闻、综艺、电视剧三项最受观众喜爱的栏目形式,呈现给全国的电视观众,成为全国卫视频道中备受瞩目的一支电视新生力量。尤其在综艺这条产品线上,继2010年推出王牌节目《非诚勿扰》《非常了得》之后,又相继推出了《脱颖而出》《突出重围》《梦想成真》《一站到底》等新的产品项目(见图7-19)。2012年推出的全新益智攻擂节目《一站到底》,其节目形式新颖,知识覆盖面广。选手在攻擂过程中充分

---

① [美]菲利普·科特勒等.市场营销管理(亚洲版·下)[M].郭国庆,等,译.北京:中国人民大学出版社,1997:72.

发挥自己的聪明才智,不论学历高低,不论职业分工,不仅要在答题中斗智斗勇,而且要在挑战中充分挖掘个性。这档益智节目打破了以往答题类节目的固定模式,鼓励草根参与,能否"一站到底",成为电视观众的最大悬念。正因为不断创新,江苏卫视的收视率一路攀升,在全国省级卫视激烈竞争中突出重围。

图 7-19　不断创新的江苏卫视综艺节目产品线

　　文化产品和文化服务市场是连接文化生产与文化消费的纽带,无论是发展文化产品生产,还是扩大文化服务项目,都是促进文化市场繁荣兴旺的客观需要。企业积极开发文化产品,既有利于文化企业自身的生存与发展,更能增加文化市场的供给,满足文化消费者不断增长和变化着的文化需求。

第八章 抉择：捕获价格机遇

在市场瞬息万变的情况下，需要文化企业对相应的价格策略做出迅速反应。大多数文化企业会在成本、需求及竞争等定价环境的基础上，根据自身的战略目标和分目标来确定价格策略，如使利润最大化、为销售额增长或稳定市场、使客户对价格不敏感、维持价格领导者地位、阻止市场新进入者、引发消费者对商品的兴趣、阻止竞争对手降价等等。因此，对文化产品或服务如何定价，如何随着时间和空间的推移修订价格，怎样发起价格变动以应对竞争者的价格变动，成为文化产品和服务价格抉择的主要内容。

第一节 文化产品的价格制定

在文化产品营销组合的各因素中，价格制定是最为敏感和最危险的策略。"价格是营销组合中唯一能创造收入的因素；其他因素只能增加成本。价格也是市场营销组合中最灵活的因素之一，能适应市场需求的变化进行迅速的改变。"[①]不少企业在制定价格时，全然不顾市场能否接受，只关注成本，恨不能一下就收回所有的投资。有的企业不能根据不同的细分市场、不同的产品项目和不同的购买时机作出灵活的价格变动，因而也就无法处理好定价问题。影响价格制定的因素很多，文化产品和服务的价格制定也比较复杂。以扑朔迷离的古玩价格为例，伴随着文物拍卖槌声的此起彼伏，其价格往往令人目瞪口呆。一张字画、一件玉器，甚至一件龙袍，都能拍到几万元、几十万元、几百万元、几千万元的交易价格。那么，文化产品或服务究竟如何定价？

一、定价程序

文化产品生产企业在研发出一款新产品时，文化服务企业拓展一项新业务时，都面临如何根据质量和市场行情制定价格的问题。文化产品和服务的价格制定一般包括选择定价目标、确定消费需求、估计销售成本、分析竞争者成本和价格、选择定价方法和确定最终价格等程序。

（一）选择定价目标

文化企业首先需要确定从特定产品中所要实现的定价目标。如果设定价格变动的目标与营销组合中其他变量相适应，那么该目标必须以公司的总体政策为基础。选择定价目标时一般会与利润、销售、均衡竞争以及公司形象相关联。

---

① [美]菲利普·科特勒等.市场营销管理（亚洲版·下）[M].郭国庆，等，译.北京：中国人民大学出版社，1997：114.

1. 利润目标

总的来说,文化企业是根据质量和价格来为产品定位的。将质量和价格各分为高、中、低三档,就可以形成九种相应的价格战略:如果产品的质量高,可分别选择高价位的溢价战略、中价位的高价值战略和低价位的超值战略;如果产品的质量中等,可分别选择高价位战略、中价位战略和优良价值战略;如果产品的质量较低,则可能采取高价位的骗取战略、中价位的虚假经济战略和低价位的经济战略。当实力雄厚的企业为市场提供高质量高价格的产品,实力中等的企业以中等价格提供中等质量的产品,实力较弱的企业提供低价位低品质的产品时,如果同时存在注重质量型、注重价格型和二者兼顾型的消费者,那么这三类竞争对手就可能在同一个市场内和平共处。如果厂商提供的是高质量中价位,甚至高质量低价位,还有中质量低价位的产品,很容易说服对质量敏感的用户理智性购买。但如果厂商提供的是中质量高价位,甚至低质量高价位,还有低质量中价位的产品,用户必然会产生上当受骗的感觉,这种情形是营销人员要极力避免的。

就目前国内演出市场而言,一些专业艺术团体受体制影响举步维艰,往往为了平衡其收益与支出会努力将门票价格制定得尽可能低一点。然而,以赢利为目的的演出公司则不同,它们必须创造出一定的利润来满足投资回报。因此,在制定价格时演出公司往往会设定所要获取的"投资回报率",即由利润除以投入资本所得数值。假定投入10万元可获得2.5万元的利润,则投资回报率为25%。根据投资回报率就可以帮助演出公司对每一场演出的潜在利润做出判断和决策。世界经典音乐剧《猫》是现代舞台的传奇。自1981年在英国伦敦首演以来,《猫》的足迹已遍布全球26个国家超过300座城市,在全球赢得了超过7 300万名观众和28亿美元的票房。在登陆中国之前,《猫》已经在世界各地完成了超过4.5万场演出。由英国原创团队全程打造的中文版《猫》,集合了来自全球的优秀华语音乐剧人才,无疑让国内观众对这部"经典"剧的品质充满期待。为此,针对经典音乐剧高价位的票务推广,演出公司打出了"如果一生只看一场演出,《猫》是你不可错过的选择"的溢价宣传(见图8-1)。正赶上中秋佳节,许多企事业单位采取"文化福利"策略组团购票,将《猫》的演出票发放给员工并组织集体观看。① 这些营销策略的选择无疑是成功的。

图8-1 经典音乐剧《猫》的溢价宣传

---

① 《猫》中文版受热捧 企业团购门票替月饼票[OL].武汉演出网,2012-09-29. http://www.whycw.com/page/default.asp? pageID=4&ID=1243.

2. 销售目标

有时文化企业为了占领或扩大市场份额和社会影响,往往通过降低价格、减少利润空间来争取竞争者的顾客并实现自身销售量的最大化。在报业,频繁爆发的价格战始终与发展同行,多次燃起的战火硝烟令人们至今记忆犹新。武汉有着得天独厚的地理环境:南邻百里洞庭的鱼米之乡;北可进窥关中和中原;西扼天府之国的千里沃野;东迎虎踞龙盘的王都金陵。九省通衢,占据着中国地理上的"天元",历来是商家必争之地。《武汉晚报》是我国最早开办的几家晚报之一,报头由原国家副主席董必武亲手题写,因比一般的机关报更加贴近读者而成为武汉首屈一指的强势媒体。然而,1997年《楚天都市报》异军突起,以更加符合普通市民口味的泼辣风格横扫武汉报业市场。面对激烈的传媒竞争,《武汉晚报》不得不另辟蹊径,推出《今日快报》,打算以一新一老的双线作战态势应对竞争,但此举的市场效果并不明显。于是,决策层为了改变"同体克隆"的被动局面,决定新老两报合并,以"双剑合璧,孰与争锋"为题拉开竞争的序幕,并以每份0.10元的"贺岁价"挑起武汉报业竞争的价格战。就在报业纷纷开始价格混战时,新闻出版局出面调停结束了这场时间跨度最短的价格战。此后,尽管各地报业的价格战此起彼伏,但最终都由政府部门出面干涉而了结。

3. 形象目标

文化企业有时会根据所设计的企业形象来制定价格,以便树立高品质的市场领先地位。一般情况下,价格偏高意味着企业期望上等品质的形象也偏高;而定价偏低则说明企业的产品更易于接近大多数人。然而,并非所有的产品形象都是按照价格来制定的。

我国南京市是一座千年古都,给后人留下了丰富的物质和非物质的文化遗存。据调查,64%的市民认为南京的特色是"文化"。为了宣扬南京古城的文化特色,大型音乐舞蹈诗画《神韵金陵》的主创人员从"孙权定都"到"郑和下西洋"的1200多年的历史长河中,选取南唐李煜"一江春水向东流"的绝唱、十里秦淮繁华的市井文化、大明筑城修典的辉煌以及郑和下西洋的壮举等有代表性的场景,突出表现古都风貌(见图8-2)。《神韵金陵》以其恢宏的气势、震撼人心的艺术效果,被定位为南京历史文化的城市名片。[①] 整台演出以舞蹈为底色,融合中国传统音乐、诗词、杂技、武术、情景表演等形式于一体进行大胆创新,借助高科技以绚丽多姿的舞台视觉形象和富有听觉震撼力的音乐形象加以混搭,成功地诠释了金陵文化的灵魂和神韵。为了吸引广大市民群体走进剧场,《神韵金陵》在价位上坚持执行中低价策略,将演出的票价定位为80元、120元和180元三档,让普通工薪阶层消费者能买得起。同时,还推出众多的价格优惠措施,如本地军人、学生、残疾人、下岗职工持相关证件可购买两张6折优惠票;三口之家,两张成人全票价可购买一张儿童半价票;30~50张团体票享受9折优惠,50~100张团体票享受8折优惠,100~300张团体票享受7折优惠,300张以上团体票享受6折优惠。[②]《神韵金陵》剧组通过举办新闻发布

[①] 王力. 打造城市文化名片 舞蹈诗画《神韵金陵》开排[OL]. 新华网,2005-02-22. http://news.xinhuanet.com/ent/2005-02/22/content_2602204.htm.

[②] 王力. 南京观众热评《神韵金陵》[OL]. 新华网江苏频道,2005-05-25. http://www.js.xinhuanet.com/xin_wen_zhong_xin/2005-05/25/content_4300496.htm.

会、张贴演出海报等形式,多频次、全方位地推介自己的节目,彻底摒弃了靠赠票聚人气、搞赞助托底等做法。此外,《神韵金陵》剧组还推出了全新的营销模式,主动面向市场,从坐商转变到行商,除争取三家承办单位的积极合作外,剧组还分别与南京市园林局、金陵晚报社等单位合作,采用"读报购票优惠"、与公园票"捆绑销售"等方式,加速了演出产业链中信息流和资金流的多路径流动,把产业链拓展到了文化旅游、报刊发行等文化市场。与此同时,还同期推出了《金陵节拍》、《金陵神韵》、《金陵文脉》等光碟,将产业链延伸到传媒市场和音像产品市场。电视音画《金陵节拍》以音乐、音效与画面有机结合的方式,通过不同的配器,使人们熟悉的《茉莉花》旋律有了从小桥流水到大气磅礴等多种表情。电视舞蹈《金陵神韵》充分展示了舞蹈艺术的神韵飞扬,服装、舞台设计的精美绝伦,通过编导人员的二度创作再现了《神韵金陵》的舞台风采,艺术感染力极强。电视专题《金陵文脉》则循着南京的文化脉络,分集介绍了南京百处历史文化景点,由景点而展开南京千年风云的历史画面,引领人们从城市外观到精神内涵重新认识南京。

图 8-2　城市名片——大型音乐舞蹈诗画《神韵金陵》的产品组合定价

(二)确定消费需求

文化消费属于精神生活方式的消费,人们通过消费文化产品获得对情绪和心情的安抚。因此,文化产品的消费需求是一项非常复杂的研究课题,它往往随着消费者的文化素养、审美品位、收入水平、兴趣爱好等多种因素影响而产生变化。

人的文化素养包含崇善的人文素养、求真的科学素养以及审美的艺术素养等内在气质,也体现在日常生活的举手投足、仪容仪表以及生活习惯等外在表现之中。正是这些内在气质和外在表现,构成了人的文化素养及其生活氛围和文明程度等特征。比如去音乐茶座品茶听音乐,不仅是一次社交聚会和生活品位的展示,更是享受优雅音乐、陶冶情操的洗礼。增进了朋友之间的友谊,也将主客之间出于精神娱乐需求的交流表现得更加具有质感。审美品位反映着人们的审美情趣,包括对建筑、雕塑、绘画、音乐、舞蹈、服饰、陶艺、饮食等领域的鉴赏能力。在对文化产品消费的过程中,人们往往会不断地提高自己的审美情趣,拓展并提高自身的文化素养。

如何判断人们的文化消费需求变化却是一件较为复杂的事情。以书店经营为例。阅读是人类的天性之一。季风书园之于上海,就如诚品书店之于台北,都被认为是所在城市的文化地标。然而,国内越来越多的实体书店正消失在城市的版图中,网络书店却越来越吸引读书人的目光。近年来,继当当、卓越之外,越来越多的电子商家开始关注网上图书销售市场。苏宁易购的图书频道正式上线,图书种类号称有60万种;京东商城也参与了卖书的价格战,半年的图书音像销售额就远超5亿元。面对网上书店的步步进逼,实体书店也纷纷开始了自我救赎的活动。有的试图通过搭售文具扩销,有的则举办各种讲座或沙龙来吸引读者,在实体店内获得与网上购书不一样的体验。更有一些爱书的经销商,试图通过咖啡厅创造"悦读"体验来吸引读者买书,同时引领一种新的"慢生活"方式。即便如此,不少"移动一族"仍旧不为所动,往往会毫不犹豫地花40元点一杯咖啡,照样拿着手机拍下想购的书,然后到网络书店购买。广州的"学而优"也曾选择正面迎敌,办起了自己的网站,也在网上卖书。其网上售书的定价在7折左右,比实体店按原价销售明显有所优惠,但是,仍无力抵挡当当、卓越等店更为低廉的价位诱惑。例如,在"学而优"畅销书排行榜上排第一位的《朱镕基讲话实录》套装,原价是196元,"学而优"网站价格是156.8元,而当当和京东的书价都是147元。可见,喜欢阅读的人依然有,但网上书店不仅低价而且更加方便快捷,传统的实体书店则面临困境,举步维艰。图8-3展示的是专为喜欢阅读的读者营造"悦读"氛围的上海季风书园和台北诚品书店。

图8-3 价格高于网上购书的实体书店

(三)估计销售成本

文化产品的销售成本包括固定成本和变动成本。固定成本是不随生产或销售收入的变化而变化的成本;变动成本是随着生产水平的变化而直接发生变化的。为了明智地定价,必须了解不同的生产水平下文化产品的成本是怎样产生变化的。

一种情况是经验曲线成本行为。随着积累经验而来的平均成本的下降被称为经验曲线,经验越丰富对商品的品质、真伪、成本的判断越准确。以古玩价格为例,古玩的价格一般取决于历史价值、工艺和材料价值、品相好坏价值等方面,即使是再好的古玩,一旦支离破碎、残缺、有毛病、修补过,价值就会大打折扣。有经验的古玩商,由于成年累月在市场转,早已成为民间鉴宝专家,能以较低的价位买到"捡漏"的意外收获。另一种情况是作为差别营销报价的成本行为。在现实生活中,不少文化经营者会努力使报价和合同条款适应不同的购买者。一些文化产品的制造商对分销商渠道的成本不一样,其利润也就不同。为了估算对不同分销商的实际赢利水平,文化产品的制造商大多采用活动的成本估算,而不是标准成本估算。

(四)分析竞争者成本和价格

当市场对价格非常敏感时,低价可刺激市场份额进一步扩大;随着生产经验的积累,生产和分销成本降低,直接关联价格降低,此时宜采用低价策略;当需要抑制现实的和潜在的竞争对手进入市场时,也宜制定低价策略。而当顾客的人数足以构成当前的高需求时,或小批量生产的单位成本不至于高到无法从交易中获得好处时,或已有的高价尚未吸引更多竞争者介入时,制定高价有助于树立优质产品的形象。

在电视媒体投放广告也会因价位的不同而选择不同的媒体组合。同一媒体收视率高的品牌栏目,其广告价位相应较高;收视率高的黄金时段,其广告价位也较高。不同媒体的竞争差异更大,央视坐拥国家级电视台首席,同一时段内覆盖率远远高于地方电视台,其广告价位也就高;而地方电视台受地域限制,其广告价位也就相对会低很多。然而,近年来越来越丰富的卫星电视频道资源使得省级电视台相继成为央视广告业务的竞争对手。由省台联盟组成广告市场拓展联合体已渐成气候,对央视的垄断地位开始造成冲击。在广告投放上,精明的广告商也针对不同的市场细分开始依据不同价位、不同时段来选择媒体组合,力求媒体传播效果的有效到达。在由市场需求和成本所决定的可能价格的范围内,竞争者的成本、价格和可能的价格反应有助于帮助企业制定价格。在与竞争者的成本进行比较时,可以了解它有没有竞争优势。企业还要了解竞争者的价格和提供物的质量。利用它们作为制定本企业产品价格的一个起点。如果企业与主要竞争者提供的东西相似,那么企业必须把价格定得接近于竞争者,否则就会减少销售额。倘若企业提供的东西是优越的,企业索价就可比竞争者高。

(五) 选择定价方法

文化企业的定价方法包括:成本加成定价法、目标利润定价法、认知价值定价法、通行价格定价法、密封投标定价法等。

成本加成定价是文化企业最基本的定价方法,即在文化产品的成本上加一个标准的加成。目标利润定价则是根据企业追求的既定利润而定。认知价值定价是将买方对文化产品价值的认知作为定价的关键,而不是卖方按自身的成本而定。认知价值定价是根据消费者的价值取向用相对低的价格向消费者供应高价值的文化产品。通行价格定价很少注意文化企业自身的成本或需求,而是基于竞争者的价格或高于或低于竞争者价格。密封投标定价是为了赢得具体项目的合同意向而制定的不低于文化产品成本但与其他企业相比较低的价格。

(六) 确定最终价格

文化企业在制定最终价格时,除了考虑经营目标、市场需求情况、所有成本、竞争者动向以外,还会受到多种因素的影响。一是心理因素。有的顾客将价格当成产品质量的保证,而有的顾客甚至对于文化产品的价格尾数也会比较敏感。二是其他营销因素对价格的影响,比如品牌知名度、产品的质量差异、准备采取的促销方式、大致经历的渠道环境等。三是最终价格应与公司一贯的定价政策保持一致,不能忽高忽低。四是价格对其他各方面的影响,如经销商、供应商、推销人员、竞争者、顾客、公众以及政府对定价的反应。

二、定价方法

文化产品价格的高低主要由产品成本、市场需求和竞争状况等因素决定。和其他企业一样,文化企业也可以对文化产品的定价实行成本导向、需求导向、竞争导向等三类定价方法。

（一）成本导向定价

成本导向定价是以成本为中心和出发点的定价方法。制定这种价格并不考虑市场需求方面的因素，而是如实对单位产出的文化产品成本进行核算，然后计算出利润额。成本导向定价的具体操作方法主要有以下方法。

1. 成本加价定价

成本加价定价是在单位产品成本的基础上再加一定的比例计算出来的文化产品价格。采用成本加价定价法，首先要计算出单位产品成本，即分摊在每个单位产品上的固定成本和单位产品上的变动成本。然后按一定的加成比率计算理论价格。计算公式为

$$P = C \times (1+r)$$

其中，P：产品的单价；

C：单位产品成本，即分摊在每个单位产品上的固定成本和单位产品上的变动成本之和；

r：产品的加成率。

这种方法几乎是自有商品交换以来就通行的一种计价方法，不仅计算简单，还可以事先预计利润情况，及时补偿产品生产过程中的成本消耗。存在的不足在于：如果生产成本高于社会平均成本，其定价也会高于市场平均价格，容易导致产品滞销；如果生产成本低于社会平均成本，其定价也会低于市场平均价格，会在无形中损失本可实现的更多利润。

2. 目标收益定价

目标收益定价是在文化产品预期销售量的基础上，结合产品总成本确定目标收益率的一种定价方法。采用目标收益定价法，是在确定标准产量的基础上，通过投资收益率来核算价格。其计算公式为

文化产品价格＝产品总成本×(1＋收益率)/产品销售量

采用目标收益法计算价格的主要有有线电视收视费、宽带网络租用费等。由于这类文化产品与居民日常生活和社会公共利益密切相关，经营企业的业务具有较强的垄断性，市场需求缺乏弹性，所以，有关政府部门通常只是对其目标收益率予以适当的限制。

3. 损益平衡定价

损益平衡定价是以均摊在文化产品保本销量上的固定成本和单位产品的变动成本之和，作为文化产品保本价格的一种定价方法。该方法的核心问题是寻求盈亏临界点，或称为保本点。盈亏临界点是指企业投入与产出平衡，赢利为零时的经营状态。其计算公式为

文化产品保本价格＝固定成本/保本销量＋单位产品变动成本

如果企业需要确定预期利润目标，还可采用下列计算公式：

文化产品赢利价格＝(固定成本＋预期利润)/产品销量＋单位产品变动成本

现以演出市场的成本核算为例。假如演出场所能容纳 1 000 人，演出的主办者为每场演出支付的固定成本为 1 万美元，用于票务处理等的可变成本每张票为 2 美元，那么即使满座，其盈亏相抵的最低票价是 12 美元，即：(每张票价 12 美元－每张可变成本 2

美元)×1 000 张－10 000 美元固定成本。然而,通常会遇到并非满座的情形。为了确保投资回收的平衡,主办者只能通过提高票价来实现收支平衡和赢利。如果每张票价定在30 美元,就必须售出 357 张;如果每张票价 25 美元,就必须售出 435 张;而如果每张票价 20 美元,则需售出 555 张。根据不同的票价,其所要达到的最低上座率分别为 35％、43％和 55.5％。①

(二)需求导向定价

需求导向定价是以市场需求为中心的定价方法。它强调以消费者对文化产品的需求程度和对文化产品价值的理解而形成的心理价格为定价依据,是一种伴随营销观念更新而产生的新型定价方法。把价格制定在消费者愿意支付的数字之下看上去不划算,但如果制定价格过高,超出消费者的期望,则意味着将失去文化产品的销售量和市场份额。按照消费者的需求定价具有一定的局限性:如果竞争者将价格制定得非常低,那么文化企业将面临销售量的损失以及市场份额缩减的挫折。需求导向定价主要包括认知价值定价和细分需求定价两种。

1. 认知价值定价

认知价值定价是以消费者对文化产品价值的认知及理解程度为定价依据。消费者基于文化产品的广告宣传、同类产品的比较和自身的想象,对文化产品价值会有一个自我的认识和理解,从而形成不同的价格尺度。当文化产品价格水平与消费者对产品价值的认知和理解大体一致时,消费者就会接受这种产品。企业在具体确定某一产品价格时,首先要估计和测定文化产品在消费者心目中的价值水平,然后根据消费者所理解的价值水平确定产品价格。

文化产品在消费者心目中的认知价值主要取决于三方面:一是文化产品带给消费者的利益,如交响乐、芭蕾舞、足球比赛的观赏价值,艺术品的审美和收藏价值等;二是文化产品的市场形象,如旅游纪念品的人文背景、电视节目的演播风格等;三是文化产品的独特性,如学习机、游戏机、益智玩具的科技含量等。为加深消费者对文化产品价值的理解程度,文化企业在定价时要做好产品的市场定位,树立产品优异而独特的市场形象,促使消费者感到购买该文化产品能获得更多的相对利益,提高消费者接受文化产品的心理价格限度。

以世界名画拍卖为例,到目前为止,世界名画中毕加索的油画《拿烟斗的男孩》于2004 年 5 月 5 日以 1.04 亿美元的天价售出,成为世界上最为昂贵的名画之一(见图 8-4)。《拿烟斗的男孩》是毕加索早年创作的一幅作品,画面集中展现了一位表情有点忧郁的青春期男孩,画面色彩清新明快,笔法细腻,生动逼真,被评论家誉为"具有达·芬奇《蒙娜丽莎》似的神秘,凡·高《加歇医生》似的忧郁的唯美之作。"②该画最初为德国犹太富商格奥尔格家族收藏,后在战乱中成为盟军从德国缴获的战利品。格奥尔格先生有一位来自美国的世交好友霍夫曼,两家在柏林斯冈艾弗德大街的住所毗邻而居。格奥尔格先生有一位四代单传的儿子斯蒂夫,而霍夫曼先生的爱女贝蒂比斯蒂夫小一岁,两人从小青梅竹

---

① [加]弗朗索瓦·科尔伯特.文化产业营销与管理[M].高福进,等,译.上海:上海人民出版社,2002:226.
② 拿烟斗的男孩[OL].SOSO 百科词条,http://baike.soso.com/v5803927.htm.

马。由于斯蒂夫与画中少年的相貌气质十分相似,贝蒂为之倾倒,两人相恋。不久,因战争爆发两人不得不分开。战后,霍夫曼与贝蒂返回欧洲,从德国政府的公文中获知,格奥尔格家族成员几乎无一能逃脱法西斯的魔掌。为了抚平心灵上的创痛,贝蒂于1949年嫁给了长她6岁的外交官格鲁尼。1950年,贝蒂跟随新婚的丈夫,以美国驻英国大使夫人的身份来到了伦敦。为了打听斯蒂夫的下落,贝蒂参加了苏富比拍卖会现场,并买下了这幅《拿烟斗的男孩》。5年任期满后,这幅画跟随格鲁尼夫妇回到了美国。其实,当年关在纳粹集中营的斯蒂夫并没有死,而是被美国士兵解救。在战后几十年的时间里,斯蒂夫使家族的财产翻了几番。当两人再度重逢时,贝蒂答应了斯蒂夫的请求,永远保留这幅画。1998年,贝蒂的健康恶化,她再

图8-4 世界上最昂贵的名画——
毕加索《拿烟斗的男孩》

次致电斯蒂夫,希望他能够在她活着的时候,收回他家族的画。斯蒂夫亲自到美国看望,并且说服贝蒂打消了这一想法。因此,贝蒂留下遗嘱:如果在她死后斯蒂夫先生依旧拒绝接受这幅画,那么她的儿子们可以将这幅画拍卖。拍卖收入的1/3留给她的子女,1/3捐给世界残疾儿童基金会,1/3捐给以斯蒂夫·格奥尔格先生命名的任何慈善机构。2004年4月,在伦敦的苏富比拍卖会上,《拿烟斗的男孩》以天价成交。直到2004年11月斯蒂夫辞世,真相才终于大白。在名画背后隐藏着的凄美的爱情故事,才是天价的真正原因。①

2. 细分需求定价

细分需求定价是以满足消费者需求层次和强度的差异性为定价依据。这种定价的基本思路就是根据营销对象、销售地点、销售时间的不同,以及供求关系发生变化所导致的需求强度的差异,依据基本价格而确定不同的差价。

由于职业、年龄、阶层、消费行为方式等原因,顾客对文化产品会有不同层次的需求,文化企业定价时可以采取优惠价或浮动价的策略。比如,儿童价与成人价的差异,团体价、情侣价与个人价的差异。顾客对处于不同地点和位置的产品会有不同的偏好和需求程度,如影剧院、体育场等因坐席位置导致欣赏效果的差别制定分坐席等级差价的门票。以演出票价为例。当一些专业演员和具有高消费实力的观众准备为欣赏高水准交响乐而支付高额票价时,也有一些囊中羞涩的青年学生不得不选择一些座位较偏的低价票,还有些通过团购集体消费的中档票价也很受欢迎。这说明,对于每一个细分市场,价格的轻微变化并不会导致销量的减少。真正的发烧友宁肯选择低票价和不太理想的剧院座位,也不愿意错过对整台交响乐的欣赏。另外,一些具有明显的季节性和时段性的文化产品,亦可制定相应的淡季价与旺季价、周末价、日场价与夜场价、黄金时段价与一般时段价等。

采用细分需求定价方法时应当注意以下方面:根据消费者的偏好、需求强度和价格敏感度等进行细分;细分后的市场在一定时期内相对独立、互不干扰;价差适度,不致引

---

① 詹蒙.世纪绝恋[J].读者,2005-15(8).

起整个目标市场的反感,最终损害企业的形象。

(三) 竞争导向定价

竞争导向定价是以竞争为中心的定价方法。它以文化行业市场上相互竞争的同类产品的价格为定价依据,以随竞争状况变化确定和调整价格水平为特征。在选用这种方式时,文化企业大多根据竞争对手的价格来制定自己的价格。竞争导向定价主要有随行就市定价、率先定价和投标定价三种。

1. 随行就市定价

随行就市法是文化企业根据本行业的平均价格水平作为标准进行定价。在竞争激烈且需求缺乏弹性或供求基本平衡的文化市场上,随行就市是一种比较稳妥的定价方法。根据行情定价,可以减少风险,容易与竞争对手和平共处。倘若文化企业的定价与行情背离,则对消费者及竞争对手的反应难以把握,其经营风险将大大增加。在价格折扣、折让方面,我国电视剧市场正在进行全新的尝试。长期以来,我国电视剧的购销价格与收视率的高低往往难成比例。为了探索化解风险的出路,中央电视台曾对电视剧的采集开始推行"以点论价"的购销机制。① 首播权出让的具体办法是:首先,计算出央视同期最高平均收视率,然后加上一定的加成率,得出播出电视剧的平均收视率基线,以此制定收视基价。待电视剧播出完毕后,再依据央视索福瑞统计出的数据算出该剧的平均收视率,规定每超出平均收视率基线 0.5%,就在基本价格上每集多付 1 万元,以此累计;反之,收视率每低于平均收视率基线 0.5%,就在基本价格上每集少付 1 万元。这种操作模式采用封顶和保底的合同契约是十分明智和有效的,在电视剧的产销呈现出浓厚的买方市场色彩的情况下,"以点论价"的操作模式引入了按质论价的竞争,提高了制作者的"精品意识"(见图 8-5)。

图 8-5　通过"以点论价"的购销机制收购的商贾题材剧《龙票》

2. 率先定价

率先定价法是文化企业采取主动竞争行为的定价方法,一般为实力雄厚或产品独具特色的企业所采用。采用该定价方法时先将市场上的竞争价格与文化企业估算价格进行比较;将本企业产品的性能、质量、成本、销量等因素与竞争对手进行比较;根据上述综合指标结合自身产品的特色、优势及市场定位确定产品价格;收集竞争产品的价格状况资料,然后寻求时机推出较大幅度的降价或提价措施,从而使文化企业始终处于市场竞争的有利地位。

---

① 李建凯.聚焦以点论价[J].广告大观,2005(2):109.

3. 投标定价

投标定价法是通过引导卖方竞争的方式来筛选最适宜的标价合作者。在投标、招标活动中，招标人必须事先做好一系列的准备工作，并将"标底"价格数据确定下来。投标人能否中标，很大程度上取决于其投标价格的高低。当质量、期限等其他投标条件与竞争对手相当时，投标价格定得越高中标的概率越小；反之，投标价格定得越低中标的概率就越大。

央视财经频道《一槌定音》栏目是一档模拟艺术品投资交易的演播室电视栏目（见图 8-6）。该栏目突破了以往艺术品投资节目以鉴定为主的单一形式，用模拟真实交易的节目形式，向观众传播艺术品投资的交易知识、鉴宝技巧以及风险防范。其特色在于：通过竞价夺宝的方式，即猜价—出价—十秒夺宝等环节，充分展现买家与卖家之间价值观的碰撞和交易技巧的角逐。不论是艺术品的收藏者，还是夺宝人或市场专家，都可以聚在一起共同探讨宝物的真正价值，通过竞买的形式对艺术品进行全面深入的价值预估，增加人们对艺术品的认知度。

图 8-6　央视财经频道《一槌定音》

第二节　文化产品的价格调整

企业在制定价格时，一般不会制定单一的价格，而是根据地理需求与成本、细分市场的变化、订货数量的多少等多种因素进行灵活的价格调整。当市场上供不应求，而消费者对价格敏感度较低时，文化企业为了突出自身的产品优势，往往会按照收益目标适当调高文化产品的价格；当市场上供过于求，市场竞争十分激烈时，不少文化企业为了鼓励及早付清账单、批量购买、淡季采购等，也会适时修改文化产品的基本价格。文化产品的价格调整策略主要有：价格折扣和折让、促销定价、差别定价、产品组合定价等。

一、价格折扣和折让

折扣让价策略是文化企业为了鼓励顾客大量购买、长期购买或及时付款、加速资金周转、减少库存积压、促进分销功能等目标，在基本价格的基础上给予适当折扣的优惠策略。折扣让价策略主要有现金折扣、数量折扣、季节折扣、同业折扣四种。

（一）现金折扣策略

现金折扣策略是对预交现金、提前付款的分销商或消费者给予价格减让的优惠条件。如娱乐中心推出押金消费卡活动，凡交付押金者可享受所有娱乐项目 8 折收费的优惠。再如购置大型游艺设备时如果能在承诺的交付货款期限内付清款项，则可享受 2% 的折扣等。现金折扣主要是为了提高现金流量的回收，避免不良欠款的发生。有时影院为了吸引观众，也推出金额不等的一卡通之类的现金折扣策略。

(二) 数量折扣策略

数量折扣策略是根据购买产品的数量或金额给予一定的价格减让。通常情况下买的文化产品越多,卖方所给的价格折扣越大。数量折扣又可分为一次性折扣和累计性折扣:一次性折扣是根据一次性购买文化产品的数量计算的折扣,如书店规定凡读者一次购书款达 300 元以上者,日后买书可享受 9 折优惠;累计性折扣则是根据一定时期内购买产品总数计算的折扣,如游客在一年内游园次数达到不同数额标准时,公园可给予不同比例的折扣优惠。喜欢芭蕾舞的观众,在观看俄罗斯国家芭蕾舞团演出的《天鹅湖》时,可在票价上选择不同价位的票品,而且可以选择有一定折扣的情侣套票等(见图 8-7)。

图 8-7 俄罗斯国家芭蕾舞团《天鹅湖》套票

(三) 季节折扣策略

季节折扣策略是对某些季节性、时令性较强的文化产品在销售淡旺季给予不同的价格优惠。该策略比较适用于花卉、宠物商品以及旅游等季节性很强的产品,其目的在于鼓励淡季购买量、平衡全年的销售情况。

(四) 同业折扣策略

同业折扣策略是为了协调分销渠道,根据各类中间商所担负的不同职责而给予的不同价格折扣。比如图书、音像和软件制品的逐级发行价,服务市场实行的佣金制,以及演出商与票务推销商之间的交易关系等。

二、促销定价

在激烈的市场竞争环境下,文化企业通常将文化产品的价格调整到低于价目表的促销定价来刺激购买。如牺牲少数商品以招徕顾客,吸引消费者购买正常标价的其他商品;利用特别事件定价,吸引更多的消费者购买商品;在特定时间内向进行购买的顾客提供现金回扣,刺激他们购买文化产品;给文化产品定高价,然后大幅度降价出售等。

世界最大的娱乐巨头之一的迪斯尼乐园,一直是一个商业传奇和魅力无限的商业品牌,其品牌价值超过 600 亿美元(见图 8-8)。[①] 作为一个具有特定的游园线索、特殊游乐活动和特别游戏氛围的体验性的娱乐世界,迪斯尼向人们提供了"主题+情节+场景"的

---

① 王庆生,张丹.中美城市主题公园营销模式初探——以美国迪斯尼乐园和深圳华侨城为例[J].中州大学学报,2009(10).

商业经营模式。不仅提供消遣和娱乐,还包括餐饮、购物等多项服务设施。通过主题节日活动、表演性活动以及参与性活动,大事渲染娱乐气氛,增强营销震撼效果,营造商业卖点。

在价格策略方面,迪斯尼制定了一个长期的价格调整政策——票价的增幅略高于通货膨胀率。再后来又推出一系列促销价格,如游园次数越多的用户,越到后面的票价递减也越多。同时,也推出了一系列的促销价格。其一,门票递减。如游览1天的门票价格:成人(10岁以上)85美元,儿童(3~9岁)79美元,2岁以下免票。游览2天的门票价格:成人168美元,儿童155美元;游览3天的门票价格:成人232

图 8-8　香港迪斯尼乐园的价格策略①

美元,儿童214美元;游览4天的门票价格:成人243美元,儿童224美元;游览5天的门票价格:成人251美元,儿童232美元;游览6~10天的门票价格:每天只需要增加8美元!以成人门票价格进行简单统计,多增加一天,门票增加值为83美元、64美元、11美元、9美元、8美元,呈现明显的递减规律。② 其二,全产业链要素服务。为了做大"产业经济",迪斯尼乐园除了为游客提供主题公园游玩以外,还向游客提供多项服务,让游客在便捷、开心、愉快中不知不觉地增加消费。各种餐厅、快餐店、饮料售卖点,遍布迪斯尼乐园各个角落,给游客提供非常便捷的餐饮服务。迪斯尼乐园的餐饮标准分为三类,给游客以多档次的选择,尽管实际消费要比城市餐厅贵50%~100%,但游客也愿意接受。在迪斯尼度假区,毗邻迪斯尼的四个主题乐园分布着多座等级不同的主题酒店,档次从三星至五星不等。这些酒店提供免费游园巴士服务,酒店客人还可以享受不用排队优先参观景点或游玩项目的优惠等。另外,迪斯尼独特的品牌、精美的商品、精巧的选址设置、购物氛围营造,诱惑游客在不经意中花费远远超过门票的购物支出。迪斯尼乐园内部设有单独收费项目,如每个景点都有的自动纪念币制造机,手摇制造机一圈,1美分硬币就变成一个椭圆形的迪斯尼纪念币,上面可以选择米老鼠、唐老鸭等明星图案。其三,让游客传播迪斯尼文化。假定一位游客游览迪斯尼,他将把迪斯尼纪念品带给5位朋友分享,再把迪斯尼的故事讲给10个人听,这样迪斯尼乐园的文化品牌通过游客不断进行传播和放大。同时,迪斯尼制作的电影、电视、音像、图书、主题商品等,很容易被实地参观的游客以及更多没有直接到过迪斯尼乐园游览的潜在消费群所接受。不少游客成为迪斯尼的忠实消费者,并钟情于持续地消费迪斯尼的各类文化衍生产品。

三、差别定价

尽管市场上文化产品的同质化竞争愈演愈烈,文化企业还是会常常修改产品的基价

---

① 玩热舞派对Ⅱ 赢香港迪斯尼乐园门票[OL].96u游戏网,2009-10-20. http://www.96u.com/games/87257.html.

② 美国印象(四):迪尼斯乐园的赚钱之道[J].驴评网,2012-01-12. http://www.lvping.com/journals/AllSingleJournals.aspx? Writing=1340106.

以适应不同的消费需求、不同的产品功能以及不同的地理位置等方面的差异。差别定价就是试图以两种或两种以上不反映成本比例差异的价格来推销文化产品或文化服务。

（一）需求细分定价

按需求细分定价是将同一产品按不同的价格卖给不同的消费者。迪斯尼经历了从个别定价到组合定价、从统一定价到灵活调价的过程。起初，洛杉矶迪斯尼乐园的门票定价为：成人1美元，儿童50美分，游客除门票以外用在游乐设施上平均花费17美元。随着竞争加剧，为了更加有效地吸引游客，迪斯尼开始采用组合定价的策略。1984年，迪斯尼公司将乐园门票提高了82%；1985—1987年间又提价45%。[①] 不仅如此，迪斯尼还推出了在全球范围的不同地区可以灵活调价的策略。在中国香港迪斯尼，周一到周五的成人票价为295港元，而日本东京的成人票价折合为393港元，法国巴黎迪斯尼的成人票价折合为383港元，美国佛罗里达奥兰多迪斯尼的成人票价折合为427港元。事实证明，香港迪斯尼建成以后，以"全球最低"的门票价格吸引了大量内地和亚洲游客。

（二）形象定价

按形象定价是根据文化产品所拥有的品牌形象制定不同的价格标准。每年9月，央视广告部都会组织大型的招商会在全国路演，寻找重点客户群。这是央视在地方卫视的步步紧逼下，不得不重新进行角色定位，从"坐商"转为"行商"的历史性转变。通过扶持二类企业刺激行业老大的加入，以本土企业刺激跨国公司加入等竞争手段，让央视平台成为广告商竞相角逐的舞台。针对有爆发性增长可能的行业和前景广阔的新行业，央视提供策略性支持，主动参与其行业扩张，推动行业的健康发展和品牌升级。当地方媒体强调价格便宜时，央视则以无可比拟的资源优势强调其传播影响的覆盖面和广告增值。从央视黄金段位广告招标的广告语不难看出央视打造频道形象的文化渗透："有情有义有利，同心同德同赢"；"实力创造价值，激情成就未来"；"心有多大，舞台就有多大"等。这些广告语足以让广告客户对央视的品牌形象有更深的认同，对彼此的合作也充满信心。

（三）地点定价

按地点定价是根据用户使用文化产品的地点来制定不同的价格标准。歌剧院、音乐厅通常会按不同的座位制定不同价位的票品。另外，相对央视的覆盖率，地方电视台是微不足道的。但如果能利用地缘优势，往往也能赢得较高的市场份额。因此，地方电视台也会想方设法利用地域优势创办精品栏目争取扩大市场覆盖率。如北京卫视，由于名人集聚、文化资源丰富等地缘优势，在北京的市场份额与央视不分伯仲，而《身边》、《养生堂》等精品节目更是收视率不俗。其广告投放的价位远比央视相关栏目要低。

（四）时间定价

按时间定价是根据用户消费文化产品的不同时机和事件来制定不同的价格标准。为走出票房低迷的困境，由中国电影发行放映协会、中国城市影院发展协会以及中国电影制片人协会三方发起，2005年暑期全国44个城市的168家影院推出"周二电影半价日"的促销价格（见图8-9）。所谓"周二电影半价日"，就是观众在每周二去影院看电影，可以享

---

① 王庆生，张丹.中美城市主题公园营销模式初探——以美国迪斯尼乐园和深圳华侨城为例[J].中州大学学报，2009(10).

受全天半价的优惠。事实上,半价日活动的确吸引了众多的学生观众,各地票房也出现了明显增长。有资料显示,1989年我国电影票的平均票价是0.25元,全国的电影票房达到了27亿元;2004年我国电影的平均票价是每张20元,全国的票房却只有15亿元。[①] 电影票价下调是一项系统工程,为了充分挖掘电影市场的潜力,需要形成多层次、适合不同观众收入水平的电影院线和电影票价体系。

图8-9 周二电影半价日

四、产品组合定价

当一种文化产品的研发有望带动相应的产品链时,当文化服务项目只是整个产品组合中的一部分时,文化企业应当寻求在整个产品组合方面能获得最大利润的共同价格。

有些文化企业并非生产经营单一产品,而是生产经营类型繁多、品种多样、规格不等、内容各异的同一系列或不同系列的众多产品,这些产品之间存在一定的关联。文化企业在给这些产品定价时应当统筹考虑,以便在尽量扩大文化产品销量的同时实现企业整体效益的最佳化。相关的价格策略主要有产品线定价策略、产品束定价策略和延伸品定价策略三种。

(一)产品线定价策略

产品线定价策略是文化企业将几条产品线或同一产品线上有关联的多个产品项目实行合理差价的策略。企业的产品组合之间并不存在本质差异,有时只是外形、功能或知识内容上的差异。因此,文化生产经营企业往往会合理确定各个产品项目之间的价格差额,既反映消费者可能对各个产品项目的价值理解,又考虑到各个产品项目之间的成本差异及竞争对手的产品价格。同样是游览北京,在新开发的"京城水系皇家御河游"产品线上,不仅包含颐和园等八大著名景点的内容安排,还分别准备了日游、夜游、游船游和快艇游等不同的产品项目(见图8-10)。这样的产品组合,既可以满足慕名而来的外地游客游览北京名胜的需求,也可以为本地游客提供不同的感受视角,欣赏日间难得一见的美好夜景。

图8-10 京城水系皇家御河游的产品组合价[②]

---

① 陈辉,董婧."电影半价日"能走多远?[N].人民日报,2005-07-14(11).
② 京城水系皇家御河游的产品组合价[OL].搜旅网,2012-10-03. http://t.soulv.com/t708.html.

(二)产品束定价策略

产品束定价策略是文化企业将其一组产品进行一揽子定价的策略。如影院周末的夜场连票,以及教材与教学光盘的价格搭配。将相关产品组合在一起,其定价低于单个产品的价格之和,是产品束定价策略的主要特征。这种定价策略的目的在于提高整体产品销量,以获取最大利润(见图 8-11)。比如,影院、剧场、体育场馆(如足球比赛项目)可以推出年票、季票、月票、周末连场票等。一般来说,产品束定价都会相对低于单独购买其中每一件产品的费用总和,既可以让消费者从中节约一定的价款或费用,以激发消费者的潜在需求和购买欲望,又可以绑定消费流量,确保文化企业总销售额的快速增长。

当有些顾客不需要整个产品束,而因需要其中的某一件产品时,文化经销商可以打开产品束。如果向顾客提供的打开的产品单项产品价格时,企业的利润依然会上升。

图 8-11 北京旅游团购网为游客准备的郊游套餐①

(三)延伸品定价策略

延伸品定价策略是文化企业对产品线内具有可增减性或变量性的配套产品项目进行合理定价的策略。包括:产品线内具有可增减性的辅助性产品项目,如玩具手枪中的子弹、游乐园内临时的演出场所等;或产品线内具有变量性的配套产品项目,如按次或按时计费的娱乐项目等。

为了弱化消费者对延伸品价格的敏感性,通常采取的定价方法有三种:第一,对延伸品单项定价;第二,将延伸品包含在基本产品价格之内;第三,对超出基本产品配套限量标准的延伸品实行单独定价,并按实际超额数量加收费用。

长期以来人们关注的景区门票价格偏高,通常是指以世界遗产、国家风景名胜区与文保单位等公共资源为基础的著名旅游景点,尤其是被视为最佳旅游景区的 5A 级景区。目前我国内地的 130 家 5A 级景区中,门票低于 60 元的只有 1/5,占 22.3%;60~100 元

---

① 北京旅游团购套餐[OL].搜旅网,2012-10-03. http://t.soulv.com/beijing.

的占 31.5%；100 元以上的以及高于 200 元的占 46.2%。① 如果以大多数民众的收入水平来衡量,我国以世界遗产、国家风景名胜区与文保单位等公共资源的景区门票价格的确偏高。造成景区门票竞相上涨的原因,有些是因为物价整体上涨、景区建设与经营成本提高;有些是因为景区经营者非理性的过度开发引起收支失衡,把经营失误转嫁给游客;有些景区则经营项目单一、缺少综合性服务与多种经营收入;有些是因为旅游市场秩序紊乱,在高票价下以高折扣优惠旅行社,将高回扣返还给导游、司机等。在国家发改委"三年之内不提价"的"限价令"下,一些景区开始选用延伸品单独定价的办法:将一些新开发的景点门票和游乐项目单列,不包括在大门票中。这些列为延伸定价范围的产品和项目往往更具吸引力,令游客欲罢不能,变相提高了游客用于支付门票的成本。

第三节 文化产品的价格应变

为了应对瞬息万变的市场行情,文化企业不仅应清楚了解影响文化产品的经营情况,而且应针对市场情况选择积极的价格对策。

一、影响价格决策的因素

影响文化产品价格决策的外部因素主要有消费者、成本、政策、渠道成员和竞争等五个方面。在制定相应的价格决策时,应理解价格与消费者购买的关系,了解文化产品原材料的成本和供应对文化产品销路的影响,熟悉政策对文化产品和服务经营的鼓励和制约,处理好渠道成员之间的利益分配和合作关系,掌握文化产品市场竞争环境中的主动权。

（一）消费者

经济学家早在 19 世纪末就已经证明产品价格和销售数量之间的因果关系:价格越高,售出量就越小;相反,价格越低,售出量就越大。一方面,消费者希望以尽可能低的价格去购买商品;另一方面,企业却倾向于大量生产价格比较高的产品,不仅使销量增加,销售利润也会随之而增加。供求矛盾的焦点集中反映在价格弹性上。借助数学模型可以看到,当供给与需求的曲线在交叉点处达到均衡,单位产品的消费量的变化比例小于价格变化比例,那么需求被认为是没有弹性的。最理想的情况是,完全弹性需求意味着即使是最小价格变动也会造成无限的消费量的增加;而相反的情况是,完全非弹性需求则意味着对于价格的任何变动,需求均保持不变。相对于价格的变动程度,需求要么是有弹性的,要么是无弹性的;如果价格的变化与数量的变化相当,弹性则呈中性状态。②

根据我国目前的情况看,只有当明星演出的价格高得离谱并超出一定的极限后,票房收入才可能急剧下降。通过巡回演展,通过提高销售技巧如接受信用卡、借助自动售票机、借助电话或借助精美的节目单等进行销售,都有可能增加文化产品和项目的销售量。有时营销组合发生变化,需求弹性会随产品和目标市场而发生变化。广告或评论会过分

---

① 王兴斌.中国景区门票全球最贵 媒体称因地方政府控制[N/OL].人民网,2012-05-11.来源:中国青年报,http://politics.people.com.cn/GB/17862857.html.

② [加]弗朗索瓦·科尔伯特.文化产业营销与管理[M].高福进,译.上海:上海人民出版社,2002:226.

地夸大一个交响乐团的优点,但并不能激起所有的人对动人的评论感兴趣;歌剧院会提供优惠的学生票价,但并不是所有的学生都有兴趣参加;即使一张唱片或一件手工艺制品可能在好几个出售点展出,但销售量却几乎没有明显的增加。这说明,在营销组合中某些产品的需求是有弹性的;而对于另一些变量来说,该产品的需求又没有弹性。

当文化产品的需求只有很小的弹性,代用品又很少甚至没有时,消费者对价格不一定敏感;有时消费者认为质量较好时,即使是较高的价格也是可以接受的。以国外引进的演出项目为例,2003年,爱尔兰踢踏舞剧《大河之舞》来华演出时,尽管最高票价为人民币1 280元,最低价为380元,依然场场爆满,后来不得不加演了两场(见图8-12)。一方面,由于国际演出市场联系不力,中间商多,导致票价居高不下;另一方面,国内演出市场缺乏联动能力,风险不能分解,单个演出成本较高。

图8-12 爱尔兰踢踏舞剧《大河之舞》

(二)成本

在文化产品的生产成本迅速提升的时候,文化企业可以做出以下反应:保持产品质量不变,把所有增加的成本或部分成本转移到消费者身上;适当降低产品的匹配功能,通过减少产品尺寸,使用质量替代材料,提供较少的选择机会等,以降低成本并维持价格不变;提升文化产品的辅助功能,提供更多的选择机会或提高服务水平等增加附加值手段,以便得到消费者对较高价格的支持;干脆放弃无利可图的现有产品。相反,在文化产品成本迅速下降的时候,公司可以在确保产品质量的同时,降低销售价格或提高净利润。

近年来,受国际油价飙升的影响,聚合物及塑料原料等涨价均在10%左右,相关的塑料橡胶制品迅速产生价格波动,作为塑料消耗大户的玩具生产业也受到一定的影响。尽管塑料价格的上升给玩具生产带来了成本压力,但由于国外玩具市场需求强劲,刚由低谷缓慢爬升起来的玩具市场竞争十分激烈,因此,我国大多数玩具厂商没有选择提价的简单做法,而是寻找其他替代品以降低成本来维持原订单的价格不变。

(三)政策

在当今世界,文化与经济政治相互交融,在综合国力竞争中的地位和作用越来越突出。因此,我国政府加快文化领域的结构调整,合理配置文化资源,盘活存量,优化增量,解决国有文化资产结构失衡、效益不高、闲置浪费等问题,建立、健全市场组织机构,提高文化产品和服务的市场化程度。这些政策有力地支持了文化市场的健康发展。由文化部和北京市政府主办的第七届北京国际音乐节暨第二届北京国际交响乐演出季,包括交响乐、歌剧、独奏音乐会、室内乐等在内的22台共26场精彩演出竞相登场。尽管国际音乐大师云集,音乐节组委会却推出了超值享用美味音乐大餐的低票价举措,最低10元至最高300元,平均票价100元。60%的场次设置了10元和30元的低价位票,同时每场演出的低价票(10元至50元)占到了62%。① 如此高规格的音乐演出,以如此低的票价进入北京市演出市场,其目的在于加大普及力度,吸引更多观众走进高雅艺术殿堂,同时促使文化产品的价格真正符合国情,进而促进艺术再生产的良性机制。

(四) 渠道成员

处在文化产品分销渠道里的每一位成员都希望能促进销量,获得适宜的利润。文化产品的生产厂商会在产品上先标定价格,给再售商以足够的利润。批发商和零售商也会把再销售活动和供应商所允许的利润率连成一体,拒绝销售无利可图的商品,储存有竞争力的商品和知名品牌,并赋予它们很高的价格,然后以较低价格销售其他品牌的商品。

现在越来越多的企业在开疆拓土的市场争夺中十分重视寻找合作伙伴,以期在彼此的合作中获得双赢甚至多赢的经营效果。北京成龙耀莱影城是目前中国最大的五星级影城之一,但由于地处北京西五环外位置较偏,周边除了已有一个商场以外其他商圈尚未成熟,因此这家影城开业后一直人气不旺。于是,影城与糯米网联手推出一个团购套餐:2张电影票+1份可乐爆米花套餐+1份哈根达斯冰激凌球=40元。这一信息刚在糯米网上传出,旋即创下了24小时内售出超过15万单的纪录。这意味着在团购有效期的未来3个月内,将有大量观众涌进成龙耀莱影城,直接带来600万元的票房收入。紧接着,开业不久的北京嘉禾万柳影城、新影联华谊兄弟影城、北京金逸国际影城大悦城店、北京横店影视电影城等影院争相效仿,一时间在网上迅速掀起了团购电影票的狂潮。甚至连博纳国际影城悠唐店、大观楼影院、劲松电影院等20多家老影院也在2011年的贺岁档加入团购大军,联合推出了团购套餐(见图8-13)。据有关数据显示,2011年北京市场的电影团购总金额已经达到4144万元,占北京市票房收入的1/10,而团购售出的票量将近200万张,占到了北京市观影人次的近1/5。② 短短一年时间,团购电影票这个以"惠民"姿态进入民生的新鲜事物,已经迅速获得了大量年轻观众的追捧和认同。目前,业界对这种"大放送"式的团购电影票喜忧参半,众说不一。对于刚开业不久或销售业绩不佳的影院而言,想要占领市场份额,扩大知名度,不能不作为权宜之计。因为国家管理部门给影院限定的国产片最低票价在25~35元,而团购平均票价仅为15~19元,每卖出一张影院都要向片方倒贴10~16元的差价。然而,与其坚持80元的高票价,空余80%座位,不如推出20元低票价,卖出90%的座位。再结合影院的市场推广效果,至少比虚掷广告费划算。对于上座率很好的影城,拥有相对

图8-13　网络与影院联手推出团购套餐

---

① 徐雪梅.第七届北京国际音乐节票价格下调60%低价抢滩演出市场[OL].新华网,2004-08-25. www.bj.xinhuanet.com.

② 牛萌.团购电影票 这是一场"赔本买卖"吗?[N/OL].时光网,2011-7-7 8:24:03.来源:新京报,http://news.mtime.com/2011/07/07/1464162.html.

稳定的会员消费群,则没必要去做团购。至于由此而将影院的竞争引向了价格战,冲击了影院常用的兑换券、半价日等促销方式,打乱了票价体系,甚至造成一部分实力不足的影院将有可能被淘汰,以及税收管理上的漏洞、倾销带来的用户忠诚度不高等一系列后续问题,也值得人们深思。

(五) 竞争

人们对任何一家企业文化产品和服务的需求都很微弱,如果试图在现行价格上大幅提价,那么顾客就会很快转向竞争对手。即使选择降价销售也难以有所收获,因为价格策略极容易被模仿。因此,文化企业的市场营销人员必须从短期和长期的角度来看价格竞争。太过强大的价格竞争可能导致漫长而且耗费很大的价格战会导致两败俱伤,使所有参与者得到的利润都很低甚至亏损,一些实力不强的企业甚至会因此而破产倒闭。

以内容取胜是竞争的重要筹码。随着2012《中国好声音》节目的热播,广告价格便开始一路狂飙到50万元。在节目总决赛暨中秋晚会的广告招商会上,12条15秒广告以总计约1 100万元成交,其中最贵的一条15秒广告更是以116万元的天价将15秒的广告价格推向了顶峰。"15秒广告,第一选择权,标底价45万元,111万元中标;第二选择权,116万元中标;第三选择权109万元……"[①]这样骄人的成绩不仅让浙江卫视早早收回了成本,赚到锅盆满溢,而且刷新了地方卫视15秒广告价位的新纪录。

二、发动价格变更及竞争反应

在激烈竞争的市场上,文化企业很多时候是通过发动降价、发动提价、分析顾客对价格变化的反应,以及考虑竞争对手对价格变化的反应来做出相应的价格对策的。

(一) 发动降价

当文化企业无法通过增加销量、改进产品等措施扭转现状时,为了应付竞争可能会选择降价。这样做有时会引发价格战,产生多米诺骨牌效应。此外,为了阻止市场份额的丧失,企业往往会采取具有攻击性的低价行为。不论何种情况,发动降价都会有一定的风险:第一,消费者会认为是因为产品质量低于售价高的竞争者;第二,走入脆弱的市场占有率误区,顾客随时可能转向另一家价格更低的同类产品;第三,掉入售价较高的竞争对手设置的陷阱,因为对方具有深厚的资金储备,有实力比拼更长时间的竞争。

上海盛大网络发展有限公司(以下简称盛大)曾为其推出的《传奇》游戏定下了35元的市场最高价,在过去的岁月里《传奇》游戏为盛大打下"铁血江山",赢得了数亿元资产。然而,4年后盛大却突然对外宣布,《传奇Ⅱ》网络游戏于2005年11月28日起对玩家实行永久免费(见图8-14)。免费内容包括三个方面:一是玩家在游戏中正常游戏时间将不再收取秒卡和月卡费用,用户将可以免费享用《传奇Ⅱ》游戏中的常规应用服务;二是盛大在免费提供游戏的同时,将对用户提供其他增值服务;三是提供更多的游戏模式给玩家。为何突然发动降价?从盛大发布的财务报表来看,《传奇Ⅱ》第三季度给盛大带来的

[①] "好声音"总决赛广告招标落幕 15秒广告卖116万[OL].中国广告网,2012-9-14.来源:中国新闻网,http://www.cnad.com/html/Article/2012/0914/20120914103432286.shtml.

收入为 1.55 亿元,并非到了要靠免费来吸引"传奇玩家"的绝境。① 原来,将一个正在走下坡路的产品改为免费赠送,除了可以遏制竞争对手九城、网易、QQ 等推出的新款游戏的上升势头,还可以对其他正在准备进入网络游戏业的竞争对手抬高准入门槛。更何况按照盛大发展的整体布局,其发展方向是数字家庭娱乐领域,而增值服务和休闲游戏只是其在由网络游戏向家庭娱乐过渡的副产品。

图 8-14 《传奇Ⅱ》网络游戏对玩家实行永久免费

(二) 发动提价

因各种原因造成成本上升或市面上的产品供不应求时,企业往往利用成功地发动提价来大幅度地增加利润。发动提价的主要方法有:第一,对于生产周期长的产品采取延缓报价,直到产品制成或者临到交货时才制定最终价格;第二,要求顾客按提价后价格付款,并支付增长的全部或部分费用;第三,在决定价格不变的情况下,减少某些分项服务,或对原先提供的送货上门或培训服务实行单独计价;第四,减少常用的现金和数量折扣等优惠条件。

歌星周杰伦在上海举办的个人演唱会单从舞台特效来看就令人眼花缭乱。舞台的钢架结构全部从英国引进,主办单位动用了 30 辆大型集装箱卡车运输,还组建了 200 余人的施工队伍,耗时 8 天才搭建而成。整个舞台宽 70 米,钢架高度约七层楼高,舞台中央和两侧悬挂 400 寸的高亮度大屏幕,以保证周杰伦和歌迷全方位的接触互动。为了呈现梦

---

① 赵泉. 陈天桥的免费和史玉柱的网游[OL]. 人民网,2006-01-10. http://game.people.com.cn/BIG5/48647/57377/57380/4013833.html.

幻中的舞台场景,还专门设计了空中飞人、吊钢丝群舞、闪光震雷、流星雨、烟火瀑布、大喷泉、水中爆破,还有开场的弹跳式灯墙、HIP-HOP升降篮球场、孤独魔幻小屋、半兽人空中囚笼、从地底到高空的升降钢琴等。另外,价值不菲的精彩演出服装以及从日本和中国台湾带来的专业舞台特效队伍,使得周杰伦上海演唱会成为近年来上海演出市场中耗资最大、舞台表现最为华丽的一场演出。承担如此高成本的豪华制作只能靠票房收入。于是,演出商策划了一个活动:凡是购买了480元起的内场门票的观众,将在进场时获得一张登载着"密码"的宣传页。只要在截止时间之前发送一个短信,周杰伦将会在演唱会演出的中途当众拨打随机抽中的一个号码,与幸运者通话,并邀请他上台合影留念。对于歌迷们而言,能与时尚小天王合影的诱惑是难以抗拒的。

(三)针对竞争者价格变化的反应

文化企业在考虑价格变动时,不仅要考虑顾客的反应,也要考虑竞争对手的反应。可以通过调查竞争对手目前的财务状况、近期销售量和生产能力、顾客的忠诚度和企业目标等情况,做出相应的反应。如果竞争对手的目标是提高市场份额,它就有可能增加广告预算、提高产品质量等,无论如何都要通过各种信息来源了解竞争对手的所思所想。首先,判断竞争对手的意图。对手为什么要变动价格?对方是为了占领市场,还是因为生产能力过剩?其次,判断己方的选择。如果置之不理,会不会对本企业的市场份额和利润有影响?另外,还要判断其他企业是否会作出相应的市场反应。不论作出何种反应,都要充分考虑企业自身的安全与发展。

三、常用的价格策略

产品上市为文化企业拓展市场、获取利润提供了最有利的条件和契机,文化企业可以根据其确定的新产品导入期的经营目标,采取相应的定价策略。文化产品的定价策略主要有浮掠定价策略、渗透定价策略和心理定价策略三种。

(一)浮掠定价策略

浮掠定价策略亦称"取脂"价格策略,是文化企业新产品上市经常采用的高价策略。这种定价策略的目的在于短期内尽快收回成本并获取高额利润。它的优点是利用消费者的求新和好奇心理以及对新产品成本不摸底的情况,使企业迅速实现预期利润目标。它的缺点是容易导致产品销路不畅,并且高价厚利也会促使竞争迅速激化。

这一定价策略主要适用于创作和技术含量高、具有独特个性且不易仿制或时髦性和时尚性的文化产品,如电影、软件制品、娱乐用品、艺术和竞技表演等;并且市场拥有大量潜在的猎奇者、追求时尚者和高收入的文化消费群体。近年来,国内大型演出竞刮"高价风",少数演出甚至开出了万元以上的天价,这使得中国演出市场成为国内外演出商淘金的热点。然而,目前我国演出市场尚未形成联动体制以分解成本,如果继续维持票价的居高不下,国内演出市场将步入萎靡不振的窘境。为了使一大批买得起中低价票的观众能进剧场,演出公司至少应让低价票的比率占到六成左右,以便培育更大的消费群体。只有用低价位引来人气,激活演出市场的消费主体,才是一个规范的演出市场的潜力所在。

(二)渗透定价策略

渗透定价策略是以低价吸引消费者,尽快取得较大市场份额的一种定价策略。它的优点是利用消费者求新和廉价心理,采用低于预期的价格甚至低于成本的价格赢得更多的消费者,以便迅速占领和扩大市场;低利低价能够有效地排斥竞争者参与竞争,有利于长期占领目标市场,保持长远利润的获得。它的缺点是有可能导致企业的投资回收期延长,企业生产能力不能随市场需求的增长而同步提高。渗透定价策略主要适用于选择性不强、消费需求量大、能在短期内打开销路的文化产品,如工艺制品、花卉商品和影像、网吧、培训、健身、娱乐、广告服务等。

(三) 心理定价策略

消费者在购买产品过程中大都受到其心理因素的影响,企业可以根据消费者的心理反应特点对价格进行适当的调整,使消费者更加容易接受。心理定价策略主要有尾数定价策略、整数定价策略、声望定价策略、习惯定价策略、分级定价策略、招徕定价策略等六种。

1. 尾数定价策略

尾数定价策略,亦称"零头"定价策略,是文化企业有意识地将产品价格不定为整数而留有零头的策略。这样做法的用意是降低价格的位数,给消费者造成"很便宜"的感觉和定价精确的印象。例如,将价值 100 元的辞书或年鉴标价为 98 元,虽然两者只有 2 元之差,但给人的感觉却是该商品价位在数十元内而不是上百元。这种策略适用于图书、花卉、软件制品、工艺制品、娱乐用品等。

2. 整数定价策略

整数定价策略是文化企业有意识地将产品价格不留零头而定为整数的策略。这种做法的用意是增强价格的明朗性,给消费者一种"好货不便宜"的感觉,并满足消费者结算简便的要求。这种策略适用于价值较高和购买频率较高的文化产品,如珍稀藏品、名贵字画、高档健身俱乐部等。

3. 声望定价策略

声望定价策略是文化企业根据产品或自身的良好声誉和社会威望对文化产品制定高价的策略。采用这种策略的关键是文化企业或文化产品必须具有较高的声望,能够利用消费者的求名心理和"优质必高价"的意识,将文化产品以高价推出。该策略适用于具有一定知名度的文化企业或文化产品,如明星演唱会门票、获奖大片电影票、著名旅游景点等。

4. 习惯定价策略

习惯定价策略是文化企业顺应市场上已经形成的价格习惯进行定价的策略。在现实生活中,对于在价格上已为消费者长期熟悉并形成心理习惯的文化产品,如报纸、音乐制品以及影院、人文景区和娱乐场所服务,即使其经营条件发生了变化并导致成本增加,一般也不宜直接提价,以免引起消费者的消极反应,损害文化企业的形象和整体效益。该策略主要适用于与消费者日常生活密切相关的文化商品及文化服务。

5. 分级定价策略

分级定价策略是文化企业将所有文化产品划分为不同档次或等级,再对各个档次或等级分别定价的策略。这样便于消费者按需购买、各得其所。例如,歌舞厅、台球厅和保龄球馆,既可以按进场时间收费,也可以按点歌次数、打球局数收费,以满足消费者多样化的需求。该策略主要适用于产品可以拆分或多种组合推销的文化商品及文化服务。

6. 招徕定价策略

招徕定价策略是文化企业为了招徕顾客而暂时将少数几种文化产品以优惠价格推出的策略。这种定价策略利用消费者的求廉心理,通过少数特价文化产品来吸引顾客并连带购买其他产品或服务,从整体上扩大企业的销售收入和赢利。具体操作方法有三种:一是在日常营业期间每天推出个别或少数特价文化产品,如大型书店、音像市场和娱乐场所采取该方法来获得连带收益;二是在节日、假日和重大活动期间推出少数产品特价或所有产品适度降价,通过刺激需求、拉动消费使企业获得规模经营效益;三是在适当时机推出特惠产品,利用消费者的好奇心理来达到招揽生意的效果。

尽管价格问题是市场营销组合中的一道难题,但价格在市场营销过程中的重要作用不言而喻。尤其是当竞争对手出招时,文化企业必须认真分析顾客反应,分析对手变动价格的原因,在选择维持目前价格水平还是提价降价时要事先做好预案,以便迅速应对各种瞬息万变的市场可能。

第九章 通路：优化分销渠道

文化企业的分销渠道是指文化生产者将文化商品或文化服务转移到文化消费者手中所采用的方式。尽管民间工艺品生产者可以自产自销，小型文化生产企业也可以采取前店后厂的形式销售产品，但在市场经济条件下，绝大多数文化企业仍通过中介机构或批发商来买进商品，希望与稳定的批发商、零售商签订翔实的书面合同，建立长期的合作伙伴关系。因此，市场营销渠道是使产品或服务能被使用或消费而组合起来的一系列独立组织的集合。了解文化产品和服务的分销渠道，建构和谐融洽的分销网络，制定与分销商双赢的市场策略，是文化企业营销战略的重要组成部分。

第一节 文化市场分销的渠道功能

从表面上看，制造商将市场销售环节交给中介机构似乎放弃了企业自身对市场的控制，而将企业的命脉托付于别人之手。然而，在社会化分工的背景下由制造商挨家挨户去推销自己的产品显然是不现实的。如果由文化企业独自承担市场推广职能，虽然能获得全部利润，但必须独自承担市场推广所付出的代价。对于一些力求分销范围更广的文化产品和服务，其市场推广也会受到一定的局限。如果邀请有经验的分销商介入，不仅可以更有效地推动商品广泛进入目标市场，简化销售手续，而且可以利用这些营销中介机构的各种关系、经验、专业知识及活动规律，大大提高销售效率并节约销售费用。

一、设立分销渠道的必要性

通过分销商的市场分销渠道网，制造商往往能腾出精力通过增加主要业务的投资而获得更大的回报。"如果一个公司在制造业务上的投资报酬率是20%，而零售业务的预测投资报酬率只有10%，那么该公司决不会自己经营零售业务。"[①]市场营销中介机构的职责就在于使商品和服务的流动更加畅通。即使某些制造商为了迅速测试新产品的市场效果而建立了拥有部分所有权的分销系统，很可能也会引起那些拥有完全自主权分销店的竞争冲突。因此，为了更加有效地推动商品进入目标市场，营销中介承担了协调制造商提供的商品和服务的组合与消费者所需要的组合之间的矛盾，充当着分销商的专职角色。

（一）分销渠道的市场流程

担任分销商任务的中介机构一般是通过调和产品和服务之间在时间、地点和所有权更替之间的差异。因此，分销渠道的市场流程主要包括：信息—促销—谈判—订购—融资—风险承担—物流—付款—所有权交递。

---

① ［美］菲利普·科特勒.市场营销管理（亚洲版·下）[M].郭国庆，等，译.北京：中国人民大学出版社，1997：150.

在分销渠道的市场流程中,分销商同时承担以下任务:第一,收集并分发关于市场营销环境中的相关信息,包括提供现有消费者、潜在消费者、竞争者及其他影响者或影响力量的信息;第二,传播有关为吸引消费者而设计的产品和服务的极富说服力的信息;第三,达成有关产品交易和其他条件的最终协议,为后续的所有权转移奠定基础;第四,将市场营销渠道成员反馈的消费者购买意图回传给制造商;第五,收集和分配有限的资金,以供不同层次分销渠道之所需;第六,承担分销环节上的所有风险;第七,组织最终产品和服务运达消费者手中的运输储藏等物流运转;第八,通过银行或其他金融机构收回货款并向卖方支付货款;第九,完成所有权转移的相关凭证和手续。

(二) 中介机构的交换关系

要实现中介机构的各种交换关系,使得文化产品和服务的流动更为通畅,可以进一步理解中介机构或分销商的衔接功能。

假定有3个产品制造商,每个制造商要分别为6名顾客提供自己的产品,那么总交易次数便是3×6=18(次)。如果这三个制造商通过同一个分销商来完成全部交易,则分销商只用3+6=9(次)即可,如图9-1所示。

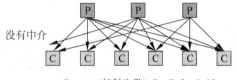

Contacts(接触次数)=P·C=3×6=18

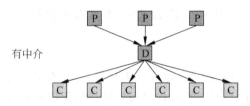

Contacts(接触次数)=(P·C)+(D·C)=3×1+1×6=9
P=Product(产品) D=Distributor(分销商) C=customer(消费者)

图 9-1　分销功能示意图

显然,通过有中介和没中介的比较,很容易理解市场营销渠道的功能。这里的中介就是专门协调制造商与消费者之间关系的分销商。通过中介机构和分销商,既可以帮助制造商减少不必要的库存积压,降低商品的销售成本,又可以专门研究市场消费动向,提供更加贴近市场的分销服务。

(三) 分销渠道的基本功能

当今商品社会中存在各种生产者和消费者,交易关系变得日益复杂,市场渠道的作用更为突出。市场经济愈发达,社会分工愈细,商品流通量愈大,市场渠道及分销商的作用也就愈显得重要和突出。分销渠道主要具有下列功能:反馈信息、协商成交、风险分担、方便购买、降低成本、促进销售。

1. 反馈信息

由于分销中介贴近市场,一般对顾客的特点和文化需要有着良好的洞察力,在市场营销调查中往往起着至关重要的作用。分销渠道的每个环节都处在市场、客户、消费者和竞争者等因素的包围之中,并且时刻反馈着上述因素及其动态方面的信息。经过对这些信息进行收集、整理、分析、研究并预测市场趋势,才有可能使渠道成员高效、顺利地传输文化产品和服务。在完成交易的各种活动中,分销商可以从市场的角度为产品创新研发和整体规划提出改进性建议。尤其在怎样定位自己的产品以击退竞争对手、建议淘汰哪些产品等方面,中介商能起很好的参谋作用。

2. 协商成交

分销集中了商品流通的三大因素:运输、库存管理和顾客接触。正因为文化产品的生产能力和顾客需求在频繁地发生着变化,所以分销商会尽可能科学地安排库存,提供易于交易的种种条件。在很多时候生产者与分销商之间都会建立良好的合作关系,在产品的品种、价格、商标、包装、储存、结算等方面订立互惠互利的联合协议。一些中介商会在收到产品时当即付款,也有一些中介商会以代销方式开始彼此之间的业务合作,生产厂家会根据货款周转情况提供不同的优惠条件。分销渠道是从事产品交易的场所,渠道成员与各类客户和终端消费者就产品价格和其他条件达成协议,有利于实现文化产品和服务所有权的易位和转移。

3. 风险分担

从事任何生产经营活动客观上都存在一定的经营风险。当分销渠道由不同层次的分销商组成后,原本由生产商独自承担的全部经营风险,分别转嫁为渠道成员共同分担。这样,客观上提供了和谐运作的市场环境,有利于建立互惠互利的双赢甚至是多赢的协作关系,不仅有效地分解和降低了生产经营的风险,而且有力地促进了市场上文化产品的流通。

4. 方便购买

文化企业大多喜欢小品种、大批量地进行生产和经营,希望几次交易后就售出所有产品。而消费者则希望产品的品牌、颜色、规格和质量多样化以便进行选择,并且,每次只少量地购买物品。另外,有些制造商愿意在工厂里卖货,习惯朝九晚五的工作时间,简朴的固定设施,有限的销售队伍。而消费者则愿意就近购物,愿意在周末或傍晚去逛诱人的、装饰考究的商店。协调制造商与消费者矛盾的正是分销商所提供的便利服务。

5. 降低成本

中介商介入文化市场分销活动以后,会通过分类过程降低成本。分类过程由四个分销职能构成:积累、分配、分门别类和品种齐全。积累,就是将从几家企业的小批量文化产品集中运送,从而降低运输费用;分配,是指将货物准确地配送到各个消费者市场,减少库存积压,加速商品资金周转;分门别类,是将产品按级别、颜色等分开,依质论价,合理制定价差;品种齐全,是指所提供的文化产品范围很广,有利于增加消费者的选择余地。

6. 促进销售

一般情况下文化产品制造商和文化服务公司在寻找合作伙伴时,常常考虑更大范围内的广告促销。文化产品分销商会协助零售商之间的地区性促销,与零售商共同承担地方性的广告的市场推广责任。分销商还可以充分利用分销渠道将有关文化产品和服务信息传递给消费者,吸引消费者了解、信赖并购买产品,实现扩大产品销售的经营目的。

二、分销渠道的系统结构

在文化市场领域,消费者的消费形态决定着产品的分销模式。消费者对文化消费时间和地点的选择度越大,市场人员进行分销的可能分布也就越广。选择不同的分销渠道取决于消费者的消费形态,也取决于文化企业的整个营销战略。文化企业的分销渠道有以下四种结构。

(一) 直接渠道与间接渠道

根据文化产品在市场流通中是否存在中间环节,可分为直接渠道和间接渠道。

直接渠道是文化商品从生产者转移到消费者的过程中不经过任何中间商转手的渠道形式。文化商品通过直接渠道进行销售,大体上有三种形式。一是通过庙会、展销会等活动直销产品。如民间传统艺人在庙会上摆摊,现场制售工艺产品(见图 9-2);出版社在书市上设展台,向广大读者直销图书等。二是通过自设门市部直销其产品。如前店后厂,设立民间工艺品门市部等(见图 9-3)。三是通过邮购、电话、网络订购等方式,派出专门人员将产品直接售给消费者。直接分销比较适合个体生产、单件小批生产、生产与消费合一、单位价值较高、市场需求量较小的文化产品经营。直接分销的优点是:流通环节少、商品流通费用较低。

图 9-2 自产自销民间工艺品的街头小贩①

图 9-3 批零兼营的甘肃庆阳香包②

间接分销渠道涉及文化产品和文化服务从生产者转移到中介商,再到终端消费者的过程。中间环节的多少决定着分销渠道的长短,渠道越多越需要以某种方式规划和分派不同层次分销商的责任,一般会采用契约形式明确规定各自的分销任务、价格和其他因素等条款,并以书面形式表述出来。文化产品生产商和批发商所签订的合同上记录着促销支持、送货和付款日期、产品处理、标价和陈列等方面的具体事项。

(二) 横向渠道与纵向渠道

根据渠道内部成员组合方式的不同,文化市场分销可分为横向渠道与纵向渠道。

① 陈旭,方军,岳志勇.透视始皇陵[J].旅行家,2003,(7):108.
② 梁强.甘肃庆阳香包[N].人民日报,2004-06-17,(4).

横向渠道是由两个以上同级生产者、分销商进行联营的渠道形式,即厂厂联营和商商联营等。其特点是互惠互利,在产品的价格、促销、上市时机、采购供应、机构设置、服务保障等方面实施统一的战略,并订立联合协议。这种渠道形式有利于双方在生产、销售方面互相取长补短,不断扩大产品市场占有率。

纵向渠道是由文化产品生产商将产品批售或委托给分销商,再由分销商进行销售的渠道形式。其特点是生产者与分销商建立合作关系,他们之间在产品的品种、价格、商标、包装、储存、结算等方面订立互惠互利的联合协议。通过厂商联营,使生产厂家减轻产品销路的压力,分销商有充足而可靠的产品来源,从而提高生产和分销企业在产品市场上的竞争能力。

(三) 传统渠道与垂直渠道

根据渠道内部成员之间相互联系的紧密程度划分,可分为传统渠道和垂直渠道。

传统渠道是一种相互独立、高度分离的分销形式。在传统渠道网络系统中,生产者、批发商、零售商、代理商的身份划分得很清楚,生产者只管组织产品生产,批发商纯粹做转手买卖,零售商直接面对消费者,代理商不负责包销,彼此之间缺乏融合、各行其是,往往会为获得更多的自身利益讨价还价,合作关系比较紧张。

垂直渠道则是一种相互协作、紧密配合的分销形式。在垂直渠道网络系统内部,虽然有生产者、批发商、零售商、代理商的分工,但基本上实行不同程度的一体化经营或联合经营,专业化管理分销组织网络,使其有可能实现规模经济并展开有效的竞争。垂直渠道大体采取两种形式。一是公司系统。即由一家公司拥有并统一管理若干个生产厂家、批发机构和零售机构等,总体控制市场分销渠道的层次和深度,综合经营生产、批发和零售业务。二是联营系统。即由生产者、服务者或分销商以契约组建的联合经营体。联营系统又可细分为特许经营和联购分销经营两种组织形式。特许经营形式包括生产者倡办的批发商特许经营系统、零售商特许经营系统和代理商特许经营系统等;服务者倡办的服务店铺特许经营系统,如健身俱乐部等。联购分销经营组织形式则包括:批发商出资的自愿连锁、联购分销经营系统;批发商与零售商集资联办的自愿加盟、联购分销经营系统;零售商集资入股合办的自由组合、联购分销经营系统。

(四) 渠道长度与渠道宽度

分销渠道的长度与宽度,取决于市场渠道环节的多少和同一环节上分销商数量的多少。

渠道长度是指渠道中所包含分销商层次的多少。最长的渠道是多层渠道,即产品从生产者经过总发行商、二级批发商、三级批发商、零售商等诸多中间经营环节,才能将文化产品最终转达到消费者手中。渠道的长短,不仅影响着产品到达用户或顾客的时间,而且是决定产品价格的重要因素之一。中间经营环节多,流通费用就会随之增多。所以,在保障市场供应的前提下应尽量缩短渠道长度,通过节约流通费用来降低产品的最终售价。

渠道宽度是指在同一层次市场同时使用的分销商数量的多少。分销渠道宽度最窄的是独家直销,如画家将其书法、绘画作品授权某家画廊独家经营;分销渠道最宽的是密集分销,如将图书、花卉、工艺制品、娱乐用品等文化商品批售给所有的批发商,再由批发商批售给所在地区市场上的所有零售商。使用较宽的分销渠道,可以覆盖较大的市场,使消费者接触市场的机会增大,有利于扩大产品销售。渠道宽窄的选择与生产者的产品特点和经营条件、目标市场的供需状况和竞争态势有着极为密切的关系。

三、文化产品分销与文化服务分销

不论是文化产品还是文化服务项目,都会借助一定的分销渠道完成市场推进。生产商对于分销商、分销路线与分销规划的选择有着相当重要的战略意义,因为书店老板可以决定在最醒目的书架上展示某一特定出版商的书籍,演出商也可以重点推荐某一位而不是另一位明星参与的演出活动。

(一) 文化产品分销渠道

文化产品生产企业除少数采用零层渠道以外,有可能雇用多层批发商,包括折扣店、百货商店以及专卖店进行销售。

一层渠道是在生产者与消费者之间加入一个分销中介机构,通常为零售商。该分销中介机构如果通过买卖方式取得文化产品的所有权,那么它属于零售商;如果采取寄售、代销或委托拍卖方式而负有文化产品的推销责任,那么它就属于代理商。随着艺术品市场的发展,寄售、代销、拍卖等交易方式已经流行起来。

二层渠道是在生产者与消费者之间加入两个分销中介,通常为批发商和零售商。其中生产者与批发商、批发商与零售商之间的两个中间环节构成批发市场;零售商与消费者之间构成零售市场。我国的工艺制品、花卉市场基本属于这种模式。

三层渠道是在生产者与消费者之间加入三个分销中介机构,通常为总发行商、二级批发商和零售商等。其中生产者与总发行商、总发行商与二级批发商、批发商与零售商之间的三个中间环节构成批发市场;零售商与消费者之间最后一个中间环节构成零售市场。我国的音像、软件、娱乐用品市场基本属于这种模式。

在我国的画品市场中,画廊是艺术品市场主体的重要组成部分,也是规范化的艺术品市场的一级市场。画廊的市场角色是:以最恰当的方式,以最合理的价位满足消费者购买画作的心理需求。画廊的市场职责是:让画家的作品被社会认同,为其选择获得成功的方式,如做宣传、办画展等推广形式。

我国画廊大体上可分为主营性画廊、非主营性画廊和网上画廊三种。主营性画廊是以艺术品的经营展览、展示等活动为业务形式的画廊。其运作模式主要是代理合作:有的是画廊+画家模式,有的是画廊+作品模式,也有的是画廊+活动模式。主营性画廊虽然是画廊的主流形态,但由于运作与经营的专业性以及中长期回报的业态规律,其发展面临较高的门槛、较多的不确定性以及水准、信誉的参差不齐等,目前大多举步维艰。据中国画廊联盟市场研究中心的不完全统计,截至 2008 年 6 月,中国内地的主营性画廊 3 549 家,占到画廊总数的 28.9%,而这一数据在 2009 年年底则变为 2 386 家,只占到画廊总数的 27.3%。[①] 非主营性画廊是以为艺术品交易及活动提供支撑服务为主,以艺术品交易及相关活动为辅的业态形式。目前这类非主营性画廊大量存在,其经营水准参差

---

① 中国画廊经营状况堪忧 成交额下降从业人员锐减[OL].中国网,文化中国,2010-05-26. http://www.china.com.cn/culture/2010-05/26/content_20121867_3.htm.

不齐。网上画廊是伴随现代信息环境发生改变后以互联网为传播工具而建立的网上经营空间,借助媒体的公信力,为每一家画廊共同搭建了一个网上的艺术品交易市场,为画家们搭建了一个艺术品传播、交易、交流的互联网平台,并且结合艺术品交易的特性创立了一个"网上浏览、网下交易"的艺术品交易"两栖"模式(见图9-4)。网上画廊的出现及迅速发展为画廊业的发展开辟了新的通道,也使中国艺术品市场出现了新的增长点。

图9-4 网上画廊——墨耕堂①

显然,用户可以足不出户,只用上网浏览便可搜到海量的艺术品信息,再轻点几下鼠标,通过电子订购单发出购买艺术品请求,在线付款,然后艺术品经营商就会通过邮购、快递和物流的方式发货。如果顾客对所购艺术品感到不满意,可以在10天以内退换,而且网上画廊的佣金也比实体画廊要低一些,购入成本相对而言更具吸引力。

在画廊的各种经营方式中,代理和寄售都属于一级市场。代理是由画廊推出精心策划的展览,将艺术家的作品卖给顾客。一个成功的画廊老板可能同时是经纪人、出资人、顾问与朋友。售画收入通常是由画廊和艺术家按合同分成,最常见的是五五对分。但也有因艺术家材料花费多或是画廊投入宣传过大,而出现六四分成或四六分成的比率。寄售是由画廊帮艺术家举办展览,寄售作品,待艺术品售出后再按双方约定的分成比例将销售所得收入进行分配。这种方式不须画廊垫付资金,风险较低。有些画廊专门接受来自藏家委托转卖的艺术品,这类画廊虽具有中介功能,但并非生产者与消费者之间的直接环节,属于二级市场。

在我国的画品市场中,拍卖行属于艺术品市场的二级市场。与画廊的职责不同,画廊是负责培育、推介艺术家的,拍卖行专职于少量精品的市场交易。然而,现行的画市却呈现画廊、拍卖公司、画家私卖的"三国"争雄局面,一二级市场倒挂的现象十分严重。一级

---

① 墨耕堂[OL]. 中国书画研究院网上画廊. http://www.zhongguoshuhua.com/news/js-pic.asp?lm2=69.

市场（画廊）萎靡，二级市场（拍卖行）兴旺。这种一二级市场关系倒挂的结果，导致了目前中国艺术品市场比较混乱。私下交易在价格上有很强的优势，说涨就涨，不仅是偷税漏税的问题，而且由于私人交易的不稳定性和定价的随意性破坏了市场交易规则与秩序，直接阻碍了艺术品市场的稳健发展。中国艺术品进入市场只有在阳光下操作，才能形成较为成熟的艺术品市场发展环境。

（二）文化服务分销渠道

文化服务市场也有多种不同形式的分销结构。绝大多数文化服务项目往往采用在同一地点和同一时间进行的直销渠道，如各种现场演出、娱乐参与、咨询服务、网络服务、新闻报道、现场直播节目等。此外，也有一些文化服务项目采取多层分销渠道。

一层渠道，即文化服务商与消费者之间加入一个中介服务或代理机构。该服务机构通过许可、合作、代理等方式，从文化服务商那里取得文化服务项目的经营权，然后再提供给文化消费者。包括：剧场文艺演出中"文化团体—演出商"方式；设计招标服务市场的"文化团体—代理商"方式；旅游业中的"服务商—服务商"方式；娱乐场所的票务代理、旅游散客预定代理等"服务商—代理商"方式。

二层渠道，即文化服务商或服务商与消费者之间加入两个中介服务或代理机构，该终端服务或代理机构通过许可、合作、代理等方式取得文化服务项目的经营权，然后再提供给文化消费者。包括：传媒服务市场中的"影视制片公司—中央电视台（省级卫视台）—地方有线电视网络系统"经营模式；演出市场中的"表演团体—演出场所—票务代理"经营模式；电子商务服务市场的"服务者—服务者—服务者"方式，如电子商务服务的"ICP—ISP—社区宽带网络"经营模式等。

三层渠道，即在生产者与消费者之间加入三个中介服务或代理机构，该终端服务或代理机构通过许可、合作、代理等方式，依次从初、中端服务者或代理商那里取得无形文化产品或文化服务项目的专营权，然后再提供给文化消费者。包括：电影市场中的"影视制作公司—影视发行公司—地区影视发行公司—影院剧场"经营模式；影视剧市场中的"影视制片公司—影视发行公司—中央电视台（省级卫视台）—地方有线电视网"经营模式。

第二节 文化市场分销的渠道设计

文化产品只有赢得广泛的市场占有率才有可能形成一定的品牌知名度。从批发市场开始一直扩展到超市、专营店和各种终端销售点，不仅要迅速铺货加速销售扩张，还要做好为以上的具体销售工作提供必要的支持和管理上的保障。因此，文化市场分销的渠道设计涉及仓储物流、销售价格、返利管理、销售培训、销售服务、广告推广、品牌宣传等很多因素，尤其是对分销商的选择十分关键，对主要行业的分销途径也应有足够的认识，否则会出现因管理与销售拓展的不同步而导致市场推进欲速则不达，并产生服务跟不上的负面效应。

一、分销商的选择

分销商的角色较为复杂,大体分为经销商、代理商和服务者三种类型。其中,经销商包括批发商和零售商;代理商包括代销商、经纪人和拍卖人;服务者包括生产商、流通商,还包括生产服务者和一般服务者。

(一)经销商

经销商是指从事商品流通业务并拥有商品所有权的经营者,具有如下经营特征:第一,拥有商品所有权和经营权,能独立自主地开展商品购销活动;第二,有一定的经营场所和经营设施;第三,有独立的购买商品的流动资金;第四,能承担商品经营风险。经销商按商品销售对象的不同,可细分为批发商和零售商。

1. 批发商

批发商是指向生产者或其他批发商购进商品,再转售给其他批发商和零售商的经销商。它并不直接服务于最终消费者。批发商按其商品经营类别,可以分为专业批发商和综合批发商;按商品批销业务范围,可以分为一级批发商、二级批发商、三级批发商等。

一级批发商是处于商品流通第一道环节的经销商,即总经销商、总发行商以及进出口商,如中国图书进出口总公司、中国邮票总公司等。

二级批发商和三级批发商分别处于商品流通第二道环节和第三道环节,所以统称为地区批发商或地区发行商,如省区电影发行公司、市区新华书店、县区邮政报刊发行公司等。

2. 零售商

零售商是将商品直接出售给最终消费者的分销商。文化商品零售商主要包括专卖店、商场、专业超市、连锁店、特许经营店、简易货亭、简易摊位、流动商贩和快递公司等。

文化企业的专卖店是针对文化消费目标市场的需求特点而配置的产品线深而长的零售商店,如各类书店、音像制品商店、软件零售商店、工艺品商店、画廊、文物商店、乐器店、花店、宠物店、文体用品商店等(见图 9-5);商场通常设

图 9-5 玩具零售市场①

有图书、音像、乐器、玩具、花卉、首饰、工艺品、健身器材等文化商品专柜;专业超市大多采用自我服务方式,若干商家同时经营,使顾客能够"货比三家",如集邮超市、图书音像超市、花卉宠物超市等;连锁店是统一店名、统一经营的商业组织,可以通过集中供货节省交易、库存、运输、广告宣传等流通费用,获得规模经济效益,如图书连锁店、音像连锁店、花卉连锁店等;特许经营店是通过契约形式固定经销关系的文化产品零售商店,如法律图书专卖店、文物经销店;简易货亭是仅有简易

---

① 罗琴.娱乐旅游加速度[J].旅行,2005(9):13.

经营建筑、实行窗口售货方式的文化产品零售商,如设在车站码头、街区干道、集市庙会、旅游景区等流动人口集中地区的报刊亭、工艺品亭等;简易摊位是在指定地段集中设置简易摊位的个体或集体文化产品零售商,如书摊、报刊摊、音像摊、古玩摊、集邮摊、花卉摊、宠物摊、民间传统工艺品摊等;流动商贩包括手持、肩担、车载等方式走街串巷的报贩、花贩、手工艺品贩等;邮递服务公司是通过信函、电话、报纸、杂志、电视和网络等媒介推销商品信息,然后根据顾客的订货要求上门直销或邮寄销售的专业服务机构。

(二)代理商

代理商是从代办业务中抽取一定数量佣金的经营者。文化企业的代理商可分为代销商、经纪人和拍卖人三种。

1. 代销商

代销商是指代表一家或几家生产者从事商品推销业务,但不拥有商品所有权的经营者。由于文化产品生产者委托授权的性质及其范围不同,代理商可分为独家代销商和一般代销商两种。一是独家代销商,即根据代销协议约定在一定的市场范围和期限之内对某种产品销售享有独家代理权的经营者。如票务公司对某表演团体或某演出场所节目门票的独家代理;广告公司对报刊分类广告版面和电视栏目广告时段的独家代理;版权代理公司对作品版权的独家代理等。二是一般代销商,即由文化产品生产者委托或特约授权代销其产品的经营者。一般代销商可细分为特约代理商和寄售商两种:特约代理商接受文化产品生产商委托,并代表文化生产商签订销货协议,负责代销业务;寄售商亦称代销商,即接受文化产品生产商委托进行现货交易代理业务。文化产品生产商根据代销协议向寄售商提供产品,销售所得货款扣除佣金和销售费用后,再支付给生产者。寄售商需自设铺面和仓库,以便陈列和储存产品(见图9-6)。

图 9-6 艺术品寄售店内景

2. 经纪人

经纪人是为买卖双方提供产品、价格、供求动态等市场信息,为交易双方洽商业务穿针引线的经营者。按服务对象的不同,分为商品经纪人、商务经纪人和职员经纪人等。

商品经纪人,即为书画作品、工艺制品、文物藏品、花卉宠物等文化商品的买卖双方磋商交易的经纪人,旧称为"掮客"。如果促成交易,经纪人根据商品交易额的一定比例抽取佣金;该笔佣金可由委托人一方负担,也可由买卖双方平均分担。如果未促成交易,商品经纪人则不收取佣金,但可以要求委托人支付从事居间活动支出的必要费用。在高风险投资行业中大多有这种特殊职业的经纪人,他们负责统筹安排并使托管者的财产增值。艺术品市场的经纪人一般隐身在拍卖行(见图9-7)、古玩商和专家当中。收藏家在艺术消费的过程中是需经纪人全程服务的。因为甄别真伪、甄别优劣、甄别实值以及判断艺术品未来的走向等,还有在拍卖中的竞买、付款、运输等,都是收藏家最为关心的。艺术品经纪人不但要精于鉴定,能准确地做出估价,而且需要商业头脑与专业知识的系统训练。

商务经纪人，即为各类文化商务活动的主办单位与作者、演员、广告赞助商、企业资助商、文化投资商、演出展览场所经营者以及观众之间牵线搭桥的经纪人（见图9-8）。演出市场分为两类：一类是高雅艺术表演，由国家法律规定的免税政策支持发展；另一类是高度商业化的娱乐演出，策划这类演出需要利用企业的广告费，与媒体做紧密互动，进行市场运作，一般追求高额的票房收入。商务经纪人主要是为后者策划市场运作行为，充当各类文化产品和服务交易活动主体之间的媒介，促成文化娱乐产业与文体明星、赞助商和投资商之间的交易；依靠其社交能力和资本实力，组织各种演出、比赛、展览、出版和制作活动；为承办商务活动投入启动资金或周转资金，并承担一定的经营风险。由于文化商务活动具有时限性，当商务经纪人未能给某项商务活动落实可提供足额经费的广告客户、赞助商、资助商或投资商以及客源时，就得承担该项活动经费亏损的责任。

图9-7　钟表拍卖会预展现场①

图9-8　商务经纪人②

职员经纪人，即专门从事演员、模特、节目主持人、竞技运动员等职业人员的市场宣传推广和劳务交易谈判等代理业务的经纪人。职员经纪人一般与职员个人建立固定和全面的委托代理关系，并从每位客户输出劳务所获报酬中抽取一定比例的佣金。职员经纪人通常负责提供职业技能培训、市场宣传推广、寻找劳务工作机会和代理劳务交易谈判等。职员经纪人可以分为职员经纪公司和个体经纪人两种。职员经纪公司通常招募大批具有职业发展潜力的新人进行专业技能培养和市场形象包装，以提升新人的市场潜在价值。由于经纪公司在新人身上投入高额的培训成本和推广费用，往往合同规定在3~5年内将从其输出劳务所获报酬中提取高达30%~50%的佣金；而新人一旦"一夜成名"，公司就可从中获得丰厚的回报。个体经纪人所代理的客户范围较为狭窄，有的甚至只受聘于一个客户。个体经纪人的业务范围相当广泛，除了全权负责客户的基本业务代理外，还包括为客户聘请私人教练、保镖、律师和投资专家为其服务；协调客户与传媒和公众的关系；管理客户资产，收取进账、支付出账、代理纳税、购买保险等。

3. 拍卖人

拍卖人是指为买卖双方提供交易场所和服务，以公开竞购的方式将艺术品和收藏品

---

① 郑鑫尧.环球艺术市场扫描[J].华夏人文地理,2005,(11):70.
② 李凯文,范雪东.拍场写春秋[J].华夏人文地理,2004,(11):61.

卖给出价最高的买主的经纪人。传统拍卖大多采用英式增价拍卖(见图9-9),拍卖成交后,拍卖人可按成交价的一定比例分别向买卖双方收取佣金。若拍卖未成交,拍卖人可以向卖方收取为拍卖活动所支出的合理费用。近年来在艺术品拍卖行中,网络渠道优势日益突显。网上拍卖形式突破了时空的界限,使拍卖标的在更大范围内实现价值,真正体现公正、公开、公平的拍卖原则。在线拍卖可以一年365天,一天24小时不间断地进行,不受时间的限制。网站是一个综合的交易平台,可以提供多元的交易方式,采取多种拍卖方式。在线拍卖采用时间段,竞价时拥有充分的判断和决策过程,价格形成更加理性、更加合理。因此,在线拍卖以其特有的优势,正在弥补传统拍卖模式的不足而逐渐被人们所接受,为客户提供更加周到而全面的服务。

图9-9 传统英式增价拍卖[①]

(三)服务者

服务者通常是指从事非物质产品生产活动以及所有物质和非物质产品流通活动的组织和个人。从文化产品生产与流通来看,除了文化产品生产者和文化商品流通者之外,文化服务者可以分为生产服务者和一般服务者两类。

1. 生产服务者

生产服务者是指借助实物、设备、设施或提供辅助性劳务,进行文化传播和内容生产的组织和个人,如网络游戏开发商、影视拍摄公司、广告公司、旅游公司,以及会展中心、影楼、培训学校、咨询机构等。

2. 一般服务者

一般服务者是指单纯通过辅助性劳务或借助实物、设备、设施等传播文化产品信息的组织和个人,如影院、剧场、网吧、娱乐场所、有线电视广播系统、互联网传播系统等。它们将文化产品信息送达文化消费领域。文化企业在推销文化产品时,既要考虑影响分销渠道的各种因素,还要考虑使用多少层次的分销商以及每一层次使用多少渠道成员最为适宜。

二、主要行业分销渠道

文化市场主要行业的分销渠道设计,主要是书刊发行市场、文物收藏及艺术品市场、影视市场、动漫游戏市场、演出市场、场馆市场、设计市场以及旅游市场的渠道设计。

(一)书刊发行市场分销渠道

图书、报纸和期刊都是以图文符号为主记载相关知识的各类印刷读物,是不同年龄、不同职业的消费者必不可少的精神食粮。这些产品主要依托分销中介或网络直销送到消费者手中。

1. 图书发行

批发商和零售书店一直是图书发行的主要渠道。我国现行图书发行的主要渠道有三

[①] 郑鑫尧.环球艺术市场扫描[J].华夏人文地理,2005,(11):72.

种：一是出版社直销，即出版社自办的门市部、邮购部或在大型书市设点摆摊直销图书；二是批零兼营，如连锁书店总店、集体书店、个体书店或网上书店直接从出版社批量进书，然后通过连锁书店分店、零售书店门市或摊点、网络在线等渠道销售图书；三是多层渠道，新华书店总店、省区新华书店或区域性书刊发行公司作为总发行商或总经销商，通过各省、地、县新华书店及其所属的门市部、连锁书店、商场书市等批发和零售图书。

随着市场竞争的日趋激烈，各种连锁书店、图书展销会、主发寄销、采购团订货、网上书店和网上征订等分销形式层出不穷。连锁书店既可以统一进货，争取出版商的更多让利，又可以解决图书零售网络覆盖面不足的难题。图书展销会是目前我国规模最大、影响最广的图书展销活动，图书展销早已成为出版物展销、出版形象展示、出版信息交流的重要平台，成为影响广泛的重大文化盛会，也发展为我国会展经济的重要品牌（见图 9-10）。主发寄销是由出版社

图 9-10　第九届北京图书节新疆展区①

将新书直接发给零售书店上架销售，依据试销的反馈信息决定是否加印，以便抢占市场先机，克服订货会在时间上的局限性。采购团订货是由发行商组成采购团，分赴各地，根据各基层新华书店上报的品种、订数汇总，形成统一订单，同各大出版社逐一谈判订货。在获得出版社出让折扣的同时，采购团必须承诺确保其图书销售额比上年有所上升。

2. 报刊发行

报纸和期刊是承载时事评论、新闻报道、传播知识、提供娱乐和服务生活的信息载体。目前国内报刊市场的经营主体有三种：一是出版者，包括中央、地方或专业性的报社、报业集团等；二是发行商，包括各省、地（市）邮政报刊公司以及县、乡邮政局（所）的报刊发行机构，区域性报刊发行公司等；三是零售商，包括地方邮政系统的报刊门市部，集体或个体经营的售报亭和个体流动报贩等。和图书市场一样，报刊发行的分销渠道也是直销、批零兼营和多层渠道发行。作为大众传播媒介，现代报刊业在提供新闻以及其他知识和服务信息的同时，也利用报刊的传播能力和影响力，提供商品促销、形象塑造以及其他社会信息服务，以实现报刊业经营的成本补偿与价值增值。

（二）文物收藏及艺术品市场分销渠道

文物收藏市场的经营主体包括两类：一类是文物收藏者，包括国家博物馆、地方博物馆、民间收藏家以及文物复制品制作商等；另一类是文物经销商，包括画廊、拍卖行、国营文物商店、个体文物商贩等。

我国清代圆明园内海晏堂前，曾有一组按规律交错排列的十二生肖兽首铜像喷泉，是由欧洲传教士设计，清宫廷匠师制作的一个造型别致的水力时钟。生肖铜像的身躯为石雕着袍服的造型，头部按写实风格造型，铸工精细，兽首上的褶皱和绒毛等细微之处都清

---

① 第九届北京图书节图集[OL]. 凤凰网读书频道, 2010-09-25. http://book.ifeng.com/yeneizixun/special/beijingtushujie2010/content-4/detail_2010_09/25/2626422_6.shtml.

晰逼真;铸造兽首所选用的材料为当时清廷精炼的红铜,外表色泽深沉、内蕴精光,历经百年而不锈蚀,堪称一绝。每天十二生肖铜像会依次轮流喷水,分别代表全日不同时分,正午时分时,十二像会同时涌射。这套呈八字形排列的十二生肖铜像水力钟,是展现中西方文化交融的艺术珍品,在国际上具有极高的艺术价值和鉴赏价值。在第二次鸦片战争中,英法联军火烧圆明园,掠走了12个青铜兽首,致使这批国宝流失于海外140多年。2000年春,中国保利集团公司以总价3 000多万元港币拍得牛首、虎首、猴首等兽首铜像(见图9-11)。2003年9月,澳门著名实业家何鸿燊博士又从纽约拍卖市场用高价拍得十二生肖铜像中的猪首铜像,后捐赠给保利艺术博物馆一并保存。

图9-11 保利集团拍得的圆明园内海晏堂前水力钟生肖构件①

艺术品市场的经营主体包括三类:第一类是画家、书法家、雕塑家、民间艺人、美术公司、工艺美术品厂、艺术陶瓷厂等艺术品制造者;第二类是画廊、拍卖行、个体艺术品经纪人、美术品商店、画商等艺术品经销商;第三类各种美术馆、美术院、博物馆、私人收藏者、家庭消费者等艺术品收藏者。由于馆藏艺术品多受到国家相关政策的严格保护,私人收藏艺术品也多为非卖品,因此艺术品市场的主要分销渠道一是艺术品生产者直接与顾客签约订货,二是艺术品经销商受托代售字画、拍卖行受托拍卖艺术品、个体经纪人中介推销艺术品。

(三) 影视市场分销渠道

我国影视经营主体主要有:影视制片商,包括各家国营电影制片厂、影视音像制片公司、民营影视公司和独立电影制片人等;影视发行商,包括中影集团、各级地方电影发行公司和影视发行公司等;影视放映商,包括影院、流动放映队等;影视代理商,是指介于制片商与观众之间,经营影视片流通业务以促成买卖行为的单位或个人。

影视市场的分销渠道主要有:直接分销渠道,是指影视制片商为了防止盗版确保第一时间的收视率,直接把生产出来的影视片销售给电影院与观众见面,不经过任何中间组织和个人的一种院线联盟;间接分销渠道,是指制片厂不把生产出来的影片销售给影院,而是经过一系列中间环节或个人协调配合,最后到达影院与观众见面。影视市场间接分销渠道有中间只经过一级发行放映公司的一层渠道,也有经过各级发行放映公司和各代理中间商代理的多层分销渠道。在影视市场分销渠道的构建上,民营企业已先后取得了制片、发行、院线等各条产业链上"准入证",迅速搅起了中国电影市场的波澜,同时,进口

---

① 叶枫.圆明园"四兽首"将去沈阳[J].艺术市场,2005,(4):115.

大片也加快了对中国电影市场的抢滩步伐(见图9-12)。2012年2月,中国与美国就电影文化发展和电影技术交流等相关问题达成了新的协议:一是在内地每年引进20部分账形式(即美国电影公司和内地发行公司分享影片发行利润)基础上,每年再引进14部3D或者IMAX形式的电影;二是美国片方的分账比例由过去的13%将增加到25%;三是引进分账大片的公司除了中影和华夏两家国有企业外,将增加一些民营公司。①仅就分账比例由过去的13%将增加到25%而言就令人备受关注。以《阿凡达》为例,按照新的分账比例计算,美国片方的收益将从1.69亿提高到3.25亿元人民币。

图9-12　影片分销途径在拓展

(四)动漫游戏市场分销渠道

动漫游戏属于典型的文化娱乐产品。长期以来,我国动漫游戏的市场定位是以青少年为主要消费群,而这一年龄层的消费者正处于增长知识的关键时期,购买力显然不足。从国际市场来看,动漫产业成人化已呈明显趋势。中国的游戏产业起步很晚,优秀民族游戏的缺乏、专业游戏人才的缺失、企业对用户需求改变的把握以及私服外挂的泛滥等,依然是困扰当前我国游戏产业健康发展的主要问题。而在整个网络游戏产业链上,同运营、研发公司相比,渠道分销的声音非常微弱。面对日新月异的市场环境,一些网络游戏渠道商开始认识到应了解并满足上下游合作伙伴在渠道上的需要,为运营商及合作伙伴提供整合营销的解决方案,以全方位的增值服务把合作伙伴的产品打造得更加成功,是渠道增值服务提供商的价值所在。一些网游公司将众多的数字产品融入其产品线之中,开创"网游一卡通",充分发挥其整合资源优势,不仅为厂商拓宽了营销渠道,而且为用户带来了更加便捷的消费模式(见图9-13)。

图9-13　网游一卡通②

---

① 万斯琴.分账大片激活中国电影工业[OL].中国企业新闻网,2012-03-07. http://www.cenn.cn/News/20120307-153158.shtm.
② 全网网游一卡通[OL]. http://www.qwtt88.com/Ykt/Default.asp.

（五）演出市场分销渠道

我国演出市场的经营主体有三种：一是演出者，指专门从事表演艺术的团体和个人；二是演出场所，指为营业性演出活动提供场地和相关服务的经营单位；三是演出经纪人，指在演出相关领域的单位和个人之间进行沟通、宣传、谈判、代理签约、监督履约等代理、行纪、居间的经纪活动，并取得佣金为主要收入的经纪人或法人经纪人。在演出市场中，演出者是艺术或竞技表演生产者，演出场所是艺术或竞技表演生产与消费的集合点，演出经纪人在表演者、场所和观众之间起着中介作用。

演出市场的分销渠道大体分为三种类型：一是直销渠道，即演出团体的节目不经过任何中间人的参与，直接提供给剧场观众，如中央和地方大型剧院的附属剧团在本剧院的演出，各艺术院校的教师、学生在本校剧场组织的演出等，包括民间艺人在集市、庙会上从事的演出活动等（见图 9-14）；二是一层渠道，文艺团体采用收取整台节目出场费、参与票房分配或获得部分广告权益等方式；三是多层渠道，即由文艺演出公司中介代理，再通过演出场所或票务公司组织售票演出活动等。

（六）场馆市场分销渠道

场馆市场的经营主体有两种：一是场馆活动组织者，包括展览公司、工艺品公司、美术家协会、收藏协会、产业协会、政府等；二是展览场所，包括博物馆（见图 9-15）、纪念馆、档案馆、展览馆、美术画廊、植物园、动物园、文化遗址、民俗村落、人文景区、寺庙宫观、园林公园、主题公园等。

场馆市场的分销渠道大体分为两种类型。一是展览场所的直销渠道，如故宫博物院利用国有自营的不可移动文物和可移动文物，通过出售门票方式向观众提供有偿展览服务；美术馆利用收藏作品或征集作品从事售票展览活动。二是展览活动的一层渠道，通常由展览公司或主办单位组织参展单位或个人提供展品和参展费用，按票房分成租用展览场所，然后通过出售门票向观众提供有偿展览服务。

图 9-14　民间说书场[1]

图 9-15　陕西博物馆[2]

（七）设计市场分销渠道

设计是以视觉方式诠释客户营销战略和市场目标的沟通手段。由于科学技术的发

---

[1] 卓今.东山古镇绝对原生态[J].旅行,2005(9)：105.
[2] 陈旭,方军,岳志勇.透视始皇陵[J].旅行家,2003(7)：108.

展,人民生活水平的提高,许多设计活动逐渐独立出来并形成了产业化经营的趋势,如健身器材产品设计、文化用品设计、娱乐产品设计、玩具设计、建筑设计、园林设计、室内装潢设计、产品包装设计、书籍装帧设计、服务环境设计、计算机软件设计、婚庆礼仪设计、广告及品牌传播设计等。有偿提供上述各类设计的经营服务构成了正在兴起的庞大的设计市场。

以广告设计市场为例。广告运作分为设计、制作、代理和发布四个经营环节:广告设计是使广告宣传的原始信息变为用语言、文字、图像组成的视觉化信息的创造活动;广告制作是对广告信息进行绘制、印刷、摄影、录音、录像等技术处理的业务活动;广告代理是遵循委托人意愿操办各项广告业务的具体活动;广告发布是通过媒体完成广告设置、张贴、刊登、邮递、放映、播出的传播活动。广告市场的经营主体包括两类:一是广告经营者,包括提供广告设计、

图 9-16　公共交通媒体广告①

制作和代理服务的广告公司和个体广告设计师等;二是广告发布者,包括报刊社、广播电视台、商业网站等媒体组织,以及商场、影剧院、公交等公共场所的经营者(见图 9-16)。

(八) 旅游市场分销渠道

旅游市场的经营主体和分销渠道包括四类:一是旅行社,即从事招徕旅游者、组织旅游活动的旅游行业,在旅游产业以及旅游市场中起着"龙头"作用的各类旅行社、旅游公司等(见图 9-17);二是专为旅游者活动提供住宿、餐饮、娱乐和其他服务的旅游行业,包括星级饭店、宾馆、公寓、旅店、招待所、游船、疗养院、度假村,以及乡村家庭住宅出租客房等;三是旅游交通业,包括相关的铁路、民航、船运和出租汽车公司等;四是旅游景区、展览场所和旅游娱乐场所等服务行业。旅游市场的分销渠道相对单一,即由旅行社和旅游公司招徕游客、开展各种旅游营销服务和组织导游活动,其他经营主体一般通过旅行社和旅游公司与旅游消费者间接地发生服务交换关系。

图 9-17　上青旅网站截图②

---

① 深圳公交车广告[OL].百度网,http://www.0086media.com/media/1816.html.
② 上青旅东南亚出境游[OL].上青旅网站,http://www.scyts.com/.

第三节　文化市场分销的策略选择

随着文化产业市场经济的快速发展,文化经营者在分销策略的选择上也发生了深刻的变化。对于文化产品的制造商而言,应围绕市场竞争展开内部研发、生产、分销等环节的协同,加强与上下游合作商的协同,以便在关键环节上形成核心竞争能力,使企业在市场环境中超越竞争对手而获得持续优势。对文化产品的分销商而言,更应有组织地渗透和维持市场,在流通领域建立支配力与影响力;通过自身价值链的整体协同,加速产品的生产与交易过程,获得市场竞争的主动权。因此,密集型分销、选择型分销和专营分销成为不同文化企业可供选择的有效分销策略,并根据渠道推力与品牌拉力两个维度形成推进战略和拉动战略。

一、分销策略类型

文化产品的分销策略是一个需要慎重选择的决策过程。以音响市场为例。我国音响市场虽经多年发展依然速度缓慢,在分销渠道上特许经营模式或许是最好的策略选择。这是由于音响是一种时尚产品,价位高但淘汰快,而建立多级分销的特许经营模式会加速产品流通。如在一级城市建立以家电连锁超市为主要渠道,快速建立店中店;在二级城市以特许专营店为主快速发展自己的网络;在三级城市(县、镇)则以店中店、专柜为网络,与彩电、VCD、空调、冰箱等销售点联合开设专柜。通过总成本领先战略、标新立异战略和目标集聚战略,可以使音响企业成为同行中的佼佼者。

(一)密集型分销

密集型分销是通过尽可能多的销售点和最宽的分销渠道实现最大限度的产品销量。密集型分销策略适用于大量生产、经常消费的文化产品如图书、报刊、音像制品、集邮票品、娱乐用品等。其优点在于市场覆盖面广,营销机会大;缺点是流通费用高,同类竞争激烈。

在星罗棋布的文具市场上,人们曾一度将市场定位于学生用品。其实,每一个在办公室工作的人员都知道,小到订书钉、笔、本、文件夹,大到打印机、复印机、碎纸机、考勤钟、电子白板等都属于办公用品。除了传统的办公文具、学生用品、教学用品、美术用品、财务用品以外,还有大量的办公耗材、办公家具、IT产品、劳动保护用品、计算机周边用品、清洁用品,由办公室所延伸出来的图书、音像、办公杂志、办公食品、办公饮料以及其他与办公事务有关的服务等,其范围还在不断扩大(见图9-18)。在传统的文具分销网里,我国珠江三角洲和江浙一带的文具企业已快速建立了采购、销售、管理上的经营团队,其经营产品除了遍布珠江三角洲外,在湖南、湖北、上海等地也随处可见。现在,一些大型外国文具商在我国上海等大城市已设有采购中心办事处,并与总部的供应链管理、分销管理、客户关系管理、仓库管理、配送管理等系统保持密切联系,能够及时、准确地把握商机,为客户提供快捷服务。为了成功地实行密集型分销策略,应该在人才建设、管理培训、市场调研、加盟商选择等方面下足功夫。重点注意以下问题:第一,适当放宽加盟经销商的选择余地,寻找对零售的管理和经营有相当经验的合作者;第二,成立加盟商门店管理经营部,实行统一的管理和规划;第三,设立专门的产品专员负责新品的开发。总之,客户如何选择?经销商怎么卖?供应商如何策划新产品的上市?对客户的质量、成本承诺能做到什么样的程度?这些都是采取密集型分销策略时必须搞清楚的问题。

图 9-18　文具市场一角①

(二) 选择型分销

选择型分销是指文化产品生产商在一定区域内筛选部分经销商或代理商来经营自己的产品。选择有一定实力的分销商可以充分展示文化产品的形象,并确保零售商和合作伙伴拥有同样良好的形象。同时,还可以通过限制销售点而形成产品稀缺感和独特性,只有在特定的地点才能买到特殊商品的心理诱惑。如一些艺术家往往会选择自己感兴趣的画廊从事商业活动,而不是随意将自己的作品委托给其他代售的竞争性画廊。选择性分销比独家代理更有利于开拓市场、扩大销路,同时比密集性分销节省费用。

《文化中国》是上海新闻出版局策划推出的一套丛书。它试图以世界眼光讲述中华文化,从不同角度让海外读者认识中国的自然地理、历史风俗以及丰富多彩的文化。为了找到中国文化输出的重要渠道,上海新闻出版发展公司在德国法兰克福书展上与亚马逊公司签署了协议,进行网上书店销售。美国读者文摘出版公司也决定与其联合出版大型画册并向全球发行。此外,还有近 20 家国外出版机构上门洽谈版权,希望代理这套丛书。2004 年,经全球著名印刷集团美国当纳利父子公司的推动,《文化中国》丛书第一批图书顺利进入了美国主流销售渠道,颇受好评(见图 9-19)。其中《美丽的湘西》一书还在美国图书博览会上入选本杰明·富兰克林奖艺术类成就奖前 3 名,并最终凭借其精美的图文获得了内文版式设计大奖。由于出版商十分重视研究西方读者的阅读习惯和思维方式,努力克服语言障碍和文化隔膜,从选题、翻译到装帧、印刷,都针对美国市场进行了精心设计,再加上国外大型出版集团的全面合作,成功地探索了弘扬民族文化、增强国际影响力、与国际接轨的有益经验。②

(三) 专营型分销

专营型分销是指文化生产企业在一定地区内选定一家分销商专营自己的产品,亦称

---

① 上海文具市场一角[OL]. http://www.shxiaoran.com/news/html/27.html.
② 姜泓冰. 文化中国 借船出海[N]. 人民日报,2005-11-03(11).

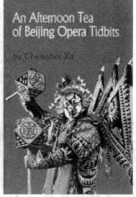

图 9-19 "文化中国"丛书借船出海

独家渠道。专营分销适用于个体生产、单件小批生产、市场需求量较小、单位价值较高、知名品牌的文化产品经营。专营分销的优点是有利于独家经销商或代理商强化责任感和积极性,并且能控制经销商的售价、宣传推广等活动,从而拥有产品和企业形象;缺点是产品市场覆盖面窄,经营风险较大。

二、渠道动力模式

在纷纷扰扰的市场竞争中,文化企业经历着全新变革的洗礼。从零售商到批发商,从批发商到生产商,无不被激烈的市场竞争鞭策着前行。当企业经营者将希望寄托在营销渠道上时,市场竞争方式也随之发生了变化,尊重营销模式演进的规律,逐渐从利益导向转向顾客价值导向,采取与各自实力相适合的渠道动力模式。按照渠道推力与品牌拉力两个维度来划分,文化企业的分销动力战略主要包括推进战略和拉动战略两种。

(一)推进战略

推进战略通常是由分销渠道中各企业携手合作共同经营一种产品的分销战略。在推进战略中,文化产品生产商和分销商都会向零售商提供高额利润鼓励,以便他们加倍努力地销售指定的产品。推进战略的营销模式可以概括为"通路+产品"模式。采用推进战略的关键是文化产品本身,原则上采用差异化的产品策略。许多文化产品并不是自己首先研发,而是摸着石子过河,有哪个产品在市场上卖得好就立即跟进。这样不仅省去了昂贵的产品研发费,也能紧跟市场的流行趋势与消费时尚。制片商和演出公司通常会精心挑选明星阵容,并通过周密的市场流程来修正和调整演出内容,然后尽量选择与节目质量相匹配的演出场馆进行舞台效果设计。在渠道价差上也往往采取渠道利差体系,争取高质量的演出效果以相对低的成本实现经营,从而保证文化产品的品牌销售力与赢利效果。渠道的建设和渠道维护是通过大量推广人员与协销人员来完成的。正是这种深度分销模式成为控制文化产品分销渠道的成功秘籍。只要产品竞争力强,分销渠道畅通就容易形成良性推动,经销商的资金周转率也会相当高。

以动漫市场为例。美国动漫业走的是高科技、高投入、高产出的"动画大片"发展模式,而韩国运用此模式投入的大片《Wonderful Days》虽画面效果赢得动漫界的一致好评,可票房收入却血本无归。日本动漫界则避开高科技锋芒和投资陷阱,实行以动画产品开发和动画作品开发形成互相促进的"滚动式开发"模式,形成了日本特有的良性循环发展道路。中国没有日本和美国在创作、制作、发行、授权、代理产品设计、生产、销售等各环节上的专业化运行,但中国有自己的市场优势、文化优势、成本优势、人才优势和后发优势。随着我国动漫产业的良性发展,相信会形成具有中国特色的专业分工合作的动画产业链(见图9-20)。

图9-20　网络游戏的市场争夺①

(二) 拉动战略

拉动战略通常是经营者为了打开一条新渠道,采取由制造商或服务商以大额投入的广告促销费用来拓展市场渠道的一种分销战略。通过强势广告可以迅速在消费者的心目中建立品牌的影响力,牢牢地占有消费者的心智资源,潜移默化地影响其消费习惯,让消费者的潜意识时刻左右着消费者的购买决策。靠着这种强大的文化力来拉动产品的回转,从而保持渠道的利润。拉动战略一般比较适合市场容量较大的产品,这样分摊到每单位产品的营销费用就比较低。如果分摊到成本中的广告费用较高,那么消费者随着对产品认知深度的加强,就会逐渐放弃这种"光环过高"的品牌。如在表演艺术市场,一般的巡演公司是没有足够的财力资源发动一场大规模的促销活动的,只有那些已经赢得声誉或知名度的公司才可以吸引顾客,激励推销商来购买其产品。

汇集各路明星、耗资3 000万美元的大制作武侠影片《英雄》,仅海外版权的拍卖,包括DVD和家用录像带制品就大约在2 000万美元左右,韩国的版权卖到200万美元(见图9-21)。《英雄》的VCD和DVD发行权拍卖从底价80万元起拍一路狂飙,最终以1 780万元拍得,约合200多万美元。《英雄》贴片广告保守估计收入2 000万元,约合240万美元。《英雄》在香港地区的票房收入达1 980万元港币,在日本的票房收入达到了800万美元。另外,邮票、画册等颇有收藏价值的附产品,《英雄》的纪录片《缘起》的销售收入,《英雄》相关纪念产品的开发,《英雄》图书的版权费用等产品收入也相当可观。② 由于电影自身的特点,譬如时效性、体验性、文艺性等,使电影的营销可控因素的组合与传统的商品不同。电影的营销渠道主要涉及各院线的上映时间安排、价格管理、档期排放以及防止盗版等,

---

① 热血传奇.[OL].盛大游戏网,http://act.mir2.sdo.com/project/adGuide/baidu.html.
② 潦寒.文化营销[M].南昌:江西人民出版社,2004:229.

每个环节都应进行有效的控制和管理。

图 9-21　成功拓展营销渠道的影片《英雄》

每个文化企业在推进市场时，都会选择不同的营销模式。有的企业不得不将有限的营销费用花在渠道维护上，通过大量推广人员与协销人员的努力来完成市场推进，依靠深度控制渠道的秘籍，薄利多销，从而赢得资金周转率和投资回报率。而有的企业却是通过四面八方的强势广告，迅速在消费者的心目中建立起强势品牌的影响力，借助品牌影响力拉动产品的回转，从而保持渠道的利润。可见，渠道推力与品牌拉力两个维度都是经营战略中至关重要的因素。再好的产品如果没有成功的渠道运作和有效的品牌拉动，都将无法远行。

第十章 沟通：拓展促销技巧

与其他产品的市场推广一样，文化产品和文化服务同样需要各种促销手段完成其市场推进工作。不同的文化产品，其促销手段的表现形式和促销重点各有不同。如娱乐产品的海报促销、图书读物的装帧促销、公众形象的包装促销和旅游组团的体验促销等，都属于文化产业颇具特色的促销手段。随着现代市场营销观念的深入，越来越多的功利性隐蔽且易于被消费者喜闻乐见的促销活动，选择了更为温和的诱导方式，竭力消除形式呆板、表情做作、语言生硬的弊病，以一种全新的面貌来吸引广大消费者的注意力，激发受众对文化产品和服务产生浓厚的审美情趣。

第一节 促销策略的沟通原理

沟通在促销中的作用是什么？究竟怎样才能有效地完成文化产品和服务的销售推广？这是常常困扰营销人员的一个问题。在信息传播过程中，信源（传播者）、讯息（说什么）和信宿（受传者）是沟通活动的三个基本要素。使这三个要素相互连接起来的渠道是媒介，受传者的反应和反馈作为一种互动行为也应包括在一个完整的沟通链之中。因此，传播学上的沟通模式是由五个基本要素所构成：传播者、受传者、讯息、媒介和反馈。

一、沟通模式综述

模式是科学研究中以图形或程式来阐释某一现象的一种方法。准确地讲，模式是"对真实世界理论化和简约化的一种表达方式"①。对促销活动影响较大的沟通模式主要有：拉斯韦尔的要素模式、香农—韦弗的信息模式、奥斯古德—施拉姆的循环模式、德弗勒的互动模式以及格伯纳的图解模式等。

（一）拉斯韦尔的要素模式

1948年，美国学者哈罗德·拉斯韦尔（Harold Lasswell）首次提出了构成信息传播过程的五种基本要素，即 Who（谁）、Says what（说了什么）、In which channel（通过什么渠道）、To whom（向谁说）、With what effect（有什么效果），并按照一定的结构顺序将它们进行排列，于是就有了按构成要素组合的传播模式。由于这些要素分别是以英语单词中的五个疑问代词的第一个字母所组成，所以拉斯韦尔模式亦简称为"5W"模式。② 拉斯韦尔模式不仅为人们理解传播过程的结构和特性提供了依据，而且为日后的传播研究领域奠定了基础（见图10-1）。学者们在这五个传播要素的基础上，沿着"控制分析"、"内容分

---

① ［美］沃纳·赛佛林，小詹姆斯·坦卡德. 传播理论：起源、方法与应用（第四版）[M]. 郭镇之，等，译. 北京：华夏出版社，2006：32.

② 张金海. 20世纪广告传播理论研究[M]. 武汉：武汉大学出版社，2004：186.

析"、"媒介分析"、"受众分析"和"效果分析"等思路①,逐一展开了对"控制理论"、"信息理论"、"媒介理论"、"受众理论"以及"效果理论"等学术思想的探索。

拉斯韦尔模式描述了信息单向直线传递过程中各要素的作用:通过对传播主体进行分析,可以使传播目的更加明朗化;通过对传播内容进行分析,可以探索信息处理的一般规律;通过对传播渠道进行分析,可以使整个媒体组合更加有序化;通过对传播受众进行分析,可以使传播活动更加贴近受众的心理;通过对传播效果进行分析,可以使传播整体活动更具科学性。尽管拉斯韦尔模式存在忽视传播语境等一些缺陷,但它依然是引导人们研究传播活动的便捷思路。运用拉斯韦尔模式不仅可以廓清沟通的主要任务"说什么?"、"通过什么渠道说?"、"说得怎样?"等基本问题,而且在研究传者和受者方面都具有十分清晰的启迪效应。分析传播过程的构成要素,有助于人们研究沟通活动的结构和运作体系。

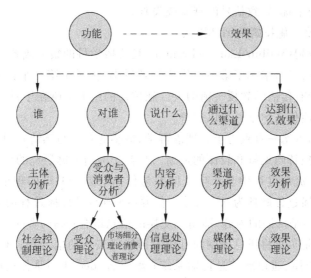

图 10-1　拉斯韦尔的要素模式

(二) 香农—韦弗的信息模式

与拉斯韦尔同时,两位信息学者克劳德·香农和韦弗(Claude Shannon & Weaver)根据信息传输的数学理论,提出了传播的信息模式。他们从技术的角度提出的信息模式是:传播过程最初是将消息(信源)转变为信号,由发射器传送出去,再由接收器把接收到的信号还原为消息并传递给信宿。香农和韦弗通过对传播活动中信息传递的分析,分别考察了传播过程中信源—信道—信宿的信息流动过程,以及在这一过程中发射器—信号—接收器—信号的技术操作过程(见图 10-2)。

这一传播过程的信源经消息发布开来,通过发射器转换图像、音符、乐曲、数学符号、符号逻辑、肢体语言、面部表情或其他形式的信号。如同接听电话,电线是传播渠道,通过电线的电流才能发布信号,送话口是发射器,将说话的声压转换成不同的电流,对方通过

---

① 郭庆光.传播学教程[M].北京:中国人民大学出版社,2000:60.

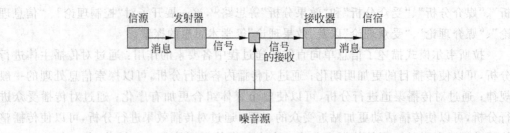

图 10-2　香农—韦弗的信息模式

接收器便可以收听到相关的讯息。发射器的功能是将消息加以编码,当接收器收到消息时再将消息进行解码,将不同声波转为神经冲动,最后到达人的大脑。由于客观上存在"噪音"的干扰,因此传播并非在封闭的真空中流动,在整个传播过程中都有可能收到来自各种障碍对讯息的干扰,导致信号的衰减或失真。

(三) 奥斯古德—施拉姆的循环模式

威尔伯·施拉姆(Wilbur Lang Schramm)是传播学科的集大成者。他建立了第一个大学的传播学研究机构,编撰了第一本传播学教科书,授予了第一个传播学博士学位,也是世界上第一个拥有传播学教授头衔的人。施拉姆的最大贡献在于对传播的核心问题所勾勒的学说框架,使传播学学科得以完善。

心理学家奥斯古德一直致力于心理语言学、情感的意义与感情归因、心理社会动力学等方面的研究,有独特的见解和较深的造诣。受益于奥斯古德研究的启发,施拉姆的循环模式揭示了信息在流动过程中会产生反馈并为传播双方所共享的理论观点。如图 10-3 所示,施拉姆将传播过程概括为八个要素:信源(source)是传播过程的开始,即信息的来源;讯息(message)是传播的内容,即用于交换的信息组合;编码者(encoder)是传播的主体之一,主要任务是负责将讯息译制为可用于传输或表达的信号等;渠道(channel)是传播讯息所依赖的介质、通道或信息传输系统;解码者(decoder)是传播的主体之一,是负责将编码者编译过的符号还原为接收者能够理解的讯息存在形式;接收者(receiver)是传播的主体之一,是传播信号的归宿与终端;反馈(feedback)是介于信源与接收者之间的一种结构,是由接受者在接收讯息后对信源作出的一种反向传播,信源可以利用反馈对循环中的再传播作出相应的调整或改变;噪音(noise)是信息传播过程中可能发生的干扰、附加、减损、失真或错误。

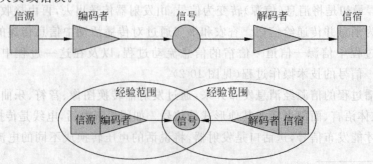

图 10-3　奥斯古德—施拉姆循环模式

施拉姆认为,"参加传播过程的每一方在不同阶段都依次扮演着译码者(执行接收和符号解读功能)、解释者(执行解释意义功能)和编码者(执行符号化和传达功能)的角色,并相互交替着这些角色"[①]。在传播要素中最为重要的是信源、传播者、受传者、讯息、媒介和反馈。施拉姆循环模式的最大贡献在于将传者与受者都纳入传播的主体中,强调了社会传播的互动性特点。

同时,施拉姆透过传达与反馈的关系,发现了大众传播的特点:作为传播渠道的大众媒介与作为传播内容的信源相连,又在大量复制讯息的过程中与作为传播对象的信宿相连。由于作为信宿的受众是由不同的个人集合体所组成,个人分属于各自不同的社会群体,因此,个人与个人、个人与群体之间相互连接并交织在一起,已经显示出系统模式的端倪。

(四) 德弗勒的互动模式

在美国传播学者梅尔文·L.德弗勒的互动模式中,信源、发射器、信道、接收器、信宿中任何一个环节都可能发生信息损耗,并掺入噪音,造成信息传播的低效,这是由客观因素导致的失真(见图10-4)。以网络传播为例。通过互联网媒介作为发射器与接收器来传递信息,发布者可以根据自己的需求和条件如思维方式、兴趣爱好、资料类型等任意分层组织自己的信息,而网上的信息获得者可以根据自己的需要和兴趣任意选择其中每一条信息。如果将这些信息再通过博客等形式散发开来角色就发生了变化。受传者既是信息的接收者,也是信息的传送者,其循环过程突出了双向性特点。

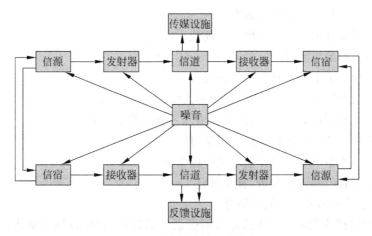

图 10-4 德弗勒的互动模式

在德弗勒的互动模式中,信源是拥有可以与其他个人和团体共享的信息的个人或团体。当信源选择词语、标志、画面等来代表所要传递的讯息时,传播过程就开始了。这一过程也就是编码,发送方必须将讯息以接收方可以理解的方式传递出去。编码包含着信源希望传达的信息或意义,决定传播效果的不是讯息传递所使用的实际语言,而是广告所产生的印象或形象。广告传播作为现代社会的一种信息传达方式,其基本要求就是信

---

① 郭庆光.传播学教程[M].北京:中国人民大学出版社,2000:62.

准确、清晰传达。这就要求编码者对解码者所处的社会体系、时代理念有深刻的认识,选择指代意义明确的符号。信道是指信息发送方与接收方进行传播的渠道。一般情况下,广告传播的信道分为人员信道与非人员信道。当营销员将销售信息传递给购买者或潜在消费者时已经在进行人员信道传播。朋友、邻居、同事或者家庭成员之间的"口头传播"也属于人员信道。非人员信道传播是指在发送方与接收方之间不进行人际接触,而是借助大众媒体传播或大众传播。接收方将读到、看到、听到的讯息进行解码,并形成自己的选购认知。互联网改变了人们的思考方式,从以前的线形思考到现今的网状思考,由一体通用到量身定做,从单向沟通到双向沟通,从实体到虚拟,这些都是互联网的互动特性所带来的新特性。互动的设计更会引起受众的兴趣,满足人们的参与感。受众不再仅仅是信息的接受者,他们拥有更大的选择自由和参与机会。德弗勒模式最为明显的优点在于突出了传者与受众之间的有机联系以及信息的编码与解码之间的传递与反馈的关系。传播者与接收者相互沟通、相互影响,共同分享信息和经验。

(五) 格伯纳的图解模式

为了探索在多数情况下都具有广泛适用性的模式,以便在不同情况下以不同的形式对动态中的传播现象进行描述,乔治·格伯纳提出了一条由感知到生产再到感知的信息传递链。以某人在某天看到了某件事后产生的即时反应为例。在某种情况下通过某种渠道取得可利用的资料,并以某种形式在周围关系中传达相关内容,于是便产生某种结果。①在下列描述中就包含了格伯纳提出的由感知到生产再到感知的信息传递链(见图10-5):

(1) 某人——传播者和受众研究

(2) 看到了某件事——认知研究和理论

(3) 反应——效果测量法

(4) 在一种情况下——社会背景研究

(5) 通过某种途径——对渠道、媒介和设备控制的调查

(6) 取得可利用的资料——管理;分配;接触资料的自由

(7) 以某种形式——结构,组织,风格,样式

(8) 在周围关系中——对传播环境的因果研究

(9) 传达内容——内容分析、意义研究

(10) 产生某种结果——效果研究

格伯纳图解模式既可以用来描述人的信息传播过程,也可以用来描述借助媒介实体进行传播或人与媒介实体的混合传播等复杂过程。这一模式延续拉斯维尔模式和香农—韦弗模式的线性描述影响,注意到整个传播过程中所有的信息都始终与外界保持着密切的联系,而传播正是对纷繁复杂的各种事件、信息加以选择和传送的过程。

如果将信息传播的过程研究放置到社会传播的宏观环境中,就会发现许多外部因素和条件都会对沟通过程产生影响。因此,除了各种链式的过程模式以外,还应对包括赖利模式、马莱兹克模式在内的系统模式进行深入研究。不论采用何种模式进行沟通,都是经

---

① [美]沃纳·赛佛林,小詹姆斯·坦卡德.传播理论:起源、方法与应用(第四版)[M].郭镇之,等,译.北京:华夏出版社,2006:62.

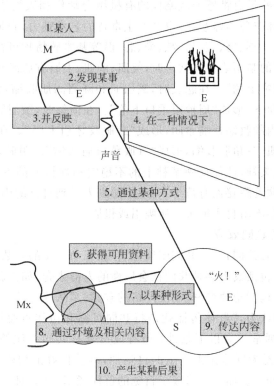

图 10-5　格伯纳的图解模式

由创造、传播和信息三个维度构成的创意符号的复合体,通过传者对沟通信息的提炼转化为受者对沟通信息的译码、心理情感变化以及符码信息的同化等审美过程。

二、选择合适的沟通渠道

人际传播、群体传播、组织传播、分众传播和大众传播等不同的沟通渠道都有着各自的形态、结构和功能特点,在开展文化产品和服务促销时,它们往往会交织在一起,共同构成了沟通说服的网络系统。

(一) 人际传播的情感效应

人际传播是指两个或两个以上的人之间借助语言和非语言符号互通信息、沟通感情的交流活动。不论是相互之间幽默诙谐的玩笑,还是剑拔弩张的争吵等,不论是面对面的交谈、讨论或对话,还是借助写邮件、打电话、发传真进行的沟通活动,都属于人际传播的范畴。

人的声音语言和文字语言是人际传播的最为基础的媒体。语言的功能并不仅仅在于传递讯息内容的本身,它还通过不同的声调、语速、音量、节奏等伴生符号传递着相关的信息背景。因此,话语的轻重、遣词的雅俗、声调的高低、音量的大小、节奏的快慢等,都会引起接收方的好恶和反应。在非语言符号的传播表达中,人的形象、动作和表情是构成人类行为的基础和特有的表达方式,它可以发出众多的信号,用来扩大或者否定口语或文字所表达的意思。运用某些带有情感或戏剧性的有机组合动作和表情语言来表达主题,将形体、动作、手势、力度和技巧等雕塑化,也会产生奇特的艺术魅力,满足现代人的审美享受。以人的情感反应为例。喜、怒、哀、乐、欲、爱、恶、惧等基本感情均可在人的面部反映出来。面部表情是人的情感的晴雨表。在欢喜时,笑肌、颧肌、上唇方肌颧头收缩,牵动嘴角向外向上,形成"眉开眼弯嘴上翘"。在悲哀时,皱眉肌和降眉间肌收缩,紧锁眉头,三角肌、下唇方肌收缩,拉嘴角向下,形成"眉掉眼垂口下落"。在愤怒时,皱眉肌收缩,眼轮匝肌作用使眼睁大,口轮匝肌内围收缩使嘴紧闭,形成"瞪眼咬牙眉上竖"。在恐惧时,眼轮匝肌作用使眼睁大,下唇方肌、三角肌收缩,形成"垂眼落口眉头皱"。眼睛素来被誉为人类心灵的窗口。闪烁不定的眼神,往往反映精神上的不稳定和性格上的不诚实;不愿与他人对视交流,表明内心隐藏着隐秘而有愧于人,或不愿别人看到自己的内心活动。当走近一双凝视的双眸时,人们会不由自主地被它所吸引或慑服。

(二)群体传播的趋同效应

群体传播是指具有共同目标、共同归属感、存在互动关系的复数个人的集合体内部的交流活动。群体不仅包括具有某种共同社会属性的人群集合,如工薪阶层、班级 QQ 群等松散、自发的群体,也包括纪律严密、制度严格的政党、军队等。

日本学者岩原勉认为,"群体传播就是将共同目标和协作意愿加以连接和实现的过程。"①构成一个群体通常具有以下条件:所有成员具有共同关注的目标,容易形成凝聚力;群体成员存在愿意为群体作出贡献的自觉性,有着良好的协作意愿;成员与成员之间愿意互动,具有亲和力。而一旦形成了自觉的群体意识,又会对群体成员的行为和态度产生一定的制约和影响。因此,群体传播具有以下特点:第一,目标取向的共同性。即参与群体活动的个人都是着共同关心的利益而集合到一起。群体成员对于目标的共同性体现在一个群体的凝聚力上,包括群体内部成员与成员之间的吸引力,成员对群体的向心力,以及群体对成员吸引力等。第二,情感融合的共同性。即因密切接触和相互协作所产生的成员间的感情融合。在血与火的考验面前,在共同面对自然灾难的熔炼中,人与人之间容易形成情感融合。第三,群体归属的共同性。即群体成员因从群体活动得到某种程度的需求满足而产生的认同感。当人们将自己融入群体,并在言谈和行为中经常以"我们"为人称代词时,就会流露出对自己所在群体的自豪感。一个人如果在群体中感觉和谐、舒心、自在,自身能量就容易得到最大的发挥,也体现出群体成员的归属感。

快速发展的互联网也催生了虚拟群体传播的形成和成熟。这些虚拟群体同样有着相同的目标取向、在情感上能达到某种共鸣、同时也有相同的兴趣爱好,能够在群体中获得归宿感。在虚拟群体的交流中图像、音频、视频、即时通信软件、电子邮件等多媒体的传播手段均发挥了不可小视的作用。群友们在其中可以进行即时通信,对共同感兴趣的话题进行讨论。每个成员都可以隐匿自己的真实身份和社会地位,畅所欲言。

(三)组织传播的说服效应

组织传播是指为实现共同目标在统一意志下进行的团体成员之间或对外的信息交流活动。组织传播分为组织内传播和组织外传播。组织内传播主要指为了协调行动,减少

---

① 郭庆光.传播学教程[M].北京:中国人民大学出版社,2000:62,92.

摩擦,稳定并密切团体成员之间相互关系的内部沟通活动;组织外传播主要指通过各种相互依赖的关系结成网络进行的信息传播活动。

组织内传播可以通过会议、文件、电话、内刊、计算机通信等媒体进行交流,实现团体内部领导与下属、成员与成员、成员与部门、部门与部门之间的交流,包括彼此之间的思想沟通、感情沟通和工作沟通。组织外传播大多通过公关、广告和企业形象推广等宣传手段发布信息,以便向社会公众传递企业的服务宗旨和理念、传达企业的服务内容和信息、传播企业的知名度和良好的公信度。在组织外传播的各种信息输出活动中,企业形象推广是除广告、公关以外十分重要的宣传途径。企业形象推广不仅包括使用统一的象征符号系统来树立企业的视觉形象,还包括企业的行为表现和经营理念的传达,通过重复记忆和普遍接触,获得社会的认知和理解。在企业对外的形象宣传中,不论是标志还是广告歌,都承载着企业的经营理念和企业精神,传递着企业期望在受众心目中想要树立的企业形象。

(四) 分众传播的互动效应

随着当今社会信息技术的飞速发展,人们的消费需求和个性心理呈现日趋差异化和多样化的趋势。各种新兴的传播媒体应运而生并逐渐形成一股新的潮流,在促进社会形态日益多样化的同时,也推动了传播渠道和传播方式的创新。在更加重视个性的满足、精神的愉悦、舒适及优越感的今天,分众传播渠道逐渐引起了人们的关注。

分众传播是针对相对狭窄的目标受众群,将传播内容进行精准投放的传播活动。各类商业楼宇视频媒体、卖场终端视频媒体、公寓电梯平面媒体、户外大型LED彩屏媒体、手机无线广告媒体、互联网广告平台、分众直效商务DM媒体及数据库营销渠道等,都是针对特定受众并可有机整合的媒体网络。这些传播媒体的共同特征是:面对特定的少数人,能确实掌握需要阶层,有效地瞄准市场目标;传播成本相对低廉;大多数分众传播媒体具有互动参与的特点,在获得信息的同时可以带来心理上的愉悦和生理上的体验,注目率高,传播效果更为直接。通过"分众化"的传播策略,可以最大限度地满足目标消费群体多方面、多层次、多样化的需求,以实现价值和利润最大化目标。

分众传播所要解决的一个基本问题:如何使广告更加精准地传播给经过细分后的目标受众群体。分众传播的媒介革命激发着人们的参与意识,每个人都有发布信息和选择信息的权利。在今天,不同的物质载体、不同的技术水平、不同的经济状态、不同的传播愿望、不同的用户需求,在传播与沟通的共同平台上共同推动着传播方式和社会形态继续向前发展。近年来,楼宇广告以其生动性、强制性等特点迅速占领都市的各大写字楼,而成为广告媒介的新宠。手机广告更是引起了众多广告主的和广告商的青睐。网络游戏虚拟广告以大型线上游戏的固定用户群为基础,通过在游戏过程中适当的时间和位置嵌入广告,也产生了精准的传播效果(见图10-6)。

(五) 大众传播的社会效应

大众传播(mass communication)是专业化的媒介组织运用先进的传播技术和产业化手段,以社会上一般大众为对象而进行的大规模的信息生产和传播活动。

当今社会是一个大众传播的时代。书籍、报刊、广播、电视等大众传媒的信息传播活动仍然充斥社会的每一个角落,渗透到日常生活的方方面面。大众传播是形成社会观念、

图 10-6　网络游戏中的植入式广告①

价值取向和行为规范的重要手段,是社会上各集团争取和维护自身利益的有力武器,又是传承文化获得信息的主要渠道。

在现代社会里,人与环境的互动过程中的一个重大环节就是信息环境。信息环境是一个社会中由个人或群体接触可能的信息及其传播活动的总体构成。在社会交往空间相对狭小的人际传播和群体传播中,信息环境与客观环境基本上处于重合的状态,人们感受信息环境就是置身客观环境本身的"第一手信息"。到了时空不受限的现代社会,人们在信息发达的大众传播环境中与客观环境产生了分离,形成了不完全等同于环境本身的"二次环境"。在这种情况下,研究人与环境的互动过程和社会效应也就具有了特殊的意义。第一,各种语言、文字、声音、图画、影像等信息符号可以大量生产并复制,能在短时间内迅速传播到很大范围甚至是整个社会,容易迅速造成声势和影响,成为社会瞩目的焦点。第二,这些信息符号按照一定的结构相互组合,不仅传递讯息的内容,而且包含特定的价值观念。相对于小道消息而言,这些由专业的媒介组织或权威媒体发布的信息带有公开性和权威性的特点。第三,通过大众传播渠道发布的某类信息达到一定规模时,便成为影响社会信息环境潮流的推动力量和制约人的行为的重要因素。

因此,为了有效地进行沟通,文化企业需要准备一系列的促销策略。包括:聘请专门的广告代理商设计广告;聘请销售促进专家设计相近的销售激励方案;聘请直销专家建立数据库,并利用邮寄和电话等通信方式进行有针对性的沟通;聘请公关公司全面策划并打造企业形象。除此之外,还要培训自己的推销员有关商品知识和推销技巧。

第二节　文化企业促销手段

促销(sales promotion),是文化企业营销活动的重要组成部分。狭义上的促销,是指对产品或服务进行尝试的短期激励活动;而广义上的促销,则"凡是以创造消费者需要或欲望为目的,企业所从事的所有活动均属促销范畴"。② 其中,广告、直销、销售促进、公关

---

① 网络游戏广告[OL].百度图片,http://image.baidu.com/.
② 樊志育.促销策略[M].上海:上海人民出版社,1995:1.

与宣传、人员推销等是最为常用的促销手段。

一、广告促销的沟通魅力

广告(advertising)的促销影响分为三个层面：生理层面；心理层面；社会层面。生理层面是指外部信息作用于人们的感知觉系统，引起人们对广告信息量的增加和知识构成的变化；心理层面是广告媒介作用于人们的消费观念或价值体系而引起情绪或情感的变化；而当上述变化通过人们的言行表现出来后即成为广告沟通的社会层面上的影响。广告促销活动是一项以信息的沟通与交流为主线的传播过程。无论是从广告传播的讯息来源、讯息加工和讯息发布这条主线的广度和深度，还是从广告传播所处的时代背景和环境条件，都体现出广告沟通策略在营销中的重要作用。

(一) 广告促销的视觉吸引力

现代心理学认为，人的视知觉实际上是脑神经的一部分，视神经与脑神经有着内在的联系。人的知觉过程必然包括抽象、分析、综合等大脑的活动。鲁道夫·阿恩海姆认为，思想是借助一种更加合适的媒介——视觉意象——进行的。在知觉对外界客观事物的把握过程中，人们逐渐形成了心理意象。正是这种心理意象在整个思维过程发挥着重要的作用。心理意象是能反映事物的某种特征，并引起不是外表相似而是感觉相似的象征性联想。虽然比实际事物抽象，但相对概念则要具象得多，因而成为沟通抽象概念和实际事物两者之间的中介。正是基于这一认识，阿恩海姆提出了一个十分重要的概念——视觉思维。

在日常生活中人们对影视及图像的印象往往远远超过对纯文字的记忆和理解。这是由于人们在感知外部信息时，用右脑对图形和图像进行记忆和加工，而用左脑完成逻辑、数字、文字等非形象化的信息处理。人们在浏览图形和图像所承载的信息的同时，左右脑并用，同时发挥对信息的辨识、记忆和理解。信息对眼睛产生光学刺激之后产生图像，直接传送到右脑以图像的形式加以记忆，再由大脑将图像解析出来。在这一过程中，人们通过各种类比把逻辑关系或心理关系等抽象关系视觉化。正如阿恩海姆所说，"视知觉和理性感悟是从令人迷惑的世界中找到秩序的根本途径。"[①]原因在于：第一，视觉是所有感觉通道中最重要的接受途径；第二，图形比较容易引起注意和便于记忆；第三，图形具有直觉和情感的色彩。因此，人们对形象性语言符号的反应比对抽象性语言符号的反应要快捷得多。在人类信息传递由"读文时代"转向"读图时代"的今天，视觉沟通已经成为现代社会信息传播的主要通道。不论是生产力低下的人类早期实践活动，还是进入高科技发展的今天，人们进行相互沟通的主要途径依然是简洁明快的图形语言。在思维活动中视觉意象是一种更加高级的媒介，它能为物体、事件、关系的全部特征提供结构等同物(或同物体)。因为，"这种视觉媒介的最大优点就在于它用于再现的形状大都是二度(平面的)和三度的(立体的)，这要比一度的语言媒介(线性的)优越得多。这种多维度的空间不仅会提供关于某些物理对象或物理事件的完美思维模型，而且能够以同构的方式再现理

---

① [美]鲁道夫·阿恩海姆.心灵右面的剪影——直觉的觉[M].滕守尧,译.北京：商务印书馆,1990：16.

论推理时所需要的各个维度"。① 在影片《沉默的羔羊》的电影海报中,尽管没有出现汉尼拔的面孔,但女孩嘴上的飞蛾+骷髅依旧很好地诠释了影片带来的恐怖和悬念;而在影片《记忆碎片》的电影海报中,借助层层叠加的相片就能抽丝剥茧地揭示片中情节和人物复杂的层次关系(见图10-7)。

图10-7 经典电影海报②

在今天,广告沟通中设计的审美价值日益成为竞争的焦点。各种媒介所传递出来的广告信息,无不悉心地揣摩着消费者的审美心理和价值观,运用对比、夸张、幽默、比喻、象征等艺术表现手法,选择或严肃、或诙谐、或刺激、或优美的表现风格,生动形象地揭示商品的内涵,创造出生气勃勃且富于情趣的文化语境,以引起消费者的共鸣,使消费者乐于接受。

(二)广告沟通的 AIDMA 原理

从引起消费者关注广告,到促使其产生购买行为的发生,一般经历五个认知步骤:注意(attention)—兴趣(interest)—欲望(desire)—记忆(memory)—行动(action)。即诉诸感觉,引起注意;赋予特色,激发兴趣;诱导意念,刺激欲望;创造印象,增强记忆;影响情节,促成购买。将上述五个词的第一个大写字母组合起来,则形成广告传播过程的沟通原理——AIDMA原理。广告创意金字塔亦是根据人们接受信息的上述认识规律,将广告战略意图转换成具体广告意念的认知模式。

1. 引起注意

注意是广告的首要目标,也是创意金字塔的基石。成千上万的传媒信息在互相争夺着消费者的注意,一个好的广告创意应能在瞬间抓住消费者的注意力。如果不能将所想传达的信息用清晰的符号和易于理解的方式传达出来,即使是再漂亮的广告也是毫无用处的。如果所做的广告令消费者很快就感到了厌烦,那么其沟通效果可想而知。

在广告中如何安排好各种信息是设计师常常思索的问题。为了使消费者产生视觉冲击力、紧张感和戏剧效果,设计师往往将广告标题作为吸引注意力的主要手段,用最为醒目的字体、精美的图像、讲究的布局、鲜明的色彩、特殊的音效或超常的视觉技术,来吸引

---

① [美]鲁道夫·阿恩海姆.视觉思维[M].滕守尧,译.北京:光明日报出版社,1986:341.
② 四十张最具创意电影海报(组图)[OL].互动图片,2011-04-21. http://tupian.hudong.com/79000/9.html?prd=zutu_thumbs.

消费者并使其产生广告共鸣。例如,使用刺激感官最强的媒体、选择较好的接触位置、预留较多的空白、刊登真实的图片、使用对比鲜明的色彩、安排大的篇幅、增添"运动"的因素等(见图10-8)。

图 10-8　李宁体育用品广告①

2. 激发兴趣

兴趣是创意金字塔的第二步。能否将已经引起注意的潜在消费者转换成实际购买者,关键的一步是使其保持兴奋与投入。在广告实践中借助戏剧化的场景、有悬念的故事情节等,都可以保持观众的兴趣。可以借助回答注意环节中提出的问题,也可以借助添加几个与标题相关的事实来保持受众的兴趣,尽量突破消费者对广告的戒备心理甚至是逆反心理。例如,以可能对商品发生兴趣的人为专门对象从事广告诉求、将广告内容与消费者感兴趣的事物联系起来、使用"人情味"故事作为题材、迎合消费者的过去经验与教育、同时顺应其社会地位的要求、利用人们的好奇心、采用不同寻常的字体、音响或视觉设计等(见图10-9)。

图 10-9　时尚音频 iPod 播放器广告②

---

①　李宁体育用品广告[OL]. 都市客,2008-07-13. http://www.metroer.com/index.php? m = brand&a = commentdetail&comid=1200.

②　时尚音频 iPod 播放器广告[OL]. 百度图片,2009-10-15. http://image.baidu.com/i? tn = baiduimage&ct = 201326592&cl.

3. 刺激欲望

在刺激欲望这一环节上,不论是文案人员还是设计人员都会尽量鼓励受众想象自己正在享受的产品或服务所带来的好处。通常的做法是鼓励他们把心中的想法形象化。例如,将许诺给予消费者、描绘商品使用或操作的方便、表示由购买商品可以避免否定性的事物、强调商品的独家特点及优越性、使用美、声望及社会赞许的不同角度(见图 10-10)。

图 10-10 儿童玩具促销广告①

4. 增加记忆

要让消费者不仅产生兴趣,而且对其关注的商品感到信服,最好采用比较性广告来帮助顾客甄别和确认其需求。不少广告经常拿出独立的实验结果来支持对产品的承诺,尽量使用图片,使消费者能见到实物采用示范方式,将商品性能具体表现出来,提出充分证明,如实验报告、商展奖状、奖牌、名人证言等,提供保修卡或售后服务条约。有些广告往往通过唤醒人们记忆中的符号元素,加强广告信息对人的大脑的刺激,也能收到较好的传播效果。比如绝对伏特加酒广告延续了绝对伏特加酒向全球渗透的战略一贯性——以世界各地不同城市的地貌、风情为广告元素,构成"主词(绝对的)+副词(地名或其他)"的组合,借助中国京剧脸谱与鼻子上的瓶形置换,来表现北京的城市文化内涵;而在北京交响乐团柏林演奏会的海报中,用青花磁表现乐器的符号化表达同样是为了诠释不同文化背景下交响乐欣赏的独特魅力(见图 10-11)。

图 10-11 中国文化元素的广告案例

---

① 儿童玩具促销广告[OL].昵图网,2012-03-23. http://www.nipic.com/show/4/137/5879730k2ad8bec3.html2012-03-23.

5. 采取行动

创意金字塔的最后一步是鼓励消费者采取行动,广告的直接目的是促使人们对所宣传的产品采取一定的商业行为。包括产生兑取奖券的兴趣,直接到专卖店或拨打屏幕上所提供的联系电话,甚至按照广告所提供的信息光顾商店等。一般的做法是:鼓励亲身体验,试用试尝;宣布特价的时限或有限的供应量;提供免费赠品,或在优惠券四周加上虚线,鼓励人们剪下优惠券,用大字体或鲜亮的色彩突出公司电话号码等。

不论采用何种方法,都应关注广告传播的接受效果。尽量做好广告信源可靠性、吸引力、感染力三方面的整合。广告信源可靠性,是指目标受众在接受广告信息时认为信源具有相关知识、技能或经验,并相信它可以带来公正、客观信息的程度。广告信源吸引力,包括相似性、熟悉度和喜爱程度。相似性是指信源和信息接收者之间的某种假定的类似程度;熟悉度是指接受者通过信源在媒体上的曝光而对它产生的了解;喜爱程度则是指由信源的外表、行为或其他品质引发的一种情感。广告信源感染力表现在信源能够说服其他人对所提倡的观点或要求作出反应。目标受众在接受这一类广告信源的劝服并默认其观点时,会产生明显的品牌偏好和强烈的情感认同。

二、直销方式的方便快捷

直销(direct marketing)是可以当场测定消费者的即时反应并完成现场交易的销售促进活动。由于生产商试图与消费者进行持续不断的对话,因而直效营销具有互动的特点。直效营销活动还可以采用多种媒介,任何媒介都可以用来实施直效营销活动,其媒介的组合应用比媒介的单独使用效果更好。在直效营销活动中,生产商或零售商可当场测定,而且它的后续活动还可以通过邮寄、电话、网购或特快专递来完成。

(一)直邮营销

作为一种即时反应广告媒介,直邮不仅可以成为到达潜在消费者的有效工具,而且可以针对各个家庭的不同情况调整讯息,将量身定做的讯息精确地瞄准目标对象。直邮既可以邮寄产品宣传手册、房地产广告的光盘资料等,也可以邮寄报纸杂志折页、各种独具匠心的传单、明信片等宣传品,还可以通过网络发送自动弹出式邮件等(见图10-12)。

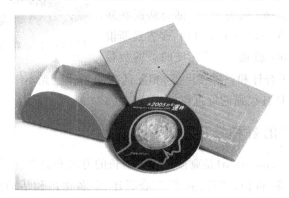

图10-12 智威汤逊的贺卡光碟设计[①]

---

① 刘立宾,洪良浩.2006中国终端营销展示年鉴[M].北京:中国传媒大学出版社,2006:131.

(二) 电话营销

电话营销可以有选择地瞄准接触对象进行售后服务及跟踪调查。电话营销采用的是真实的现场对话,相比其他沟通方式更具亲和力。当业务员与顾客电话联系时,对方的购买经历和个人详细资料马上就会出现在接线员的计算机屏幕上。因此,顾客从接线员那里听到的第一句话都会是极富人情味的亲切话语。利用高科技传媒技术和训练有素的员工开展对话式直销活动,是这种媒介所能获得最大利益的意义所在。

(三) 电子邮件营销

通过电子邮件发送商务信息已经成为近年来最有争议的直接销售工具之一。电子技术惊人的发展潜力,其低成本、及时传递、邮件地址的方便易得所具有的诱惑,不断吸引着直销商的兴趣。随着互联网产业日益走向商业化的发展趋势,那些遵循网络游戏规则的企业已经获得了丰厚的回报。同时,一些精明的直销商开始远离低成本邮件的诱惑,而更加关注与顾客建立相互信任和尊重隐私基础上的良好关系。

(四) 微博营销

微博的魅力在于网友可以关注各种动态,分享自己欣赏的观点,并且这些信息将通过"一对多"的传递方式迅速地传播出去。商业微博是根据企业的营销战略确定其微博的营销战略,从线上相关的有影响的沟通和交流中发现有实效性的见解,与目标受众一起分享有价值的信息而不是直白的广告,参与目标受众的讨论与互动,建立良好的关系,然后根据网站分析及社会化媒体矩阵建立监测分析、追踪对话的评估目标。正因为如此,微博营销实际上是一个关系+分享+互动的沟通过程。若能深度挖掘微博潜能,将微博与营销进行紧密结合,势必会创造新的商业奇迹。2011年春季,中国联通广东省分公司发起了一场"人人开微博,个个扬沃心"的沃·3G全员微博营销运动,在新浪微博掀起了一股联通业务的推广浪潮(见图10-13)。此次活动的一个鲜明特点就是全员参与。广东联通省公司及所辖的21个地市公司近万名员工全部开通手机微博业务,并且每天这支"微博大军"都会活跃在新浪微博上。据统计,在短短一个半月内,全省经新浪微博累计发送含"♯3G就选沃♯"标签的微博数量

图10-13 广东联通沃·3G全员微博营销

高达252 498条,员工合计粉丝达160万,相关话题的累计曝光不下1 000万次[①],对联通沃·3G业务的开展具有很强的促进作用(见图10-13)。

三、销售推广的各种技巧

销售推广(sales promotion)是刺激销售量增长的方法和技巧。零售市场的销售推广通过免费试用、优惠券、折扣、竞赛、抽奖、现金返还、常客优惠和活动赞助等形式,来鼓励

---

① 广东联通:微博营销进入全员时代[OL].凤凰网资讯频道,2011-05-12. http://news.ifeng.com/gundong/detail_2011_05/12/6346424_0.shtml.

消费者现场购买；批发市场的销售推广则通过样品展示、奖励、补贴和联合广告等手段，来鼓励经销商、批发商和零售商的积极性。概括起来主要有以下几种。

（一）巧施优惠

优惠券是最常用的销售推广工具之一，它集中体现了销售推广的基本特点。在节假日和其他销售旺季，几乎各大商场都安排幼各种各样的赠送优惠券活动。商家赠送优惠券不仅可以吸引自身品牌的忠实购买者，而且可以促使竞争品牌的用户改换门庭。

减价或打折也是商家常用的促销技巧。通常减价或打折可以使消费者在比较价格时易于抉择，不知不觉中大量购买商品。这样也便于商家快速出手货物库存，加速资金的回笼与周转。现金返还一般与大宗购买联系在一起，通过购买大额商品附送优惠券来刺激消费者增加新的选购品，诱惑消费者去购买即将换季的高档服装或更新较快的消费品。另外，常客优惠也是近年来在消费者中间最受欢迎的一种销售推广方式。常客优惠又叫"连续优惠"，即对反复购买同一品牌或同一家公司产品的消费者提供折扣或免费商品奖励。

（二）提供赠品

赠品是在购买某件商品时免费赠送的其他商品。如购买儿童玩具时赠送小食品，购买沐浴露时赠送小袋洗发乳，购买食用油时赠送小包调料品等，有时还开展"买二送一"的优惠条件劝服消费者购买商品。当新产品上市时，生产商往往利用样品派送成功进入目标市场，甚至很快取代了某些市场占有率比较低的老品牌。样品派送包括店内样品派送、入户样品派送、邮寄样品派送、套装样品派送以及流动样品派送等方式。

（三）鼓励试用

生产厂家通常会提供一些操作性较强但效果较好的健身器材、家用设备、五金工具以及新上市的民用电子产品等，以供消费者试用。由于免费试用所提供的用品一般是比较贵重的物品，所选择的细分人群必须是具备很高的购买潜力或有着良好的商业信誉的消费者。生产商也可以通过灵活规定免费试用的时间、记录使用情况等方式来控制销售推广的效果。

（四）安排抽奖

当场开奖的刮奖卡往往更吸引消费者。不少厂商利用游戏本身可能成为消费者关注的焦点，常常将刮卡中奖当做吸引顾客消费和保持客流量的促销方法。有些生产商还将抽奖程序设计成人们必须多次购买或反复光顾才能累积成套抽奖卡的形式，吸引消费者参与获大奖的游戏。在超市和大型商场，人们经常可以看到各式各样的抽奖活动。

四、公共关系的无形推力

公共关系（public relations）是借助新闻媒介对与企业的产品或活动有关的事件的报道，来处理企业所遇到的各种公众问题或树立公众形象的一种营销和管理手段。

（一）新闻素材

通过对外宣传对企业形象有利的行业事件和社区活动，发布新闻稿或举办特别活动，可以提高企业品牌在公众中的知名度。如果企业具备一些制造好新闻的素材，那么就有条件利用免费的新闻报道，通过适当的渠道给自己带来有利的结果，把自己的公关活动与其他营销传播活动整合起来,如新上市的产品、新设备的引进、改革中的新举措以及慈善活动和社区服务活动等。

(二) 特别报道

在组织与公众之间的信息交流中,开展公共关系主要是运用各种传播、沟通的手段去影响公众的观点、态度和行为,争取公众舆论的理解和支持,为组织的生存和发展创造良好的社会环境。当意外事件发生时,企业可以邀请媒体撰写独家报道,反击负面宣传,防止负面影响给企业的形象和品牌造成损害。

(三) 活动赞助

活动赞助是发挥公关作用的重要工具。小到支持当地的社区活动,大到赞助重大的体育赛事或兴建学校等,都是强化企业形象和突出企业标志的极好机会。此外,还可以通过参与募集捐款等活动为企业树立正面的形象。选择赞助活动的广告行为一般会将社会福利性和企业功利性结合在一起。

公共关系代表企业整合营销传播活动的一个侧面,在判断企业的公众形象、让更多的消费者了解自己的产品方面发挥着不可忽略的影响作用。积极的公关活动有利于建立消费者好感,抗击负面宣传。

五、人员推销的现场效果

人员推销是指企业通过派出销售人员与一个或一个以上客户进行交谈,通过口头陈述介绍商品,或通过现场试验或演示商品来达到推销商品的目的。通过人员推销可以了解真实的市场需求情况,了解目标市场和顾客对企业及其产品的认知反应及购买意向;可以及时消除潜在顾客对产品、对推销员的疑虑,说服客户采取购买行动;也可以维持和提高客户对企业、产品及推销员的满意程度,形成稳定的客户群。

推销员是文化企业最为宝贵的财富之一。在推销过程中,推销员充当着现场经理、市场专家、销售工程师等角色。因此,推销员应熟悉本企业的发展史,对企业的现状了如指掌,以便能够在客户心目中树立良好的公司形象。同时,推销员还应全面了解从产品设计到生产的全过程,熟悉产品性能、特点、使用和维修,熟知产品成本、出厂价格、服务项目、交货方式、付款方式以及运输条件等。优秀的推销员还应具备良好的文化素质和推销礼仪。

第三节 文化产品特色促销

海报招贴是最具代表性的平面广告形式。张贴在公共场所的告示海报,以其大尺寸的画面、强烈的视觉冲击力、巧妙的创意表达成为吸引消费者观看文艺演出的重要促销手段。没有其他广告形式能像海报招贴那样,在远距离就能牢牢地抓住消费者的眼球,有效地传达各类文化信息。

一、娱乐产品的海报促销

当今的海报促销已由过去那种声嘶力竭地吆喝或借助强大的视觉冲击波造势的做

法,转向寻求平实诚恳、善解人意的人文关爱以及独特新颖的设计语境。越来越多的设计师开始以批评的目光审视自己的海报创意,不断提炼图形创意的智慧水平。成功的海报设计就是将视觉语言直观形象的优势,转化为一种影响社会受众不得不接受的沟通攻势。

(一)海报图形的设计创意

通过图形、色彩、文字、编排等视觉要素,创造具有视觉沟通感染力的海报作品,是休闲娱乐产品海报促销的主要形式。正如日本著名设计家田中一光先生所说的那样:"海报正因为传达信息简单明了、能瞬间扣住人心、留下印象,而且搬运简单,无论何时何地都不必借用机器设备就能让人观赏。"[①]否则,不会有那么多盛大的国际招贴展在不同的国度不同的文化名城举办。

在艺术设计领域,灵感被认为是思维定向、艺术修养、思维水平、气质性格以及生活阅历的综合产物,是设计智慧的具体体现。设计师往往凭借透视关系和前后遮掩的视觉经验,以荒诞与真实展示视觉形式上的悬念,形成深刻而强烈的视觉冲击,让人们沉溺于这种奇妙的幻视中并接受海报信息,甚至在同一个平面空间里塑造两种截然不同但连接得天衣无缝的矛盾空间。如日本设计师福田繁雄在设计音乐会海报时,别具一格地将音乐家的卷发异变为音符和五线谱,令人产生无限遐想。在咖啡屋的海报中,设计师将现实三维空间中不可能出现的情形,通过对众多端着咖啡杯的手的正负形写实描绘,将咖啡屋的吸引力呈现在观者眼前。这种利用矛盾空间带给人新奇的视觉经历,给人留下耐人寻味的审美启迪。

有时,设计师还会将原有形象分解成若干个规则或不规则的小单元,或采用新的设计元素在打破原来结构关系的基础上,重新进行排列组合,创造出全新视觉效果。这种图形在视觉上可以产生极强的吸引力,能有效地引发受众进行新的联想。德国设计大师金特·凯瑟在为亚琛爵士音乐会设计的海报中,整个画面只安排了一只有力的拳头,将爵士乐这一起源于非洲的音乐形式不同于其他音乐节奏的强烈情感,以及"混血"后受人们喜爱的民间音乐特点展示了出来。在法兰克福爵士音乐节设计的海报中,金特·凯瑟用仿真树皮制作小号模型,上面逼真的长满了青苔,并别出心裁地在树侧长出了一枝嫩叶,隐喻着爵士乐母体与新生代音乐之间的传承关系(见图10-14)。

在信息时代的今天,海报促销的手段在不断更新,设计创意的空间也在不断扩大,整个海报设计的时尚也越来越朝着以策划为主、创意为中心、文化为基础的方向发展。只有围绕消费者的需求去构思,从生活中挖掘创意素材,才有可能创作出打动消费者的海报作品。有时单一的诉求表面上看起来不很显眼,但恰恰是这个不起眼成为有别于其他同类产品的重要特点,巧妙地将这些特点通过简洁而吸引人的视听表现使其强化,往往可以达到有效的传达目的。利用海报画面的注目性和印象性视觉效果,不仅可以使海报成为优秀的艺术作品,而且可以巧妙地传达海报策划的战略需要,产生意想不到的促销作用。比如为了制造海报图形的戏剧性效果,将正常状态下图形表现的各种位置关系、色彩关系、比例关系、明暗关系、主从关系等进行颠倒处理,可以使受众通过荒诞的反常想象和画面的幽默机智,产生深刻的视觉认知印象。

---

① 汤义勇.招贴设计[M].上海:上海人民美术出版社,2001:前言.

图 10-14 金特·凯瑟设计的爵士音乐会海报①

(二) 海报促销的色彩诱惑

实现海报促销的关键在于,通过品牌认知或给予消费者利益来增加未曾使用过该产品的消费者;通过扩大产品可信度引发其试用或模仿来鼓励原有的消费者增加消费量;突出与众不同的特点来争取消费者转向本品牌;通过强化品牌形象与气质的手段,来巩固本品牌的市场占有率等。海报不仅要准确地传达所要表达的主题和内容,而且要能引起消费者的心理认同,产生震撼心灵的视觉效果,并营造丰富多彩的审美意境,激发消费者的购买欲望。在现代都市生活中,人们几乎被五彩斑斓的信息世界所吞没,各种海报色彩早已成为视觉神经反映最为敏感的传播信息之一。灵活运用色彩学规律,服从于不同的广告主题,形成独特的色彩语言,是设计师实现海报传达目的的基本表现手段。

要想使色彩在海报作品中产生震撼心灵的影响力,就应将整幅海报作品作为一个和谐而完美的整体。其色彩结构可分为背景色、主体色和强调色三个主要部分。背景色通常是指海报作品中图形与文字以外的"地"的大面积色彩,如采用高明度、低纯度或无纯色做背景色,能较好地发挥背景色的烘托作用;采用高纯度背景色,可以产生引人注目的视觉效果。主体色是指海报诉求的主题图形色彩,一般根据海报诉求的主题需要,选择较为引人注目的色彩为原则。强调色是指最易于变化的诉求主题部分的小面积色彩,如促销、价格、标语或标志等往往采用最为突出的强烈色彩,充分发挥它的强调性功效。在实际应用上可根据需要进行设计处理,使海报色彩产生更为灵活的视觉效果。

人的视觉对色彩的刺激感应很短暂。因此,海报设计要重视打造受传者的瞬间印象。设计一幅海报作品时,先要确定主调,因为主调决定着作品的色彩基础和倾向。然后进行配色对比,主色调一定要考虑所表现的海报内容和意境,要将海报内容通过主色调表现得淋漓尽致。海报用色宜单纯,主题色彩鲜明,色调清晰,色相饱和。标语标题用色醒目响

---

① 汤义勇.招贴设计[M].上海:上海人民美术出版社,2001:37.

亮,尽量与主色调明视度反差拉大,以形成强烈的视觉冲击力,让观者过目不忘。在海报设计用色中,除了可以对色彩进行夸张处理以外,还要尊重事物本来的固有色彩。海报色彩应尽量吸引人们对海报的注意力,表明产品或服务对象的情感魅力,使海报在第一眼中就给人留下良好的印象,为产品和服务项目树立良好的品牌形象,并在人们的记忆里留下难忘的视觉印象。如安妮克·奥利昂热为斗兽音乐喜剧设计的海报,分别出现了长颈鹿小号、香蕉萨克斯管和大腿吉他等形象,这种延用立体主义画派的风格特点打散了原有的构成结构,也能给人以新奇的视觉效果(见图10-15)。

图10-15　体现诙谐幽默的音乐会海报①

存在于绘画中的色彩表现规律在海报设计中具有异曲同工之效。色彩在海报设计中的视觉影响主要有:通过选用能真正反映商品的形象特性、表达企业的经营特色的海报色彩,拉开与同类商品或企业的形象距离,逐渐形成独特的、个性化的设计风格,以增强企业或产品的识别性。利用各种色彩联想的抽象文化含意,诱发人的多种情感和联想,可以强化商品的特质与功能,更好地传达商品附加值的心理属性。另外,高质量的色彩表现不仅能传达商品和企业的信息,而且能营造丰富多彩的审美意境,启发人的心智,使消费者产生心理共鸣,给人以感官和心灵的享受。

（三）海报促销的编排语境

海报的版面编排是根据特定内容的需要进行综合性的组合排列,并运用造型要素及形式原理,把构思与计划以视觉形式表达出来,在点、线、面等造型元素的基础上,探讨骨骼、空间、秩序的画面建构,让受众通过版面的阅读产生美的遐想与共鸣。

海报设计是将审美理念和信息传播功能统一在一起的创造过程。设计师不仅应掌握巧妙运用造型元素来设置海报版面的方法,而且应具有审美品位和鉴赏能力,通过视觉语境来增强海报作品的独特魅力。

---

① 肖蒙·海报·音乐[J].艺术与设计,1999(10):9.

1. 和谐与比例

和谐是将海报画面的各视觉要素进行有序的编排,使其形成有规律的审美形式。一般而言,这种规律越单纯,表现在整体形式上的条理就越严整,虽容易形成统一的意念,但易失之于单调;这种规律越复杂,表现在整体形式上的效果就越活泼,虽富于变化的趣味,但易流于松散。因此,应适度把握对视觉要素的有序编排,追求灵活多变的版面效果。

比例是通过几何语言来表现形态各局部之间、局部与整体之间的相互关系的一种抽象艺术形式。除等差数列、等比数列以外,"黄金分割"成为人们一致认同的美的比例关系。黄金分割的基本要领是把一个线段分割成大、小两段,使小的部分和大的部分之比等于大的部分和全体的比。由于整体和局部之间客观上存在一定的比例关系,因而容易形成整体和谐的美感形式。

2. 节奏与韵律

一切不同要素有秩序的规律性变化均产生节奏韵律美。在音乐舞蹈中,节奏韵律表现为一定的节拍、快慢和强弱。在海报编排上表现对象形体的厚薄、高低和大小,色彩的浓淡及线条的粗细等,均可表现出节奏韵律。节奏是按照一定的条理、秩序、重复地连续排列而成的律动形式;韵律则是在节奏中注入个性化情感,以增强广告画面的艺术感染力。海报画面的节奏韵律主要表现为重复律、渐变律、起伏律和回旋律等形式。重复律是对单个元或不同要素做出有秩序、有规律的重复变化。渐变律是对单个元按顺序进行疏密、厚薄、方向、大小、形状组合编排,以构成放射性变化的韵律感。起伏律是根据规律性的增加或递减,体量的轻重或视认性的强弱,形成能用数的比例计算出来的层次感,与比例、对称关系密切。回旋律则是依据回旋的曲率与曲势呈规律运动的涡状变化,形成富有运动感的律动表现。不论是吸心力较强的等差涡线,还是双曲线涡线及弹簧线等,其律动性的强弱都取决于回旋的速度与力量的均衡。

3. 对称与均衡

对称是指由两个以上的单元形在一定秩序下向中心点、轴线或轴面构成的引射现象。对称是同等同量的平衡。对称的形式有以中轴线为轴心的左右对称,以水平线为基准的上下对称和以对称点为源的放射对称,还有以对称面出发的反转形式。其特点是稳定、庄重、整齐、秩序、安宁、沉静。均衡是一种运用等量不等形的方式,来揭示海报版面内在的、含蓄的秩序感,以达到静中有动或动中有静的灵巧活泼的视觉效果。最常见的海报编排包括两侧对称和放射对称,以及移动、反射、回转等形式(见图10-16和图10-17)。如果把单元形按上下或左右,或上下左右同时作直线移动,可以形成二方连续或四方连续的图案效果。通过轴线或轴面分界构成的侧影或合影,包括阴阳对称均可构成和谐。

4. 重复与渐进

重复是指以相同或相似的构成单元作规律性的逐次出现时所获得的效果。如果是不同单元交互出现,则构成交替重复的模式。在原则上,相同单元的重复容易产生统一感,单纯的重复容易陷于单调,而过多单元的交替重复却又难免流于复杂。重复必须寻求适宜的规律以产生良好的视觉效果。渐进是一种渐次变化的重复形式。无论是由大而小、由强而弱或由明而暗等,量与质的循序渐进均可以在视觉上引发自然扩大或自然收缩的微妙的渐层感。在本质上,渐进原理必须以优美的比例为基础。同时,它本身包含强烈的韵律意识,富于优美的节奏感效果。

图 10-16　第 5 届京剧艺术节海报① 　　　　图 10-17　第 6 届京剧艺术节海报②

综上所述,海报作品要想达到预期的促销效果不妨从秩序中求取完美的形式,从比例中产生悦目的结构,从平衡中求取安定的感觉,从韵律中感受活泼的魅力。只有综合运用审美法则,才能真正创造完美的海报作品。

二、出版读物的装帧促销

我国城市居民的主要文化消费活动分为三大类:以看各类休闲消遣类书籍活动为主的学习型;以在家听音乐、看电视、打麻将为主,或是去公园、动物园游玩的娱乐型;以外出旅游、观看专业艺术团体演出等活动为主的奢侈型。据有关部门的调查,现阶段我国城市居民的休闲娱乐活动主要集中在简便易行、花费低廉的活动上,而出版读物是目前我国竞争最为激烈的文化消费市场之一。

(一)书籍装帧的视觉诱惑

书籍是人类表达思想、传播知识、积累文化的物质载体,而装帧艺术则是这个物质载体的结构和形态的表现。书籍装帧设计属于造型艺术的一种,但它不同于物质商品的装潢,而是一种独特的文化生命形态和精神空间的展示。书籍装帧不仅是社会文明的标志,也是日益激烈的图书市场的重要竞争手段。

1. 书籍装帧的历史变迁

我国是一个有着深厚文化底蕴的国度,在书籍形态的设计与制作方面也有令世人瞩目的历史。各种古籍不仅构成了瑰丽多姿的书籍形态发展史,而且是促使书肆兴旺发达的历史见证。古代书籍装帧形式共分为编简、卷轴装、旋风装、经折装、蝴蝶装、包背装和线装等类别。编简是竹木简的装帧形式。古人书写于竹木简,以篇为单位,写完一篇,以绳作结。编简成策之后,以尾简为轴心,朝前卷起,装入帙内,以便收藏。卷轴装是编简、

---

① 第 5 届京剧艺术节海报[OL].百图汇网,2008-10-20. http://www.5tu.cn/thread-17515-1-1.html.
② 第 6 届京剧艺术节海报[OL]. 7977 楚天票务网,2011-10-10. http://www.7977.com.cn/NewsContent.action? id=201110101834540003.

帛书的古书装帧形式,是将写好的长条纸书,形成卷轴形式,故称卷轴装(见图10-18)。旋风装是以一幅比书页略宽略厚的长条纸作底,把书页向左鳞次相错地粘在底纸上,收藏时从首向尾卷起。它保留了卷轴装的外形,又解决了翻检时的不方便。经折装又称折子装,是依一定的行数左右连续折叠,最后形成长方形的一叠,前、后粘裱厚纸板,作为护封。蝴蝶装是把印好的书页,以版心中缝线为轴心,字对字地折叠,以版口一方为准,逐页粘贴,打开书本,版口居中,书页朝左、右边展开。包背装

图10-18 古代书籍装帧——卷轴装

是将书页正折,版心向外,书页左右两边朝向书脊订口处,集数页为叠,排好顺序,以版口处为基准用纸捻穿订固定,天头、地脚、订口处裁齐,形成书背。外粘裱一张比书页略宽略硬的纸作为封面、封底。线装书页正折,版心外向,封面、封底各一张,与书背戳齐,打眼钉线。线装书既便于翻阅,又不易散破,具有典雅的中国民族风格的装帧特征。

中国现代书籍装帧艺术起于清末民初,尤其是受到"五四"时期新文化运动的推进以及西方科学技术的影响,中国的装帧艺术开始进入一个新时代。1949年以后,出版事业的飞速发展和印刷技术、工艺的进步,为书籍装帧艺术的发展和提高开拓了广阔的前景。"文化大革命"期间,书籍装帧"一片红"成为当时的主要形式。20世纪70年代后期,书籍装帧艺术得以复苏。进入80年代,改革开放政策极大地推动了装帧艺术的发展。随着现代设计观念、现代科技的积极介入,中国书籍装帧艺术更加趋向个性鲜明、锐意求新的国际设计水准。大量印刷精良的图片、丰富多彩的电子读物以及各类精彩纷呈的图书,无不传承书籍装帧的文化底蕴,在现代图书市场的激烈竞争中继续产生着积极的影响。

2. 书籍装帧的现代表达

书籍从来就不是简单地盛纳知识的六面体容器。书籍装帧既要考虑包括书盒、函套、护封、硬封、书脊、环衬、勒口、环扉、扉页、护腰、上下切口、封面、封底、书冠等外在形式的美化,又要画龙点睛地展现书中内容,诠释书籍对观众的吸引力。这种以丰富的版式设计魅力,以多样化书籍形态的创造,以展示内容的充分表现和情节的延伸,无形中带给读者以视觉和阅读的诱导,增添了书籍形态的表达语言,使书籍产生形神兼备的艺术魅力(见图10-19)。现代书籍装帧早已不满足于只是运用文字符号作为传达媒介的唯一手段,而是根据文字信息提出设计师新的认识和解释,并尽可能以形象思维和视觉信息的传达方式,从单向性写作行为发展到多向性的传播方式的方向发展。用感性和理性来构筑视觉传达媒体的思维方式和实际操作,使得书籍的传播与推广达到增值的效果。为此,应着

图10-19 与图书内容相匹配的形态装帧①

---

① 中国古代镂空花钱鉴赏[J]. 艺术市场,2005年(9):87.

力通过对书籍文化传递与保存价值的品位性发掘,进行富有智慧和启迪想象力的书籍形态设计。

书籍形态是包含"造型"和"神态"的二重构造。前者是书的物性构造,它以美观、方便、实用的意义构成书籍直观的静止之美;后者是书的理性构造,它以丰富易懂的信息、科学合理的构成、不可思议的创意、有条理的层次、起伏跌宕的旋律、充分互补的图文和各类要素的充分利用,创造出形神兼备、具有生命力和保存价值的书籍。

(1) 外在形态的感性描述上吸引注意力。除了要提高书籍形态的认可性,实现让读者易于发现的主体传达,提高书籍形态的可视性,选择让读者一目了然的视觉要素,提高书籍形态的可读性,便于读者阅读、检索等基本形态以外,还要科学地安排全书的节奏层次,剧情化地展开延伸,掌握信息的单纯化,以便快速传达给读者对主旋律的正确感受,掌握信息的感观刺激传达,用感性和理性的思维方法去构筑令读者为之动心的书籍形象工程。

(2) 通过内在形态的理性扩张增加表现力。书籍的形态构成是以文字、图像、图表、记号……包括一切可以调动的视觉形象的捕捉和运筹来传达文字表现的核心内容。其中进行形象思维的理性扩张,可以填补其至超越文字表现力本身而产生增值效应,将最能体现内容实质的基本成分抽象化、形式化、条理化、层次化,使信息知识具有不可思议的能量值和诱导视向移动的表现力。

图书并不是瞬间静止的凝固物,而是与周围环境息息相关的生命体。书籍的时空构造是通过装帧的层次化、视线流程的移动、诱导和渗透来体现的。对书籍设计应尽量发挥具有生命力的文字潜在表现力,使人综合形成视、触、听、闻、味等通感。此外,还应注意书页划分的强弱、韵律和条理,以及书页积叠面的层次化表现力。书籍装帧毕竟是在容量有限的方寸里耕耘,设计者要学会创作中的加法和减法,准确把握整体内容的神气,采取单纯化或是复合的设计方式。

(二) 图书展示的现场促销

从以语言交流和烽火传递的方式开始,到有了文字和纸的发明以后,人类的信息传播就进入大众化传播时期。尽管随着科技进步的发展,有线与无线电话以及电报的发明应用将传播带入了工业文明时期,而电子计算机和集成电路的发明与利用也为现代社会的信息传播提供了高效运转的物质手段,然而,在以视觉传达为主的各种印刷传媒中,书籍依然拥有最为广泛的忠实读者。

销售促进是除了人员推销、广告促销之外更能刺激消费者购买的市场拓展工具之一。为了吸引广大读者,不少出版商和大型图书城纷纷通过开展各种促销活动,如通过有奖竞猜活动吸引众多的读者积极参与,获胜者可获得数量可观的奖金和奖品。通过赞助或通过联谊活动,加深与固定的读者消费群的情感偏好。鼓励读者持续购买使用优惠卡、赠卡或书签卡,吸引读者收集完后换取大额赠品或图书,也可以开展向读者赠送样品、赠寄代价券、价格折扣、特价包装、商业贴花、附加赠品、竞赛抽奖活动、免费试用、表演等促销活动。

在宣传促销方面,主要通过写书评、公布畅销书榜、召集新书研讨会、设置主题书架和网上订购进行促销。书评是提高图书知名度最好的办法,通过主要媒体开设书评版、书评专栏、文学评论等,可以把图书宣传从原来的行业媒体延伸到大众媒体。公布畅销书榜是依据一定的评分办法,对各类畅销书进行排名打分,由此得出畅销书排行榜,以此吸引更多读者前来购买。召集新书研讨会是邀请一些相关的专家发表有利于新书推介的"专家评书",以提升新书的地位。设置主题书架是有意识地将与某一主题相关的图书整合到一起的销售方式。主题书架有利于最大限度地放大单种书的价值,拉动书店的销售额。利用网络媒体发布新书信息,可以进一步拓展图书营销的空间,与网络消费者形成互动,有利于信息反馈并及时调整行销策略,在信息时代激烈的市场竞争中抢占制高点。

另外,精心布置图书销售现场,营造良好购书环境也是一种常见手段。比如在儿童图书专卖店,利用声、光、电布置魔幻效果,动态地展现宇宙、超宇宙、星云、行星、类星体和不明飞行物图片,甚至连门前的 POP、书架旁的招贴画以及屋顶、天花板和承重柱的设计,都能令人产生对太空知识、探索未知的环境遐想,对儿童读者产生极大的吸引力。通过组织作者亲自到现场签名售书和到各地巡回演讲,使作品随宣传之旅的结束而被争购一空。通过对图书知识版权的同期转让,往往可以催生出一系列衍生产品,以吸引众多的商家加入宣传造势中来。利用影视等强势媒体的影响就可以形成影视与图书的互动,相得益彰。如电视连续剧《汉武大帝》在中央电视台热播之际,中央编译出版社推出了同名的影视同期书《汉武大帝(上、下)》,通过汉武帝纵横跌宕的人生,以新古典主义浪漫写实的手法,全景式地展现了中华民族 2 000 多年前历史上一个辉煌壮丽、雄浑悲壮的时代(见图 10-20)。

图 10-20　电视剧《汉武大帝》网上购 DVD 广告

三、旅游活动的体验促销

旅游业是一个以旅游资源为依托、以旅游设施为条件,通过旅游服务帮助旅游者实现旅游活动,满足旅游者精神文化生活需要的产业。我国政府承诺在加入 WTO 后 3 年内开放市场,允许设立合资企业形式的旅游公司;加入后 4~6 年内允许设立旅游外商独资企业。这一承诺意味着我国旅游业经营既面临严峻的挑战,又面临发展的机遇。伴随着旅游市场的开放,大批外国旅游公司将抢滩中国旅游市场。因此,旅游活动的体验促销成为宣传造势的重要手段。

(一)旅游项目的创新体验

在旅游需求多样化、旅游市场高度细分的新形势下,旅游项目的创新体验已经成为国内旅游企业应对激烈市场竞争的制胜法宝之一。

1. 民俗旅游的情趣体验

中国有56个民族,每个民族都有各自不同的风土人情和民俗习惯。风俗习惯是人们在长期的社会生活中形成的风尚、礼节、习惯等的总和。《汉书·地理志》里提道:"凡民禀五常之性,而有刚柔缓急,声音不同,系水土之风气,故谓之风;好恶取舍,动静无常,随君上之情欲,故谓之俗。"意思是说:由于自然条件不同而形成的习尚叫"风",由于社会环境不同而形成的习尚叫"俗"。"十里不同风,百里不同俗",说明在不同的社会环境中形成的风俗习惯有着一定的差异。如绣球是广西壮族姑娘用花布或绸缎包裹豆粟、粮籽,外套粉红色丝线的网织工艺品,有圆形、方形、多角形,大的如拳,小的如蛋,上有绸带,下系丝坠。在赶歌圩的时候,姑娘们手提五彩缤纷的花绣球,排着队唱山歌,若见到有中意的小伙子,便把绣球抛给他。小伙子若对姑娘很满意,再把小件礼物缠在绣球上投报女方,恋爱之情由此而生。在这些风俗中,绣球等民间美术品都已成为整个风俗活动的一部分。在节庆期间不仅会有丰富多彩的民间文艺演出吸引大量的旅游者,而且会有别具一格的各种民俗文化活动吸引游客情不自禁地参与。

2. 红色旅游的励志体验

红色旅游主要是以中国共产党领导人民革命战争时期建立丰功伟绩的纪念地和标志物为载体,以继承和发扬革命精神为内涵的主题性旅游活动。

为了达到教育目的,红色旅游景点应紧跟体验经济的潮流,突出旅游项目的参与性。红色旅游本身就是一种实践性学习,旅游经营者要设计出"原汁原味、有惊无险、苦中有乐、先苦后甜"的旅游项目。目前,一些红色旅游景点还只是停留在化装拍照、观赏节目、饭菜品尝等浅表性层次上。而国外的类似旅游活动的开展很是值得借鉴,如提供坦克、军车、枪炮、军装等战时物质,游客可身临其境地体会一下第二次世界大战或其他时期的将士如何冒着"枪林弹雨"去"冲锋陷阵",甚至连菜谱、食物和住宿的帐篷都按原样如法炮制。

3. 科技旅游的益智体验

21世纪是知识经济时代,科学技术在人们工作、学习、生活中扮演着不可或缺的重要角色。在休闲娱乐中学习科学知识这种旅游方式已经被越来越多的旅游者所推崇,科技旅游也逐渐成为国际旅游市场开发的重要热点之一。科技旅游指以科学技术为支撑,以各种科技资源为吸引物,以满足旅游者增长知识、开拓视野、丰富阅历、休闲娱乐等旅游需求为目的,融参观、考察、学习、娱乐、购物等活动于一体的一种专项旅游。

科技旅游类型丰富、门类齐全,主要有四大类:一是以自然状态存在的事物、现象为考察对象,以专业考察结合旅游活动的方式,以了解、体验自然科学知识为目的的自然科考游;二是以工业厂区、农业园区、科研院所、高等院校及其科技产品为考察对象的科技园区游;三是以科技观测场所、专题科技会展及科技主题公园为游览对象的科技场馆游;四是以满足学生群体求知、休闲需求而设计的科技主题的科技夏令营。

4. 生态旅游的环保体验

生态旅游是指在被保护的自然生态系统中,以自然景观为主体,融合区域内人文、社会景观为对象的郊野性旅游,让旅游者通过与自然的接近,达到了解自然、享受自然生态功能的目的,产生回归自然的意境,从而自觉保护自然、保护环境的一种科学、高雅、文明的旅游方式,包括自然保护区、森林公园、动物栖息地、植物园、复合生态区、人工模拟生态区等。

在人类面临生存环境危机的背景下,绿色运动及绿色消费席卷全球,生态旅游作为绿色旅游消费已经迅速普及全球。每年都会有一些国外的环保主义者来中国进行生态旅游,比如观鸟、攀岩、野生动物考察等。对于游客而言,参与生态旅游可以领略世界各地的原始风光,又使当地的经济得以发展。如我国摩梭族生活的泸沽湖村落,可以让游客感受原汁原味的民族风俗和摩梭文化,能随时与当地居民交流,甚至亲身参与劳作。最重要的是,原有的一切景色和文化不会受到丝毫破坏,可以为后人留下珍贵的历史印记。

(二)旅游资源的开发促销

随着我国改革开放和社会主义市场经济的深入发展,我国旅游业开始从新的经济增长点迈向新的支柱产业,从世界旅游大国迈向世界旅游强国。我国旅游业蓬勃兴旺,已进入到一个前所未有的发展时期。各级政府都在探索如何利用地域旅游资源,走出一条以民族风情特色取胜的可持续发展的路子。

1. 拓展"以艺载文"的观赏促销

久居现代都市喧嚣环境下的人们,面对人际关系的疏离和冷漠、日常生活的程式化和商场竞争的残酷无情,渴求返璞归真,希望通过旅游找回正在逐渐失落的真诚、热情与朴实。正因为如此,我国民俗旅游对国内外游客产生了很大的吸引力,不少游客在返程时都会带回一些当地的民间艺术品。

中国的皮影从创始距今已有上千年,既融合了剪纸、工艺美术、绘画等相关造型艺术特点,又吸收了戏剧、相声、音乐等表演艺术精华,还首创了声、光、影非机械电子媒介的表现艺术风格,这种古老的表演形式甚至为现代动画专业的发展注入了奇幻的想象力。然而,随着老一辈民间艺人的逐渐减少,观赏皮影表演越来越多地被购置皮影件所替代。由于皮影件的表现手法夸张浪漫,富于装饰性,人物造型生动,小巧玲珑,纹饰图案雕刻精美,色彩艳丽,便于携带,成为不少中外游客十分钟爱的旅游纪念品。

2. 拓展"以技载文"的购物促销

旅游产品既包括旅游景点的山水特色和人文景观,也包括观赏不同地域的文化特色项目。在向旅游者提供旅游常识、景区优势特色、审美鉴赏、历史文化等相关知识的同时,还应向游客介绍丰富的旅游知识,帮助旅游者更好地达到旅游审美和愉悦的效果。尤其是当地的独门绝活更会给游客留下深深的记忆(见图10-21)。

我国民间艺术形式丰富多样,品种繁多,贯穿人们衣食住行玩的各个方面。民间艺术品有剪纸、年画、织锦、刺绣等静态艺术造型品,也有吹糖、捏塑和面塑等以操作为主的动态表现艺术品,此外,带有原始图腾或传统图案历史痕迹的面具、演具、脸谱、皮影及木偶等兼有静态与动态、操作(运动)表演与陈列观赏的综合艺术造型品。此外,造型稚拙、娇小灵活的民间玩具,如随风旋转或带声响的风筝、小玩物以及九连灯环之类,有声有色,会跳会叫,能引人进入天真无邪的欢乐境界,博得大人和小孩的喜爱。这些民间工艺品具有浓郁的地方文化特色,吸引着来自各国各地的游客纷纷购买并被带往四面八方。

3. 拓展"以俗载文"的体验促销

旅游消费是一种体验型的消费,由于受到旅游者、旅游服务人员以及目的地居民之间

图 10-21 现场制作的民间工艺品

的互动关系的影响,旅游体验受情感因素影响较强。民俗旅游是观光旅游的一种变体,是以少数民族传统的民俗与节庆文化为特色的观赏、娱乐、商品及服务活动。每逢元宵节时万民同乐,城乡各地张灯结彩,烟花爆竹怒放,鞭炮、锣鼓声震天动地。四乡八里的舞龙灯、耍狮子、踩高跷、划采莲船、百戏社火等走街串巷,赏灯、猜谜、看戏的欢快之声不绝于耳。在元宵灯节上,人们盛装彩服,有的还勾勒出各种戏曲脸谱,或戴上大头假面,簇拥着龙灯队、狮子队、蚌壳精、采莲队和高跷队四乡巡游,尽情狂欢。每到农家和商铺门前,主人都会燃鞭接灯。连平日里闺禁甚严的大姑娘、小媳妇,也可随队出游,尽兴而归。

旅游者的消费行为与旅游体验的个性化,决定了旅游广告的诉求具有较强的个性化。旅游企业通常会针对不同的目标市场、不同的广告受众,采取相应的广告策略和形式,充分体现旅游产品自身的、与众不同的特色,以更好地吸引旅游者。其他文化企业通常也会根据各自的行业特点、产品优势、目标市场、经营角色等因素,将包含人员推销、广告宣传、营业推广和公共关系在内的各种促销手段予以组合,以广告宣传和促销活动为主,辅之以人员推销及公关,全方位开展整合营销传播。

总之,发展文化产业已经成为我国应对世界性产业结构升级运动,实现跨越式发展的重要战略选择。随着我国全方位对外开放格局的形成和人民群众生活水平的普遍提高,会对图书出版、文化娱乐、影视传媒、健身康复和旅游体验等多方面精神生活提出更多、更高的要求。大力发展我国的文化产业,不断满足人民群众日益增长的物质需要和精神文化需要,是推动我国国民经济全面发展的重要战略。

第十一章　建构：提炼品牌价值

美国著名市场营销学专家菲利普·科特勒博士认为,品牌是一种名称、术语、标记、符号或图案,或是它们的相互组合,用以识别某个消费者或某群消费者的产品或服务,并使之与竞争对手的产品或服务相区别。在经济全球化的今天,品牌已经成为企业的一种资源,成为消费者购买的主体。因此,探索文化品牌的符号价值、文化品牌的形象塑造以及文化品牌的整合转播,将有助于消费者对文化品牌产生认同,提升其对文化品牌的价值认知。

第一节　文化品牌的符号价值

文化产业有别于其他产业的优势之一源于其创意的产能化。一方面,通过创意表达可以对文化产品自身的物化价值加以提升,使文化产品的品牌增值;另一方面,品牌作为文化产品的一种资源,可以提高市场竞争力,有利于形成品牌价值的互动和张力。因此,文化品牌正在成为吸引消费者购买产品或服务的理由。

一、消费社会的文化符号

当代法国著名思想家让·鲍德里亚(Jean Baudrillard)认为,现代社会消费品除了具有使用价值(use value)和交换价值(exchange value)以外,还有随广告、包装、媒介等生产的符号价值(sign value)。在当今社会,消费者消费的其实是以物品表现出来的社会身份与文化差异本身所代表的符号,符号价值体现的是一种社会区分的逻辑。他指出,"马克思关于商品和商品崇拜的分析与现在早已消失的资本主义发展阶段有关……这样,消费不应该理解为和使用价值有关的物质用途,而是作为意义,主要和符号价值相关。"[①]不少学者认为,通过从商品形式到符号形式的转变,从处于一般等价规律支配下物质产品的抽象交换向处于符码规律之下交换运行的转变,使所有的价值都变成了符号交换。消费者越来越置身于符码的包围之中,经济社会走向了符号政治经济学。在消费社会由符号价值组成的虚拟世界中,人们驾驶一款高档的轿车,穿着由著名设计师设计的时装,使用知名品牌的香水等,都具有彰显社会等级和进行阶层区分的功能。通常情况下,一件商品越是能够彰显它的拥有者和使用者的社会地位和社会声望,它的符号价值也就越高。显然,经过符号价值衡量后人们消费的不再是物品本身,而是品牌符号所表现出来的社会身份和文化差异。

鲍德里亚通过对消费社会的透视,揭示了消费的符号崇拜和意识形态的符号操纵。

---

① [英]西莉亚·卢瑞.消费文化[M].张萍,译.南京：南京大学出版社,2003：63.

商品内在的品质、功能可以给消费者带来使用价值；而商品的设计、包装、广告则形成了消费商品的符号价值。消费是由功能性的消费和符号性的消费两部分构成，以情感性利益和自我表现性利益为主导的品牌消费观，是消费社会一个值得注意的社会现象。现在的消费者注重符号性的消费，其次才是功能性的消费。人们饮用可口可乐，不单单是为了解渴，更多的是在享受青春的感觉；选用诺基亚手机，不仅仅是为了移动通话，更多的是追求睿智的、深邃的感觉。品牌（brand），如同它的挪威文原意"烧灼"——中世纪手工艺人在作品上烙上自己作坊的印记一样，在消费社会的符号世界里，早已被打上了各种文化的烙印。

被人们推崇为"理想主义者"、"献身"符号的切·格瓦拉出生于阿根廷的名门望族，在青年时代就曾骑摩托车环游拉美大陆。在沿途旅行中，切·格瓦拉认识到了拉美的贫穷、落后和不公，开始改变了自己的世界观。后来，切·格瓦拉遇到了古巴领袖菲德尔·卡斯特罗，接触了马克思主义，成为一名坚定的共产主义战士。古巴革命胜利以后，切·格瓦拉放弃了高官厚禄，深入玻利维亚丛林开展游击战争，最后不幸遇难。在那个激情燃烧的年代，切·格瓦拉代表了一种坚忍不拔为实现理想而拼搏奋斗的大无畏精神，成为无数人崇拜的革命偶像。尤其是切·格瓦拉头戴贝雷帽的照片，已成为"世界上最具革命性和战斗性"的经典符号。随着时代的变迁，切·格瓦拉那不可复制的叛逆精神使他成为名牌钟表、雪茄烟、摩托车、高尔夫等时尚用品钟爱的广告大使（见图11-1）。性格叛逆、桀骜不驯的阿根廷球王迭戈·马拉多纳的右臂上有个文身，图案就是他的偶像——切·格瓦拉。切·格瓦拉成为了一种文化象征、一种流行趋势。因为无论何时何地人们的内心深处都会保留着对美好精神的追求，都需要一个坚定、浪漫又辉映着理想主义的偶像英雄来激励自己。

图11-1　以"切·格瓦拉"为符号的文化衫等用品

在年轻人青睐的一家创意商店里，人们如同置身20世纪80年代的北京。这家位于北京南锣鼓巷的"创可贴8"店里摆放的不仅有印着鲤鱼的搪瓷红脸盆、老铁皮玩具、儿童三轮车等老物件，还挂满了印有"宫保鸡丁"、"三元地铁票"、"妇女也能当英雄"等文化记忆的T恤衫。而这家店的主人却是一个喜欢中国文化并用记录北京变化发展的标志性"符号"作创意的英国人。不仅在创意商店，现在用印有雷锋头像的杯子喝水，用红色斜体字"做雷锋式的好少年"日记本写东西，穿印有雷锋形象的衣服等，已成为一个文化符号被大众所认可和喜爱。在淘宝网上，保暖又时尚的雷锋帽也成为淘宝店主在冬季的主营商品（见图11-2）。这说明，雷锋从政治偶像到道德偶像，再到现今的文化偶像，作为具有爱和利他主义等人性魅力的标志而言,"雷锋"这一文化符号具有极其丰富的精神内涵。尽管在国际影响上相比前面提到的切·格瓦拉,或许"雷锋"的影响面还并不算广,但恰恰是雷锋精神所体现的人性中最为基本的爱与友善等价值,为他赢得了超越国界的尊敬。雷锋能够成为一个流行的文化符号,正说明当今社会需要勇于承担社会责任,为他人无偿服务,为社会无私奉献的精神。

图 11-2 以"雷锋"为符号的文化衫等用品

二、文化品牌的符号价值

品牌是用来证明品质和加以区别的标记。品牌是生产企业形象沟通的全部显性和隐性知识的所有表达,包括有关品牌的联想、品牌的背景知识和品牌商品的消费环境等。品牌是消费社会主体与客体、主体与社会、企业与消费者相互作用的无形价值的符号浓缩。

(一) 何谓符号

何谓符号?"符号是信息的外在形式或物质载体,是信息表达和传播中不可缺少的一种基本要素。"[①]符号学理论认为,一切通过符号或象征手段进行的社会互动,都是符号载体和意义的统一体。符号载体是信息的外在形式或物质载体,如图像、形式、现象等;而符号意义则是信息的内在本质或精神内容,如情感、语义、价值等。符号包括语言符号和非语言符号两大类:语言符号主要是人类借助声音和文字传情达意的各种信号载体;非语言符号则是语言符号的伴生符(如图像、语气、字迹等)、体态符(如姿态、动作、面部表情、手势等)和程式符(如数学中的运算符号、中文中的标点符号、音乐中的简谱符号、建筑中的柱式符号、京剧中的脸谱符号等)。任何传递信息的媒介符号都是人的思想观念和情感语义的感性坦露,也是指示和称谓事物及关系的识别代码。

钻石在人类文明史中占据着极其独特的位置。人们一直将钻石尊奉为一种拥有神秘力量的魔法中介,其令人敬畏的强度和耐久性代表着英勇与刚强、好运与不可征服。按照西方的传统习俗,戒指戴在左手食指,表示未婚;戴在中指,表示正在恋爱中;戴在无名指,表示已经订婚或结婚;戴在小指,则表示独身。当戒指作为婚戒时,它是象征夫妻关系的唯一性的物品。戴比尔斯是国际钻石市场中的顶级钻石珠宝品牌,"钻石恒久远,一颗永留传"的广告语正是由戴比尔斯首创。其产品目标锁定在追求时尚国际化品位的城市新贵、富于小资情调的都市白领和职场精英,每一件产品仿佛都在讲述着一桩桩追求梦

---

① 郭庆光.传播学教程[M].北京:中国人民大学出版社,1999:43.

幻般浪漫生活情调、风情万种的优雅气质以及历久弥新的经典爱情故事。如一款有着十四颗圆形钻石的现代风格的白金戒环上,设计师用两只天鹅组成可以正倒连环的心形图案(见图11-3)。我们知道,天鹅是一种保持着稀有的"终身伴侣制"的候鸟,不论是取食或休息都是成双成对的。如果其中一只不幸死亡,另一只天鹅会为之"守节"。显然,用天鹅的图案组成心形代表着爱情的忠贞,即使来世也不离不弃。

图11-3 "钻石恒久远,一颗永流传"——戴比尔斯钻石戒指①

(二)文化品牌的符号化表达

任何用来表达意义的东西都可以被看作是一种符号形式。"人与人之间的传播活动首先表现为符号化(encoding)和符号解读(decoding)的过程。所谓符号化,即传播者将自己要传递的信息或者是意义转化为语言、声音、文字或其他符号的活动;符号解读则是传播对象对接收到的符号加以阐释和理解,读取其意义的活动。"②品牌传播就是符号化表达的一种过程,符号化可理解为建构符号意义的"编码",符号解读则可理解为解构符号意义的"解码"。文化品牌的传播也是这样,文化产品消费本来就是对其承载的"内容"进行解读。对于符号解读,传播学界对符号化表达的研究可供借鉴:一类是以索绪尔为代表的建构论范式;另一类是以皮尔斯为代表的现象论范式。

1. 建构论范式的符号化表达

瑞士语言学家费尔迪南·德·索绪尔(Ferdinand de Saussure)认为,所有的符号表达意义实际上包含了两个层次:外延与内涵。符号的明示义又称外延意义,指的是符号与其所指涉对象之间明显易见的符号意义,即符号"能指"功能所对应的意义系统。符号的隐含义又称内涵意义,指的是符号与其所指涉对象之间看不见的符号意义,即符号"所指"功能所对应的意义系统。因此,一切研究都具有内在的二重性,即同时存于语序关系中的符号元素的毗邻轴(syntagm axis)和随时空变化的联想关系中符号元素的系谱轴(syntagm axis)。语言的符号元素本身是没有意义的,只有在和既定情境中的其他元素之间形成语序联系时才具有意义。如果要对一事物的整体有所认识,可以从语序中切分出若干个毗邻的关联元素,每一个切分出来的语项都与它之前和之后的语项形成组合关系,这种语序关系亦可称为横组合的句段关系。语序关系不仅包括一个句段各部分之间的相互联系,还包括整体和部分间的连带关系。如果通过切分后的语项与人们记忆里有某种共同点的语项联系起来,就会形成由联想关系的聚合而产生的新的语谱集合,这种语谱关系亦可称为纵聚合的联想关系。通常情况下,语言所传达的意义并非只是根据语序

---

① 戴比尔斯官网.http://www.debeers.com.cn/jewellery/rings/.
② 郭庆光.传播学教程[M].北京:中国人民大学出版社,1999:46.

轴的排列而显现的一串实质性符号元素，同时还要依赖其联想轴所隐存的一系列潜藏性符号元素来界定。

以凤凰卫视台标为例。凤凰是中华民族的传统图腾，代表吉祥与平安。以抽象的凤凰旋转交融的形象为台标，完整地传达了凤凰卫视台办台宗旨：不仅将历史悠久的中华文明传播给世界，更要以开放的思维和开阔的视野去认识世界。因此，凤凰卫视台台标在内涵诠释方面有以下玄妙之处：其一，凤为阳，凰为阴，暗喻作为传媒的凤凰卫视将在东方意识形态与西方意识形态之间寻求微妙的平衡；其二，阴阳交错的两只鸟所组成的台标中，所有的羽毛口都是开放的，展示了凤凰卫视开放的媒体姿态；其三，旋转成团的火凤凰形态极具动感，昭示着凤凰卫视滚动播出社会热点新闻的传媒特点。同时，凤凰卫视台台标的外延诠释更是高招频出，通过对主持人和时事评论员进行明星式的包装、宣传，来吸引更多电视观众。现在，凤凰卫视逐渐被人们熟知，成长为在全球华人中间具有广泛影响力的国际媒体。在语序方面，凤凰卫视台标采取凤凰＋环球的语项组合，借凤凰的图腾含义象征历史悠久的中华文明，借环球旋转的动态图像象征变化着的当今世界，揭示其文化传播的丰富内涵。在语谱方面，凤凰卫视台标通过对鸟羽的切分、凤冠共用成眼睛的符号指代，将人们记忆中对凤凰的联想以及对环球的延伸聚合起来。通过打造资讯节目中的凤凰早班车、凤凰资讯榜、时事直通车、有报天天读、环球直播室；访谈节目中的锵锵三人行、鲁豫有约、名人面对面、问答神州；财经节目中的金石财经、财经点对点、财经正前方、股市风向标、石评大财经、新财富报告、财智菁英汇、中国深度财经；评论节目的一虎一席谈、凤凰全球连线、解码陈文茜、军情观察室、时事辩论会、震海听风录、台湾一周重点；历史文化节目中的开卷八分钟、腾飞中国、凤凰大视野、世纪大讲堂、大剧院零距离、筑梦天下、文化大观园、与梦想同行、我的中国心、智慧东方；社会专题节目中的社会能见度、冷暖人生、文涛拍案、皇牌大放送、今日看世界、环球人物周刊、走读大中华、科技无限；娱乐时尚节目中的娱

图11-4　凤凰卫视台台标

乐大风暴、美女私房菜、健康新概念、完全时尚手册；老节目中的世说心语、中国名片、金牌大猜想、文道非常道、口述历史、中国记忆、风范大国民、中国江河水等栏目精品，全方位诠释了凤凰卫视台以资讯见长、以开放的思维和开阔的视野为特色的品牌效应。

2. 莫里斯的符号意义分类

美国逻辑学家莫里斯（Charles William Morris）对符号行为所产生的标识、评价和指令作用进行了逻辑学阐释。在其学术专著《符号学理论基础》中，莫里斯将符号学划分为三个分支：语构学、语义学和语用学。语构学是研究符号与符号之间的关系；语义学是研究符号与指意对象之间的关系；语用学是研究符号与使用者之间的关系。文化品牌的传播也可以被看作是一种"符号贮备系统"的媒介，然后被看作一种"对象范围"和一种"解释领域"，并与"环境"、"状况"以及一定的通信渠道相联系。作为可以表征其他事物的符号，不仅取决于约定俗成，还取决于符号是在一定的"情境"中起作用。这一理论对于探索文化品牌的建构与传播提供了极好的创新思路，如品牌信息编码的有序性、品牌符号指代

的象征性以及品牌文化认同的易读性等。如果将品牌的建构和传播当做一种信息传播过程,理所当然也包括发出信息者、接收信息者、信道、符号规则等。语用学主要处理文化品牌推广中语言的使用和理解的沟通关系,着重梳理文化品牌在解读认同中的易读性;语构学主要处理文化品牌推广中语言系统的结构、空间、形式的建构关系,着重探索各视觉要素在结构上的有序性;而语义学则主要处理文化品牌推广中语言系统的符号表征和符号旨意之间的指代关系,着重建立各视觉要素在"引申意指"中的关联性。

电视台的台标往往成为一个地方人文地貌和精神文化的浓缩。通常各类电视台的台标分为两大类:一类是采用文字符号作为标志设计的基本元素,如 CCTV(中央电视台)及 BTV(北京卫视)等的台标,其特点在于简洁、明快、易于识别;另一类是采用图形符号作为标志设计的基本元素,如以孔雀为设计元素的云南卫视、以丹顶鹤为设计元素的吉林卫视,其特点在于形象、生动、直观、有趣。在地方电视台中,湖南卫视的台标造型独特,容易使人产生联想。台标的本意是用一粒放大了的米粒,象征有"鱼米之乡"美誉的湖南。但因为金灿灿的纽带围合成轨迹,像极了芒果,反倒成为了画面的主题(见图 11-5)。于是,网民们戏谑地称湖南卫视为"芒果台"。当新台标推出时,湖南卫视负责人借跨年演唱会之机,首次正面解答台标含义:台标简单流畅的椭圆形轮廓左下方缺口,形成了"鱼"的大写意;而台标视觉中心呈现的"米"的围合,象征着湖南洞庭湖"鱼米之乡"的地理优势。这一台标还蕴含了卫星运动的轨迹,代表着电视媒体的本身特点和纽带功能,意味着湖南卫视是让世界了解湖南,让湖南走向世界的纽带。可观众在解码台标时只是望图生义,并未了解台标的真正含义。从湖南卫视台标这一符号在语构、语用、语义方面的解码歧义上,可以反观品牌形象沟通的重要性。湖南卫视对"芒果台"的默认,不仅让台标形象更受观众喜爱,而且展示出湖南卫视"一切为了观众"的办台宗旨。2009年,湖南卫视的全年收视份额位居全国第二,成为中国电视媒体中仅次于央视和凤凰卫视的地方电视台。

图 11-5　湖南卫视台台标

可见,符号是一种信息的外在形式或物质载体。德国著名哲学家恩斯特·卡西尔认为,"符号化的思维和符号化的行为是人类生活中最富于代表性的特征,并且人类文化的全部发展都依赖于这些条件。"[①] 在这里,卡西尔把符号同人的本质等同起来,与人类文化的产生和发展联系起来。人的活动不仅仅作为满足人的生命本能的需求,而是对于人类的文明发展,对于追求自由的人生目的都具有意义。

第二节　文化品牌的形象塑造

我国的文化产业要发展成为国民经济的支柱性产业,离不开文化品牌的引领。而要建设文化品牌,创意是关键。要想打造文化品牌的"差异化",就需要在文化产业的结构布局中细分市场,探寻品牌生长空间,通过文化品牌的形象塑造,进一步培育龙头企业,增强

---

① [德]恩斯特·卡西尔. 人论[M]. 甘阳,译. 上海:上海译文出版社,1985:35.

核心竞争力,加速提高文化资源配置的现代化和市场化程度,让民族文化品牌走向世界。

一、文化品牌核心价值的界定

核心价值通常是一个组织所拥有的区别于其他组织的、不可替代的、最基本、最持久的组织特质,它是该组织赖以生存和发展的根本原因,也是一个组织 DNA 中最核心的部分。

找出自家品牌与别人的不同之处,或者找出顾客选择本企业品牌而不是别的企业的理由,只有这个问题弄清楚了,本企业品牌的核心价值才能明朗起来。现代企业可能在很多环节或发展的不同时期找到本企业培育实现核心价值所需要的能力,但如果没有核心价值来引导,品牌的核心价值就无法显现出来,只能被动应对环境的压力和变化,进行一次次消极的战略调整,从而使企业被各种看似"商机无限"的项目和业务拖向泥潭,最终走向衰弱甚至从市场上消失。要想理清文化品牌的核心价值,必须找到相关的路径和有效的方法。

(一) 核心价值的探索路径

核心价值的形成和强化过程是伴随着企业营销活动不断走向成功的过程。当企业进入成熟期,经营规模也开始不断达到顶峰时,面对愈来愈激烈的市场竞争,企业需要通过对核心价值进行优化选择,来保持竞争优势。核心价值优化选择的渠道有三个:探究企业的文脉、寻找关键要素和针对利益相关者的认知沟通。

第一,探究企业的文脉。文脉是一种文化脉络,是一种文化的传承,是人类生存的式样系统。文脉系着民族之魂,尤其那些历经岁月打磨的传统文化经典中生长着民族的智慧情感和精神血脉。狭义上的文脉是指根据文章句子中语义的关联或上下文关系,寻求文章的逻辑、程序和背景等含义的具体方法。[①] 在语言学中,文脉被称作"语境",就是使用语言的此情此景和前言后语。寻求企业品牌的文脉须从企业自身的发展历史中找出人们所熟悉的前事物或它事物在时空上具有"意义"的关联,便于人们加深对其间意义的认知、理解、接受。品牌文脉其实是企业和消费者得以沟通的显性知识和隐性知识等相关符号的表达,它包括了有关品牌的联想、品牌的背景知识和信息、品牌商品的消费环境等。对品牌文脉的探索,不仅可以用于创建品牌,而且可以用在维护和激活品牌等一系列过程中。通过挖掘背景信息或语境关系,可以将模糊不清的概念逐一进行分解,在充分理解的基础上进行符号整合,从而建立企业和消费者的互动沟通,建立有效的文脉体系。

北京 798 艺术区是我国当代艺术和世界时尚交会的平台。艺术区原本是新中国成立初期由前苏联援建,原民主德国负责设计施工的轻工业厂房。这里曾分属原电子工业部所属 706、707、718、751、797、798 等 6 个工厂的区域范围。从 2001 年开始,来自北京周边和北京以外的艺术家们,以艺术家独有的眼光发现了厂房的德国包豪斯建筑风格,加上租金便宜,稍作装修和修饰便成为极富特色的艺术展示和创作空间。由于厂房建筑空间跨度大,有宽敞、纵深的通道,更难得的是还有大面积的北向横置侧顶窗及半穹屋顶,是个适

[①] [日]阿久津聪,石田茂. 文脉品牌——让你的品牌形象与众不同[M]. 韩中和,译. 上海:上海人民出版社,2005:11.

宜艺术家展示、交流以及交易的天然场馆。和美国的 SOHO，法国的左岸，德国的鲁尔区一样，中国的 798 已经引起了国内外媒体和大众的广泛关注，成为蜚声国际的艺术社区和活跃的文化市场，同时也是北京文化旅游的新地标（见图 11-6）。

图 11-6　北京 798 艺术区及网站

第二，寻找关键要素。在我们日常的研究中往往会有这样的经验：用一句话来归纳所要研究的目标。寻找企业品牌的核心价值也是这样，可以通过企业活动中具有明显优势或取得显著效果的管理经验来寻找。比如，先梳理出企业创造价值的主要管理活动，通过价值链来分解并识别企业产生价值的来源，从而判断企业的竞争优势，找出价值链上的关键环节及对应的管理活动。接着具体分析主要管理活动的价值要素，从中找出企业期望获得成功的关键因素，以便确定所要体现的企业核心价值。

第三，针对利益相关者的认知沟通。在寻找文化品牌核心价值的过程中，可以用实证的方法来验证并确立企业的核心价值。比如通过深入访谈企业内部不同层面和不同服务对象的管理人员，询问他们所理解的企业优势是什么？为什么？产品或服务的价值是什么？为什么？各自工作中哪些是有价值的？为什么？等等。还可以将这种调查活动直接推广到普通消费者，以便搜集用户对本企业产品和服务的反馈意见，同时了解竞争对手的相关情况。将所有受访者反映的观点进行归类，就可以得出对企业核心价值认知的明晰概念。

（二）核心价值的界定方法

文化品牌核心价值的提取，首先要找出文化品牌的符号内涵。这一过程主要是借助逻辑中的概念、判断、推理等理性分析手段，对其核心价值进行演绎归纳的提纯过程。

著名英国学者托尼·巴赞在其学术专著《思维导图：放射性思维》一书中，以严谨的科学态度和务实的求证精神，令人信服地阐述了创意思维的相关研究成果。他认为，思维导图的放射性结构反应了大脑的自然结构，以笔记形式出现的记录思维轨迹的思维导图，是人们获得与研究问题所有相关的、有内在联系的清晰而准确的线路图。① 它有助于人们的思想快速扩展和进一步深化，使得一个想法可以很快而且非常深刻地生发出来，同时又能清晰地集中于中心主题，最大限度地利用自己的思维潜能资源。在运用概念进行核心价值提取时，思维导图的确能给人以很好的启迪。

---

① ［英］托尼·巴赞.思维导图——放射性思维[M].李斯，译.北京：作家出版社，1998：56.

人的大脑是专门处理与加工信息的器官,通过这个信息处理器官可以从一大堆不准确的材料中抽取特征,抓住主要问题。如果将人的脑细胞放大,就可以看到这些脑细胞像章鱼所拥有的触须,每根触须都像树干向四周发散。脑细胞的枝干叫作树突,特别粗大的名为轴突。轴突是信息的主要出口,负责信息的传递。① 以"幸福"概念为例,如果在这个词的四周,快速地在连线端写上若干个联想的相关词,比如"情感"、"娱乐"、"梦想"、"职场"等,并要求若干参与实验者同时完成。然后由每位参与者分别读出自己写下的词汇,其他人迅速记录并在相同的词下画线。很显然,在相同词中包含着所有人对于"幸福"这一概念理解的特性,而不相同词则反映出不同人对"幸福"理解范围的不同。如果抽取其中的"情感"这个词汇继续发散,就会衍生出"亲情"、"友情"、"爱情"等概念。如果在其中的"爱情"这个词汇下继续进行发散,还会衍生出"选择"、"尝试"等更多的概念(见图11-7)。

图11-7 有关"幸福"的概念导图

在逻辑学中,概念是通过使用抽象化的方式从一群事物中提取出来的反映其共同特性的思维单位。概念有内涵与外延之分:内涵是指组成该概念的事物的特性和关系;外延是指所有包括在该概念中的事物的集合。如果将概念的思维形式引入核心价值的提纯中,就可以在最短的时间内获得一个准确的信息。同时,在逻辑学中,判断是对思维对象有所肯定或有所否定的一种思维形式。判断由概念组成,其分类包括直言判断、联言判断、选言判断、假言判断等。直言判断是对事物的某种性质所做的简单判断;联言判断是对事物共存情况的判断;选言判断是对几种可能情况中某种情况存在的选择判断;假言判断是对反映事物之间条件关系的判断。将判断的思维形式引入核心价值的提纯中,往往会收到意想不到的诉求效果,给受众认同一个很好的理由。另外,在逻辑学中,推理是由判断(前提)推导出未知结论的思维过程,主要包括演绎推理和归纳推理。演绎推理是从一般规律出发,运用逻辑证明或数学运算得出特殊规律的思维过程,即通常所指的一般到特殊。归纳推理是由特殊的前提推出普遍性结论的思维过程,即通常所指的特殊到一般。类比推理是从特殊性前提推出特殊性结论的一种推理,也就是从一个对象的属性推出另一对象也可能具有这属性的思维过程。将推理的思维形式引入核心价值的提纯中,往往也会收到独具一格的传播效果。

从2004年开始,江苏卫视确立了以情感为特色的核心价值以后,通过引进并创新一系列卓有成效的节目内容,逐渐形成了独具特色的综艺类节目收视市场差异化的竞争优

---

① [英]托尼·巴赞.思维导图——放射性思维[M].李斯,译.北京:作家出版社,1998:20.

势,依靠王牌节目《非诚勿扰》等栏目在全国省级卫视激烈竞争中胜利突围,于2010年成功跻身全国省级卫视的排名第二。《非诚勿扰》是一档适应现代生活节奏的大型婚恋交友节目,以参与者养眼亮丽、主持风格既严谨又不失风趣为特色,节目安排的游戏规则充满趣味,使得整个节目过程充满戏剧性悬念,高潮迭起,吸引了不同年龄层的关注。除此之外,江苏卫视还围绕"情感世界 幸福中国"的主题定位,开辟了《非常了得》、《脱颖而出》、《梦想成真》等精品栏目,稳稳地占据省级卫视的领先地位(见图11-8)。

图11-8 江苏卫视"情感世界 幸福中国"

二、文化品牌的形象塑造

德国学者彼得·科斯洛夫斯基在分析后现代文化的专著中指出:"当今的艺术与艺术政策必须适应后现代的两种需求:对感性具体化的需求和对文化领域或层面交互渗透的需求。目前需要一种通用的文化符号语言。通过这种语言,主观精神与客观精神得以表达,共同的与个人的世界体验、生存经验可上升为意识、可被具体感性化,从而得到传递。"[①]文化品牌核心价值的提取是一项十分复杂的系统工程,尤其在现代社会激烈竞争的市场环境中更是如此。因此,在科学界定了文化品牌的核心价值以后,就要研究如何准确地向受众传递文化品牌的符号语境,使品牌形象与消费者的内心情感达到一致和共鸣。

(一)文化品牌的形象化表达程序

在文化品牌形象化的具体生成过程中,首先要对文化品牌进行核心价值的提炼,洞察消费者在品牌认知过程中的心理反应;然后从这一前提出发,用文字搭架设定若干不同的思维路径,不断激发出创新元素,努力寻找文化品牌的闪光点;再将有新鲜感的元素用视觉语言表达出来,形成品牌标志(LOGO)的创意草图,或者将若干个有趣的闪光点连接起来,发展成一个完整的故事情节,继而提炼出主题呼号。最后分析和比较不同设计方案的优劣和可行性,形成最终的品牌形象设计方案。这一过程可浓缩为三个节点:创意概念化——用文字提炼文化品牌的核心价值;概念形象化——寻求相关元素进行视觉表达;形象优选化——从标志设计方案中优选。

1. 创意概念化——提炼文化品牌的核心价值

进入人们大脑的每一个信息,都是可以寻找到一个核心的词汇加以表达的。如各种数字、代码、食品、饮料、色彩、音符、纹路、形状等,甚至是一些抽象的感觉、印象、记忆、思想等同样如此。人的大脑思维是一个庞大的联想机器,它具有超强的信息处理能力和学习能力。为了使创意思维能够快速扩展,使得一个与众不同的新奇想法破土而出,可以沿着思维导图的启迪,从提炼核心概念的发散思维入手,最大限度地发挥创意思维的潜能(见图11-9)。

---

① [德]彼得·科斯洛夫斯基.后现代文化——技术发展的社会文化后果[M].毛怡红,译.姚燕,校.柴方国,审校.北京:中央编译出版社,1999:164.

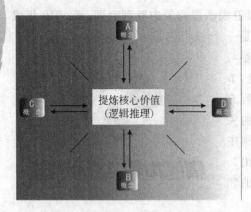 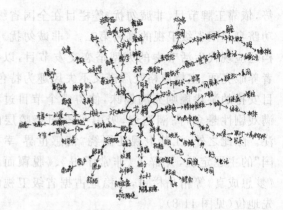

图11-9 程序一：创意概念化及实例　　　　图11-9a 创意概念化实例

要想打开创意思路，除了围绕核心概念进行一级发散以外，还可以沿着其中的任何一个词汇继续进行自由联想的二级发散和多级发散，用收敛思维整理这些联想。比如用不同颜色的线条或圆圈分别标识出联想结果与核心概念的关系：与核心概念构成元素关联的毗邻符号（横向关系），与核心概念结构关联的系谱符号（纵向关系），以及与核心概念看似无关联的放射符号（非常规关系），这样就可以建立清晰的树状思维导图，从中提炼出最具创意的概念作为广告创意的切入点。例如，"世界读书日"的节标设计创意，首先选定主题概念"书籍"来进行思维发散。从"书籍"这个中心点出发，先设定了几条思考路线，分别是"向导"、"教育"、"文化"、"眼镜"、"工具"、"海洋"、"粮食"、"知识"、"纸张"。进而，又分别从每条路上寻找新元素，例如，针对"文化"这条线，可以联系到"传统"，通过"传统"又开发出"京剧"、"美"、"旗袍"等元素。再由"京剧"联想到了"脸谱"，由"美"联想到"孔雀开屏"等。

2. 概念形象化——寻求相关元素进行视觉表达

尽管草图是很粗糙的原始版本，但它真实地记载着设计师的创意。最优秀的标志设计创意往往会在草图中诞生，因此应养成良好的习惯，在遗忘之前将创意画在纸上，稍后再考虑其版式布局和整体协调性。草图对于最终方案的遴选非常有帮助，因为创意能被很快而简略地勾勒下来，可以从中获取所需的设计概念。

通常情况下人脑可以在任何两个事物之间建立联想，尤其是在形象思维的诱导或有了别的刺激来触发这些联想时，不仅可以磨砺视觉感知力，而且有利于增强创造性思维的自信心。在这一过程中，不仅要完成深入的概念发散，提炼出语言符号，更重要的是要将语言符号转换成非语言符号，用形象化的图形表达出来。这样就可以为下一步的标志符号化表达继续拓展创新思路（见图11-10）。

在大量草图构思的基础上，可以进一步进行筛选。这时应以客户和消费者的认识为指导，选出最中意的创意群，而不是把精力只放在一个创意上。可以尝试多展开一个创意，着手更加详尽的草图，然后深入修订草图。在修订的过程中，还可以回过头来审视调研环节尚未发现的问题，画更多的草图。值得注意的是，有时广告客户可能缺乏足够的视觉传达知识背景，不能通过简略的草图来想象并理解标志创意，因此应寻找并提供更加便

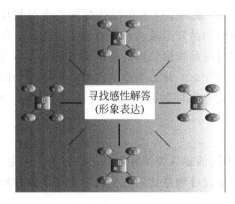
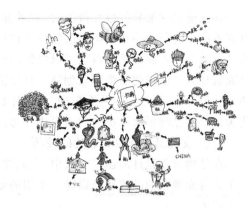

图 11-10　程序二：概念形象化及其实例　　　　图 11-10a　概念形象化实例

于理解的沟通方式帮助客户理解品牌形象的设计创意。在这一过程中要仔细聆听客户的反馈意见，尽量让客户理解设计方案；还要善于听取同行的意见，他们也许会注意到你所遗漏的不妥之处。经过不断的修改和完善，直至拿出令自己和客户双方均满意的设计方案。

3. 形象方案化——从标志设计方案中优选

在完成大量草图并从中选出方案之后，应进一步检验和求证品牌形象的设计创意方案，将其中有新奇想法的点子用草图形式使它们鲜活起来，将不足之处加以补充，过激部分予以修正。一旦完成了创意最终所需要的文本和设计元素，就可以着手按照发行的要求完成品牌形象的设计制作。

对这一过程的审定，最好回到与客户沟通时确定的主题。因为有效的品牌形象设计是没有捷径可走的，唯有仔细研究主题，分析什么是最准确的诉求表达，怎样的创意才能使观者过目不忘。仍以"世界读书日"的节标设计创意为例，从"文化"联想到"传统"，再从"传统"引发出"京剧"、"美"和"旗袍"。当从"美"联想到"孔雀开屏"时，找到了翻开的书与孔雀开屏的形似特征进行同构。于是，"世界因书而美丽"的创意草图跃然纸上（见图 11-11）。

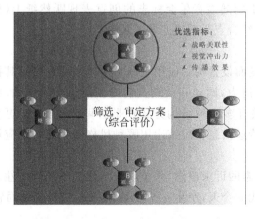

图 11-11　程序三：形象方案化及实例　　　　图 11-11a　形象方案化实例

第十一章　建构：提炼品牌价值

在提炼品牌形象的核心价值时,应了解清楚所要做的品牌形象设计与同类产品相比有何不同。竞争对手在如何做品牌形象设计?他们的品牌形象设计创意看上去怎样?什么是竞争对手不能提供而自己可以提供的?如何通过品牌形象设计使消费者远离竞争对手而选择自己所做的品牌形象创意?目标消费群是什么?什么类型的设计能吸引他们的注意?另外,还要收集一些有趣的、引人注目的和完全不同的品牌形象设计创意资料,以便为日后的品牌形象维护与创新提供参考。

(二)文化品牌形象化表达的技巧

在品牌形象设计的创意实战中,人们往往将不同的思维类型和创意方法糅合到一起,产生新奇而独特的品牌形象设计。常用的品牌形象设计创意技巧主要有形态学矩阵和奥斯本清单。

1. 形态学矩阵

为了使品牌形象设计创意更加符合逻辑、更加富有条理,设计师可借鉴瑞士天体物理学家弗雷茨·兹威基发明的形态学矩阵进行创意实践。[①] 形态矩阵学告诉我们:当人们要完成某项复杂的任务或需要解决难题时,可以将目标和条件按照一定的顺序排列出来,逐一加以研究。通过建立并填写形态学矩阵图,可以将问题分解开来,当这些条件和目标被重新组合时,解决难题的方案也就迎刃而解了。

根据这一思想,设计师可以将与品牌形象设计相关的各种要素和条件,分别列入矩阵图中,然后逐一对应直至找到最佳的组合为止。以援助非洲音乐会标志设计为例。通过矩阵图表,分别列出与援助主题相关的词语和字母元素(LIVE AID 等)、与摇滚音乐的乐器相关的元素(电吉他、沙锤等)、与音乐相关的符号元素(各种音符)、与非洲的地理条件相关因素(非洲地图等)、与非洲文化习俗相关的典型符号(黑肤色、赤脚等)、与非洲动物相关的剪影符号(非洲大象、斑马、野牛等)、与非洲传统图案相关的纹样符号等。将这些元素绘成简图填入矩阵表,然后分别进行要素和条件的逐一组合,在经过进行思维碰撞之后,从中找出最为满意的品牌形象设计表现形式。比如,可以从简图中分别挑选出与援助主题相关的词语 LIVE AID,代表非洲的地图以及乐器中的电吉他等三个基本元素,取电吉他的琴弦把手与非洲地图同构成乐器形,在两者的接合部嵌入与援助主题相关的词语 LIVE AID。于是,为救济非洲饥荒灾区募捐的摇滚音乐会标志的创意表现跃然纸上(见图 11-12)。在这一过程中,寻找元素组合的结合点是解决问题的关键。

2. 奥斯本清单

奥斯本清单最初是为产品的开发与改良而设置的。应用奥斯本清单主要是借助其提问和检测的方式,深入拓展品牌形象设计的潜力,调动并活跃人们的创意思维。比如,在图形的大小、比例方面可以做哪些变化?共有多少种结构方式?是否可以更经济、更合理?能否继续提高它的性能?如何更好地传递信息?应该运用哪种风格来表达?它应该具备什么特性?等等。

总之,根据客户的品牌形象目标提取标志的诉求概念,并予以艺术化表现的创造性思维活动十分重要。在资讯时代转为概念时代的今天,产生一个独特的标志创意就如同解

---

① 马里奥·普瑞根.广告创意完全手册[M].初晓英,译.北京:中国青年出版社,2005:204.

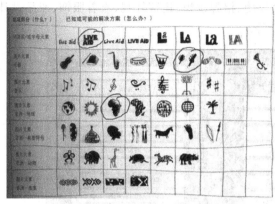

图 11-12　形态学矩阵图例①

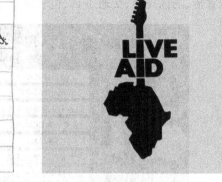

图 11-12a　形态学矩阵方案实例

答一道数学题,只有找到最佳的解答时才会充满喜悦。成功的品牌形象设计依赖于与众不同的标志创意,而再好的标志创意也要依赖精准的文案和充满智慧的设计表达来共同传递。

第三节　文化品牌的形象传播

世界金融危机所带来的经济萧条,迫使文化企业要更迅速而准确地寻找商机;互联网信息的海量化造成的更为复杂的传播环境,也给文化企业造成了更多无所适从的危机与风险。面对机遇与挑战并存的市场环境,唯有主动走出越来越同质化的市场,找到能使自己的产品与众不同的差异化品牌整合营销传播的途径,才能有机会赢得成功。

一、文化品牌的 CIS 导入

品牌形象是以商标的造型和色彩计划为核心,将企业的经营理念、管理水平、产品特色及广告宣传融为一体,运用清晰而简洁的视觉传达沟通技术,使抽象理念落实为具体可见的传达符号,形成一整套象征化、同一化、标准化、系统化的符号系统。品牌形象识别系统有其自身的构成原理和符号特征,经基本要素和应用要素的演绎而成。

一般情况下,消费者是通过企业识别系统 CIS(corporate identity system)来认识企业形象的。CIS 由三个子系统所组成:MI(mind identity)、BI(behavior identity)和 VI(visual identity)。MI(理念识别)是指公司统一的理念和文化,是企业形象系统的核心和原动力,通常渗透在企业管理制度、员工的思维方式、处事方式中。BI(行为识别)是员工的精神面貌和服务态度所造成的对外形象,企业员工的行为准则是行为识别的一个集中体现。VI(视觉识别)是企业的视觉识别系统,是企业理念的形象反映。

(一)基本要素系统

如图 11-13 所示,基本要素主要包括企业名称、品牌标志、标准字体、标准色、象征图

---

① 马里奥·普瑞根.广告创意完全手册[M].初晓英,译.北京:中国青年出版社,2005:205.

案等；应用要素主要包括办公用品、办公设施、招牌旗帜、建筑外观、衣着服饰、产品设计、广告宣传、场区规划、交通工具、包装设计等。

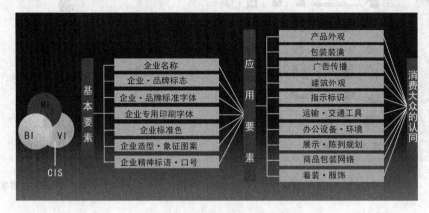

图 11-13　品牌形象传播系统图

标志是以浓缩的造型图案形式代表使用者的身份和行业特征的识别符号，主要包括商标、徽标和公共标识等。标志是企业形象具有较高的附加值和商品品质信誉的象征。按标志的主题素材进行分类，可分为文字标志、图形标志和组合标志等。以各地省级电视台的台标为例，不少网民充分发挥诙谐幽默的想象力，将一些省级卫视冠以喜爱的昵称。如以草书繁体的"龍"为元素的黑龙江卫视台标（见图 11-14），以地域特点的"孔雀"为元素的云南卫视台标（见图 11-15）和以文字缩写"H""N"组合成大象的河南卫视台标（见图 11-16）等，都是人们所熟悉的媒体标志。值得注意的是，各种数字技术的介入为 VI 设计的创新提供了更为宽广的视野和新的表现平台。数字化标志是传统手绘艺术与计算机绘图技术相结合所产生的一种新的标志设计形式，它可以根据品牌形象传播的需要，采用平面静态或立体有声的表现形式，并具有互动性、延展性、可变性和审美性等方面的视觉优势，成为近年来平面设计领域和品牌形象传播领域中值得关注的焦点。

图 11-14　文字标识　　　　图 11-15　图形标识　　　　图 11-16　组合标识

标准字体是将文化产品或文化企业的全称加以熔铸提炼，组合成统一的字体，通过文字的可读性、说明性和独特性，将企业的规模、特征与经营理念传达给社会公众。由于文字具有明确的说明性，容易产生视听同步印象，因此具有强化企业形象、补充标志内涵、增强品牌诉求力的功效,其应用频率绝不亚于标志出现的频率。以黑龙江卫视的标准字为例,由于台标采用繁体中文元素构成了视觉中心,因此台标下方的标准字亦采用繁体中文相呼应。

标准色是通过某一特定的色彩或一组彩色系统的视觉刺激和心理反应,传达文化企业经营理念和产品特质的重要识别要素。一般会根据文化企业的经营理念或产品特质,选择能够表现其稳定性、信赖感、成长趋势的色彩。有时为了扩大市场影响或强调经营特色,也会选择抢眼夺目、与众不同的色彩来突出品牌。如江西是我国战争年代的革命老区,江西卫视的节目突出其红色根据地的地缘特点,故而人们将其台标亲昵地称为"辣椒台"。

有些企业除标志、标准字和标准色以外,还设有吉祥物或吉祥图案。吉祥物是借助适宜的人物、动物、植物的具象化视觉效果,塑造企业形象识别的造型符号。通过幽默、滑稽的造型捕捉社会公众的视觉焦点,容易激发品牌形象的亲和力。在吉祥物造型中,幽默滑稽的人物造型,带给人热情、周到的服务暗示;威武凶猛的动物形象,带给人强劲霸气的品质保证;娇嫩率真的植物卡通,带给人呵护备至的关爱情怀。择取人物、动物、植物的个性和特质,能准确而轻松地表达企业的经营理念。

(二) 应用要素系统

在文化品牌的形象识别系统中,除常用的标志、标准字体、标准色、吉祥物等基本要素以外,还有产品、包装、建筑外观、办公环境、公共设施、招牌吊旗、衣着服饰、办公用品以及交通宣传等其他要素。这些视觉要素也是构建企业视觉识别系统的重要组成部分。

标识是在公共环境空间中表示企业与建筑物存在的指示符号。具有识别功能的标识中,有建筑屋顶上、墙壁或入口处的表示标识,也有玄关、门牌、门柱及设施名等标牌标识,还有供使用者确认目的场所的部门、柜台等标牌标识。具有接待功能的标识中,有全景区建筑、设施配置图和指示牌,也有建筑物内各部门、各楼层位置的配置图和指示牌,还有为引导使用者到达目的场所的指示招牌等。具有限制功能的标识中,主要是表示禁止的各种标识。

文化企业的运输工具除具有运送货物和人员的基本功能之外,作为人们注目最多的活动招牌和动态公关媒体,它还具有沟通的媒介功能。运输工具的设计主要是将车辆表面进行图像的设计处理。鉴于车辆所具有的流动性强的媒介特征,在设计时应着力开发图像本身的视觉认同性,并注意车辆表面的图像设计与企业整体形象的视觉统一(见图 11-17 和图 11-18)。除此之外,运输工具的设计还应注意法规的限制和其他专用车的误认等。

在文化企业视觉形象各构成要素中,办公用品的设计不容忽视。办公用品不仅是企业和外部沟通的媒介,也是对标志等基本要素模拟的重复传播媒介。名片、信封、信纸、文具、纸杯、商业表格等,都有必要纳入整体设计开发,以赋予企业新的风格和印象。另外,用于销售服务的手提袋包装设计也是企业形象宣传重要的流动媒体之一。品牌不仅是印在产品上的区别性标识,更是企业用以维护其生命力的重要法宝。

图 11-17　人民网采访车

图 11-18　北京电视台转播车

二、文化品牌的形象推广

在现代商品社会的品牌战中,仅有企业识别系统的建立是不够的,还需借助 CIS 推广才能更加有效地建立令人记忆深刻的品牌形象。

CIS 是由视觉识别系统(vision identify system,VI)、行为识别系统(behavior identify system,BI)和理念识别系统(mind identify system,MI)三个重要部分所组成。在现代信息社会,各种传播面广,承担信息传播功能的文化传播媒体,其品牌形象的推广尤为引人注目。视觉识别系统(VI)是人们接触最多,也最能直观地感受到的主流媒体。它包括企业商标(LOGO)的定位形象、定位色彩、定位字体等,其定位色彩可以在产品包装、企业建筑、员工服装、交通工具、往来信函等方面体现。行为识别系统(BI)是企业实践经营理念与创造企业文化的准则,对企业运作方式所作的统一规划而形成的动态识别系统,包括对内的组织管理和教育以及对外的公共关系、促销活动、资助社会等公益性文化活动。理念识别系统(MI)是指确立文化企业自己的经营理念,企业对目前和将来一定时期的经营目标、经营思想、经营方式和营销状态所进行的总体规划和界定。MI 所涉及的主要内容是企业精神、企业价值观、企业文化、经营理念、经营方针、市场定位、产业构成、组织体制、管理原则、社会责任和发展规划等。

就电视媒体而言,包装是导入 VI 即视觉识别系统的重要手段。如何从成百个上星电视频道中吸引更多的电视受众用遥控器锁定频道?关键在于内容的吸引力。除了电视作品的高质量以外,频道的个性化吸引力也是一个极为重要的因素。纵观世界各国电视台,在频道包装上都有自己鲜明的个性。要能在众多的频道争夺中脱颖而出,稳稳地赢得观众手里的遥控器按钮,就得在频道自身的包装上下功夫。

中国中央电视台(China Central Television,CCTV)是我国实力最强、信号覆盖面最广的电视台。早在 2006 年 9 月中共中央办公厅、国务院办公厅的《国家"十一五"时期文化发展规划纲要》中,就非常具体地提到了"加强中央电视台的频道品牌化建设"。[①] 可见,央视频道品牌化已经成为国家文化发展战略的一个重要组成部分。在收视份额出现

---

① 袁正明.中央电视台 2007 年战略解析[OL].人民网,2006-12-30. http://media.people.com.cn/GB/22114/64606/76682/5234906.html.

连续增长的市场优势面前,中央电视台不仅追求量的扩张,更加重视实现品牌媒体的高品质与媒体责任的使命感的和谐统一。为此,央视提出了"提升公信力,构筑品牌媒体之基;提升影响力,高扬品牌媒体之旗;提升竞争力,培固品牌媒体之本;提升创新力,舞动品牌媒体之翼;提升凝聚力,构筑品牌媒体之魂"[①]的品牌战略设想,同时在频道及栏目的包装、主持人形象和品牌传播理念等形象识别上全方位推广央视媒体品牌,吹响了打造品牌频道和精品栏目的集结号。作为主流电视媒体的央视品牌形象推广具有典型的传播意义,中央电视台正是通过营造文化氛围和提升价值魅力来推进其品牌化战略的。

(一) 品牌形象的视觉传达

电视传媒品牌的视觉识别渠道除了通过台标、标准字、标准色等基本要素系统以及环境标识、采访车、麦克风、摄像机等应用要素系统的形象宣传以外,还要通过台标、频道标和节目标志以及宣传片、片头、导视等一系列频道、栏目和节目的包装来实现。如果把一个媒体品牌拟人化,那么电视包装就好比一个人向外界展示的容貌和衣着。这里所说的视觉符号是广义的意象符号,即突出媒体品牌外在特征的符号语言,包括图像和声音。因此,电视传媒的视觉要素包括台标、频道标和节目等形象标志、形象片、宣传片、广告语以及个性化的音乐、片花、字幕、色彩和衬底等识别元素。

1. 台标、频道标和节目的形象标志

随着电视市场分众化趋势的日益明显,省级上星卫视的竞争力逐渐增强,电视观众手里遥控器按钮的选择代表着竞争的取向。因此,频道包装的重要性便日益凸现出来。观众对频道的品牌印象在很大程度上决定了对频道的选择。于是,现在几乎所有电视台的节目、栏目、频道都很重视各自的形象设计。台标、频道标和节目的形象标志是电视包装的第一形象要素,也是识别性最强的一种符号。一般频道的形象标志都会以定格的方式展现在屏幕左上角、节目结尾落幅和宣传片中。恒定地存在于荧屏的一角,便于形成稳定的记忆效果,也有助于电视观众快速判断出自己正在观看的是什么频道的什么节目。正因为如此,形象标志设计对于电视包装来说是非常重要的。相比其他要素,台标、频道标和节目的形象标志播出的频率是最高的,影响也是最大的。它不仅可以增强节目或栏目的识别记忆,而且可以使不相关的节目或栏目融在统一的标识下,增强频道的整体性。台标、频道标和节目的形象标志设计通常强调醒目、简洁、易识、易记。

《中华人民共和国国家通用语言文字法》明确提出:关于广播、电影、电视用语用字,应当以国家通用语言文字为基本的用语用字。然而,因历史形成的原因,中央电视台的台标采取英文及阿拉伯数字混杂使用的形式已延续了数十年,其品牌价值又非常珍贵。因此,2011年第一天央视全面更换了台标。新台标的形式统一为"CCTV+频道号码+频道中文名称","CCTV"和"频道号码"在上,频道中文名称在下。这一改动,增强了母语的识别性。同时,除标志以外,标准字体和标准色的使用也非常重要。在电视频道的视觉形象传达中,色彩也是基本要素之一。以央视新闻频道为例,不仅各栏目的标识均以"环球"为基本形,而且为了体现其新闻的理性、客观,其频道定位的色彩基调也选择了蓝色调(见

---

① 袁正明. 中央电视台2007年战略解析[OL]. 人民网,2006-12-30. http://media.people.com.cn/GB/22114/64606/76682/5234906.html.

图11-19）。因为在色彩的心理暗示中，蓝色来自大海和天空的启迪。它代表理智、永恒、宁静，使人产生高远、博大、深邃、壮阔、浩渺的感觉。借助蓝色的魅力可以使广大电视观众对新闻频道所宣传的内容产生信任感，达到频道定位的传播目的。

图11-19　央视新闻频道台标、频道标和节目LOGO

2. 形象片

形象片是专门用于对电视频道或栏目的定位和风格进行演绎的电视片。以画面为主，同时与播音、配乐、音响等完美结合，形成强烈的视觉震撼力和捕获观众注意力的传播效果。尽管和形象标志相比其播出频率相对较少，但是对于能否吸引观众对频道、栏目和节目的收视率，减缓收视观众的流失而言，形象片的作用十分重要。因此，要求有极高的创意表现张力，充分利用有限的时间和空间画面传达出频道独特的风格和定位，争取使电视观众拥有量最大化。

以中央电视台形象广告《水墨篇》为例（见图11-20）。《水墨篇》秉承"民族的就是世界的"这一理念，借助水墨画表现的传播载体，融合了中国传统文化和绘画的表现力，采用墨在水中晕染开来的形式感，不断变幻出山峦、大海、仙鹤、游龙，乃至长城、太极等具有中国特色的元素，用一种大胆的创意和独特的表现手法，将中国传统的水墨画与现代的动画技术结合在一起，在突破传统的同时赋予了中国文化以新的生命力，生动地诠释出央视品牌"从无形到有形，从有界到无疆"的创新内涵。该形象片在新加坡荣获了Promaxbda亚洲最佳形象宣传片金奖、最佳动画金奖后，又获得了2010年纽约广告节金奖。纽约国际广告节是国际著名的广告节之一，《水墨篇》也是我国在国际著名广告奖项中首次斩获的金奖。

3. 宣传片

宣传片是专门针对电视频道或栏目的内容和风格进行推广和预告的电视片。原本是用来营造播放气氛、烘托内容气势、呈现作品名称以及作品内容信息的一段影音介绍材料。现在大多是通过有代表性的镜头语言符号突出频道（节目）内容特色的宣传载体（宣传片中又可分为近期宣传、中期宣传和远期宣传）。有的以具体的频道和电视台的呼号宣传或是以自己台的主持人、名牌栏目片头等具体内容为题材，有的是由报道内容、画面组接来完成。

随着电视制作手段的进步和包装理念的调整，宣传片的制作元素越来越丰富，手段也

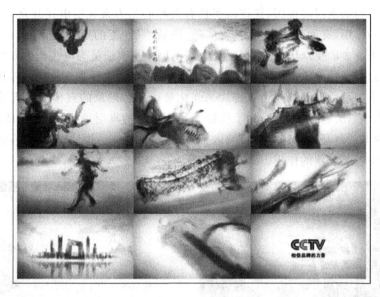

图 11-20　中国中央电视台形象片《水墨篇》

越来越现代化。尤其是三维动画制作技术引入以后,无论在表现形式上还是观众的认同度上,宣传片的视觉效果都得到了根本性的提高。三维动画制作技术是电脑高新技术与艺术相结合的产物,它利用计算机图形图像学、计算机辅助设计原理融入绘画、摄影等艺术门类的专业表现技巧,可以随心所欲地在电脑中营造具有三维空间感的虚拟物体和场景,然后设计运动路径,通过非线编合成视觉感极佳的效果。近年来,采用电影胶片与三维动画结合生成制作的宣传片画面形象更加丰富,色彩也更加亮丽自然。例如央视纪录频道的宣传片:路为纸,地成册,行作笔,心当墨。记录无限,丈量天下(见图 11-21)。

图 11-21　央视纪录频道开播宣传片

4. 片花和导视

片花是电视节目视听形象的精彩缩写,或由一个情节片段,或由一个精彩的镜头所构

第十一章　建构:提炼品牌价值

成。由于片花的播出时间很短,往往需要具有强烈的张力来吸引电视观众。导视也具有浓缩和提炼的作用,有的是收视指南,有的是"稍后请看"类的短片,还有的频道为了减轻单纯播出广告造成的受众厌倦感,在剧集之间由剧中主要演员为电视剧做宣传,以吸引观众的收视注意力。通常收视指南播出频率比较高,能起到引导观众收视的作用,同时也能通过收视指南中反复出现的频道宣传片来强化频道和台形象的宣传。还有就是"请您欣赏"。在播出中总会有一些间隙,为了保证下一个栏目的准时播出,同时也能充分利用这个间隙,不少电视台开始把这类节目纳入整体的包装中,统一设计式样,内容定期更换,起到整个频道中包装花絮的作用(见图11-22)。

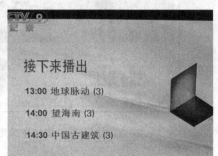

图11-22 央视纪录频道片花和导视

可见,电视包装其实质是一种形象广告。其主要功能有三:一是借助一些特技手段,将"节目预告"编排得绘声绘色;二是对栏目进行宣传,以吸引更多的受众来收看节目内容;三是通过窗口树立形象,打造有特色的频道和栏目。通过对频道和栏目的精心制作,往往可以进一步提升频道和栏目的观赏价值。以包装形式完成的电视媒体视觉形象传播,将在激烈的电视市场竞争中发挥着越来越大的作用。

(二)品牌形象的行为传达

行为传达是整个CIS推广中不可或缺的一个方面。主持人形象风格的细微变化,甚至连日常生活中的一言一行均有可能造成媒体品牌传播的正面或负面影响。就电视媒体而言,电视人的公众形象是行为识别系统的重要组成部分,屏幕上主持人的外形、风格以及在公益性文化活动中的表现都可以产生受众亲和力。借助电视媒体本身的平台展示电视人的公众形象,在各类公益活动中展示电视人的职业操守和人格魅力,都是品牌形象传播最为直接的行为传达。

1. 主持人的形象与风格

面对各媒体的激烈竞争,主持人的品牌效应和个人魅力已成为电视媒体参与竞争的一支重要力量,风格独特的记者型主持人成为创造栏目品牌价值的关键。由于主持人各自的形象、气质、学识、风度和谈吐习惯不同,所形成的个性风格迥异。同为新闻节目主持人,白岩松以犀利准确的采访和富于理性与感情色彩语言表述的风格,表现了他对社会深层问题的敏锐观察能力;水均益则以其细致周到、全身心地投入采访和主持的工作作风赢得信赖;崔永元以其幽默和个性化的语言,还有率真机敏的风格征服观众。在不同频道、不同栏目中的各类主持人有的端庄大方,有的幽默诙谐,有的机敏犀利,有的稳重老练……只要形成独特的主持风格,都会得到受众认可并产生喜爱,创造出良好节目收视效果。尽管不同频道、不同栏目中的各类主持人风格迥异,但有一点是共通的:具有独特风格的主持人不仅可以提升个人的知名度,而且能创造栏目的品牌价值(见图11-23)。

图11-23　央视文艺频道风格迥异的主持人风采

2. 公益性活动表现

电视媒体品牌对于受众而言是一种无形的忠诚契约。当重大事件发生时,我国的电视观众会首选央视新闻频道和凤凰卫视中文台,因为可以从电视频道中获得及时而客观的动态报道。这不仅是因为央视和凤凰卫视中文台这样的品牌频道长期积累了丰富的经验、保证与承诺产生的效应,而且是电视观众从中获取吸引力、感染力和影响力的无形资产。正因如此,当2008年5月12日8级强震猝然袭击我国四川汶川、北川时,大地在颤抖,瞬时地陷山移,到处是灾难重创下的满目疮痍,到处是亲人生离死别的悲泣。面对突如其来的大灾难,央视主持人在哽咽着报道灾情的同时,立即投身其后的抗震救灾的洪流之中。在最短的时间里,央视高效地组织了大型赈灾募捐活动,著名主持人悉数登场积极参与各项赈灾义演活动(见图11-24)。

图11-24　央视在汶川大地震后组织并参与的抗震救灾大型公益活动

(三)品牌形象的理念传达

电视媒体品牌的理念传达往往渗透在其形象片、广告语和内容品质中。不论是采用亲切语气的"您正在收看的是'中国中央电视台'",还是"从无形到有形,从有界到无疆"的形象片的水墨渲染,都透出作为国家电视台的不事张扬、沉着自信的气质。

央视在品牌形象的理念传达上,尤其重视打造公益品牌。多年来,央视始终抓住中国

第十一章　建构:提炼品牌价值

社会发展的热点,制作并播出了大量积极向上、立意深远的公益广告,有效地传递出频道的人文关爱,拉近了与电视观众的距离感。如"希望工程助学行动"公益广告,在黑白相间的画面中,一双渴求知识的大眼睛里充满着梦想,仿佛在向社会诉说"我要上学"的呐喊。"大眼睛姑娘"给无数电视观众带来巨大的视觉冲击和心灵的强烈震撼,强有力地促进了希望工程的发展。再比如围绕下岗职工再就业问题,央视邀请刘欢、那英等明星拍摄《从头再来》、《脚步》等公益广告,引起社会各界人士普遍关注;在汶川大地震和玉树地震发生后,央视在第一时间推出抗震救灾公益广告。这一切都说明,央视在引领主流价值观方面承担了作为国家电视台的社会责任——努力为13亿中国人构建一个精神家园,倡导良好的道德风尚,传播先进文化,凝聚国家和民族的精神力量。

品牌的塑造与培育是一项旷日持久的系统工程,在激烈的市场竞争压力和日益恶劣的市场生态环境中,只有结合文化企业各自的特点灵活运用,方能发挥其独特而神奇的效用。而品牌沟通是通过对人类情感诉求的不断发现、表现和创造的过程,形成消费者对品牌形象的认同。消费者对某个企业品牌所抱有的期望,以及获得的与该品牌相关的信息,都将形成消费者对品牌的认知或品牌印象,并决定消费者对该品牌所持的态度。掌握消费者心目中对企业品牌形象的目的,就要洞察消费者的品牌知识,不断地更新和创造新的品牌知识,反映人们的一种生活方式和生活心态。

第四节 文化品牌的战略管理

文化产业的结构多元性决定了其品牌形象的丰富性,因而文化品牌的建构模式也呈现出多重的战略选择。在文化品牌的模式选择上,有核心品牌领先战略,亦有多品牌并重战略;在文化品牌的延伸发展上,有产品延伸、名称延伸和概念延伸等;在文化品牌的建构模型上,有大卫的品牌360模型可以借鉴,亦有电通的蜂窝模型可以借鉴;核心品牌领先战略,亦有多品牌并重战略;核心品牌领先战略,亦有多品牌并重战略;在文化品牌的管理维护上,既可探索品牌维系、品牌保护,亦可探索品牌形象的整合营销传播。

一、品牌运行的战略选择

通常培植一个文化品牌需要耗费大量的人力、物力和财力,如果能将所有资源整合起来进行优化配置,将有助于节省品牌的设计成本和传播费用,增强文化企业的整体实力。同时,利用已有品牌的知名度、美誉度和忠诚度,也有助于新品牌的推广。文化品牌的运作模式多种多样,用得最多、最为成功的是多品牌并重的战略选择。而在多品牌并重的战略选择中,又可细分为核心品牌领先战略和多品牌并重战略。

(一)核心品牌领先战略

所谓核心品牌领先战略,是指文化企业在自己内部结构中优先发展具有典型意义的一两个品牌作为重点,以带动其他品牌共同发展的一种品牌战略。

核心品牌在文化企业内部占有绝对优势,对文化企业的整体运行状态和发展发挥着举足轻重的作用,在品牌影响力和品牌收益方面方面也成为领军品牌。例如湖南卫视的《快乐大本营》和《天天向上》(见图11-25)。有资料表明,湖南卫视2009年的广告创收达18亿元,仅次于中央台一套,占据全国单频道创收第二位;品牌价值突破60亿元,仅次于中央电视台和凤凰卫视,居国内第三位。① 湖南卫视的品牌栏目《快乐大本营》,作为综艺栏目王牌中的王牌,稳稳地占据着周六黄金时段的收视率,创造了综艺节目持续12年长盛不衰的辉煌业绩。而周五播出的《天天向上》,则以其幽默风趣的主持群体和自成一体的节目风格,迅速形成了一种全新的娱乐脱口秀热潮,收视率也是节节高攀。在这两个核心品牌的带领下,《智勇大冲关》、《挑战麦克风》、《我们约会吧》、《称心如意》等品牌也陆续进入广大电视观众的收视热门,形成了一个黄金收视带,使得湖南卫视的整体竞争力逐渐增强。

图 11-25 《快乐大本营》和《天天向上》

湖南卫视的核心品牌领先战略主要围绕其核心价值"快乐中国"来创办精品栏目而展开。早在上星之初,湖南卫视就将品牌战略列为发展中的重中之重。从最初选择"周末战略"试水电视市场娱乐节目开始,到提出"打造中国最具活力的电视娱乐品牌"的口号,并针对"活力"的特色目标鲜明地提出了"锁定娱乐、锁定年轻、锁定全国"的办台原则,创办了精品栏目《快乐大本营》。该栏目火爆之后,更加明确了"快乐中国"的频道理念,进而上升到"用责任引领品牌"、"用品牌传播大爱"的理性高度,接着推出了由天天兄弟共同主持的《天天向上》栏目,更加拓展了为全国电视观众提供快乐、愉悦体验的品牌特色。实践证明,湖南卫视的核心品牌领先战略是成功的。湖南电视台大胆借用"美国偶像"的概念和做法,将类似艺术院校招生考试的真人秀形式引入节目中,创办了2005"超级女声",使得该节目几乎在一夜之间成为风靡全中国的娱乐节目。从节目策划、节目制作、节目播放,到品牌衍生品的开发,以"海选"、"PK"等参与形式走近平民的选秀节目,吸引的绝不止参赛的歌手本身,节目制作商、节目运营商、冠名赞助企业、广告代理商、电信运营商、短信增值服务商、娱乐包装商、网络媒体都参与了这场"超级女声"的文化盛宴。据国内权威收视率调查机构——央视索福瑞媒介调查公司的数据显示,该活动在湖南卫视播出时,同时段收视率仅次于中央电视台一套,排名全国第二。

(二)多品牌并重发展战略

所谓多品牌并重发展战略,是指文化企业将自己内部结构中那些实力较强、潜力较大

---

① 刘一平. 快乐,在生长与裂变中构筑未来——湖南卫视品牌拓展之路[J]. 湖南大众传媒职业技术学院学报,2010(6). http://wuxizazhi.cnki.net/Search/DZCM201006005.html.

的品牌加以并重扶持，通过多个品牌广为覆盖、形成合力的一种均衡发展战略。

多品牌的并重发展，要求文化企业拥有足够的实力，并对企业的整体发展有着明晰的战略构想。凤凰卫视的前身是开播于1991年的李嘉诚父子创办的卫视中文台，1996年经与《今日亚洲》和《华颖国际》合并后成立了现在的凤凰卫视中文台。2002年年底，凤凰卫视中文台获准在中国内地限制播放。2000年在香港联交所创业板块成功上市之后，凤凰卫视实现了自身资本价值和运营模式的全面升级，在短短的十余年间便创下了电视媒体的品牌传奇。基于"新闻是建立具有影响的电视主流传媒的基础"这一理念，凤凰卫视确立了"资讯为先"的办台方针。正是依靠其强大的新闻报道实力，凤凰卫视成为广大电视观众心目中的媒体品牌。凤凰卫视的栏目品牌很多，如《时事直通车》、《锵锵三人行》、《鲁豫有约》、《凤凰大视野》、《有报天天读》、《时事辩论会》、《军情观察室》、《一虎一席谈》、《名人面对面》、《解码陈文茜》、《时事辩论会》、《震海听风录》、《开卷八分钟》、《世纪大讲堂》等等（见图11-26）。

图11-26　凤凰卫视的栏目品牌

凤凰卫视的多品牌并重发展战略主要依托"以人为本"和"不断创新"。电视主持人、记者既是电视产品的制造者，又是电视产品的传播者。因此，凤凰卫视十分重视以人为本，提出了名主持人、名评论员和名记者的"三名战略"，不仅为主持人量身定做适合其个性、风格、特长的栏目，而且将主持人的形象与节目内涵结合起来。如阮次山先生被打造为"蛮帅的列宁"，曹景行一头秀发的书生形象也令人过目难忘。还有，通过各种记者会、见面会、演示会、平面媒体宣传、建立专门的网页等形式，让主持人和评论员频频曝光。甚至还为名主持人、名评论员和名记者拍摄形象片，制作精美的明星卡等。当伊拉克战争打响以后，记者闾丘露薇冒着生命危险在第一时间进入巴格达，凤凰卫视高层抓住时机造势，不仅及时以公开信的形式加以宣传，还在当天播出了闾丘露薇的形象片，使这位看似柔弱的女记者迅速成为象征凤凰精神的"战地玫瑰"。在推行名人战略的同时，凤凰卫视更加注重不断创新。当内地的娱乐节目还比较保守时，凤凰卫视借助港台的技术优势和资源优势，为内地观众带来耳目一新的娱乐节目；而当内地的娱乐节目渐渐发展起来以后，凤凰卫视又及时地将节目重点转向资讯。当看到内地电视台循规蹈矩的新闻报道风格以后，凤凰卫视率先将直播作为资讯报道的主要形式；而当内地也开始对大型活动进行直播以后，凤凰卫视又开始利用评论员优势，加重解读、评论的成分，形成了独特的播报风格。如窦文涛主持的《锵锵三人行》，以侃谈为主，即兴发挥，常常在轻松随意的聊天中，将一些严肃的论点或较为私密的话题，化解为大众的生活经验和感兴趣的生活化表象，开辟了更加贴近生活的另类漫谈节目形式。《鲁豫有约》是以深入挖掘被访者内心深处的故事为主,依托主持人陈鲁豫的个人魅力的一档访谈节目,在话题的选择、主持艺术、谈话氛围的营造等方面都有着不同于其他访谈类节目的精彩之处。

二、品牌延伸的战略架构

每一个文化品牌都有自己的生命周期,为了尽快收回品牌导入期和成长期培植品牌的成本,延长品牌成熟期的社会影响和经济收益,明智的选择就是品牌延伸。

一个成功的文化品牌可以带来巨大的周边影响,甚至可以进行跨媒体经营,为企业争取到多点支持下的聚合资本,形成企业发展的良性循环。正因为如此,在推行品牌延伸战略时,不少企业纷纷采用直接依托母体品牌的衍生品开发来拓展产品链的延伸战略,试图通过母品牌与子品牌之间的关系整合,形成互动,相得益彰,加速提升品牌链家族的整体竞争实力,达到品牌效益最大化的目的。然而,文化企业只有根据各自不同的资源条件,适宜地选择双品牌战略、担保品牌战略、隐身品牌战略,才能真正找到适合各自发展的品牌之路。

(一)双品牌战略

所谓双品牌战略是指子品牌与母品牌交相辉映的品牌延伸战略。企业在进行品牌延伸的时候,要考虑清楚几方面的问题:品牌延伸的目的究竟是什么?品牌延伸到底会带来怎样的结果?准备采用什么方式延伸?延伸后的市场反应如何?怎样才能达到品牌延伸的最佳效果?一般情况下,市场竞争越激烈,行业内的专家品牌也就越多,其品牌延伸的成功系数相对也会越低。因此,品牌延伸并非像看上去那样是一本万利的好事,也可能会因此将企业推进万劫不复的深渊。要有效地规避品牌延伸的风险,大力发挥品牌延伸的积极作用,就必须首先对是否可以进行品牌延伸以及延伸到哪些领域作出正确决策。

央视综合频道是中国中央电视台的旗舰频道和精品频道,也是中国覆盖面最广、影响力最大的国家级频道。据有关数据统计,全国入户率高达99.61%,收视人口过13亿,城市入户率则高达100%。如何使这一受众人群最多、品牌效应最高的品牌频道,与其母品牌中国中央电视台交相辉映?央视除了打造《新闻联播》、《焦点访谈》等新闻精品栏目以外,还在所有节目的编排上采取汇聚央视全台精品栏目打造品牌链的整体形象。不仅继续巩固"权威资讯"的核心价值,而且全面打造"媒体精英"的整体形象。于是,在保证各个时间段均有新闻类栏目,充分满足不同观众对新闻的权威性、及时性和全面性等多种需求的同时,还汇聚和精选了优秀电视剧、精彩访谈和综艺精品节目,以确保"旗舰频道"的优势地位。央视正是通过这些精品栏目荟萃,牢牢地保持着综合频道的强势品牌效应(见图11-27)。

(二)担保品牌战略

所谓担保品牌战略是指子品牌受母品牌庇荫而发展壮大的品牌延伸战略。在现实生活中,消费者往往对自己喜爱的某种品牌表现出购买忠诚的现象,即在购买商品时会因为自己对某一品牌的偏向而产生"爱屋及乌"的行为反应。这种对品牌的忠诚度不仅为该品牌的产品延伸提供了稳定的不易转移的消费者群体,而且保证了品牌延伸后新产品的基础市场占有率。因此,文化企业在开发产业链时,可以利用消费者对其品牌的忠诚心理,

图 11-27　央视综合频道的旗舰风采

以较少的投入成本迅速进入市场,提高新品开发的成功度。在这一过程中,子品牌可以利用母品牌的成功与辉煌,将母品牌要素完全或部分地延伸至子品牌及其相关的新产品中,在母品牌的庇荫下拓展新产品的市场开发,增强企业发展的生命力,从而达到提高企业整体利润的目的。

本着"教育品格、科技品质、文化品位"的品牌定位,央视科教频道曾先后推出了《大家》、《讲述》和《百家讲坛》等栏目。其中《百家讲坛》不仅成为炙手可热的栏目,而且在探索文化品牌的产品延伸中也大获成功。不论是易中天《品三国》在《百家讲坛》热播后的图书热、音像制品热,还是于丹将《论语心得》英文版赠与日本首相的轰动效应,都说明《百家讲坛》品牌延伸战略是成功的。因为,"让专家、学者为百姓服务"是《百家讲坛》的核心价值,只要将这一核心价值延伸到图书和音像制品上,哪怕内容是"复制",也会因为打上了《百家讲坛》的烙印而热销。如果说阎崇年的《正说清朝十二帝》、易中天的《品三国》等图书热销还只是试水,那么到钱文忠的《玄奘西游记》再登各地畅销书榜榜首时,"百家讲坛,坛坛都是好酒"的广告语不仅验证了《百家讲坛》在品牌延伸上更加驾轻就熟,而且也让《百家讲坛》作为担保品牌在消费者心目中刻下了更深的烙印(见图 11-28)。

图 11-28　央视科教频道《百家讲坛》的品牌延伸

(三)隐身品牌战略

所谓隐身品牌战略是指子品牌独立发展而将母品牌隐藏其后的品牌延伸战略。实践证明,品牌延伸能否取得成功,取决于子品牌是否具备品牌延伸成功的技术基础和人才保障,取决于企业管理、营销能力是否具备条件和能力,取决于是否有充足的资本承受品牌延伸时带来的资金压力。当条件不具备时盲目实施品牌延伸,反而会牵连母品牌。因此,在主品牌不变的前提下,为延伸的新产品增加副品牌甚至推出全新品牌,是规避延伸风险的有效手段之一。这样既可以使子品牌与母品牌在消费者心目中形成一个整体的概念,又可以在两者之间形成一定的比较距离,使子品牌统一中保持差异性。

与其他子品牌相比,依附于母品牌的网站都有一个得天独厚的条件,那就是母品牌一般都具有很高的价值。如人民日报的人民网、新华社的新华网、央视的中国网络电视台等。由于相似联想会让人们产生迁移效应,因此这些子品牌网站首先使人们想到的是其母品牌的声望和带给消费者的利益。以央视旗下的中国网络电视台为例。在开发CNTV网站这一子品牌时,将央视母品牌CCTV加以隐身(见图11-29)。现有央视频道总量是16个,而中国网络电视台上导航条的频道最多时达52个,约为电视频道数量的3倍多,而且其中还包含新增加的网络电视直播、点播,手机mp4,大型活动以及社区、论坛、博客等以前所没有的项目。这使子品牌在突出网络特色的同时,也加大了与母品牌的关联度。同时,中国网络电视台在推出之际,请央视各频道知名主持人作为形象代言人,拍摄CCTV.com的新版电视宣传片,核心广告语是:"我在这里,请点击",从而将CCTV与CCTV.com的品牌形象融为一体,使央视国际网络的品牌形象得以提升。同时,在制作宣传折页时,每一张宣传单页的正面也是一位主持人的形象,背面则分别是央视网络新版推出的日期,实现了电视台形象与网络形象的统一。另外,子品牌网站克服了母品牌线性传播、缺乏互动和容量有限的先天弱点,可以将更多的电视传播以外的内容,延伸到网络上,进行图文直播、视频点播、在线访谈和大型网络专题报道,从而实现了内容的空间延伸。可见,电视台网站一方面要"依托母体",从电视台获取网络界所没有的品牌价值和内容资源优势,横跨两种传播形态的发挥作用;另一方面要"超越母体",电视台网站也要从网络界汲取电视台所没有的互动、海量功能及各种网络特有的表现手法。既为母体服务并归属于母体,又有相对独立的"人格特征",这才是电视台网站的品牌化生存与发展之路。

图11-29　中国网络电视台的隐身品牌战略

三、文化品牌的建构模型

无论是品牌创建还是品牌维护,都需要科学的管理方法来执行。文化品牌的创建与维护也不例外，需要在形象视觉符号的构建以后，通过不断维护来提升文化品牌的形象认同。

品牌认同是20世纪90年代末以来最新的品牌理论。在大卫·艾克的著作《品牌的经营法则——如何构建强势品牌》一书中，艾克教授指出："核心认同代表了一个品牌最中心，且不具时间性的要素。因此，一个品牌最独一无二且最具价值的部分通常表现在核心认同上。进一步来说，一连串相关的品牌要素必然会环绕每一个核心认同元素（环绕在周围的要素会丰富核心认同并形成脉络），并开启多样执行的可能性。最后，该项品牌定位应该经常包含核心认同，如此一来，选择加以传播的各项要素才不至于偏离该项品牌的精髓。"[①]显而易见，艾克教授的品牌认同系统是基于潜在顾客的认知层次的研究，他认为品牌各要素是围绕核心认同并丰富核心认同的。

如果说艾克教授的品牌认同理论向学界和业界提供了一张建构品牌的清晰的要素脉络图，那么日本电通的"蜂窝理论"则提供了一幅更为完美的围绕品牌核心价值让各种品牌要素组合在一起的基因图谱。

（一）日本电通品牌构建的"蜂窝模型"

从仿生学角度来看，蜂窝是一个成长与扩张完美结合的结构。由一个个六边形组成的蜂巢可承受巨大的外来压力，并可以对来自外力的侵犯形成合力出击。我们知道，蜜蜂是以蜂王为中心的，因而蜂巢的建立是沿顺时针方向建立的紧密结构。工蜂筑巢时会将每一个室壁与邻室共享，不仅节省材料，而且使整个蜂巢不会过重，自然而然地形成了六角形，从而形成了建筑上既省材料又坚固的天然构造。

日本电通品牌构建的蜂窝模型，形象地借鉴了蜂巢的这一构造原理，以核心价值（品牌本质）为"蜂王"，将符号、权威、功能、典型、个性、情感等六个要素环绕在周围，组成了类似蜂巢的品牌成长与扩张的结构图。在这一蜂窝模型中，核心周边的六个要素环环相扣，并分别与核心及相邻要素对接，形成了一个更有延伸力的半径和更灵巧的对接面（见图11-30）。这一特性决定了品牌要素之间的互动、互助及延伸。

图11-30 日本电通品牌构建的"蜂窝模型"

---

① 大卫·艾克.品牌的经营法则——如何构建强势品牌[M].呼和浩特：内蒙古人民出版社，1998：130.

其中：核心价值代表着一个品牌的最中心、最本质的特点，也是一个品牌独一无二的核心认同；符号多指标识等视觉影像和隐喻，将抽象的品牌形象借助具象形式传达出来；权威主要彰显品牌价值的基本事实，包括产品的特征、社会影响和信任的理由；功能是向受众或潜在消费群展示对其有意义的作用；典型是阐述品牌在受众心目中的形象；个性是强化品牌自我表现的差异化优势，也是有别于其他竞争品牌的不同之处；情感则是品牌能引发消费者产生共鸣的诱惑。值得注意的是，在今天这个科技日益同质化的情况下，竞争品牌之间的功能性、物理性的差异正在逐渐消失。而决定核心价值的品牌要素——典型、个性和情感等要素更能直接影响品牌认同，在现实中也越来越被认为是品牌的关键。

（二）用"蜂窝模型"解析媒体品牌

媒体品牌的构建是电视产业化生产经营中的一个重要内容。近年来，为满足我国电视文化市场的需求，各级各类的电视频道在不断地增加，节目也在不断地扩充，原本竞争就十分激烈的电视收视份额的市场竞争更趋白热化程度。如何在众多的电视节目中，建立并巩固自己的品牌形象，不仅是摆在各省级电视台面前的发展难题，也是摆在央视这样的国家电视台各频道面前的市场答卷。在这里，不妨借鉴日本电通品牌构建的蜂窝模型来解析一下央视综艺频道的品牌建构（见图11-31）。

图11-31 央视综艺频道品牌构筑解析

央视综艺频道是向观众提供丰富多彩的国内外音乐、文学、戏剧、歌舞、访谈、资讯等各类文艺节目的专门频道。在当今电视市场综艺节目群雄争鹿的情况下，中央三套综艺频道借广告语"凝聚缤纷，传递幸福"，很好地诠释了综艺频道的播视理念——为电视观众提供丰富的娱乐精品，为全国人民传递幸福。在频道的符号标识上，综艺频道的多部形象片始终突出其高艺术品位风格，从舞蹈"飞天"到水袖"绸带"，再到仙女"散花"的演变，都紧密地围绕精品做文章，突出综艺频道色彩斑斓的节目定位。甚至在节目预告和片花中，都从细节来反映综艺频道的品牌特性。如形象片"天女散花篇"中，通过仙女散花的舞姿来寓意电视制作人从文艺百花园中采撷最美的文艺百花奉献给观众，也向观众传达了中央电视台频道覆盖、节目来源、文艺样式以及节目内容的广泛性、多样性、精品性等频道信息。在频道权威身份的表达上，综艺频道不仅背靠央视母品牌搭建了综艺展示的高平台，为著名艺术家和国际上获奖节目提供空中舞台,而且专门聘请了文艺界文学界著名的专家学者介绍节目背景和相关的专业知识。在介绍频道功能上,通过《星光大道》、《我要上春晚》等栏目,不仅为平民提供了平台,更重要的是传递出"生活就是舞台"的亲民理念。在展示频道典型优势上,综艺频道充分显示出资源优势和主持人深邃、睿智的风格特点。如通过二度开发资源挖掘出艺术家心路历程的《艺术人生》,通过答题实现家人同乐梦想的《开心辞典》等。在表达频道个性上,综艺频道更是借《舞蹈世界》、《天天把歌唱》、《艺览天下》等精品栏目,诠释着作为国家电视台高雅的艺术品位。在拉近与电视观众的情感互动上,综艺频道延续着大型文艺演出带给人们的震撼效果,并将电视观众喜闻乐见的各类相声、小品汇编成《综艺喜乐汇》等。正是由于以上各要素的全方位延伸,才构筑了综艺的"缤纷",传递着"幸福"的品牌核心价值。

总之,在电通蜂窝模型中,品牌构建的"我"指代品牌个性,而"你"指代潜在顾客,"这是"代表没有拟人化的品牌客观信息,即符号和权威基础。通常情况下,会把品牌当成一个被动的因素,把焦点放在消费者对品牌的想法、态度和行为上,品牌自身的态度和想法则是隐身在后。但是,该模型告诉我们:品牌—顾客关系在两端的角色分量其实是等重的,完全是你和我之间的关系。在这里为什么品牌是"我",而顾客是"你"? 这是因为品牌在消费者的认知过程中扮演的是主动者的角色。

第十二章

博弈：文化营销创新

文化产业是21世纪的朝阳产业，也是最具发展潜力的产业之一。为了不断增强我国文化产业的整体实力和竞争力，发展优势文化产业和特色文化产业，使之成为我国新的经济增长点和支柱产业；为了保证文化商品交易和文化服务活动的正常进行，搭建一个良性、互动、融合、共赢、开放的发展平台，实现我国文化事业的全面繁荣和文化产业的跨越式发展，应遵循商品交换的游戏规则，建立并完善文化市场的各项经营机制，在博弈中不断探索文化产业的发展与创新。

第一节 文化企业营销理念创新

在信息社会，信息传播的速度与广度使得文化企业的营销环境发生了巨大的变化，凭以往经验积累起来的一些营销理念和营销技术受到了巨大的挑战。由于消费者掌握着信息的主动权，可以利用网络空间随时和任何自己中意的企业进行双向沟通，做出自己的取舍。这就迫使企业只能有效地迎合消费者千差万别的购买需求，始终把满足消费者需求放在第一位。因此，整合营销、关系营销和口碑营销等营销理念，在新的媒介传播环境下有了新的诠释和突破。

一、整合营销

20世纪末，随着高科技的发展和新媒体的不断涌现，我国文化市场环境发生着急剧的变化：出现了产品的同质化导致市场的买方化，媒介的拥挤化导致信息的疲劳化，受众的自主化导致诉求的个性化，消费的品牌化导致传播的符号化等趋势。在这种情况下，以消费者为核心的市场行为重组呼之欲出，整合营销传播（integrated marketing communications，IMC）应运而生。

（一）整合营销传播

整合营销传播是为达到品牌塑造目的进行沟通的所有传播元素的整合，以及建立与消费者、利益相关者、内部员工乃至社会受众互利关系的全过程。以消费者为中心，以品牌构筑为主线，形成统一"销售主张"，并通过各种营销传播渠道将消费者希望了解的信息汇集成"一种形象，一个声音"，以便与消费者建立对话、沟通、和谐、共鸣的互利关系，这些努力成为整合营销传播的关键。为此，美国市场营销学者唐·E.舒尔茨教授提出了5R理论，包括：与顾客建立起关联（relevance）、注重顾客的感受（receptivity）、提高应对消费者需求变化的快速反应能力（responsive）、重视关系营销的影响力（relationship）以及企业在市场中地位和美誉度的回报（recognition）等，将与客户的沟通作为整合营销传播的实战基础。

正如舒尔茨所说:"过去制造商的座右铭是由顾客自行负责——'消费者请注意'。现在,他已经被'请注意消费者'所取代。"①可见,整合营销传播的实质依然是以"受众"为核心,只是更加彻底地站在受众的立场上审视广告传播的实际效果,用更加宽阔的视野规划着品牌构筑的长远未来。

台湾统一集团在推出新产品汤达人时,品牌还是原来的品牌,面也还是同样的面,但却在"汤"上大做文章,特别甄选上等食材精心熬煮,荟萃猪骨、鸡骨、蛤蜊、昆布等精华,汇聚成大包汤底,还原鲜香醇厚、浓而不腻的正宗好汤。这一诉求,既满足了白领消费群体对方便面深层次的健康需求,提倡人们在吃方便面之外养成"喝汤"的新习惯,又在同质化竞争激烈的方便面市场中突出了自身产品的差异化定位。为此,汤达人的平面广告用"喝光见底大脸被遮"的夸张动作来渲染汤的极致美味,并采用插画的艺术表现手法迎合年轻白领消费者的喜好,为广告增添了时尚的色彩。同时,还在 PPTV 网络电视借助视频资源优势来聚合年轻的网络受众,专门设立了汤达人热播剧专区,并开展赢取免费电影券和苹果 iPod 的互动活动,激励年轻人的参与热情(见图 12-1)。同时,通过简单的转帖抽奖机制,进行全网传播,引发网络人群的高度关注,通过微博、SNS 等年轻人喜欢的网络交流平台进行营销传播。

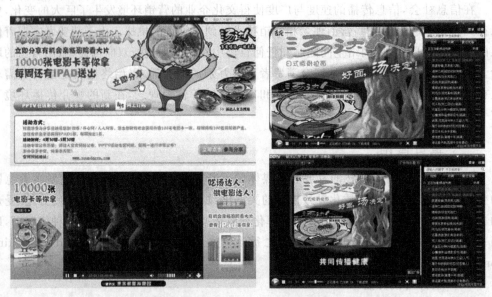

图 12-1　台湾统一汤达人的互动活动

与其说台湾统一集团推出新产品汤达人赢在了同质化竞争激烈的差异化定位上,还不如说是赢在了社会化媒体整合营销的先机上。由于特定的目标消费群是年轻的白领,这就为整合博客评测、论坛转贴、原创视频、FLASH 游戏等多种形式的整合传播提供了良好的媒介环境。据有关资料介绍,统一汤达人自推出以来两个月内点击超过 200 万次,约 200 家网站与媒体自发转载,土豆网、56 网连续一周将其列为首页推荐视频,引发的品

---

①　[美]唐·E.舒尔茨.整合行销传播[M].吴怡国,等,译.北京:中国物价出版社,2002:3.

牌关注度和认知度堪称社会化媒体整合营销的经典案例。

(二) 社会化媒体营销

现在,利用微博、SNS社区、博客、论坛、视频或者其他互联网协作平台和媒体进行营销、销售、公共关系处理和客户服务维护及开拓,成为一种越来越普及的营销方式。其主要特点在于:其一,创建大量有价值的新闻事件、视频、微博和博客等来吸引网民足够关注,由用户自发传播;其二,建立多种渠道进行营销推广,让企业和网民可以通过Twitter、MySpace、Facebook和国内的微博、人人网、百度空间等渠道参与营销推广;其三,企业可以与用户展开直接对话,双方都可以随时进行营销活动和营销评价。

如果说传统营销遵循的是市场调研——营销战略——营销策略——营销管理的单向链活动规律,那么信息社会则开始了社会化媒体营销的多向链整合。网络是一种跨越时空的媒体,同时兼有渠道、促销、电子交易、互动服务以及信息分析等多种功能,其一对一的互动特质很受年轻消费者的青睐。相对于传统媒体"一对多"的传播模式而言,社会化媒体营销的"多对多"的优势是无法比拟的。显然,"多对多"的对话造成的N级传播令传统媒体的一级或二级传播相形见绌。我们知道,在社会媒体中人们有自由选择信息的权利,如果仍旧以"王婆卖瓜,自卖自夸"的推销观念作指导肯定行不通。现在的营销观念更加看重用户体验,真心实意地站在用户的立场上,用"给予"来替代"推销",才能真正赢得市场。

梅赛德斯—奔驰通过Twitter(国外的微博)来组织汽车拉力赛的社会化媒体营销案例堪称经典(见图12-2)。2010年12月,梅赛德斯—奔驰决定公开招募4名选手,组织一场别开生面的虚拟汽车拉力赛。竞赛规则:入选的选手可以凭借Twitter来"加油"——每4条Twitter留言,可驾驶1英里。入选的4名选手可以通过在Twitter上发布视频、图片等各种手段拉票,以吸引更多的人关注并参与这场Twitter汽车拉力赛。最终,参与这项Twitter汽车拉力赛的留言高达545 425 558条次,Twitter的传播影响由此可知。

图12-2 奔驰汽车Twitter汽车拉力赛的网络截图①

---

① 社会化媒体营销案例集锦[OL]. http://www.youku.com/playlist_show/id_6163484.html.

第十二章 博弈:文化营销创新

整合营销本来就是一种对各种营销工具和手段的系统化整合,可以根据外部环境变化进行即时性的动态修正,而社会化媒体营销则更是一种使交换双方在交互中实现价值增值的整合营销的理念与方法。在社会化媒体中,尤其是在社会化媒体中位居前列的门户网站,不仅拥有实实在在的大量用户在支持、推荐和评论,丝毫不会引起人们对其中实际的广告效果产生怀疑,而且凭借其有利的外部链接使得众多的网友主动转载,继续创造更大范围的链接,促使整合营销效果更加强烈。

二、关系营销

只要有人存在的地方,就存在人与人之间的交往,存在彼此关系的发生、发展和终止等变化。企业与企业之间、企业与消费者之间都是通过具体的人进行交往,互相沟通,达到双方的目的。

所谓关系营销,是企业在营销活动中消费者、供应商、分销商、竞争者、政府机构及其他公众通过互动建立并发展良好的关系,彼此信赖,赢得互惠而长期合作。关系营销在以市场为导向的基础上,不断满足用户全方位的需求,与用户和其他合作者建立、保持和发展长期的互惠关系,凭借创造忠诚的顾客和合作伙伴来取得稳定的竞争优势。因此,关系营销关注的重点不是如何"创造购买",而是如何"建立互惠关系"。显然,建立关系是以企业向用户作出许诺为基础,保持关系的前提是企业必须履行自己的诺言,而发展关系是指企业在履行之前的诺言后,持续向用户作出一系列新的许诺,形成一个良好的循环。一个企业在与消费者、供应商、分销商、竞争者、政府机构及其他公众建立、保持和发展良好关系的过程中,寻求亲密的工作关系和相互依赖的营销艺术是极为重要的。就企业和消费者之间的关系而言,由于存在双方之间的买卖关系,应更加关注建立用户的高度满意,使企业创造出更多的用户让渡价值;就企业与供应商、分销商、竞争者、政府机构之间的关系而言,由于彼此之间存在相互关联的经济活动的集合,更应重视协调并维护与用户之间的价值链。正因为如此,关系营销具有双向沟通、维护合作、战略双赢、情感维系和适时反馈等特征。

(一)关系营销的市场内涵

关系营销的实质在于突破了企业将目光单纯对准消费终端的传统观念,而是强调将买卖双方之间创造亲密工作关系和相互依赖的艺术性提升到一个高的平台。从这个意义上讲,现代企业的竞争已经不再是你输我赢的"零和博弈",而是双赢的"非零和博弈"。关系营销中"关系"应该是一种工具,它刻画了个人、企业乃至社会大系统的基本特征,反映了人们社交生活的主要内容,体现了关系各方相互作用的结构和结果,是一种兼顾各方利益的、长期的、稳定的合作关系。

联想在打造自己的品牌优势时十分注意引进关系营销这一新理念,从简单的营销因素组合转变为真正重视长期的、稳定的合作关系,不断提升与消费者、供应商、分销商、竞争者、政府机构及其他公众的关系层次。在价格方面,联想通过价格的优惠或免费奖品等刺激顾客购买更多的产品和服务。联想曾在20世纪90年代中期,针对国际品牌微机的价格高而国内普通消费者的消费能力一时达不到的实际情况,毅然将联想品牌机的价格大幅调低,赢得了份额可观的办公用品电脑市场和家用电脑市场。在服务方面,联想率先实行定制化服务,想方设法将电脑用户转化为自己的常客,主动与用户保持密切联系,及时了解竞争对手的动向,提供更加周到的服务来防止用户"跳槽"。在沟通方面,联想尤为重视为用户提供个性化的"专家式"服务,用"买得放心,用得开心,咨询后舒心,服务到家省心,联想与用户心连心"的承诺,拉近了用户与公司的关系。另外,联想还不断推出家用电脑送货上门服务,帮助用户安装、调试、培训等,经常性举办"电脑乐园"、"温馨周末"等活动,创造和保持了一大批忠诚的用户。

正因为关系营销关注的是与顾客之间的情感交流,力求做到"以情动人",所以在讲义气、讲交情的中国市场营销中占有很重分量。当企业把自己独有的文化贯穿营销中时,这种营销文化将会成为维系企业和顾客之间情感的桥梁和纽带,在企业的营销活动中起到基础性的作用。建立在同一种文化基础上的企业营销行为,无论策略选择多么具有差异性,蕴涵在其中的文化情感都很难改变,这就是文化所具有的"形散而神不散"的基本特点。而且这种文化情感也会随着企业内外环境的变化持续在动态中保持发展,从而使由文化差异所形成的企业营销的进取精神得以维持。

(二)网络社交媒体与关系营销

在信息社会里,网络社交媒体更是以一定的社交关系为基础的。比如微博是以意见领袖为核心的,而 SNS 社区则是以一个人逐渐延伸的社交关系链或是由共同的兴趣爱好所组成的朋友圈,它们都是以一定的关系圈和群落为基础的。因此,具有互动功能的圈文化或群落文化的网络媒体都可以列为社交媒体。不少企业正是利用这些活跃的关系圈和群落进行网络营销的。随着 SNS、微博的迅速普及,一些企业开始将品牌战略推广的目标对准了圈文化、部落文化等,并已经取得了较好的营销效果。

针对社会化媒体环境的改变,海尼根啤酒(喜力)在自己的瓶盖开启器上巧妙地安装一个感应装置——用户每打开一瓶啤酒,就会自动生成一个聚会邀请,并迅速把这一信息发送到 Facebook 的好友圈内。好友在收到信息后,可通过手机上的 APP 选择回复参加或是不参加。游戏规则是:获邀参加聚会的人数最多者,将在下周获赠不限量的啤酒(见图 12-3)。

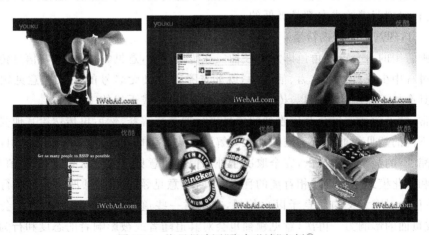

图 12-3　海尼根啤酒"聚会邀请"案例①

---

① 社会化媒体营销案例集锦[OL]. http://www.youku.com/playlist_show/id_6163484.html.

可见,网络社交的核心还是在于"关系",也可以说是一种关系营销的延伸。所有借助网络产生关系的平台都可以被列为网络社交媒体,比如前面所说的微博、SNS社区、论坛、百科类还有视频、IM、博客等都可以被容纳其中。不论是从注重竞争到注重合作的理念改变,还是从盯着竞争的眼光看环境到以交流合作的视野审视环境,在关系营销的范式转移过程中,人与人之间的交流都是不容忽视的重要因素。人类的交流与理解是建立在文化的基础上的,离开了文化沟通,关系便无从谈起。未来社会关系是复杂的,而恰恰是这种复杂性使得对关系的把握与应用更加重要。可以预见,关系营销将是未来营销的关键,它必将在市场营销体系中发挥越来越重要的作用。

三、口碑营销

口碑原本属于一种传播性闲聊,涉及的内容大多是关于某个新热点人物、地方或揭秘事情真相的街头巷尾的热议。用在营销上,则是利用人际传播渠道展开营销活动的一种营销方式。口碑营销是通过目标定位、传递方式、信息构成、反馈数据分析等环节,推动有关产品或品牌口碑的形成和扩展,为产品顺利推向市场编织一张无形但渗透力很强的网。传统的口碑营销往往在不知不觉中定位在了正面的、适合企业发展需要的宣传内容上,其实有时负面的口碑也有可能吸引人们的注意力,反过来为产品和品牌增加可信度。美国营销专家伊曼纽尔·罗森(Emanual Rosen)认为:口碑是关于某品牌的所有评述,是任何给定时间里关于某个特定产品、服务或公司的人与人之间所有交流的总和。"口碑"曾是人类最原始的促销手段,在店铺、字号还出现前口碑传播就已经存在,甚至比商品交换还要早。传播信息是人类的天性,传播产品信息是人类生活中的重要组成部分。"口"本来是各抒己见的事,爱说什么就可以说什么。一旦说的人多了,就容易形成一致的看法,遂形成口碑。而"碑"是可以屹立多年不倒的,是可以栉风沐雨、抵御风险的。因此,口碑传播利用的是人际传播渠道。相对于大众传媒,人际传播不仅可信性强,而且富有活力,便于记忆,对消费者的影响也较大。更难得的是,不论传统的口碑传播,还是现代的社会化媒体传播,口碑营销的成本都是极低的。

(一)口碑营销的传播特质

口碑营销的一个重要角色即意见领袖。在传播学中,意见领袖是指"在信息传递和人际互动过程中少数具有影响力、活动力,既非选举产生又无名号的人"。[①] 意见领袖对信息传播具有加工与解释、扩散与传播、支配与引导、协调或干扰的中介功能。[②]

通常,意见领袖首先会对接收到的信息进行加工与解释,然后再传达给其他受众或追随者。不同的意见领袖会有不同的加工与解释方式:有的客观复述、有的生发引申、有的添油加醋、有的甚至歪曲攻击,完全取决于外在信息与意见领袖的认知结构、价值观念、个人利益和文化模式相贴近或相背离的程度。其次,意见领袖对信息加工后会进行传播和扩散,不仅会对有意义的信息予以再传播,有时对一些道听途说和流言蜚语也会扩散开来,造成负面的影响力。再次,意见领袖也会对其追随者或被影响者的态度和行为产生支

---

① 邵培仁.传播学[M].北京:高等教育出版社,2002:228.
② 同上,第230~231页.

配与引导的功能,对受传者在表明态度、采取行动、解脱矛盾时予以指点和调节。另外,意见领袖对受传者还具有协调或干扰的影响。如果是可以为其接受的观点和主张,那么意见领袖就会协调操作,成为良好的推力;相反,如果观点不能为其所接受,那么意见领袖就可能成为干扰,对信息只作出合意的加工和解释,甚至干脆进行指责和攻击。可见,意见领袖的中介功能较为复杂。

营销中的意见领袖是传播购买信息,领导消费者购买行为的关键人物,是口碑营销最具影响力的源头。

(二) 基于口碑营销的病毒式营销

网络意见领袖是传统意见领袖借助网络平台的延伸和拓展。与传统意见领袖所处的环境相比,现在互联网所提供的相对自由和平等的言论空间,使得每位网民对信息的获取变得更加容易。一方面,意见领袖的角色转换更加频繁;另一方面,虚拟身份的交往却又使信任和威望的建立变得更为困难。随着互联网的普及与发展,越来越多的网民借助论坛、博客等平台,在一些各自感兴趣的领域里积极地传播各种信息,表达自己的观点,凭借自身发言的质量和频率成为网络舆论的各路引领者。在这些网络意见领袖中,有的是事件型网络意见领袖,有的是群体型网络意见领袖。事件型网络意见领袖只在某一特定社会事件中,通过传播自己对事件或引发的问题有深刻感悟和体会,来左右其他网民的看法。群体型网络意见领袖大多专注于某一兴趣领域,凭借对某类话题的熟悉程度以及有效解决这方面问题的能力,在网络论坛中建立起来领袖地位,其价值取向符合该群体的主流倾向,因而受到群体成员的主观认同。

和传统意见领袖类似,企业在构建品牌形象时同样不能忽略网络意见领袖的重要影响。为了充分展示网络媒体的传播优势,企业可以将自身的产品特色和企业文化作为重点,建立一个以企业为核心的意见领袖人际关系和信息传播网络,扩大企业在广大网民中的注意力和影响力。因此,探索以企业为意见领袖的信息传播网络,是当今新媒介环境下品牌形象建构的新尝试。精明的商家更是通过网络传播的病毒特性,利用意见领袖来吸引大量的眼球。2010年7月,知名服装B2C企业凡客诚品(VANCL)邀请作家韩寒出任其形象代言人。当帅气的青年作家亮相时,本身就赚足了青年消费者的眼光。再加上率性的广告词更是秒杀了众多的粉丝:"爱网络,爱自由,爱晚起,爱夜间大排档,爱赛车,也爱59块的帆布鞋,我不是什么旗手,不是谁的代言,我是韩寒,我是凡客。"在消息刚发布不久,凡客就在网络上掀起大范围的病毒推广(见图12-4)。随后,以"爱……,爱……,也爱……,不是……,我是……"为叙述方式的"凡客体"迅速流传,网友们竞相上传和转发各种不同版本的"凡客体"。由此,"凡客体"更加深入民心,只要有相似的文字或叙述方式出现,人们的脑海里就会在第一时间联想到凡客。这种以病毒的形式在网络间传播,又以各种自创的"凡客体"在更大范围内流传,使得凡客从一个没有实体店的无名小卒一下蹿红至国内知名的服装品牌,不能不说网络意见领袖功不可没。

病毒式营销实际上是利用口碑传播的原理,在互联网上展开高效的信息传播方式。而且,这种传播是用户之间自发进行的,几乎是不需要费用的一种网络营销手段。唯一要做的是如何吸引广大网民更多的注意力,让人人参与谈论并推介企业的产品,让每个信息接收者都在无形中成为企业的促销员。

图 12-4　凡客的名人口碑①

四、事件营销

当今社会的高新技术正在以令人目眩的发展速度，迅速地改变着人类的交往方式、思维方式和社会生活方式。在不断涌现的各类新型社会化媒体中，微博的发展尤为迅速，用户增量也呈显出井喷式特点，逐渐成为社会舆论爆发的重要场所。微博问政已成为一种社会风气，既是政府与民众沟通的桥梁，有时也是影响社会发展和稳定的谣言之源。微博意见领袖对各种公共事件有着极大的议程设置能力，其集揽群力的作用不可小觑。作为一个即时性、便捷性、普适性的信息传播平台，在时空关系上，微博打破了传者和受者之间的人为界限，每位参与者的角色都在不断的转换中，既是传者，又是受者。在信息交流上，微博是体现了尊重个体话语权的开放平台，每位参与者都可以平等自由地交流信息，使个人的微弱力量通过传播裂变为强大的作用力，乃至形成一股汹涌的社会舆论潮。

（一）事件营销的传播基础

事件营销是指企业利用具有新闻价值、社会影响以及名人效应的人物或事件，吸引媒体、社会团体和消费者的好奇心与广泛关注度，以提升企业品牌形象的营销模式。这种营销模式抓住了人们猎奇、从众的心理，尽量争取在短时间内获得最优的传播效果，近年来已经成为吸引广大受众的一种公关传播与市场推广的营销模式。

从传播学和管理学的角度看，企业推行事件营销的成功基础有三点。第一，把握好注意力的稀缺。美国学者托马斯·达文波特、约翰·贝克等人认为，现代社会过多的资讯压力已经超过了人们注意力的负荷，引发了"注意力匮乏"的问题。当越来越海量的资讯供给超过了社会受众的需要时，注意力就会下降，注意力就开始变成稀缺资源。如何支配一个人的注意力，如何防止注意力的涣散，如何吸引注意力，如何使注意力发挥最大效益等

---

① VANCL（凡客诚品）广告[OL]. 优酷网, http://v.youku.com/v_show/id_XMjIwMDUxMTQw.html.

课题,就形成了一门新的学科领域——注意力经济。① 因此,注意力对于企业来说,是一种可以转化为经济效应的资源,把握住大众的注意力,也就有了事件营销的动力。第二,合理利用议程设置。大众传媒的新闻报道可以赋予各种议题不同程度的显著性方式,微博等社会化媒体也同样会影响人们对周围世界的"大事"及其重要性的判断。因此,如果企业想成功策划事件营销,必须善于利用大众媒介。只有凭借传媒开展的新闻传播、广告传播等大众传播活动,营造出有利于企业的社会舆论环境,才能帮助企业达到借势或造势的目的,引起大范围的公众重视。同时,在新媒介环境的影响下,微博已成为社会舆论的重要平台。因此,不论是大众媒介议程设置,还是社会化媒体议程设置,都是事件营销得以实现的重要桥梁。第三,整合媒介资源和营销手段。整合多种媒体发布渠道、整合多种媒体渠道传播的信息、整合多种营销工具是推进事件营销的必要途径。

(二)事件营销与品牌营销

不少企业在策划事件营销时,多采用借助外力和发自内力等途径。借助外力是尽量将议题向社会热点靠拢,将公众对热点话题的关注引向对议题的关注;发自内力是自选议题或是主动设置一些结合企业发展需要的议题进行传播。

在借助外力策划事件营销方面,王老吉饮料曾有过成功的案例。2008年5月12日,中国汶川大地颤抖,地陷山塌,爆发了新中国成立以来破坏性最大的一次地震。在央视举办的赈灾晚会上,王老吉公司向地震灾区捐款1亿元。如此慷慨的义举,博得了全国公众的一致好评。然而,不久网络上竟出现了"让王老吉从中国的货架上消失!封杀它!"的帖子。原来,该帖的潜台词是:一个中国的民营企业在大灾面前挺直了民族的脊梁。因此,作为响应和回赠,应买空王老吉的凉茶!就这样,表面上看似封杀,实质上是在号召大家支持民族品牌。当所有知名网站、社区、论坛和博客都转载这一封杀贴后,王老吉在多个城市终端甚至出现了断货的情形。这一案例借用大众传媒的新闻报道赋予议题显著性,再借网站、社区、论坛和博客等外力"正话反说",引出争议话题,成功推出事件营销。

在发自内力策划事件营销方面,腾讯的品牌故事颇为耐人寻味。腾讯擅长以大事件营销来扩大自己的品牌影响力,特别是能够灵活调动自己横向、纵向两个平台以达到资源整合。② 2008年,腾讯网以网络主场的气势成为网络媒体奥运报道中的最大赢家。在QQ平台上,用户可以参与虚拟的奥运火炬旅程;可以从35个奥运比赛项目的徽章中选择自己支持的项目;可以通过迷你门户、弹出消息等第一时间得到最新的奥运资讯。在2010年的上海世博会上,腾讯同样发挥了自己的平台优势,为世博会开发了名为"i城市i世博"大型互动社区。该社区通过组织用户参与的活动,激发用户参与度,把个人、城市、世博联系起来。同时,腾讯发起了一场世博历史上最大的网络志愿者行动——"城市志愿者活动",由线下17万世博志愿者在QQ上向所有网友发出倡议和邀请,邀请网友加入世博网络志愿者,并在好友之间传递志愿者接力棒,传播世博信息,传递世博精神。这些大事件互动营销发挥了腾讯产品链的优势,腾讯的品牌影响力得到进一步的提升。2011年春节期间,一则名为"弹指间 心无间"的广告在中央电视台播出(见图12-5)。广告片以

---

① [美]托马斯·达文波特,约翰·贝克.注意力经济[M].谢波峰,等,译.北京:中信出版社,2004:10.
② 喻国明.品牌故事——腾讯十二年[OL].北京中视同赢国际广告公司网站,http://www.cctvad.org.

平实而感人的叙事方式,讲述了儿子与父母之间由叛逆到感恩的亲情回顾,讲述了国内的妈妈与留学海外的儿子是怎样通过QQ来寄托相思的。故事所描述的场景和人物都是人们在生活中极为常见的,而感动人们的恰恰是故事里描述的那份真挚的亲情。这则广告突出了腾讯开业12年来与消费者的相知相伴的主题,QQ不仅是人们跨越时空进行零距离沟通的聊天工具,更是一代人的文化印记和新的生活方式。经过十几年的飞速发展,腾讯早已成为中国互联网的一个传奇品牌。

图 12-5　腾讯十二周年时推出的《弹指间 心无间》形象广告

事件营销是借一些受人们关注的社会事件、能惹起人们热议的新闻以及正在快速传播的潮流来达到其传播和营销的目的,具有突发性强,时间紧迫,传播掌控难度大,潜在的机会也大,受众面广,信息复杂且很难分辨等特点。针对这些特点在策划事件营销时一定要做到:快速反应、精准策划、有效施行、强力监控。不论是借助外力,还是发自内力,在进行事件营销策划时,都要准确判断市场反应,明确自身的市场定位和产品优势。由于事件营销集新闻效应、广告效应、公共关系、形象传播于一体,因此,策划的关键是要竭力使本企业的事件成为新闻。并非所有的事件都能成为新闻,舆论关注的往往只是其中与主流导向相吻合的部分。这样一来,借用大众传媒的新闻报道来赋予议题显著性显然会打折扣。为了确保事件营销议题的显著性,还可以借助各种社会化媒体同步推行。

五、绿色营销

有史以来,文明一直是人类社会自身的特有标志。如果把以人与自然协调发展为目标的文明称为绿色文明,那么,绿色文明所追求的是人与自然互惠共生、同步发展的自觉和谐。随着全球化经济的兴起,人们对于各种低毒、少害、节能、降耗的产品越来越青睐,绿色设计、绿色消费已成为一种时尚和趋势。文化产业要保持生态平衡,改善环境,走可持续发展之路,必须使用环保材料,开发和生产绿色产品,并遵循4R原则,即充分利用可再生的资源(reproducible);遵循减熵原则(reduce)、遵循使用原则(reuse)、遵循再循环原则(recycle)。

(一)提升文化产品设计的绿色含量

随着人们环保意识的增强,消费者在购买产品时不仅会考虑节能低耗,还会考虑弃置和回收等问题。在绿色费用支出较低、环保概念明确时,用户往往比较容易接受绿色消费。针对这类购买行为的营销对策,主要是有效地强化产品的绿色设计,宣传消费者改变以往购买行为所能带来的实际收益和社会责任,在消费者中建立品牌偏好。生产厂家更要从市场需求出发,及时广泛地收集相关产品和使用环境的绿色信息,不断开发出更加有利于环境保护和人体健康、有利于资源再生和回收利用的新产品投入生产。人们已经开始着手构思、开发和制造那些在产品的使用寿命结束时有些部件可以翻新和重复使用,而有些则可以安全处置的绿色产品。20世纪80年代,柯达公司曾开发过一种价格低廉、拍完即扔的照相机。这一产品引起了环境保护主义者的极大不满。为了挽回影响,柯达公司推行绿色设计,将拍完即扔的照相机改造为可回收的相机,将可重复使用的部件拆卸下来,而其他的则被压成小碎粒并重新制成新的部件。西门子公司的咖啡壶、施乐公司的复印机、日本的激光打印机、德国的机车等,也都在探索制成可拆卸的结构。随着国际环保呼声日高,可持续发展的绿色产品很有可能在不久的将来成为世界工业品市场的主导产品。以绿色包装为例,产品包装材料要做到环保、无污染、可降解、易回收等才能实现"绿色包装"理念。目前,适合"绿色包装"生产用的材料主要包括可生物降解的塑料包装材料、再生材料制成的包装纸、真空镀铝纸以及传统包装新材料如棉、麻等(见图12-6)。

同时,在产品创新时还要从多角度探讨文化产品创新设计的方法,提倡以人为本,严格按照"人体工程学"的原理设计,精确计算消费者在使用产品时身体各受力部位所受的压力,使产品更贴合人体曲线,测试人体头、肩、腰、臀各部位的压力,以最合理的组合使得消费者在使用产品时更舒适、更健康。还有,产品设计时要全方位考虑采用绿色材料、绿色饰物、绿色工艺、绿色包装和绿色回收处理等问题,加大技术投入,减少环境污染,扩大绿色环保产品的生产,倡导环保、健康、品质、时尚的生活方式。

图12-6　提倡环保理念的绿色包装①

(二)鼓励绿色消费观念更新

绿色消费是有节制的适度消费。它不同于以往盛行的高消费、名牌消费、攀比消费,而讲究实用、有效、节约,反对浪费和过度消费,讲究朴实无华、自然、和谐,反对过分雕刻装饰,不必要的过度包装。在人与自然的关系日益引起人们关注的今天,选择以简洁取代复杂,以乡土形式取代豪华,以朴实取代精致,以自然材料取代人工材料产品设计,会使人们饱享温馨,倍感亲切。

在分析消费者购买行为时,营销人员可以宣传产品设计的绿色投入和绿色收益。一方面,要切实站在用户的立场充分考虑顾客在享用绿色功能时可能增加的各项成本,如购买绿色产品比非绿色产品多支付的购买成本和配套成本等;另一方面,也要帮助用户正确估算绿色消费的利害得失,了解直接的个人收益与间接的社会收益的相互关系。只有

---

① 张紫寒.返璞归真:实现绿色包装的梦想之旅[OL].慧聪印刷网,2009-07-30. http://info.printing.hc360.com/2009/07/300838103496.shtml.

广大消费者增强了绿色消费观念,自觉维护并参与绿色环保行动,整个社会的生存环境才能得以改善,消费者个人才能从中受益。因此,绿色营销人员应通过认真的市场调研,真正了解影响用户绿色购买行为的各种因素,鼓励消费者积极参与环保活动和绿色消费。绿色文明既代表低污耗、高产出以及可持续发展的更高效率目标,也代表人类更为深远的社会理想——不仅保证当代人的环境权力公平,而且保证子孙后代的生存权和发展权的公平。尽管绿色文明只是作为一种新的生产方式、生活方式和思维方式存在于现代社会的工业文明体系之中,但当饮鸩止渴的经济发展方式开始摧残人类赖以生存的基础环境时,人们必须对自身的行为方式和社会组织进行自我救赎。因此,绿色营销既是以满足消费者和经营者共同利益为目的的一种社会需求管理,也是保护生态环境并力求可持续发展的绿色营销模式。

第二节　文化企业营销技术创新

信息社会的营销环境发生了巨大的变化,不仅带来了营销理念上的变革,在营销技术方面也受到了巨大的挑战。日新月异的高科技发展越来越深刻地影响着营销生态的变化,要求现代企业经营者充分把握技术创新潮流,适应媒体传播形态发展趋势,及时调整本企业的营销战略或服务布局。

一、传播环境变化的时代挑战

环境是人们生活在其中并受其影响的条件和境况。当今社会人们无时无刻不置信息的海洋中,伴随着高科技的普及应用,媒介传播环境服务于人们的社会化交往活动,并对人们的生活方式产生着深刻的影响。

(一)媒介生态理论

当今的媒介传播环境是大众传播媒体和互联网传播媒体交织所呈现出来的一种整体氛围。"理想的环境有助于提高媒介产品质量,增强市场竞争力;有助于提高传播者和受传者的积极性和主动性,吸引和培养优秀人才;有助于提高传播和接受效果,赢得社会效益和经济效益。"[①]传播学者通常借用生态学中"相互关联制约"的机理和相关性的系统研究方法,将特定时代媒介各构成要素之间、媒介之间、媒介与其外部环境之间相互关联制约而达到的一种相对平衡的结构,称为媒介生态。

媒介生态一词最早是由加拿大媒介理论家和哲学家马歇尔·麦克卢汉(H. Marshall McLuhan)在20世纪60年代提出,而后经美国学者尼尔·M. 波兹曼(Neil M. Postman)拓展后,才转变为代表一种媒介研究的学术研究专有名词。媒介生态研究主要对媒介生态系统、媒介生态危机、媒介环境、人与媒介环境和媒介生态现状等方面进行研究。如果将媒介生态系统放置于社会大系统中,就涉及政治生态系统、文化生态系统和经济生态系统等对其影响的研究。要研究媒介生态危机,则主要应研究信息入侵、信息爆炸、信息过剩、信息污染、信息匮乏等问题,也就是研究信息传播失衡状态的各种表现。另外,有关媒

---

① 邵培仁.传播学[M].北京:高等教育出版社,2002:236.

介环境、人与媒介环境和媒介生态现状等问题,都需要列入专题进行深入研究。

媒介生态学的核心思想是如何定义传播媒介的形态和内在特质在塑造人类交流,以及在对现实的建构和转变中所扮演的角色。传播学者借鉴了生态学的种群分析法,认为媒介形态可分为符号形态和物理形态。媒介的符号形态,主要是以代码为特征的视觉符号和听觉符号;媒介的物理形态则是传送代码的技术以及编码、传递、储存、恢复、解码和传播信息的物理要求。这一重要命题揭示了以下内涵:媒介的结构决定了信息的本质,不同的媒介具有不同的符号形态和物理形态;不同的符号形态编译出不同的信息,不同的媒介便具有不同的理性和感性之别;不同的物理形态编译、存储并传输不同的信息,便使媒介具有不同的时空和感知之别。

可见,对与人的生活质量相关的媒介环境与媒介生态的研究,是现代市场营销人员不可忽略的一个关注点。尤其在探索文化产业营销的创新路径时,更要关注媒介对人的作用、作用过程方式,探索人与媒介、媒介与人之间如何保持和谐互动的良性关系。

(二)媒介生态对文化产业营销的冲击

近年来,不断涌现的各项新技术对文化产业营销带来了极大的冲击。增强现实技术的引入,引发了体验游戏、营销、会展、传媒等领域的率先试水,对SNS、地图、电子商务、零售业都会带来不小的冲击。定位服务已经成为互联网的"应用标配",与SNS、微博、游戏、电子商务、生活服务等最先产生化学反应。随着手机网民渐成超越PC网民之势头,移动媒体很快成为跨媒介营销的主角,APP成为重塑营销格局的重要引线。另外,随着开放平台的全域营销,打通价值链和产业链,建立以人为中心的跨域营销成为大势所趋。跨终端、跨平台、跨界、跨地域及用户,使即时服务、随处满足用户需求的营销梦想成为现实。此外,视频进入云时代以后,势必改变视频网站的竞争格局和服务模式,迫使营销人员从考虑如何组合不同的网站媒体,到如何向组合不同的终端多屏幕转换。

雅虎曾将最受网民喜爱的4款雅虎游戏设置在公交站牌触摸屏网络的装置中,让等车的乘客选择自己的社区,然后与其他社区的对手进行趣味性的互动游戏比赛。通过确定移动用户的实际地理位置统计相同社区的共创互动游戏积分,以此点燃社区之间的竞赛热情,积分最高的社区将获得举办音乐会的奖励。这种将网络游戏和LBS结合的社会化媒体分享,在"给予"消费者娱乐兴趣的同时,收获了自身需要的品牌黏度,不仅引起消费者的高度关注和积极参与,而且成功地推广了雅虎以"创新"为基石的营销理念(见图12-7)。

二、AR与体验营销

随着计算机软、硬件能力的提高,曾经局限于实验室的增强现实技术已快速进入大众视野,并在会展、营销、科教、设计、出版、娱乐等领域发挥着越来越重要的作用,被时代周刊列为当前最具活力和前景的十大技术之一。

(一)增强现实技术的应用背景

增强现实技术(augmented reality,AR),也被称为扩增实景技术。这种技术综合了流媒体、图像识别、动作捕捉、虚拟现实、摄像机标定等技术,把原本在现实世界的一定时间空间范围内很难体验到的实体信息,如图像、声音等,通过图像传感技术将虚拟对象模拟仿真后,再叠加到现实世界被人的感官所感知,从而达到超越现实的感官体验。比如,

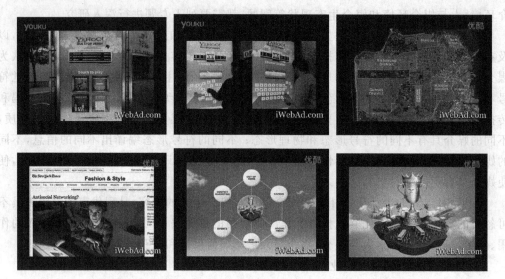

图 12-7 雅虎将互动游戏和 LBS 结合的社会化媒体营销案例①

AR 可以在平面印刷品上叠加展品的三维虚拟模型或动画,或者在使用者身上叠加三维虚拟服装或者饰品,通过显示设备呈现,以独特的观赏体验吸引用户深入了解或体验产品。AR 还可以将三维虚拟模型或者文字图片信息叠加在现实场景中,通过带有摄像头的平板电脑、智能手机、头戴显示设备和观景机从任意位置与角度观看,为用户提供一个探索世界的全新窗口。另外,将三维虚拟模型或者动画叠加在展台的真实场景中,并通过大屏幕设备实时呈现,讲解人员与虚拟模型通过互动完成产品介绍,可以为观众带来震撼的体验。

(二)注重用户参与的体验营销

体验营销是企业借助现场实验的方法,通过用户观摩、聆听、尝试、试用等亲身体验,让用户实际感知产品或服务的品质或性能,从而帮助用户认知产品的功能,提升对产品和品牌的好感度,以促进购买的一种营销方式。

通常,人们在接受外界信息时会有五种不同的体验反应。一是知觉体验。通过最为直接的操作、试用、参与等行为体验,由用户亲身验证对产品使用的视觉、听觉、触觉、味觉与嗅觉等知觉器官的真实性,甚至直接激发实验者的购买动机,自发地改变原有的生活形态。二是思维体验。不少文化产品本来就以创意取胜,当产品创意的智慧魔方引发体验者的惊奇、兴趣和赞叹不已时,也很容易激发实验者的购买积极性,为消费者积累起认知和解决问题的体验。三是行为体验。如果直接让消费者亲身参与某种现场实验,调动不同年龄层本身所潜藏的娱乐天性,也很容易引发消费者的参与热情和购买兴趣。四是情感体验。人有七情六欲,如果能让消费者在接受产品信息时感受到亲情、友情和爱情等的体验,那么就会使他们对产品和品牌产生亲和力。五是相关体验。有些企业在关注消费者的各种体验时,会注意到不同消费者的不同需求。如果有的消费者希望通过产品的购

---

① 社会化媒体营销案例集锦[OL]. http://www.youku.com/playlist_show/id_6163484.html.

买和使用赢得别人对自己产生好感,那么营销工作人员就要帮助消费者建立对于品牌的偏好。不论采用何种体验,目的只有一个:拉近企业和消费者之间的距离,满足消费者的需求。

正因为体验营销是通过消费者亲眼看、亲耳听、亲手用、亲自参与等手段,来刺激和调动消费者的感官、情感、思考、行动、关联等感性因素和理性因素。因此,体验营销的主要策略也是建立在亲身体验这一基础上。

(三)增强现实技术与体验营销

增强现实技术在扩增实景方面具有独特的技术优势。在综合了流媒体、图像识别、动作捕捉、虚拟现实、摄像机标定等技术的前提下,利用计算机生成逼真的视、听、力、触和动等感觉的虚拟环境,往往很容易营造出超现实的感官体验,让人们很快融入设定的环境中,身临其境地参与交互体验。如将虚拟的图像和文字讯息与现实生活景物结合在一起,呈现出来的效果让人惊艳不已。从2011年开始,很多AR应用已经在Android和iPhone智能手机上纷纷亮相,其虚拟和现实结合的超强能力、即时互动的传播优势以及3D定位功能等,大获广大用户的好评。

碧浪是洗涤用品中的国际知名品牌。自1967年在德国问世以来,其特有的"污渍自溶"的技术含量以及"洁净如新"的洗涤效果,早已深入人心。然而,市场调研表明洗衣粉产品的品牌忠诚度极低。为了改变这种状况,碧浪决定在斯德哥尔摩车站设置一种可在异地参与的互动参与游戏。碧浪在宽敞的候车厅内搭建了一块"射击"场地,环形轮轴的上方挂上了移动的1 000件衣服作为"靶子",事先将人们日常生活中最容易污染衣物的果汁、巧克力等污渍存放在机器人腹中作为"子弹"。丹麦、芬兰、挪威、瑞典等国的居民可以在城市所有网站,通过Facebook的账号来操纵远在斯德哥尔摩实验场地的机器人,"射击"旋转中的衣服"靶子"。游戏规则:瞄准、射击(弄脏),在规定的时间之内,得分最高者获胜。奖品是:被选手"击中"的衣服,在被用碧浪"洁净如新"之后送达选手的家中(见图12-8)。

图12-8 碧浪遥控机器人射击体验营销①

---

① 社会化媒体营销案例集锦[OL]. http://www.youku.com/playlist_show/id_6163484.html.

三、APP 与互动营销

近年来,利用手机为主要传播平台,直接向目标受众定向和精确地传递即时信息,并通过与消费者的信息沟通的一种新型互动营销渠道应运而生。在强大的数据库支持下,互动营销在增加品牌知名度、收集客户资料数据库、提高客户参加活动或者拜访店面的机会、改进客户信任度和增加企业收入等诸多方面,都显示出传统营销模式无可比拟的优势。用户可以直接在智能手机上对产品进行拍照,在线查看他人对该产品的评价;可以查阅并下载自己喜欢的品牌资料,从而完成购买和分享;可以用个性化的体验,吸引用户关注相关信息;可以将个性化即时信息精确而有效地传递到用户手中,达到双赢的营销效果。

(一) APP 应用

APP 是英文"Application"(应用)和"Apple"(苹果)的前三个字母,一语双关。App store 即 application store,是由苹果公司为 iPhone 和 iPod Touch、iPad 以及 Mac 创建的应用商店。App store 为第三方提供了一个方便而又高效的软件销售平台,不仅适应了广大手机用户对游戏、日历、翻译程式、图库以及许多实用软件的个性化需求,促使手机软件业开始进入一个高速、良性发展的轨道,而且创建了一个让用户、开发者、苹果公司三方共赢的商业模式:用户是应用程序的体验者,只需注册登录 App Store 并捆绑信用卡即可下载各自需要的应用程序,App Store 会为用户提供良好的用户体验及方便的购买流程;开发者即应用软件的上传者,其主要职责是负责应用程序的开发,可自由定价或自主调整价格,推广其自主运营平台上的自有产品或应用软件;苹果公司是平台的主要掌控者,主要提供平台和开发工具包,负责应用的营销推广,负责收费,再按月结算给开发者。在这一产业链中,居主导地位的苹果公司会利用数据分析资料帮助开发者了解用户需求变化,并指导开发者进行应用程序的定价、调价或是免费。

APP 营销是指通过定制手机软件、SNS 及社区等平台上运行的应用程序来开展营销活动的总称。APP 与传统移动媒体相比,具有两大大优势:第一,在信息的传播方式上,传统移动媒体以被动接收短信形式为主,往往容易引起手机用户反感,而 APP 是将产品或品牌信息植于应用制作,一些植入式广告甚至在不经意中就达到了品牌传播的目的;第二,在传播内容上,以文字为媒介的传统移动媒体的产品或品牌信息,与 APP 可包含图片、视频诸多元素全方位感受产品或品牌信息的传播效果无法相比。因此,APP 有望成为企业品牌的标配。

(二) APP 与互动营销

随着智能手机、平板电脑等移动终端设备越来越普及,通过 APP 开展营销活动的企业也会越来越多。只有深入挖掘用户的内在需求,精准地拿捏消费者的消费喜好和行为习惯,才能最大限度地吸引移动终端设备的使用者成为企业的忠实消费者,成功地推行移动营销。同时,企业还要想方设法地进行创新,顺应 APP 技术的多元化发展趋势,带给消费者突破性的体验,在互动中不断延伸移动营销的价值。应用 APP 的最终目的是帮助消费者进一步了解品牌或产品,建立企业与消费者的情感关联。成功的企业都会让 APP 成为深化品牌形象的助推器,最终实现既提升品牌又促进销售的目的。正因如此,APP 已成为互动营销的核心要素,成为消费者与企业产品和品牌的桥梁。一些国外知名企业纷纷采用新颖奇特的创意手法,让消费者在推广 APP 的过程中自然而然地了解产品和品牌信息,并借助能够强化品牌或产品的核心概念的视觉元素或广告语,增加品牌的可信度和忠诚度。有的企业不露痕迹地让用户在娱乐互动中对品牌形成一定的黏性,使其在选择产品时倾向于选择本企业的品牌。还有的企业通过提供主动便捷服务的 APP 为消费者创造价值,提升消费者对品牌的亲和力,并在社会范围内树立品牌的良好口碑。

耐克(Nike)为了帮助爱美的女性坚持进行塑身锻炼计划,推出了一款名为 Nike Training Club(耐克训练营)的 APP。这个具有综合性训练功能的 APP 由专业教练研发,可提供集耐克多年训练研究和专长精华项目于一体的综合性训练册。用户可以随时拥有个人的教练,也可以实时查看训练进度,还可以检测训练后的成效。由于 APP 为用户提供的是个性化的健身体验服务,可以督促用户追踪训练进度,持之以恒,坚持锻炼,因此,用户在应用此款 APP 获取体验价值的同时,也会在潜移默化中接受耐克品牌一贯主张的崇尚运动、追求健康、提倡美好生活的品牌理念。耐克训练营的 APP 也使消费者对耐克品牌产生了进一步的好感,提升了消费者对品牌的黏性,增强了用户与品牌的情感联系(见图 12-9)。

图 12-9 耐克训练营 APP 案例①

四、LBS 与移动营销

在传统实体店经营中,AIDMA 模式(Attention 关注—Interest 兴趣—Desire 渴望—Memory 记忆—Action 行动)通行无阻,十分奏效。但在网络时代,人们的消费形态发生了很大的变化。2005 年,日本电通集团推出了适应网络时代的新营销模式——AISAS。

基于网络时代市场特征而重构的 AISAS(Attention 注意— Interest 兴趣— Search

---

① 社会化媒体营销案例集锦[OL]. http://www.youku.com/playlist_show/id_6163484.html.

搜索—Action 行动—Share 分享)模式中,前两个阶段与传统的 AIDMA 模型相同,主要的不同点在于:AISAS 第三个阶段的 S(Search),即主动进行信息的搜索,第五个阶段的 S(Share),即将购买心得与其他人进行分享。因此,针对互联网与无线应用时代消费者生活形态的变化而创建的 AISAS 模式,突出了将消费者在注意商品并产生兴趣之后的信息搜索(Search)以及产生购买行动之后的信息分享(Share),将其作为两个十分重要的环节来考虑,改变了传统实体店经营中单向的营销理念灌输,充分体现了互联网对于人们生活方式和消费行为的影响与改变。

(一) 基于网络环境的 AISAS 模式应用

在信息海量增长的现实面前,消费者获取信息的主动性会越来越强,而商品差异化也将越来越难以体现。电通认为,新的消费者行为模式(AISAS)决定了新的消费者接触点(contact point)。为了牢牢抓住两个具有网络特质的"S"——Search(搜索)、Share(分享),应当打破界限,实行跨媒体沟通。依据电通的接触点管理(contact point management),媒体将不再限于固定的形式,不同的媒体类型不再各自为政,对于媒体形式、投放时间、投放方法的考量,首先源于对消费者与产品或品牌的可行接触点的识别,在所有的接触点上与消费者进行信息沟通。① 换言之,AISAS 主张在最大限度上影响消费者的心理变化进程,以便推进实际消费行为的发生。这一分析是基于以下可行性考虑。首先,搜索引擎提供了便利。在网络环境中,消费者会更加主动地利用搜索引擎区获取厂家信息、同类产品信息和市场行情等详尽资料,人们的认知来源不受局限。在各种充满诱惑的信息面前,人们的主动性消费相对增加。其次,互动的信息沟通增加了可信度。在网络环境中,信息沟通的模式不仅可以"一对一",也可以"一对多",甚至"多对多"。不论是消费者还是厂家,既可以是信息的发布者,也可以是信息的接受者,彼此之间都可以通过"对话"进行交流。与传统的"一对一"模式相比,互动的信息沟通是及时的、宽容的、友善的,容易增加相互之间的信赖感。另外,开放的传播平台也适合传播和分享。互联网作为信息沟通的工具,正在成为兴趣、爱好趋同的群体聚集交流的场所。人们可以根据自己的喜好,建立不同的虚拟社区,分享自己的购物经历等。

(二) LBS 与移动营销

基于地理位置的服务(location based service,LBS),是通过电信移动运营商的无线电通信网络(如 GSM 网、CDMA 网)或外部定位方式(如 GPS)来获取移动终端用户的地理坐标等信息,为用户提供相应服务的。因此,LBS 可提供休闲娱乐、商业经营、生活服务和社会交往等类别的服务。在休闲娱乐服务方面,主要通过签到模式来记录用户所在位置,用积分、荣誉来激励用户,并对获得特定积分或勋章的用户提供商家的优惠或折扣,还可以绑定用户的社会化工具,以便同步分享用户所在位置的相关信息。在商业经营方面,可以采取 LBS+团购模式、通过和线下商家的合作来实现利益分成的优惠信息推送服务以及吸引用户到指定商店,完成购买行为后赠送兑换券的店内模式等。在生活服务方面,可以提供周边生活服务的搜索,以点评网与地理位置服务结合的模式,如大众点评

---

① 电通跨媒体沟通开发项目组.打破界限——电通式跨媒体沟通策略[M].苏友友,译.北京:中信出版社,2011.54.

网等。也可以与同样具有移动特性和地理属性的旅游相结合,分享旅游攻略和心得体会,如游玩网等。还可以实行会员卡与票务模式,捆绑多种会员卡的信息,同时记录消费习惯和信息,让用户充分感受优惠信息的聚合,如"Mokard(M卡)"等。在社会交往方面,可以在同一时间与不同地理位置的朋友,即时通信,较有代表性的有兜兜友等,也可以建立以地理位置为基础的小型社区,如"区区小事"等。

以星巴克客户端为例。星巴克公司针对移动平台推出了自己的客户端软件,在手机或智能化便携设备上安装即可使用(见图12-10)。该客户端向用户提供了GPS定位功能,用户可以随意搜索处在各个不同位置上的星巴克门店,快速找到距离自己当前位置最近的门店。除此之外,用户还可以客户端软件的"星活动"功能,获取星巴克组织的各项优惠活动信息。星巴克还通过搭配免费获赠饮品等手段,鼓励用户使用"签到"功能,到实体店领取获赠礼品。

图12-10　星巴克客户端的GPS定位功能①

在实际运用中,AR、APP、LBS等技术有时会综合在一起,全方位营造良好的媒体传播效果。现在的营销模式首要的仍是引起消费者的注意力(attention),触发消费者的兴趣(interest)。一旦消费者被吸引后就会通过网络检索信息(search),为其后的购买决策提供分析依据。当成功购买(action)产品之后,消费者就会在网上发表自己的使用感受,分享(share)自己的消费体验与产品信息。因此,APP应用与AR技术是未来移动互联网营销的两大趋势。利用增强现实技术强化消费者的体验效果,通过APP应用开展更有效的互动沟通,结合LBS的便捷和精准服务,就可以全方位打造企业品牌,更有效地开展新媒介环境下的市场营销。

---

① 星巴克中国首款手机App上线[OL].星巴克官网,2012-02-13. http://www.starbucks.com.cn/news/APP.html.

第十二章　博弈:文化营销创新

第三节 文化企业营销管理创新

任何企业的管理都是围绕企业的预期目标而实施的一系列计划、组织、协调、控制和决策的活动。文化企业的营销管理也不例外,主要是围绕文化企业"做什么、如何做、谁来做"的中心命题,寻求高效做事和快乐做人的真谛。由于营销活动是动态的,而动态的活动又是靠具体的人员去组织实施,因此引发了文化企业营销管理创新的三个议题:经营优势创新、经营模式创新和经营管理创新。

一、经营优势创新

物竞天择,优胜劣汰。一个企业的实力依托于其经营优势的方方面面。在日常市场营销活动中,运作的流程、结构、行为可以将企业的经营优势体现出来,企业所拥有的资源、信誉和经营能力也可以将企业的经营优势体现出来,甚至连用户的偏爱、产品的内涵或者关注生态的社会责任感等方面都可以将企业的经营优势体现出来。因此,企业的经营优势实质上就是被用户认可的一种更具价值的产品或服务。从管理的角度看,能否保持文化企业的经营优势取决于两点:要想方设法把文化企业自身做强,尽量提供更多用户认可的产品和服务价值;要根据市场竞争和不断变化的情况,营造与文化企业相关者共生互惠的环境格局。

(一)突破经营思维定式

要把企业做强涉及很多的因素和条件,但其中很重要的一点就是要突破经营上的定式思维。

我们知道,人的大脑是专门处理与加工信息的器官,通过这个信息处理器官可以从一大堆不准确的材料中抽取特征,抓住主要问题。而冲破定式思维的束缚就是要破除常规,用新视野来解决老问题,以期获得成功的效果。当人们重新审视企业的产品服务和运作方式时,总可以通过改善(使欠佳的变佳)、改进(使原有功能更加合理)和改正(改变原来做得不妥的地方)等途径,来发现原先所没有的功能、组合和方法等。

当企业经营者打破了心理上的自我设限,通过改变思路,采用与原来的想法相对立或表面上看起来似乎南辕北辙的经营方式和经营特色时,更容易获得意想不到的结果。反向选择是针对惯性的定式思维所产生的相反构想,从而形成新的用户认同并创造出新的经营途径。当一事物与周遭的事物不相似时,往往更容易引起人们的注意。精明的企业管理者往往会使企业的创新变为一种激励企业成员共同参与的实践活动,因为少数人囿于长期经验积累所形成的观点和看法容易成为创新的隐形障碍,仅依赖于少数人的创新是容易枯竭的。文化企业的经营本身就属于创意产业的范畴,更需要在不断变化的市场动态环境中,舍弃传统文化市场经营的一些过时的模式和资源,进行大胆的剧变式创新尝试。如2010年巨人网络与华谊兄弟成立合资公司,成为跨影视、游戏合作的典范。

(二)构建持续经营优势的良性循环

要构建文化企业持续经营优势的良性循环,必须把握市场消费群需求动向的潜在性、关注技术推进所需创新成本的适度性以及掌握经营优势创新节奏的可调控性。

把握市场消费群需求动向的潜在性,表面上看似乎很难做到。深入分析便可知,未来的潜在市场需求总是存在的,目前的市场消费群在今后一段时期内不可能突然消失,而只会在需求的内涵与形式上发生变化。只要始终保持与现有消费者紧密的双向互动关系,不断地发现用户需求的变化情况,培养与扩大"回头客",并通过这些"回头客"引荐新的顾客群,那么无论将来环境怎么变都可以把握市场消费群需求动向,巩固并发展自身的经营特色。

关注技术推进所需创新成本的适度性,是经营优势创新中一个两难的选择。一方面,经营优势创新是需要研究人员将最新的前沿技术能力与敏锐的市场感觉结合起来考虑的。对于什么值得去做与什么是可以做的往往很难抉择,在一定程度上取决于研究人员的主观判断。因此,必须给予研究人员相对宽松的环境氛围,以便激发创新者的智慧与热情,允许研究人员在探索中可能出现的失败或出现多样性的结果。另一方面,从经营管理的角度看,管理者不得不关注有关创新的投入和产出之比。就像用户选购商品时重视性价比一样,企业经营者往往也会反复衡量创新的成本,选择一些更经济、更可行的创新方案。

掌握经营优势创新节奏的可调控性,是一个需要从战略发展的角度进行科学规划的问题。以我国目前游戏产业的发展趋势来看,在经历了2002—2005年的爆发式增长期,经历了2006—2008年的商业模式创新期之后,现在的网络游戏市场已经呈现出整体增速明显放缓的态势。随着社交游戏、手机游戏、微博的快速发展,网络游戏用户的时间与精力也被逐渐分散,游戏市场的竞争越来越激烈。不仅游戏开发商感到了市场压力,甚至一些外围企业也感到岌岌可危。有的游戏杂志被迫关门,专职游戏道具或游戏币时的点卡代理商的压力也越来越大。在网络游戏行业进入"红海"争夺已成定局的情况下,不少游戏商家不得不选择在细分领域进行渗透。有的是在开发客户端游戏的同时,深入挖掘能够适应手机游戏、网页游戏等不同的平台;有的则是另辟蹊径,在制作和影视投资方面做新的尝试。

在每年7月游戏玩家的盛会上,游戏商家都会使出浑身解数。2012年恰逢China Joy十周年,盛大游戏以此为契机,希望在十周年庆典中寻求突破与创新——展现一个以玩家和游戏为主角的舞台,突出玩家风采,还原游戏本色。比如,推出Allstar讲述,"好游戏,手先知道"。从游戏体验源头的"手感"出发,试图用7种手来代言7款游戏。再如,将百花争艳的show girl换成阳光帅气的game boy,无论是喜欢高富帅还是喜欢屌丝的,都可以从中发现自己的兄弟、游戏中的战友以及生活中的挚友。还有,按照玩家排队入场的路线,先安排参观者在4号馆欣赏精彩的五国对抗赛,与来自韩国、新加坡、泰国、马来西亚的其他玩家同场切磋。然后进入2号馆的盛大主展台,参观者可选择时空裂痕、龙之谷、零世界、G+、传奇世界以及重推微网游悍将传世等精彩游戏内容试玩,在舞台上体验和欣赏商家为玩家精心准备的节目和游戏。最后,玩家还可以前往与盛大双核运营的蜗牛展台,仔细体验九阴真经的华丽,也可以在China Joy十周年展台回味热血传奇的经典网游(见图12-11)。

图 12-11　China Joy 十周年之际盛大游戏的展台①

在构建文化企业持续经营优势的同时,还应从战略全局的角度考虑未来发展的良性循环。以游戏产业现状为例,客户端游戏历经从单机游戏到网络游戏,从时长收费到道具收费的过程,曾在中国游戏市场上风光无限。然而,由于游戏研发的周期长,市场推广费用居高不下,加之创新后劲不足,增量玩家已大幅减少,呈下滑趋势。而网页游戏的开发周期短,用户上手容易,其用户界面设计更加注重人机交互、操作逻辑以及界面美观的整体设计,不仅让软件更加具有个性化品味,而且让软件的操作变得更加舒适和简单。再加上网页游戏的联运形式多样,其 3D 网页游戏也在步步跟进,网页游戏已经成为对客户端游戏用户争夺产品替代的新阵地。随着智能手机的普及和移动互联网的高速发展,不同终端游戏产品的跨平台融合,手机游戏市场呈高速增长的态势。电信运营商、游戏开发商、游戏运营商等着手研发智能平台游戏业务的配套技术,探索新技术环境下的商业模式,纷纷加大游戏发布渠道的规模效应;增强游戏产品开发实力;加强产业链整合能力;保证业务管理团队优秀稳定等。

二、经营模式创新

如果说经营优势要解决的问题是"做什么",那么模式拓展则是要解决"怎么做"的问题。通常当我们考察一个企业的发展轨迹时,往往会发现不同的企业会有不同的经营模式。在经营模式创新上,有的企业选择纵向整合发展,有的企业选择横向多元发展;在经营模式特点上,有的选择集成化,有的选择平台化,有的选择专精化,等等。

(一) 产业价值链与经营模式

产业价值链的概念是由美国哈佛商学院教授迈克尔·波特(Michael Porter)提出来的。在《竞争优势》一书中,迈克尔·波特指出:每一个企业都是在设计、生产、销售、发送和辅助其产品的过程中进行种种活动的集合体。所有这些活动可以用一个价值链来表明。企业在开展经营活动中,都会充分运用资源,向市场提供比竞争对手更好的价值给用

---

① China Joy 已经提前进入十周年状态[OL]. 气泡游戏新闻,2011-10-20. http://www.qp9.cn/%E4%BA%A7%E4%B8%9A%E6%9C%8D%E5%8A%A1/3949.html.

户,并在满足市场需求的同时使企业自身获利。如果将企业的经营活动所涉及的业务环节作为"链",那么这个链就是创造价值的产业价值链。可见,产业价值链是各个产业部门之间基于一定的经营活动和技术关联,并依据特定的逻辑关系和时空布局关系形成的链式关系形态。通常,从原材料的采购开始,经过设计—制造—销售的相关环节,就构成了一条最基本的产业链。

在日本,动漫产业已经成为了日本三大支柱产业之一,成为比汽车工业还赚钱的新兴产业。① 日本动漫产业通常以优秀的漫画图书或报刊为蓝本拍摄影视动画片,制成音像制品,以影视传播为拉动,树立动画形象或品牌。然后,再利用这些动画形象在有关的服装、玩具、食品、文具、电子游戏等领域开展衍生品的生产和经营。因此,以"创意"为核心,以动漫为表现形式,以影视传播为手段,带动一系列产品的"开发—生产—出版—演出—播出—销售"产业链形成。在产业链的开发上,各环节被灵活运用,相互影响。有的消费者往往因为喜欢某一漫画作品,继而观看其动画片以及购买其周边的衍生品。也有消费者从热播的动画片中直接感知动漫品牌形象,再喜欢上相关的电子游戏。不论任何环节上的成功,都可以带动其他环节的整体发展。

可见,企业有效的经营模式是建立在企业对外部环境的准确把握和内部资源的优化配置上,能够比竞争对手更加快速地发现市场环境变化、价值流动走势与利润转移时机,以实现产业价值链的不断延伸为目标。为了在纷乱复杂的市场竞争中建立相对稳定的运营秩序与价值逻辑,企业需要不断创新经营模式。经营模式是企业为实现运营目标所采取的方式方法的总称。一种经营模式就是一种理念、规则与方法体系,也是一条环环相扣的赢利链条。如果企业能够比竞争对手更好地理解顾客需求,就可能在激烈的市场竞争中占据更多主动;如果能够比竞争对手更快地洞悉行业趋势,就可能在瞬息万变的市场变化中把握更多先机。因此,对于文化企业而言,在商战中不断探索产业价值链延伸的途径,不断地总结、发现新的经营模式与创新方法,才是文化企业源源不竭的生命线。随着现代高科技的发展、市场竞争的加剧,文化企业会越来越注重产业价值链的延伸和拓展,以多种不同的经营模式的相互作用,来赢得市场搏击的运营成果,构建企业自身的核心竞争力。

(二)纵向延展与横向跨界的经营选择

文化企业在寻找战略出路时,常常会遇到各种不同的经营选择。在业务范围上可能遇到或集约,或整合,或多元的经营选择;在业务方式上可能遇到或进入,或退出,或调整的经营选择;在业务目标上可能遇到或稳定,或收缩,或成长的经营选择。② 就业务范围而言,集约经营通常是将优势资源集中到关键产品上,进一步强化自身的经营优势;整合经营则是通过降低产业链上下游环节的成本,增强市场抗衡能力;多元经营既有相关业务的延展,也有根据市场发展完全独立的新增。就业务方式而言,不论是进入、退出还是调整,都需要选准目标和时机,比如进入时是采取常用的并购方式,还是选择自创或结盟;退出时是选择出售、转让、关闭的完全放弃,还是选择以退为进的战略;调整时是选择紧

---

① 殷俊.动漫产业与国家软实力[M].北京:中国书籍出版社,2012:116.
② 项保华.战略管理艺术与实务[M].第5版.北京:华夏出版社,2012:222.

缩,还是重组;都必须有周全的考虑。就业务目标而言,采取稳定战略可以不变应万变,比较适用于相对成功运行在具有可预测性环境之中的企业;采取收缩战略通常是在企业遭遇困境和压力时,以减小经营范围或放弃失败业务为主;采取成长战略是企业经营成功的必然选择,也可以更加迅速地集聚企业的经营实力。所有这些经营选择都可以集中在纵横两条线上,即经营实战中常常会遇到的纵向延展与横向跨界的经营选择。

选择纵向延展,主要涉及沿产业链方向业务范围的拓展,即在产业链的前向或后向环节的延伸。比如,制造业向原材料采购延展——由"外购"向企业"自产",或是向销售环节延展——由"代销"向企业"自销"等。在企业有能力延展的情况下,前向或后向产业链延伸有利于企业摆脱对产业链相关环节的依赖程度,降低成本,增加企业利润。在市场发育不太成熟时,面对假冒伪劣产品的冲击,企业采取纵向延伸开设自己的品牌专卖店,才能不被钻空子,获得用户的真正认可。但企业不仅自身必须具备足够的经营实力,所选的时机十分恰当,而且要考虑到产业链上下游环节的社会分工和相互关系,量力而行。从市场竞争的角度来看,任何企业在产业链的前向或后向环节的延伸都会打破已经形成的力量均衡和相互关系的改变,如何选择的确需要慎重抉择。如我国的玩具制造业,经过多年经营,从模具到产品,再到原材料采购,依靠成本优势逐渐成为一条成熟的产业链。然而,要将这些在国内畅销的低成本国产玩具外销到海外市场却非易事。单就进入一个完全陌生的市场,文化背景不同,消费观念各异。而且,别国的产业链上存在相互竞争却有稳定的供应商和采购商的相互稳定关系。当有新的竞争对手进入无疑会打破原有的平衡,如果双方力量的不对称其后果可想而知。

选择横向跨界,则涉及多元经营还是走专精发展的取舍。企业的发展通常会靠集约经营起家,在做大做强后再向专精发展,待形成特色之后根据自己的实力向纵深突破,再多元经营,再专精发展。换言之,企业靠多元经营产生突破,靠专精发展形成特色。因此,是多元经营还是专精经营的战略选择,是关乎企业经营业务调整与重组的战略问题。通常,在企业核心业务的市场增长率高时,不论企业的竞争地位高或低,都不宜选择多元经营;当企业核心业务的市场增长率较低时,即使企业的竞争地位仍然较高,仍应优先考虑多元经营;当企业核心业务的市场增长率和企业的竞争地位都低时,应全面权衡利弊最终做出取舍。由于多元经营势必会分散自己的实力,因此只有在企业自身实力确实很强,而在现有业务领域竞争地位又不弱时,如果能找到适当的新业务增长点,可以将多元经营列为首选。如果企业试图进入的是与现有业务毫不相干的跨界经营,尤其要慎重抉择。因为有些跨界经营往往会超出企业现有的技术能力,一旦铺开而配套管理跟不上时,将导致多元经营的失败。正因如此,选择跨界的多元经营既要进得去,又要站得稳,还要有发展。

在纵向延展与横向跨界的经营选择上,腾讯的崛起引人深思。1999年2月,腾讯在模仿国外即时通信软件的基础上开发了更容易被国人普遍应用的即时通信网络工具,自此人与人之间的沟通开始发生不同以往的改变。一年后,腾讯结盟中国移动,借助免费即时通信服务的手段迅速赢得了互联网企业最为宝贵的资源——用户。其后,拥有庞大注册用户优势的腾讯,逐渐形成了"增值服务收费+第三方付费"的赢利模式。2003年,腾讯的Q币支付体系已承担起支撑腾讯互联网增值服务和网络游戏业务等众多产品的任务。同时腾讯推出了自己的门户网站"腾讯网"——QQ.com,集新闻信息、互动社区、娱乐产品和基础服务为一体,是腾讯公司旗下并列于QQ的横向媒体平台。与此同时,腾讯还自主研发了自己的"QQ游戏",迅速超过竞争对手成为国内第一大休闲游戏平台。2004年中国互联网开始从单纯通过运营网络赢利延伸到资本运作赢利,腾讯开始以更加成熟的姿态向资本市场进军。2004年6月16日,腾讯QQ正式在香港主板挂牌上市。上市当天,腾讯的股价稳步从4港元升至10港元,市盈率达36倍。上市伊始,超额认购的首次公开募股即带来总计14.4亿港元的净收入。从此,腾讯确立了全盘产品布局和发展模式:以QQ和QQ.com为战略核心,展开一横一纵的业务模式,将无线增值服务、互联网增值服务、互动娱乐服务、网络内容服务及电子商务服务融入两大平台中。2011年3月中旬,腾讯公布2010财年全年财报,全年总收入196.460亿元,同比增长57.9%;净利润80.536亿元人民币,同比增长56.2%。其即时通信平台(QQ)的活跃用户已达6.476亿。①

由此可见,企业在发展过程中要想做大做强,就必须对所经营的业务范围、方式和目标进行反复权衡和抉择,"以企业自身的业务特长为基础,通过设计出能够与业态其他环节主体互赖共生的合作共事与利益分享机制,形成一种敏捷高效而他人又难以模仿的文件运作模式,最终实现满足顾客需求而获利之目的"②。因此,不论是选择纵向延展还是横向跨界,都要依据企业自身经营的活动特点、赢利基础和分享机制等内涵机理,处理好经营活动中的各种关系,专注于顾客需求,形成经营特色,顾及相关链的互惠互利,寻求共同发展。

(三)集成化、平台化、专精化

经营模式运行成功的企业,最终的发展都是向集成化、平台化、专精化的模式演化。

集成化模式是为了提高企业的核心竞争力,将原料采购、研发设计、产品制造、物流配送、销售渠道、维修服务、最终顾客等产业链的至少两项以上环节作为一个集成系统来管理,以期形成综合性竞争优势的一种经营模式。如天娱传媒有限公司原是依托湖南广播影视集团的优势资源,由湖南卫视娱乐频道投资成立的一家娱乐企业,诞生之初即凭借领先的娱乐理念和卓越的运作实力,通过成功举办超级女声、快乐男声、快乐女声等娱乐活动并推出歌手专辑,拍摄影视作品《十月围城》、《窃听风云》、《新还珠格格》、《开心魔法》、《童话二分之一》等,推动了业内多元化整合经营模式与各领域内专业运作模式的完美结合,构建起全新的立体娱乐价值链体系。天娱传媒的经营范围涵盖唱片发行、娱乐活动策划、各类演出策划、电视节目创作、影视剧创作、艺人发掘与经营等。从媒体内容创新制作到媒体衍生市场开发,从艺人发掘到平台经营,天娱传媒已形成了产品、渠道、品牌的全方位产业链,成为华语地区极具影响力和号召力的一个娱乐符号。

平台化模式是以提供综合工具和可以共享平台的模块化解决方案,旨在为企业提供获得竞争优势所需要的灵活性和速度,加速创新进度和响应市场变化的一种经营模式。如天猫是淘宝网全新打造的B2C(Business-to-Consumer)综合性购物网站,从电脑、手机、

---

① 喻国明.品牌故事——腾讯十二年[OL].北京中视同赢国际广告有限公司,http://www.cctvad.org.
② 项保华.战略管理艺术与实务[M].第5版.北京:华夏出版社,2012:241.

相机到服饰、家居用品,一应俱全,为数千家品牌商、生产商和广大消费者之间提供一站式解决方案。目前已有大量商家入驻天猫,上网浏览的买家也络绎不绝。为了给网购消费者提供快捷、安全、方便的购物体验,天猫承诺商城所卖物品均为正品行货和接受买家七天内无理由退换货。同时,建立由心形、钻石、皇冠三部分构成的信用评价体系,目的在于打造时尚、潮流的品质之城,为诚信交易提供参考,以确保买家利益,督促卖家诚信交易。其品牌街就是以聚集各类品牌进行经营的,旨在以品牌的多样化来吸引顾客。

专精化模式是以企业自身的经营特色和实力,综合经营业务的结构、运作体系与过程等基础因素,集中优势资源和精力,重点发展核心业务的一种经营模式。以生产通信设备起步的广东步步高电子工业有限公司,在经过十多年的持续发展,已成为拥有数字视听产品、通信设备、教育电子产品三大体系的中国知名家用电子企业。其旗下的步步高教育电子有限公司一直坚持面向大、中、小学生开展创新产品的研发与生产,除不断推出适合中学生、大学生的各种电子词典、语言复读机、学生电脑,还针对幼儿的启蒙教育进行深度开发,研发了各种视频学习机和配有语音识别功能的点读机。以点读机为例,由于配置了专业的麦克风和双磁路扬声器,再配合智能语音识别以及先进的语音变速的技术应用,不仅可以确保幼儿听到并学会纯正的英语发音,而且有强大的汉字描述词典功能、彩色视频辅导、互动乐园、趣味知识问答、智勇大闯关等寓教于乐的教学形式,其精致可爱的外观、明亮生动的色彩等,吸引着幼儿的学习兴趣。

除了纵向延展和横向跨界,集成化、平台化、专精化的经营模式以外,在探索文化企业经营创新的同时,还要研究企业战略行动中的竞合互动关系,尽量寻求企业经营良性循环所需的市场环境。博弈是研究取舍抉择的学问,而用在现代市场实战中由于客观存在的各种情境变量,决策者往往很难准确预测经营结果。因此,人们更愿意通过沟通和合作来达成某种战略上的均衡,通过经营上的战略创新来发展自己的企业。

三、经营管理创新

企业管理千头万绪,集中起来离不开三大宗——人、财、物。最基础的经营管理就是要充分利用人、财、物的要素组合,使企业的经营活动快速、高效地运转起来,为社会提供更多的符合市场需求的产品。因此,人力资源管理和资本运作管理是文化企业十分重要的管理课题。

(一)人力资源管理创新

人力资源管理是通过招聘甄选、教育培训、绩效管理、薪酬福利和劳动关系等管理环节,对企业相关人力资源进行有效配置、优化组合,以确保企业经营目标的实现组织目标实现的一套管理方法。人力资源管理方面的创新,主要是在合理配置的基础上,不断开发企业员工的智力,调动员工的工作积极性,提高员工的科学文化素质和思想道德品质等。

在员工录用之初,应认真审查其职业资格,即相关的专业技术和职业技能。专业技术主要包括新闻、出版、广播、电视、语言、艺术、工艺、文物、档案、教育、经纪、国际商务、计算机软件以及经济、会计、统计等系列的专业技术。如从事图书、期刊、音像、电子出版物的排版、校对等专业技术工作,必须通过国家行业主管部门组织的出版专业资格考试,取得规定级别的出版专业资格证等。职业技能则包括印刷、绘图、放映、计算机操作等技师技能。对于一些责任重大、社会通用性强或者直接关系到国家利益的特殊行业,还要求具有独特的专业技术和学识能力,如拍卖、导游、价格鉴证、玉器质检、资产评估、城市规划、勘察设计、造价工程、监理工程等,都需要相应的从业资格。随着时代的进步和发展,文化企业要不定期地组织企业内技术部门的员工进行专业技能的提高,以适应不断变化的工作需要。文化企业人力资源管理创新的难题之一是对从事创意工作的人员遴选。尤其是从事动漫游戏、艺术设计方面的创意人才,更是决定文化企业发展的关键。

(二)资本运作管理创新

资本运作管理是以资本最大化增值为目标,优化配置文化企业现有的全部有形和无形资产,并通过并购、融资等运作手段,实现企业价值增值、效益增长的一种经营方式。

资本并购是指企业之间一方通过购买另一方的部分或全部产权,对其实行控制管理的一种投资行为。通常,并购又分为兼并和收购两种形式:兼并是一家企业被另一家企业所吸收,原企业的股东或所有者在被并入的企业中拥有股份,同时原企业的高级管理人员可以继续担任管理职位;而收购是一家企业被另一家企业所购买,完全丧失所有权和管理控制权。文化企业的并购通常是为了适应市场经济环境的变化,满足企业发展战略的需要而进行的一种经营行为。尤其是善意并购,更是经双方高层协商后的一种"抱团"行为。如2012年3月,国内网络视频行业的优酷和土豆宣布联姻,双方以100%换股的方式合并。这种战略整合既可以消除业内的竞争压力,符合双方共同做大做强的发展需要,又可将优酷、土豆在视频网站所占据的第一、第二位的市场优势强强联合,为双方带来更多的用户流量,也在与广告商议价方面显示更多的强势来增加广告营销效果。紧接着,搜狐视频、腾讯视频和百度旗下的爱奇艺网宣布组建"视频内容合作组织",除了原有的正版实现共享以外,三家视频网站巨头将联手购买国内外优秀影视作品的版权,以迎战优酷和土豆两巨头的合并。面对网络视频运营成本不断飙升,而版权价格又连连水涨船高的市场压力,视频网站市场的这种连锁反应,说明唯有抱团取暖才能为在线视频行业营造一个相对稳定的竞争环境。

资本融资是通过发行企业债券、银行借贷、股份上市等渠道筹集资金,用于增加企业经营实力,迅速扩展,或者改善资金运转困境,改变债务结构的一种经营行为。发行企业债券是向社会上的投资者发行债务凭证,承诺按一定的利率支付利息,并按约定的条件偿还本金的一种融资方式。在国家鼓励发展文化产业的政策优惠下,银行借贷已成为影视生产资金的重要渠道。国家开发银行宣布"十二五"期间将向文化产业提供逾2 000亿元的融资支持。据了解,截至2011年年末,中国工商银行对文化产业的贷款余额已达到630多亿元,为3 300多户文化企业提供了贷款支持。截至2011年10月,中国银行对文化产业贷款余额达到255.8亿元。① 上市融资则是通过发行股票,公开向社会募集资金的一种融资方式。由于上市融资的成本和风险相对较大,国家对上市公司的审批也很严格,所以除少数传媒企业以外,文化企业上市公司至今还凤毛麟角。

---

① 毛俊玉.文化产业投资热:泡沫 or 财富?[N/OL].中国文化报,2012-02-11. http://epaper.ccdy.cn/html/2012-02/11/content_66204.htm.

总之，当今的文化正在全方位地向经济生活的一切领域渗透。互联网和移动通信技术的迅速普及，促进了新闻传媒、动漫游戏、电影电视、流行音乐、综艺报刊、广告会展、文化旅游的产业化进展。文化产业已成为世界各国经济新的增长点，对文化产业营销的研究也将越来越受到各国学界和业界的普遍关注。随着大众传媒技术的普适化和新兴媒体的迅速崛起，文化产业将迎来更加灿烂的明天。

参 考 文 献

1. [法]维克多·埃尔.文化概念[M].康新文,晓文,译.上海:上海人民出版社,1988.
2. [英]马林诺夫斯基.文化论[M].费孝通,等,译.北京:中国民间文艺出版社,1987.
3. [荷]丰斯·特龙彭纳斯,[英]查理斯·汉普登·特耐.在文化的波涛中冲浪:理解工商管理中的文化多样性[M].第2版.关世杰,译.北京:华夏出版社,2003.
4. [德]彼得·科斯洛夫斯基.后现代文化——技术发展的社会文化后果[M].毛怡红,译.姚燕,校.柴方国,审校.北京:中央编译出版社,1999.
5. [美]菲利普·科特勒等.市场营销管理(亚洲版)[M].郭国庆,等,译.北京:中国人民大学出版社,2002.
6. [美]乔治·E.贝尔奇,麦克尔·A.贝尔奇.广告与促销:整合营销传播展望[M].大连:东北财经大学出版社,2000.
7. [美]纳雷希·K.马尔霍特拉.市场营销研究应用导向[M].涂平,等,译.北京:电子工业出版社,2002.
8. [加]弗朗索瓦·科尔伯特.文化产业营销与管理[M].高福进,等,译.上海:上海人民出版社,2002.
9. [美]肯·卡瑟,多蒂·博·奥尔克斯.体育与娱乐营销[M].高远洋,译.北京:电子工业出版社,2002.
10. [马来西亚]冯久玲.文化是好生意[M].海口:南海出版公司,2003.
11. [美]拉里·A.萨默瓦,理查德·E.波特.文化模式与传播方式:跨文化交流文集[G].麻争旗,等,译.北京:北京广播学院出版社,2003.
12. [法]罗兰·巴特.符号帝国[M].康新文,晓文,译.北京:商务印书馆,1994.
13. [德]马克斯·本泽,伊丽莎白·瓦尔特.广义符号学及其在设计中的应用[M].徐恒醇,编译.北京:中国社会科学出版社 1992.
14. [美]鲁道夫·阿恩海姆.心灵右面的剪影——直觉的觉[M].滕守尧,译,北京:商务印书馆,1990.
15. [美]鲁道夫·阿恩海姆.视觉思维[M].滕守尧,译,北京:光明日报出版社,1986.
16. [美]布拉德福德·J.霍尔.跨越文化障碍:交流的挑战[M].麻争旗,等,译.北京:北京广播学院出版社,2003.
17. [加]马歇尔·麦克卢汉.理解媒介——论人的延伸[M].北京:商务印书馆,2000.
18. [美]史蒂夫·莫滕森.跨文化传播学:东方的视角[M].关世杰,等,译.北京:中国社会科学院出版社,1999.
19. [美]罗滨逊.跨文化理解[M].马啸,王斌,等,译.北京:华夏出版社,1992.
20. [法]洛特菲·马赫兹.世界传播概览:媒体与新技术的挑战[M].师淑云,等,译.北京:中国对外翻译出版公司,1999.
21. [美]叶海亚·R.伽摩利珀.全球传播[M].尹宏毅,译.北京:清华大学出版社,2003.
22. [美]弗·杰姆逊.后现代主义与文化理论[M].唐小兵,译.北京:北京大学出版社,1997.
23. [美]弗雷德里克·詹姆逊.后现代主义与文化理论.[M].唐小兵,译.西安:陕西师范大学出版社,1986.
24. [美]弗雷德里克·詹姆逊.快感:文化与政治[M].北京:中国社会科学出版社,2000.
25. [日]阿久津聪,石田茂.文脉品牌——让你的品牌形象与众不同[M].韩中和,译.上海:上海人民出版社,2005.
26. [法]让·鲍德里亚.消费社会[M].刘成富,全志钢,译.南京:南京大学出版社,2000.
27. [英]西莉亚·卢瑞.消费文化[M].张萍,译.南京:南京大学出版社,2003.
28. [美]埃里克·麦克卢汉,弗兰克·秦格龙.麦克卢汉精粹[M]何道宽,译.南京:南京大学出版社,2000.

29. [美]沃纳·赛佛林,小詹姆斯·坦卡德.传播理论:起源、方法与应用(第四版)[M].郭镇之,等,译.北京:华夏出版社,2006.
30. [美]丹尼斯·麦奎尔.受众分析[M].刘燕南,李颖,杨振荣,译.北京:中国人民大学出版社,2006.
31. [美]迈克尔·波特.竞争策略[M].陈小悦,译.北京:华夏出版社,2005.
32. [美]卡尔·T.犹里齐,斯蒂芬·D.埃平格.产品设计与开发[M].杨德林,译.大连:东北财经大学出版社,2001.
33. [英]托尼·巴赞.思维导图:放射性思维[M].李斯,译.北京:作家出版社,1998.
34. [美]大卫·艾克.品牌的经营法则——如何构建强势品牌[M].呼和浩特:内蒙古人民出版社,1998.
35. [美]唐·E.舒尔茨.整合行销传播[M].吴怡国,等,译.北京:中国物价出版社 2002.
36. [美]托马斯·达文波特,约翰·贝克.注意力经济[M].谢波峰,等,译.北京:中信出版社,2004.
37. 王岳川.全球化语境中的中国文化精神[J].博览群书,2001,4.
38. 李泽厚,汝信.美学百科全书[M].北京:社会科学文献出版社,1990.
39. 许明,花建.文化发展论[M].北京:北京大学出版社,2005.
40. 庄晓东.文化传播:历史、理论与现实[M].北京:人民出版社,2003.
41. 张立文,王俊义,许启贤,黄晋凯.传统文化与现代化[G/M].北京:中国人民大学出版社,1987.
42. 郭庆光.传播学教程[M].北京:中国人民大学出版社,1999.
43. 张祥平.人的文化指令[M].上海:上海人民出版社,1987.
44. 王玉德,邓儒伯,姚伟钧.中国传统文化新编[M].武汉:华中科技大学出版社,2002.
45. 张金海.20世纪广告传播理论研究[M].武汉:武汉大学出版社,2004.
46. 赵玉忠.文化市场概论[M].北京:中国时代经济出版社,2004.
47. 潦寒.文化营销[M].南昌:江西人民出版社,2004.
48. 叶朗.2011中国文化产业年度发展报告[M].北京:北京大学出版社,2011.
49. 高亚春.符号与象征[M].北京:人民出版社,2007.
50. 项保华.战略管理艺术与实务[M].第5版.北京:华夏出版社,2012.
51. 陈先红,何舟.新媒体与公共关系[M].武汉:武汉大学出版社,2009.
52. 杨海军,王成文.传媒经济学[M].开封:河南大学出版社,2008.
53. 李锡东.文化产业策划实务[M].北京:清华大学出版社,2011.
54. 陈伯君.中国文化产业振兴之路——走进金手指[M].北京:中央编译出版社,2009.
55. 王志东.文化产业一本通[M].济南:山东人民出版社,2010.
56. 周鸿铎.文化传播学通论[M].北京:中国纺织出版社,2005.
57. 林家治.民国商业美术史[M].上海:上海人民美术出版社,2008.
58. 陈放.无言的想象[M].哈尔滨:黑龙江美术出版社,1996.
59. 汤义勇.招贴设计[M].上海:上海人民美术出版社,2001.
60. 王绍强.创意空间[M].广州:岭南美术出版社,2002.
61. 毛德宝.广告设计[M].南京:东南大学出版社 2002.
62. 樊志育.促销策略[M].上海:上海人民出版社,1995.
63. 殷俊.动漫产业与国家软实力[M].北京:中国书籍出版社,2012.
64. 凌继尧.艺术设计十五讲[M].北京:北京大学出版社,2006.
65. 刘立宾,洪良浩.2006中国终端营销展示年鉴[M].北京:中国传媒大学出版社,2006.